本书所有稿酬将捐献给公益慈善机构

律行天下
法律实务指引丛书

最高人民法院
建设工程施工合同司法解释(二)
实务操作与案例精解

| 逐条解析 | 典型案例 | 焦点评析 | 实务争点 | 案例索引 | 规范链接 |

Contracts on Undertaking Construction Projects

陈鑫范　王　琦＼著

中国法制出版社
CHINA LEGAL PUBLISHING HOUSE

序

《最高人民法院关于审理建设工程施工合同纠纷案件适用法律问题的解释（二）》（以下简称《施工合同司法解释（二）》），由最高人民法院审判委员会第1751次会议通过，自2019年2月1日起施行。至此，这项耗时七年、边设计边施工、十易其稿且几经转手的“工程”终于通过竣工验收，并正式交付使用。

建筑业是我国国民经济的支柱产业，对经济社会发展、城乡建设、民生改善和吸纳农村转移劳动力作出了重大贡献。案件是经济社会发展的“晴雨表”，在一定程度上反映了国家经济运行的健康状况、经济社会关系的和谐程度。伴随着建筑业管理模式、组织模式的不断变化，涉及建设工程纠纷特别是施工合同纠纷的案件快速增长。2012年至2017年，案件数量翻番仅用了五年时间，且案件数量与标的额保持快速增长的趋势。建设工程施工合同纠纷专业技术性强、事实认定难、鉴定依赖程度高、关联案件增多等问题日益突出；该类案件法律适用不统一，让法官“爱恨交加”，上诉率高、二审改判率高、申请再审率及再审改判率相较其他案件比例高。可以说，建设工程施工合同纠纷已经成为法官审判和法律服务的热点、难点和痛点。

《施工合同司法解释（二）》的颁布与实施，引起包括建筑业从业人员和建设工程法律从业人员的高度关注和热烈讨论，这其中不乏赞誉，认为该司法解释能够顺应建筑业改革发展的趋势，对行政管理的合同备案予以调整，对中标合同的实质性内容予以明确，具有前瞻性；能够坚持特定时代背景下弱势群体倾斜保护的价值取向，赋予实际施工人更全面的保护，体现公平性；能够回应社会的关切和需要，调整、完善建设工程价款优先受偿权制度，具有实用性。当然，也有争论、批评乃至指责，如合同相对性突破的法理缺失及其导致的诉讼秩序的错位，对中标通知书性质、合作开发房地产对承包人工程款给付责任承担、工程总承包等长期困扰司法实践的难点问题的回避等。

作为《施工合同司法解释（二）》的主要起草人之一，面对各种议论，如鱼饮水，冷暖自知。建设工程领域立法相对滞后，司法解释立足解释论而非立法论，严格在法律规定的范围内对审判工作中的具体应用法律问题行使司法解释权，解释既存规则、正确理解适用是其定位。依托一部司法解释解决建设工程领域所有问题并不现实，特别是在目前行政监管与司法审判脱节，难以形成合力的背景下，转包、违法分包、出借资质、明招暗定、黑白合同等问题仍屡有发生，以法治思维和法治方式推动建筑市场健康有序发展、促进提升建设工程质量安全，司法保障任务任重而道远。

与本书作者鑫范、王琦相识多年，确切而言，先读其文，后识其人，先知悉了二位的公众号“律行天下”和“不动产法帮”，相见之后，相貌上虽是“环肥燕瘦”，性格上亦有敦厚沉稳、热情敏锐之别，但二位对建设工程专业之熟稔、建设工程法律之执着，令人印象深刻。事实上，早在 2017 年公布《施工合同司法解释（二）》（征求意见稿）后，鑫范和王琦就提出过修改和完善的建议并被采纳。

该书详细介绍了司法解释的内容，并结合实务中的争议问题，准确理解条文主旨，详细阐释条文本意，吸纳理论研究成果，条分缕析，实用性强。

如在与鑫范、王琦共同参加的“常设中国建设工程法律论坛工作组”会上所言，有这样一拨志同道合、不存私利、同气连枝、意气相投之法律职业人，发挥各自专业优势，在建设工程法律实务中，推动建立统一规则，为促进建筑业健康发展尽绵薄之力，亦是人生幸事。

是为序！

李琪

2019 年 2 月

前　言

随着改革开放的持续深入、经济的高速发展和城市化进程的不断推进，建筑业已经成为国民经济的支柱产业之一。全国各地建筑行业产值连年增加，呈现出良好的发展态势，据统计，1978 年，我国建筑业增加值为 139 亿元，占 GDP 的比重为 3.8%；2017 年，我国建筑业增加值达到 55689 亿元，年均增速为 16.6%，占 GDP 的比重达到 6.7%。随之而来的建设工程相关纠纷也与日俱增，我国关于建设工程相关的法律法规也在逐步完善之中。然而，由于建筑行业挂靠、转包、违法分包、违法招投标、阴阳合同等违法违规现象突出，且屡禁不止，使得建设工程施工合同纠纷案件中的事实关系和法律关系都变得极为复杂。为了统一全国法院审理建设工程施工合同纠纷案件的标准，最高人民法院曾于 2004 年颁布了《关于审理建设工程施工合同纠纷案件适用法律问题的解释》，统一了当时许多疑难问题的裁判标准，对保障工程质量、规范建筑市场秩序、保护各类主体尤其是建筑工人的合法权益发挥了重要作用。但该司法解释仍有许多争议点未予明确，且经过十多年的发展，司法实践中又出现了许多新情况、新问题，建筑市场也发生了巨大变化，如工程量清单计价模式的广泛推行、PPP 和 EPC 等新型业务模式的快速发展、强制招投标范围的调整、资质管理的淡化、施工合同备案制度改革等，都亟须最高人民法院出台新的司法解释，以指导全国法院对建设工程施工合同纠纷案件的审理。

在此背景下，最高人民法院为了满足建设工程施工合同纠纷审判实践的新需求，于 2012 年开始立项，历经 7 年，十易其稿，最终在 2019 年 1 月 3 日公布了《施工合同司法解释（二）》。

仔细研读《施工合同司法解释（二）》可以发现，其中的不少条文都需结合法律规定，作出二次解读，才能理解其含义。为帮助建设工程及相关法律从业人员准确理解、全面掌握《施工合同司法解释（二）》的完整内容，我们在总结建设工程施工合同纠纷案件实践经验的基础上，结合法律法规规定，借鉴同行已有的研究成果，撰写本书。

为了方便读者更好地理解和掌握《施工合同司法解释（二）》的全部内容，本书根据条文的不同内容将全书分为五章，分别为：第一章“合同效力及相关问题”，第二章“工期质量及价款结算”，第三章“建设工程鉴定”，第四章“建设工程价款优先受偿权”，第五章“实际施工人权利的保护”。在每一章前设置“本章要旨”“办案思路”和“举证指南”三个栏目，概括介绍本章的主要内容、案件办理的大致思路和举证的大概方向。然后按照《施工合同司法解释（二）》的条文顺序逐条进行分析解读，设置“典型案例（焦点评析）”“实务争点”“案例索引”“规范链接”四个栏目。“典型案例（焦点评析）”结合典型案例对条文内容进行解读；“实务争点”主要针对条文中未明确但实践中仍然存在广泛争议的问题展开论述，为本书的最大亮点；“案例索引”为与本条内容相关联的案例，方便读者延伸学习；“规范链接”为与本条内容相关联的各地法院指导性意见，方便读者了解该问题在司法实践中的全貌。

我们长期以来一直从事建设工程相关法律服务，密切关注《施工合同司法解释（二）》的立法动态，并深度参与了《施工合同司法解释（二）》（征求意见稿）的讨论，为《施工合同司法解释（二）》（征求意见稿）的完善，结合法律、法理与实践提出了不少真知灼见。

最后，要感谢律行天下团队的陶鸿、陈姗姗、周苗苗三位成员，他们为本书写作收集了大量资料，也为本书的修改和完善提供了大量有价值的意见和建议，在此对你们的辛勤付出表示感谢。还要特别感谢在本书写作过程中给我们提供过无私帮助的学者、法官、仲裁员、律师同人，没有你们的帮助，就不会有本书的顺利出版。

囿于作者水平，加之时间仓促，本书错误和不当之处在所难免，敬请广大读者谅解并欢迎斧正。

陈鑫范　王琦

2019 年 1 月 3 日

凡　例

简　称	全　称
最高院	最高人民法院
中院	中级人民法院
《2011 年全民会议纪要》	《全国民事审判工作会议纪要》
《八民会议纪要》	《第八次全国法院民事商事审判工作会议（民事部分）纪要》
《国有土地使用权合同司法解释》	《最高人民法院关于审理涉及国有土地使用权合同纠纷案件适用法律问题的解释》
《商品房买卖合同司法解释》	《最高人民法院关于审理商品房买卖合同纠纷案件适用法律若干问题的解释》
《证据规定》	《最高人民法院关于民事诉讼证据的若干规定》
《施工合同司法解释》	《最高人民法院关于审理建设工程施工合同纠纷案件适用法律问题的解释》
《施工合同司法解释（二）》	《最高人民法院关于审理建设工程施工合同纠纷案件适用法律问题的解释（二）》
《施工合同司法解释（二）》（征求意见稿）	《最高人民法院关于审理建设工程施工合同纠纷案件适用法律问题的解释（二）》（征求意见稿）
《合同法司法解释（一）》	《最高人民法院关于适用〈中华人民共和国合同法〉若干问题的解释（一）》
《房屋租赁合同司法解释》	《最高人民法院关于审理城镇房屋租赁合同纠纷案件具体应用法律若干问题的解释》
《民诉法司法解释》	《最高人民法院关于适用〈中华人民共和国民事诉讼法〉的解释》
《最高院优先受偿权函复》	《最高人民法院关于装修装饰工程款是否享有合同法第二百八十六条规定的优先受偿权的函复》
《最高院优先受偿权批复》	《最高人民法院关于建设工程价款优先受偿权问题的批复》

目录
CONTENTS

第一章　合同效力及相关问题

招标人和中标人另行签订的建设工程施工合同约定的工程范围、建设工期、工程质量、工程价款等实质性内容，与中标合同不一致，一方当事人请求按照中标合同确定权利义务的，人民法院应予支持。

招标人和中标人在中标合同之外就明显高于市场价格购买承建房产、无偿建设住房配套设施、让利、向建设单位捐赠财物等另行签订合同，变相降低工程价款，一方当事人以该合同背离中标合同实质性内容为由请求确认无效的，人民法院应予支持。

第二章 工期、质量及价款结算

当事人对建设工程开工日期有争议的，人民法院应当分别按照以下情形予以认定：

（一）开工日期为发包人或者监理人发出的开工通知载明的开工日期；开工通知发出后，尚不具备开工条件的，以开工条件具备的时间为开工日期；因承包人原因导致开工时间推迟的，以开工通知载明的时间为开工日期。

（二）承包人经发包人同意已经实际进场施工的，以实际进场施工时间为开工日期。

（三）发包人或者监理人未发出开工通知，亦无相关证据证明实际开工日期的，应当综合考虑开工报告、合同、施工许可证、竣工验收报告或者竣工验收备案表等载明的时间，并结合是否具备开工条件的事实，认定开工日期。

当事人约定顺延工期应当经发包人或者监理人签证等方式确认，承包人虽未取得工期顺延的确认，但能够证明在合同约定的期限内向发包人或者监理人申请过工期顺延且顺延事由符合合同约定，承包人以此为由主张工期顺延的，人民法院应予支持。

当事人约定承包人未在约定期限内提出工期顺延申请视为工期不顺延的，按照约定处理，但发包人在约定期限后同意工期顺延或者承包人提出合理抗辩的除外。

发包人在承包人提起的建设工程施工合同纠纷案件中，以建设工程质量不符合合同约定或者法律规定为由，就承包人支付违约金或者赔偿修理、返工、改建的合理费用等损失提出反诉的，人民法院可以合并审理。

有下列情形之一，承包人请求发包人返还工程质量保证金的，人民法院应予支持：

（一）当事人约定的工程质量保证金返还期限届满。

（二）当事人未约定工程质量保证金返还期限的，自建设工程通过竣工验收之日起满二年。

（三）因发包人原因建设工程未按约定期限进行竣工验收的，自承包人提交工程竣工验收报告九十日后起当事人约定的工程质量保证金返还期限届满；当事人未约定工程质量保证金返还期限的，自承包人提交工程竣工验收报告九十日后起满二年。

发包人返还质量保证金后，不影响承包人根据合同约定或者法律规定履行工程保修义务。

发包人将依法不属于必须招标的建设工程进行招标后，与承包人另行订立的建设工程施工合同背离中标合同的实质性内容，当事人请求以中标合同作为结算建设工程价款依据的，人民法院应予支持，但发包人与承包人因客观情况发生了在招标投标时难以预见的变化而另行订立建设工程施工合同的除外。

当事人签订的建设工程施工合同与招标文件、投标文件、中标通知书载明的工程范围、建设工期、工程质量、工程价款不一致，一方当事人请求将招标文件、投标文件、中标通知书作为结算工程价款的依据的，人民法院应予支持。

当事人就同一建设工程订立的数份建设工程施工合同均无效，但建设工程质量合格，一方当事人请求参照实际履行的合同结算建设工程价款的，人民法院应予支持。

实际履行的合同难以确定，当事人请求参照最后签订的合同结算建设工程价款的，人民法院应予支持。

第三章 工程司法鉴定

第四章 建设工程价款优先受偿权

发包人与承包人约定放弃或者限制建设工程价款优先受偿权，损害建筑工人利益，发包人根据该约定主张承包人不享有建设工程价款优先受偿权的，人民法院不予支持。

第五章 实际施工人权利保护

实际施工人以发包人为被告主张权利的，人民法院应当追加转包人或者违法分包人为本案第三人，在查明发包人欠付转包人或者违法分包人建设工程价款的数额后，判决发包人在欠付建设工程价款范围内对实际施工人承担责任。

实际施工人根据合同法第七十三条规定，以转包人或者违法分包人怠于向发包人行使到期债权，对其造成损害为由，提起代位权诉讼的，人民法院应予支持。

附 则

本解释自 2019 年 2 月 1 日起施行。

本解释施行后尚未审结的一审、二审案件，适用本解释。

本解释施行前已经终审、施行后当事人申请再审或者按照审判监督程序决定再审的案件，不适用本解释。

最高人民法院以前发布的司法解释与本解释不一致的，不再适用。

附　　录

第一章

合同效力及相关问题

（第一条至第四条）

本章要旨

合同效力是审理任何合同案件的基础。如果说合同的成立涉及的是事实判断，是有没有的问题，那么合同效力涉及的则是法律的价值判断，是好不好的问题。由于建筑领域存在大量挂靠、转包、违法分包等违法违规现象，而这又都直接关系到建设工程的质量问题，因此，国家为了确保建设工程质量、维护正常的市场竞争秩序，设置了较多的效力性强制性规定，对诸多违法行为进行否定性评价。这些强制性规定主要集中在《建筑法》《招标投标法》《城乡规划法》《建设工程质量管理条例》等法律、行政法规中，结合《合同法》第52条，《民法总则》第143条、第153条等规定，《施工合同司法解释》第1条和第4条明确规定了施工合同无效的具体情形，主要包括如下几个方面：（1）违反招投标法律的规定，必须招标而未招标或中标无效的；（2）施工企业不具备承接业务的相应资质的；（3）存在挂靠、转包或违法分包等行为的；（4）未取得相关建设审批手续等。其中，未取得相关建设审批手续的合同效力在《施工合同司法解释》中并无明确规定，但部分地方法院的指导性意见以及各地的司法实践大多已经将未取得相关建设审批手续的问题作为认定施工合同效力的依据之一。

对建设工程施工合同效力的认定属于人民法院应当主动审查的内容。在多地法院发布的指导性意见中，都明确规定法院在审理建设工程施工合同纠纷案件时，无论当事人是否对建设工程施工合同的效力提出主张或抗辩，法院都应当主动审查合同的效力。

由于建设工程施工合同效力问题，关系到工程价款结算、违约责任、质量保证金的返还、诉讼时效等与承发包双方利益密切相关的一系列问题，因此一直是各级法院审理建设工程施工合同纠纷案件时关注的首要问题。

为此，最新颁布的《施工合同司法解释（二）》开门见山，就建设工程施工合同的效力及相关问题专设 4 个条文，围绕中标合同实质性内容的认定标准、未取得有关建设审批手续的合同效力、施工合同无效损害赔偿的认定规则、出借（用）资质的连带赔偿责任等问题作出了明确的规定。

办案思路

由于建设工程施工合同的效力影响工程价款结算、工期、违约金等各项实体权利义务，**因此，应当首先审查施工合同的性质及效力，这至少应从如下方面着手进行分析：**

1. 涉案工程项目是否属于法定必须招投标项目，如果是法定必须招投标项目，则该项目是否经过了合法的招投标程序，是否存在标前合同或实质性磋商等导致中标无效的情形；如果是非必须招投标项目，是否也经过了合法的招投标手续等。

2. 承包人是否取得了与承建工程项目相应的资质，即是否存在未取得资质、超越资质或者借用资质（挂靠）等情形。

3. 工程是否取得了建设审批手续，即“四证”：建设用地使用权证、建设用地规划许可证、建设工程规划许可证、建设工程施工许可证，并重点审查是否取得了建设工程规划许可证。

4. 是否存在转包、违法分包、肢解发包等行为。

5. 是否存在违反《招标投标法》规定的低于成本价中标的情况。

6. 是否存在任意压缩工期、违反工程质量强制性规定等行为。

举证指南

合同效力问题是办理建设工程施工合同纠纷案件必须首先作出明确判断的基础性问题，本章 4 条内容主要介绍影响建设工程施工合同效力的因素，及建设工程施工合同无效后的损失赔偿确定原则等问题。

承发包双方在主张合同效力时应提交的证据主要有：

1. 承包人的建筑业企业资质证书。

2. 承包人的安全生产许可证。

3. 建设用地使用权证、建设用地规划许可证、建设工程规划许可证。

4. 承包人与内部承包人之间存在隶属关系的证据（如劳动合同、任命文件、工资表、工资发放证明、社保缴纳证明等）。

5. 建设工程是否为必须招标工程的相关证据。

6. 承发包双方履行招投标程序的相关证据（如招标文件、投标邀请书、投标文件、中标通知书等）；

7. 违法招投标的相关证据（如承发包双方经实质性谈判所签订的标前合同、招投标前承包人已实际进场施工、投标人之间串通投标的证据等）。

施工合同无效时，承包人主张损失赔偿或抗辩发包人主张损失赔偿的，承包人应提交的证据主要有：

1. 建设工程施工合同无效的责任在于发包人的证据。

2. 承包人遭受的损失及损失的具体数额（如人、材、机及企业管理费的增加费用及支付凭证等）。

3. 发包人过错与损失之间具有因果关系的证据。

施工合同无效时，发包人主张损失赔偿或抗辩承包人主张损失赔偿的，发包人应提交的证据主要有：

1. 建设工程施工合同无效的责任在于承包人的证据（如承包人存在挂靠情形，且发包人无法知悉该情形等）。

2. 工期延误造成发包人实际损失及损失数额。

3. 工程质量缺陷造成发包人实际损失及损失数额。

第一条 【背离中标合同实质性内容的判定】 招标人和中标人另行签订的建设工程施工合同约定的工程范围、建设工期、工程质量、工程价款等实质性内容，与中标合同不一致，一方当事人请求按照中标合同确定权利义务的，人民法院应予支持。

招标人和中标人在中标合同之外就明显高于市场价格购买承建房产、无偿建设住房配套设施、让利、向建设单位捐赠财物等另行签订合同，变相降低工程价款，一方当事人以该合同背离中标合同实质性内容为由请求确认无效的，人民法院应予支持。

条文主旨

本条规定了背离中标合同实质性内容的判断标准，揭示了以间接方式实质性变更工程造价的表现形式。

典型案例

案例 1：工程价款计价方式的变更是否属于变更中标合同的实质性内容？

——星华公司与荣盛公司建设工程施工合同纠纷案[①]

案情回放

2009 年 6 月 1 日，星华公司开发的星华苑小区 1 号楼商品房工程经

① 参见最高人民法院民事审判第一庭编著：《民事审判指导与参考》（总第 58 辑），人民法院出版社 2014 年版，第 112–114 页。

招投标程序后由荣盛公司中标。同年6月6日，星华公司与荣盛公司签订《建设工程施工合同》（以下简称施工合同），约定：荣盛公司承建星华苑小区1号楼工程，工程内容剪力墙结构27层，承包范围土建电水暖。开工日期为2009年6月21日，竣工日期为2010年8月27日。合同采用固定价格，价款为5600万元。合同未尽事宜双方以补充协议形式修改和补充，如与补充协议相抵触，按补充协议执行。施工合同同时约定，地下室按每平方米800元结算。该合同于2009年6月10日经所在区域建设工程招标投标管理办公室施工招投标备案。

2009年6月18日，双方签订《星华苑小区1号楼工程承包补充协议》（以下简称补充协议），约定：（1）工程承包内容为施工图纸上标明的土建、水暖、电气所有设计内容。（2）承包形式为包工包料，实行平方米一次性包干，建筑面积固定单价。（3）承包价格按建筑面积1500元/平方米计算，地下夹层单独计算，价格为800元/平方米。（4）开工日期为2009年6月21日，竣工日期为2010年8月27日，以相关质检部门验收合格为准。（5）结算方式为按实际建筑面积结算，地下夹层部分单独结算，增加和减少项目的工程量均不另行计算。（6）余款10%在竣工后一年内付清。5%质保金在质保期满后，无质量问题的，质保金付清。

合同签订后，荣盛公司于2009年6月21日开始施工，2010年8月3日提出工程竣工验收申请，2010年8月30日星华公司及有关部门出具了验收报告，该工程为合格工程。

2010年12月15日，双方签订星华苑小区1号楼建筑面积结算单，确认1号楼总价5518万元，双方对此均无异议。星华公司已给付荣盛公司工程款4800万元（含甲方供材及扣款）。该工程除主体外的质保期分别为2年至5年，质保金共计为230万元。

后因星华公司欠付工程款，荣盛公司提起诉讼，请求根据施工合同的约定判令星华公司给付工程欠款及相应利息。

裁判理由

一审法院认为，由于当事人在中标合同之外又签订了补充协议，补充协议将结算工程价款的计价方法由固定总价变更为固定单价，明确约定无论增加或者减少项目的工程量，均不另行结算工程款，明显是对工程款结算标准的重大变更，故根据《施工合同司法解释》第 21 条的规定，应以施工合同约定的 5600 万元作为案涉工程的应付价款，星华公司已给付 4800 万元，尚欠 800 万元，扣除质保金 230 万元（待质保期满后荣盛公司可另行主张）。

二审法院认为，补充协议虽然对施工合同在计价方式及是否根据工程项目的增减调整工程价款上作了变更，但并不构成实质性变更，而且，从实际履行情况看，双方在施工过程中就是按照补充协议的约定履行的，双方在工程竣工验收后签订的结算单也是根据补充协议约定的方式计算出的工程价款，因此，应当按照补充协议的约定结算工程款。根据双方确认的工程价款 5518 万元，星华公司已给付 4800 万元尚欠 718 万元，扣除质保金 230 万元。

裁判结果

一审判决：星华公司于判决生效后十日内给付荣盛公司 570 万元（自 2010 年 8 月 30 日起至判决生效之日止，按中国人民银行发布的同期同类贷款利率计算利息）。

二审判决：撤销一审判决，星华公司于判决生效后十日内给付荣盛公司 488 万元（自 2010 年 8 月 30 日起至判决生效之日止，按中国人民银行发布的同期同类贷款利率计算利息）。

焦点评析

本案的核心争议焦点涉及补充协议对计价方式及工程款的调整是否构成对中标的施工合同实质性内容的变更。根据《招标投标法》第 46 条第 1 款的规定："招标人和中标人应当自中标通知书发出之日起三十日内，按照招标文件和中标人的投标文件订立书面合同。招标人和中标人不得再行订立背离合同实质性内容的其他协议。"本条规定首次提出了"合同实质性内容"的概念，所谓"合同实质性内容"，按照学理解释，是指影响或者决定当事人基本权利义务的条款。但究竟哪些条款属于建设工程施工合同的实质性内容，在本条规定中并不明确。根据《合同法》第 30 条的规定："有关合同标的、数量、质量、价款或者报酬、履行期限、履行地点和方式、违约责任和解决争议方法等的变更，是对要约内容的实质性变更。”范围似乎较为宽泛，且对要约实质性变更的判定标准是否能够借鉴至建设工程施工合同的实质性变更的判断上，也存有疑问。

参照《合同法》第 275 条的规定，施工合同的内容相当丰富而广泛，包括工程范围、建设工期、中间交工工程的开工和竣工时间、工程质量、工程造价、技术资料交付时间、材料和设备供应责任、拨款和结算、竣工验收、质量保修范围和质量保证期、双方相互协作等条款。但是上述条款属于列举性的常见条款，该条也未区分哪些条款是施工合同的主要或必备条款。

最高院民一庭在解释《施工合同司法解释》第 21 条规定的实质性内容时认为：“建设工程中事关当事人权利义务的核心条款是工程结算，而影响工程结算的主要涉及三个方面：工程质量、工程期限和工程价款。”在《2011 年全民会议纪要》中，实质性内容在上述三项之外，又增加了一项“工程项目性质”。

《招标投标法实施条例》第 57 条第 1 款规定：“招标人和中标人应当依照招标投标法和本条例的规定签订书面合同，合同的标的、价款、质量、履行期限等主要条款应当与招标文件和中标人的投标文件的内容一致。招标人和中标人不得再行订立背离合同实质性内容的其他协议。”从该条款的第一句及第二句的文义及体系解释可知，“合同的标的、价款、质量、履行期限等主要条款”与“合同实质性内容”前后呼应，两者应作同一解释。

至此“合同实质性内容”在一般意义上具有了相对明确的界定。

结合建设工程合同的性质，建设工程合同是承包人进行工程建设，发包人支付价款的合同。建设工程施工合同作为建设工程合同的一种类型，是一种特殊的加工承揽合同，一方投入人、材、机，按时保质地完成工作成果（不动产），另外一方支付价款报酬。据此，《施工合同司法解释（二）》在总结上述法律法规规定的共性及实践经验后规定，《招标投标法》第 46 条第 1 款规定的施工合同“实质性内容”主要指有关工程范围、建设工期、工程质量、工程造价等内容。至此，最高院明确了工程范围、建设工期、工程质量、工程造价，共同构成建设工程施工合同的实质性内容。

我们认为，工程范围应当结合工程性质及工程内容，共同构成合同的标的，保证了建设工程施工合同标的物之可能及确定。建设工期，简称工期，指建设工程施工合同中约定的工程自开工到完工并交付验收的时间。工程质量，指建设工程施工合同约定的工程具体条件，也是这一工程区别其他同类工程的具体特征。工程质量作为保证人民生命财产安全红线的重要性自不待言。至于工程造价，一般称为工程价款，指发包人按照约定应当支付给承包人为其施工建设的对价，主要包括工程造价的计价依据及计价方式等，某项工程究竟采取可调价抑或固定价中的固定总价或固定单价［在《建设工程工程量清单计价规范》（GB 50500-2013）中分为单价合同与总价合同］，对当事人的权利义务影响深远，对工程结算影响巨大。

司法实践中，招标人与中标人在中标合同之外就明显高于市场价格购买承建房产、无偿建设住房配套设施、让利、向建设方捐赠财物等另行签订合同的，属于变相地以隐蔽的方式变更中标合同工程造价实质性内容的行为，也应当予以规制。

值得讨论的是，工程款的付款期限及付款方式，与工程价款的关系极为紧密，这些因素的变更是否属于实质性内容的变更？《招标投标法实施条例》第 57 条第 1 款规定的履行期限，专指合同工期还是包括工程款的支付期限？对此，实务界存在截然不同的认识。一种观点认为，对实质性内容的把握宜从严处理，工程款支付期限不应作为实质性内容；另一种观点则认为需从宽把握，将其纳入实质性内容。对此，如果单从文义入手，履行期限，既指通常认定的工程建设履行期限，也可以指付款履行期限。我们认为，在回答这个问题时，还需要引入立法目的解释并就个案进行斟酌衡量。例如，最高院在华丰建设股份有限公司与上海百协中闻置地发展有限公司建设工程合同纠纷案[①]中认为，备案合同有效并不意味着不能在未实质性改变备案合同的情况下对合同履行予以变更；本案有关工程预付款及工程进度款之约定，不属于对备案合同的实质性变更，原审依法适用双方达成的有关约定认定相关事实，依法有据。最高院在该案中似乎主张付款期限的变更不属于实质性内容

① （2014）民申字第 504 号。

的变更。[①] 由于最高院在该裁定书中并未详细记载基本案情，加之再审案件以维持原判为原则的立场，该案的参考意义较为有限。又如，在标力建设集团有限公司诉宁波华信投资开发有限公司建设工程施工合同纠纷案[②]中，双方在中标合同签订后三日内签订《补充协议》及《承诺书二》，对工程进度款的支付方式进行了变更。原支付方式为“地下室顶板结构砼完成后付已完工程 70%，以后按每月工程的 70% 支付，工程竣工验收通过付至合同价的 70%，待工程竣工验收后统一结算”，后变更为：“1. 地下室工程款中的 1000 万元转化为履约保证金，在工程竣工验收合格并备案通过时，由发包人扣除工程总价款的 5% 保修金后支付给承包人；2. 地下室工程款中的 500 万元在工程结算完成后与工程结算款一并支付；3. 地下室工程款中 2000 万元作为承包人（或实际负责人）向发包人购买华信世纪广场商务楼（1）（2）中的第五层等值房屋的预付款，价格为 10800 元 / 平方米。”对此，三级法院的裁判主旨无一例外地认为，该约定仅涉及支付方式的变更，不涉及最终结算价格的变更，且双方当事人一致确认的购房价格系当时的市场价格，根据相关司法解释，该变更不属于实质性内容变更，应认定为合法有效。乍看之下，法院似乎亦不认可付款期限的迟延及付款方式的变更构成中标合同实质性内容的变更。然而细究本案案情后又不难发现，补充协议中还约定了“其余地下室款项在地下室顶板结构砼完成后全额支付；将地下室之外其他部分的进度款付款比例由 70% 提升为 100%”的优越条件。借此探寻法官自由心证的过程，即由于重新调整后的两造利益不致显失均衡，因此上述内容的变更不构成实质性变更。也就是说，判断是否属于实质性变更，需要综合考量该变更是否造成双方利益失衡，如造成双方利益失衡，认定为构成实质性变更，如

---

① 相反观点，参见（2018）最高法民申 859 号。该判决中未将预付款、进度款等单独作为实质性内容进行界定，而是与三大核心要素综合考量。其裁判要旨：“该《补充协议》没有经过招投标，且约定的建设工期、合同价款及价款结算方式、合同主体、支付进度款预付款等对《中标通知书》所记载的内容作出实质性变更，与中标的《建设工程施工合同》明显不一致，违反了《招标投标法》第 46 条‘招标人和中标人不得再行订立背离合同实质性内容的其他协议’的规定。”

② （2016）浙 02 民终 733 号。

未造成双方利益失衡，则不构成实质性变更。在本案中，二审法院即认为虽然补充协议对施工合同的计价方式进行了变更，但由于未导致当事人就实质性内容享有的权利义务发生较大变化的结果，因此认定补充协议未背离中标合同的实质性内容。且该补充协议为双方实际履行，故以此作为工程款的结算依据。

需要进一步探讨的是，如果另行签订的补充协议与中标合同两相比较，在工程价款的计价依据、数额等方面基本保持一致，唯独较大幅度地改变了付款期限或者付款方式，是否构成对中标合同的实质性变更？比如，将原中标合同约定的按月形象进度支付款项的方式变更为施工企业全垫资施工；又如，将现金转账支付方式变更为以远期承兑汇票形式支付，这明显地加重了承包人的受偿风险，严重地损害了承包人及时、足额地获得工程款的重大权利。我们认为，如果合同其他条款均不变，这种情况下也应视为对中标合同实质性内容的变更。在地方性的司法意见中，济南中院《关于建设工程施工合同纠纷案件法律适用问题研讨会纪要》第 19 条明确规定："根据《招标投标法》第四十六条之规定，招标人和中标人除根据中标内容订立合同外，不得再行订立背离合同实质性内容的其他协议。发包方与承包方通过招标投标签订建设工程施工合同后，又另行订立垫资条款或者垫资协议的，该条款和协议因违反上述法律规定而无效。"

除上述工程实质性内容外的其他内容的变更，应当属于当事人意思自治的范畴，原则上不构成实质性变更，如技术资料交付时间、材料和设备供应责任、质量保修和质量保证期、违约责任条款[①]、双方相互协作等条款均允许通过自由协商而调整。比如，为了更好地履行和推进中标合同，变更了一方

① 宁波中院在宁波市江北博纳投资有限公司与五洋建设集团股份有限公司建设工程施工合同纠纷案［（2015）浙甬民二终字第 58 号］中，将违约责任作为合同的实质性内容，但该案是将违约责任与工期结合起来综合分析的。该案中，原中标合同约定合同工期为总日历天 832 天，承包人延误合同工期每天赔偿 1000 元，赔偿限额为合同价款的 2%；后修改为合同总工期 600 日历天，承包人延误合同工期每天扣罚 2000 元，赔偿限额为合同总价的 1%。最终，法院认定在工程总价等不变的情况下，上述变更显然加重了承包人的责任。

违约责任的承担，不宜简单地认定为“黑白合同”。[①] 又如，在中标合同中约定承包人包工包料，随后通过补充协议将部分承包人供应的主材改为甲供料形式；双方在补充协议中将保修期限延长至比法律规定更长的期限；提前返还保修金（质量保证金），并以保函形式予以替换；将中标合同中的纠纷解决方式从工程所在地法院专属管辖条款修改为更加灵活的仲裁管辖约定[②]，等等。

实务争点

1. 中标通知书的性质及法律效力

《施工合同司法解释（二）》（征求意见稿）第 1 条规定：“招标人向中标人发出中标通知书后，一方未依照招标投标法第四十六条第一款的规定履行订立书面合同义务，对方请求其承担预约合同违约责任或者要求解除预约合同并主张损害赔偿的，人民法院应予支持。另一种意见：招投标文件与中标通知书已具备建设工程施工合同主要内容，且不得作实质性变更，即使未订立书面合同，本约亦成立。”

由于两种观点的争论过于激烈，难分高下，故该条规定在最终颁布的《施工合同司法解释（二）》中被删除，这意味着该长久以来争论不止的重大问题仍无定论，将留给司法实践进一步探索的空间。

中标通知书的性质及效力问题，是我国建设工程法学界的一个经久不衰的热点话题。根据《合同法》的规定，“要约—承诺”是当事人订立合同的经典模式。作为该模式的一种特殊表现形式，建设工程招标投标程序始于发布招标公告（或发送投标邀请书），终于发出中标通知书，主要包括招标、

---

① 于蒙：《合同履行过程中的正常变更与黑白合同的认定——唐山凤辉房地产开发有限公司与赤峰建设建筑（集团）有限责任公司建设工程施工合同纠纷案》，载最高人民法院民事审判第一庭编：《民事审判指导与参考》（总第 65 辑），人民法院出版社 2016 年版，第 169–186 页。

② 参见《当事人另行签订的建设工程施工合同补充合同中关于纠纷解决方式的变更约定是否有效》，载最高人民法院民事审判第一庭编：《民事审判指导与参考》（总第 51 辑），人民法院出版社 2012 年版，第 236–237 页。

投标、开标、评标、定标几个阶段。从缔约方式的角度考察，招投标程序含要约邀请、要约、承诺三个阶段。

公开招标的招标人发布招标公告以及邀请招标的招标人向特定的对象发送投标邀请书，投标人的投标文件需要对招标文件的实质性内容进行响应，由于《合同法》将招标公告等明确定性为要约邀请，因此，招标公告和投标邀请书作为建设工程招投标程序的开端，其法律性质应属特殊的要约邀请而非要约。投标人获悉招标公告或收到投标邀请书后，向招标人领取招标文件，编制投标文件并组织投标，其目的即希望与招标人订立建设工程施工合同，性质上应为要约。招投标制度的最大特点便是在合同订立中引入了多个要约的竞争机制。招标人经过法定的开标、评标、定评程序，从多个投标文件（要约）中择优选择并确定中标人，进而向中标人发出中标通知书，当构成《合同法》上的承诺。

根据《招标投标法》的规定，招标人发出中标通知书，即具有约束招标人和中标人的效力。在此例外地采取了意思表示“发信主义”，承诺一经作出即刻生效，由此产生了如下两大法律效果：一是招标人不得改变中标结果，中标人不得放弃中标项目，否则应当承担法律责任[①]；二是招标人和中标人应当自中标通知书发出之日起 30 日内，按照招标文件和中标人的投标文件订立书面合同[②]。由于法律未明确中标通知书发出能否产生合同成立的法律效力，司法实践中对此争论不断。一种观点认为，中标通知书发出即产生合同成立并生效的法律效力；另一种观点认为，建设工程施工合同属于要式合同，必须签订书面的合同才能使合同成立。第二种观点的分支，又进一步将中标通知书解释为一种缔约承诺，即招投标文件和中标通知书只是构成了预约合同，仅仅设立了订立本约合同的义务。

我们认为，从我国法律规定及建设工程招标投标实践来看，应当认为中标通知书的发出具有导致承诺生效、建设工程施工合同成立的法律效力。

首先，这是由建设工程招标过程中要约和承诺的特殊性所决定的。如前

---

① 《招标投标法》第 45 条第 2 款。

② 《招标投标法》第 46 条第 1 款。

所述，发布招标公告等行为属于特殊的要约邀请，且招标文件内容明确具体，已经包括了拟签订合同的主要条款[①]。投标文件作为要约，不仅内容明确，而且应法律及招标文件要求对招标文件的要求和条件及合同主要条款均作出实质性响应。招标人经过开标、评标和定标，向中标的投标人发出中标通知书后不得反悔，而且明确要求招标人和中标人自中标通知书发出之日起30日内，按照招标文件和投标文件订立书面合同，具有实质的拘束力。

特别需要指出的是，为了维护招投标的严肃性，防止招标投标活动流于形式，确保国家利益、社会公共利益和招投标当事人的合法权益，法律明确要求招标人与中标人不得再行订立背离合同实质性内容的其他协议。因此，探究《招标投标法》的立法本意，招标人与中标人要订立的书面合同，不过是对双方认可的招标文件与中标人的投标文件的内容在合同形式上予以规范，合同的实质性内容不能突破招标文件和中标人投标文件的规定。

其次，合同作为规范平等主体之间权利义务关系的协议，只要当事人合意即告成立。《合同法》第25条规定："承诺生效时合同成立。"中标通知书在性质上属于承诺，而且《招标投标法》规定中标通知书一旦发出即发生承诺的法律效力。从这一意义上讲，招标人发出中标通知书就意味着建设工程施工合同的成立。

我国法律要求建设工程施工合同采用书面形式，有观点据此认为建设工程施工合同具有要式性，仅有招投标文件和中标通知书并不能使合同成立。我们认为，这是对法律规定的误读，实际上法律并未要求非得采取合同书的形式成立建设工程施工合同。根据《合同法》第11条的规定，书面合同包括合同书、信件、数据电文等可以有形表现所载内容的各种形式，招投标文件及中标通知书均为书面形式，且足以承载当事人之真意。《招标投标法》要求中标通知书发出后30日内双方签订书面合同，无非是通过书面合同对招标文件和中标人投标文件内容进一步确认、固定而已。一旦中标结果确定，中标通知书发出，那么招标文件、中标人的投标文件以及中标通知书本身即构成建设工程施工合同的书面形式，而且中标通知书还具有合同确

① 《招标投标法》第19条。

认书的意义。

2. 中标通知书发出后，一方悔标、弃标行为的性质以及应当承担的法律责任

《招标投标法》第45条第2款规定：“中标通知书对招标人和中标人具有法律效力。中标通知书发出后，招标人改变中标结果的，或者中标人放弃中标项目的，应当依法承担法律责任。”如前所述，我们主张中标通知书一经发出，合同成立并生效。在此之后任何一方的毁约行为在性质上都属于《合同法》第107条规定的违约行为，应当承担违约责任。

进一步的问题是，毁标方应以何种方式承担违约责任？根据《合同法》第107条的规定：“当事人一方不履行合同义务或者履行合同义务不符合约定的，应当承担继续履行、采取补救措施或者赔偿损失等违约责任。”我们认为，在确定毁标违约方的违约责任时，必须考虑建设工程施工合同的特殊性，由于建设工程项目具有投资大、周期长、技术要求高等特点，这决定了在建设工程施工合同履行过程中，建设单位和承包单位之间的人身信赖属性尤其强烈，相互协作关系必不可少。正因为如此，法律规定了大量的协力配合义务。在建设工程施工合同履行过程中，很难想象缺少一方协作的工程项目能够按质按期完成。甚至可以说，缺乏双方的配合协作，建设工程施工合同的履行将举步维艰。

因此，在一方毁标违约的情况下，守约方要求违约方承担继续履行、采取补救措施的违约责任，缺乏现实可操作性。结合《合同法》第110条的规定，一方毁标的情形，属于法律上或者事实上不能履行，也属于债务的标的不适用于强制履行，守约方不应要求对方承担继续履行或采取补救措施的违约责任，一般只能退而要求毁标违约方承担赔偿损失的责任。对于损失赔偿额的确定，《合同法》第113条规定应当赔偿因违约所造成的损失，包括合同履行后可以得到的利益，但不能超过违反合同一方订立合同时预见到或者应当预见到的因违反合同可能造成的损失。由于招标人与中标人的实际利益状态与具体情况并不一致，具体损失额的确定也是不同的。

从招标人的角度看，如果发生中标通知书生效后中标人毁标的情形，招标人可以根据《招标投标法》第 60 条的规定，对中标人的履约保证金予以没收，其损失超过履约保证金数额的还可以要求赔偿，中标人没有提交履约保证金的，可以要求中标人承担全部损失。但是，对于招标人的毁标行为应承担什么具体的法律责任，《招标投标法》《招标投标法实施条例》等法律法规均没有作出相应的规定。实践中，为了平衡双方利益，能否类推适用定金罚则，即中标人要求招标人双倍返还履约保证金，似乎有待进一步讨论，最终还需要依托立法得以彻底解决。目前，我们认为，中标人的损失赔偿额应该包括：一是要求招标人返还的履约保证金；二是中标人在整个招投标过程中实际支出的费用；三是要求招标人赔偿合同履行后的可得利益损失即合理利润；四是根据实际投入情况、履约状况、双方过错程度、可预见情况等综合衡量的其他损失。

3. 如何正确认定背离中标合同的实质性内容？

《八民会议纪要》第 31 条规定："招标人和中标人另行签订改变工期、工程价款、工程项目性质等影响中标结果实质性内容的协议，导致合同双方当事人就实质性内容享有的权利义务发生较大变化的，应认定为变更中标合同实质性内容。"《施工合同司法解释（二）》（征求意见稿）第 3 条规定："当事人依据《最高人民法院关于审理建设工程施工合同纠纷案件适用法律问题的解释》第二十一条规定，请求以备案的中标合同作为结算工程价款根据的，人民法院应当综合另行订立的合同是否变更了备案的中标合同实质性内容，当事人就实质性内容享有的权利义务是否发生较大变化等因素，依据诚实信用原则和公平原则予以衡量，并作出裁决。"但最终颁布的《施工合同司法解释（二）》并未体现该部分内容。我们认为，这主要是因为：一方面，诚实信用原则和公平原则过于抽象而不具有操作性，在有具体规则条文的前提下应当限制民法基本原则的适用；另一方面，该内容与已出台的规定多有重复，且未臻精确，从节省司法资源等角度考虑而予以删除。具体理由如下：

第一，《施工合同司法解释》第 21 条要求以备案的中标合同作为结算工程款的依据。其法理依据是《招标投标法》第 46 条第 1 款之规定，旨在捍卫招投标活动的严肃性，维护招投标市场秩序，防止对其他竞争者利益的不当损害。在上述立法目的下，法律始终维护经过合法招投标所签订的中标合同的效力。[①] 在招投标程序合法有效的前提下，招标人与中标人依法签订了中标合同，之后当事人背离中标合同实质性内容的约定而另行签订的合同，因违反了法律效力性强制性规定而归为无效。

第二，施工合同的特性决定了合同需要细化或变更以便于履行。要判断另行签订的合同是否对中标合同在实质性内容上构成重大变更或背离，不能一刀切、机械地适用法律，而需要作定性及定量的双重把握。在贯彻立法宗旨的前提下，考察当事人真实意思及实际履行的情况，进行充分的利益衡量。首先，另行签订的合同与中标合同在表面上存在实质性内容不一致，这个可以按照《施工合同司法解释（二）》第 1 条的内容作初步判断。其次，更重要的是应该从该实质性内容的变更是否足以对与实质性内容相关联的当事人主要合同权利义务产生重大影响方面加以考虑。换言之，需要准确区分建设工程施工合同的正常变更与合同重大变更导致实质性内容背离之间的界限。如果变化幅度较小，未对当事人权利义务造成重大影响，属于正常的合同变更，就不构成背离实质性内容，而应以当事人实际履行的合同结算工程价款。[②]

至于在实质性内容变化幅度的判断上，能否用一个整齐划一的标准来直接衡量，这是实务界人士孜孜以求的目标。江苏高院民一庭曾尝试以合同履行中的变化是否超过中标合同的 1/3 为据，1/3 以内属于正常范围，超过 1/3 的认定为实质性变更。[③] 最近，该院又适度修正了上述观点，以内容变化是否超过中标合同的 1/5 作为依据。[④] 我们认为，这种标准仍然较为机械且易造成裁判者恣意决断。诚如最高院冯小光法官所言，“实质性内容是与个案的具体情况相关联的，像 100 万元的工程另行订立的合同价款比中标合同少

---

① 《八民会议纪要》第七章第一节第 30 条：要依法维护通过招投标所签订的中标合同的法律效力……

② 参见杜万华主编：《第八次全国法院民事商事审判工作会议（民事部分）纪要理解与适用》，人民法院出版社 2017 年版，第 492 页。

③ 参见夏正芳：《建设工程案件审判实务中的有关问题》，载最高人民法院民事审判第一庭编：《民事审判指导与参考》（总第 35 辑），法律出版社 2009 年版，第 60 页。

④ 潘军锋：《建设工程领域黑白合同的效力认定》，载《人民司法（应用）》2017 年第 25 期。

20 万元，就应当认定为黑合同；2000 万元的工程少了 200 万元，也不一定认定为黑合同”。[①] 因此，还是应当赋予法官一定的自由裁量权，留待个案中结合具体情况在弹性的空间中予以解决。

司法实践中，在造价、工期、质量等多个因素或者同一个因素内部多个子项间同时发生变化的情形层出不穷，更需要综合评价，对由此造成的当事人主要权利义务关系的影响程度作一番动态化的衡量。对司法裁判者而言，涉及自由裁量权的运用及其界限。这既是一种技术，更是一种艺术。以工程造价内部的诸多子项同时发生变动的案型为例。在浙江省二建建设集团有限公司与被告宁波心广置业有限公司建设工程施工合同纠纷案[②] 中，案涉项目经招投标程序后，在中标备案合同中约定总价下浮 9.5%。之后双方签订补充协议，约定本项目变为全垫资，并在工程结算上总价不作下浮。法院经审理后认为，第一，根据承发包双方签订的补充合同，约定因发包人要求资金支付方式的更改，订立本补充合同，工程结算为总价现不作下浮。可见，该补充合同是双方真实意思表示，而且是发包方要求资金支付方式的更改，把工程结算总价调整为不作下浮。第二，本案中，补充合同总价款 4415 万元并没有变更。即使按照备案合同变更了浮动率的约定，其浮动价款只有 419.425 万元，如果放到六家建设单位备案合同总价款 36057 万元中去考量，比例仅占 1.16%，也难以认定实质性内容中工程价款的更改。第三，涉案工程由承包人全垫资施工，发包人不需要支付进度款，遵循双方约定的真实意思表示，造价不下浮也公平合理。综上，建设工程通过招投标和中标合同备案程序，其宗旨是防止当事人暗箱操作，维护公开公平竞争的市场秩序。本案中的中标备案合同公开明确表示工程预付款和工程款支付可以通过补充合同另行约定，而且双方补充约定时因发包人要求资金支付方式的更改，导致工程结算总价浮动率不作下浮，该约定是双方真实意思表示，应予遵从。

---

① 冯小光：《回顾与展望——写在〈最高人民法院关于审理建设工程施工合同纠纷案件适用法律问题的解释〉颁布实施三周年之际》，载最高人民法院民事审判第一庭编：《民事审判指导与参考》（总第 33 辑），法律出版社 2008 年版，第 92 页。

② （2015）甬镇民初字第 01386 号。

再举质量及相应违约责任同时变动的案型为例。某案中，承发包双方在招投标合同中对质量的要求是合格，之后双方又通过补充协议的形式约定，如果工程未达到鲁班奖，则不退还工程的履约保证金。最高院民一庭对该案例评释时指出，之后的约定对承包人科以高于招标合同的义务，要么构成对工程质量标准的改变，要么构成对工程价款的改变，应当认定为对招标合同实质性内容的变更。①

随着我们研究的日益深入可以发现，工程价款以及质量标准并非不能变动，对工程质量标准的提高本身值得鼓励，但是需要一个双方利益动态平衡的调节过程，有时也需要兼顾第三人（未中标人）的利益。类案的核心在于，原则上，提高质量标准必然要相应地提高工程的造价或者设置对应的可预期（不苛刻）的奖励条款，也可能涉及工期的延长。如果变更质量、造价、工期等实质性内容导致双方权利义务基本一致或不至于明显偏离，对此法律不应擅加干涉。

4. 因客观原因导致的合同实质性内容变更属于正常的合同变更

从合同法理论来看，合同的变更是法律赋予合同双方当事人的一项基本权利，是指合同双方当事人对合同相关内容进行修改的行为，体现了私法上的意思自治。合同变更权的行使存在于所有合同的履行过程中，中标合同的履行当然也不例外。②《合同法》第 77 条第 1 款规定："当事人协商一致，可以变更合同。"法律一方面允许当事人合意变更合同内容；另一方面为了贯彻《招标投标法》第 46 条所确立的招投标"三点成一线"原则，限制当事人随意变更合同从而轻易地架空招投标的效力。我们认为，在审查当事人对施工合同实质性内容进行变更时，需要全面考虑变更是否具有社会妥当性、变更

---

① 参见最高人民法院民事审判第一庭编著：《民事审判指导与参考》（总第 50 辑），人民法院出版社 2012 年版，第 237 页。

② 王毓莹：《当事人就同一建设工程另行订立的建设工程使用合同与经过备案的中标合同实质性内容不一致的，应当以备案的中标合同作为结算工程价款的依据——浙江宝业建设集团有限公司与天津老板娘水产食品物流有限公司、浙江老板娘食品集团有限公司建设工程施工合同纠纷案》，载最高人民法院民事审判第一庭编：《民事审判指导与参考》（总第 57 期），人民法院出版社 2014 年版，第 170–171 页。

是否会造成当事人利益及第三人（潜在投标人）权益的损害。

建设工程项目具有投资规模大、建设周期长、技术要求高、设计变更多、受国家宏观调控政策层面影响大等诸多特点，这决定了在建设工程施工合同履行过程中会存在较多的变更。因此，《建设工程工程量清单计价规范》（GB 50500–2013）第 2.0.16 条规定，工程变更指合同工程实施过程中由发包人提出或由承包人提出经发包人批准的合同工程任何一项工作的增、减、取消或施工工艺、顺序、时间的改变；设计图纸的修改；施工条件的改变；招标工程量清单的错、漏从而引起合同条件的改变或工程量的增减变化。《建设工程施工合同（示范文本）》（GF–2017–0201）在第三部分中专设第 10 条［变更］、第 11 条［价格调整］以策因应。1999 版 FIDIC 红皮书《施工合同条件》第 13.1 款也规定了变更权的内容。如前所述，工程变更的理由要充分而正当。因客观原因导致的工程范围、建设工期、工程质量、工程造价等实质性内容的变更，不属于《招标投标法》第 46 条第 1 款规定的实质性内容的变更。

关于客观原因的界定，《2011 年全民会议纪要》规定："建设工程开工后，因设计变更、建设工程规划指标调整等客观原因，发包人与承包人通过补充协议、会谈纪要、来往函件、签证等洽商记录形式变更工期、工程价款、工程项目性质的，不应认定为变更中标合同的实质性内容。"此外，《施工合同司法解释（二）》曾在征求意见稿第 4 条规定中增加了"主要建筑材料价格异常变动"的内容，及时地回应了近两年来建筑市场各类材料价格轮番大幅上涨对承包人的巨大影响。[①] 其中，主要建筑材料是指用量较大、占工程造价比重比较高的材料。一般情况下，缔约后发生的建材价格变动，属于正常的市场风险或商业风险，是从事商业活动的固有风险，诸如尚未达到异常变动程度的价格涨跌等，此时应当遵守合同的约定履行。鉴于客观原因本身是一个具有弹性的开放体系，从体系化解释出发，按照"相同或相类似的事

① 虽然正式颁布的《施工合同司法解释（二）》并未作此规定，但并不意味着最高院对此持否定态度，只是因为"主要建筑材料价格异常变动"在实践中难以具体量化，故仍然交由法官在个案中予以把握。

务，依相同原理进行处理”的平等原则，[①] 除了主材价格的异常变动之外，因不可归责于双方当事人的事由所导致的人工费及机械台班费用等的大幅度波动（异常变动）也应该构成客观原因。

除此之外，有法院将地质情况的变化归入客观原因变化的范畴。即合同订立时所依据的地质情况等客观情势发生了根本变化，且该变化为缔约之初根本无法预见，并由此造成当事人利益严重失衡。由于发包人负有向承包人提供地勘报告的义务，承包人据此进行投标报价并签约，如在承包人进场施工后发现地质状况与发包人提供的地勘状况存在重大差别时，将严重影响工程造价及施工工期等。故而《福建省高级人民法院关于审理建设工程施工合同纠纷案件疑难问题的解答》第 19 条、《杭州市中级人民法院民一庭关于审理建设工程及房屋相关纠纷案件若干实务问题的解答》第一部分第 8 条第 2 款都规定了在建设工程施工合同履行过程中，如遇特殊地质情况等客观原因导致工程量增减，当事人协商一致对中标合同的内容进行修改，属于正常行使合同变更权，变更后的合同可以作为结算工程价款的依据。

需要强调的是，允许合同作上述变更的时间点原则上应当在施工合同的实际履行过程之中，即至少在建设工程开工以后，而不允许在合同订立阶段就擅自变更。

案例索引

赤峰建设建筑（集团）有限责任公司与唐山凤辉房地产开发有限公司建设工程施工合同纠纷案［案号：（2015）民一终字第 309 号］；

杭州萧山蜀山街道沈家里社区经济联合社与浙江辰元建设有限公司、杭州中工建设有限公司等建设工程施工合同纠纷案［案号：（2016）浙 01 民终 7561 号］。

---

① 参见王泽鉴：《民法学说与判例研究》（第七册），中国政法大学出版社 2005 年版，第 103 页。

规范链接

《2011 年全国民事审判工作会议纪要》

四、关于建设工程合同纠纷案件（一）关于工程价款结算问题

招标人和中标人另行签订改变工期、工程价款、工程项目性质等中标结果的协议，应认定为变更中标合同实质性内容，中标人作出的以明显高于市场价格购买承建房产、无偿建设住房配套设施、让利、向建设方捐款等承诺，亦应认定为变更中标合同的实质性内容。对于变更中标合同实质性内容的工程价款结算，应按照《关于审理建设工程施工合同纠纷案件适用法律问题的解释》第二十一条规定，以备案的中标合同作为结算工程价款的根据。

协议变更合同是法律赋予合同当事人的一项基本权利。建设工程开工后，因涉及变更、建设工程规划指标调整等客观原因，发包人与承包人通过补充协议、会议纪要、来往函件、签证等洽商记录形式变更工期、工程价款、工程项目性质的，不应认定为变更中标合同的实质性内容。

《2015 年全国民事审判工作会议纪要》

44. 招标人和中标人另行签订改变工期、工程价款、工程项目性质等影响中标结果实质性内容的协议，导致合同双方当事人就实质内容享有的权利义务发生较大变化的，应认定为变更中标合同实质性内容。

45. 中标人作出的以明显低于市场价格购买承建房产、无偿建设住房配套设施、让利、向建设方捐款等承诺，亦应认定为变更中标合同的实质性内容。对于变更中标合同实质性内容的工程价款结算，应按照《关于审理建设工程施工合同纠纷案件适用法律问题的解释》第二十一条规定，以备案的中标合同作为结算工程价款的根据。

46. 建设工程开工后，因设计变更、建设工程规划指标调整等客观原因，发包人与承包人通过补充协议、会议纪要、往来函件、签证订洽商记录形式变更工期、工程价款、工程项目性质的，不应认定为变更中标合同的实质性内容。

《第八次全国法院民事商事审判工作会议（民事部分）纪要》

31. 招标人和中标人另行签订改变工期、工程价款、工程项目性质等影响中标结果实质性内容的协议，导致合同双方当事人就实质性内容享有的权利义务发生较大变化的，应认定为变更中标合同实质性内容。

《北京市高级人民法院关于审理建设工程施工合同纠纷案件若干疑难问题的解答》

16. “黑白合同”中如何认定实质性内容变更？

招投标双方在同一工程范围下另行签订的变更工程价款、计价方式、施工工期、质量标准等中标结果的协议，应当认定为《解释》第二十一条规定的实质性内容变更。中标人作出的以明显高于市场价格购买承建房产、无偿建设住房配套设施、让利、向建设方捐款等承诺，亦应认定为变更中标合同的实质性内容。

备案的中标合同实际履行过程中，工程因设计变更、规划调整等客观原因导致工程量增减、质量标准或施工工期发生变化，当事人签订补充协议、会谈纪要等书面文件对中标合同的实质性内容进行变更和补充的，属于正常的合同变更，应以上述文件作为确定当事人权利义务的依据。

《江苏省高级人民法院建设工程施工合同案件审理指南》

三、招投标情形下黑白合同效力的认定

（二）实质性内容不一致的判断标准

建设工程中事关当事人权利义务的核心条款是工程结算，而影响工程结算的主要涉及三个方面：工程质量、工程期限和计价方式。工程质量指建设工程施工合同约定的工程具体条件，也是这一工程区别其他同类工程的具体特征。工程期限，指建设工程施工合同中约定的工程完工并交付验收的时间。计价方式包括按实结算、固定总价结算、固定单价结算等。如果备案和未备案的两份施工合同在建设工期、施工质量、计价方式等方面发生变化，当无疑义属于实质性内容的变化，未备案的合同应属于无效的黑合同。

《广东省高级人民法院2012年全省民事审判工作会议纪要》

二、关于建设工程施工合同纠纷案件

（四）关于工程价款结算问题

21. 招标人和中标人另行签订改变工期、工程价款、工程项目性质等中标结果的协议，应认定为变更中标合同实质性内容；中标人作出的以明显高于市场价格购买承建房产、无偿建设住房配套设施、让利、向建设方捐献等承诺，亦应认定为变更中标合同的实质性内容。对于变更中标合同实质性内容的工程价款结算，应按照《关于审理建设工程施工合同纠纷案件适用法律问题的解释》第二十一条规定，以备案的中标合同作为结算工程价款的根据。协议变更合同是法律赋予合同当事人的一项基本权利。建设工程开工后，因设计变更、建设工程规划指标调整等客观原因，发包人与承包人通过补充协议、会谈纪要、往来函件、签证等洽商记录形式变更工期、工程价款、工程项目性质的，不应认定为变更中标合同的实质性内容。依法有效的建设工程施工合同，双方当事人均应依约履行。

《四川省高级人民法院关于审理建设工程施工合同纠纷案件若干疑难问题的解答》

9. 如何认定“黑白合同”实质性内容不一致？

招投标双方在同一工程合同范围和条件下，另行订立的建设工程施工合同变更经过备案的中标合同约定的工程价款、计价方式、工程期限、工程质量标准等内容的，应当认定为《建工司法解释》第二十一条规定的与经过备案的中标合同实质性内容不一致。当事人主张按照该变更后的合同结算工程价款的，不予支持。

中标合同备案后，承包人作出的明显高于市场价格购买承建房产、无偿建设住房配套设施、向建设方捐款、让利等承诺应当认定为变更经过备案的中标合同的实质性内容。发包人主张按照该承诺内容结算工程价款的，不予支持。

建设工程施工合同履行过程中，因设计变更、建设工程规划调整等非双方当事人原因，且无须重新进行招投标并备案的，当事人通过签订补充协议、会谈纪要等形式对工程价款、计价方式、工程期限、工程质量标准等合同内容进行合理变更或补充的，不应认定为与经过备案的中标合同“实质性内容不一致”，当事人主张以该变更或补充内容结算工程价款的，应予支持。

《浙江省高级人民法院民事审判第一庭关于审理建设工程施工合同纠纷案件若干疑难问题的解答》

十五、如何认定“黑白合同”？

认定“黑白合同”时所涉的“实质性内容”，主要包括合同中的工程价款、工程质量、工程期限三部分。对施工过程中，因设计变更、建设工程规划指标调整等客观原因，承、发包双方以补充协议、会谈纪要、往来函件、签证等洽商纪录形式，变更工期、工程价款、工程项目性质的书面文件，不应认定为《中华人民共和国招标投标法》第四十六条规定的“招标人和中标人再行订立背离合同实质性内容的其他协议”。

第二条 【违法建筑施工合同的效力】当事人以发包人未取得建设工程规划许可证等规划审批手续为由，请求确认建设工程施工合同无效的，人民法院应予支持，但发包人在起诉前取得建设工程规划许可证等规划审批手续的除外。

发包人能够办理审批手续而未办理，并以未办理审批手续为由请求确认建设工程施工合同无效的，人民法院不予支持。

条文主旨

本条规定了未取得建设工程规划许可审批手续而签订的施工合同无效及其例外情况和施工合同的效力补正制度。

典型案例

案例 2：在起诉前取得建设工程规划许可证的施工合同合法有效

——宜兴市金冠机械科技有限公司与江苏宇盛建筑安装工程有限公司建设工程施工合同纠纷案[①]

案情回放

2013 年 6 月 17 日，金冠机械科技有限公司（以下简称金冠公司）与江苏宇盛建筑安装工程有限公司（以下简称宇盛公司）签订《建设工程施工合同》一份，约定工程名称车间二及附房；工程地点宜兴市湖父镇东兴村；工程内容土建；承包范围土建双包；开工日期为 2013 年 6 月 25 日；竣工日期为 2013 年 10 月 25 日，合同工期总日历天数 120 天；质量标准合格；合同价款 2000000 元；工期约定：如延误竣工，由承包方赔偿发包方每天损失计人民币 1000 元；如提前竣工，由发包方奖承包方每提前一天人民币 1000 元整；如因预前介入手续未及时办理引起的停工，责任由承包方承担；合同价款不作调整；工程款（进度款）支付：竣工验收后支付工程款总额的 50%；2014 年春节前付至总额的 75%；2014 年 6 月付至总额的 95%，余额 5% 部分为质量保证金，于 2015 年春节前付清。支付方法由承包单位财务出具财务收据，并由承包方派员（授权）办理；违约条款约定：发包方或承包方违约承担守约方 200000 元赔偿；补充条款约定：乙方需帮甲方办理好房产证等相关手续，如需开发票由乙方承担 50% 的税金，该工程款不包括铝合金门窗、内外墙涂料、琉璃瓦（帮助施工），按图施工，山墙为马头墙，施工图变更，施工变更，不另增加工程款，材料费、水电、机械均由乙方自理等内容。双方法定代表人分别在合同上签名。

合同签订后，金冠公司于 2013 年 7 月 3 日、2013 年 7 月 17 日分别向宇盛公司各汇款 160000 元，宇盛公司则向金冠公司出具了加盖财务

① （2017）苏 02 民终 1292 号、（2015）宜丁民初字第 0528 号。

专用章的收款收据。2014 年 5 月 5 日，金冠公司取得宜集用（2014）第 25700012 号土地使用权证。2015 年 5 月 21 日，金冠公司取得车间二的建设工程规划许可证。

后因宇盛公司未按合同约定按时完工，存在严重违约。金冠公司据此向法院提起诉讼，要求解除建设工程施工合同并支付逾期违约金。

裁判理由

一审法院认为，金冠公司与宇盛公司签订《建设工程施工合同》时，金冠公司尚未取得建设工程规划许可审批手续，但在起诉前，金冠公司已取得了建设工程规划许可证，故金冠公司与宇盛公司签订的《建设工程施工合同》合法有效，双方均应按约履行合同义务。宇盛公司提出合同签订中存在欺诈，故合同无效的抗辩，由于其提供的现有证据不足以证明其主张，故对其该抗辩意见不予采信。

二审法院认可一审法院的观点。

裁判结果

一审法院判决：

一、解除金冠公司与宇盛公司于 2013 年 6 月 17 日签订的《建设工程施工合同》；

二、宇盛公司于判决发生效力之日起十日内支付金冠公司违约金 155000 元；

三、驳回金冠公司的其他诉讼请求。

二审法院判决：驳回上诉，维持原判。

焦点评析

本案的争议焦点是如何认定当事人就未取得建设工程规划许可证而签订的施工合同的效力。在建设审批程序中，与施工合同的效力可能相关的当属“四证”，即建设用地使用权证、建设用地规划许可证、建设工程规划许可证以及施工许可证。其中，未取得建设工程规划许可证或未按照建设工程规划许可证的规定进行建设的工程构成违法建筑。需要说明的是，未取得建设规划审批手续作为上位概念，具体表现为：在城市、镇规划区的建设单位未取得建设工程规划许可证，在乡、村规划区的建设单位未取得乡村建设规划许可证。例如，《浙江省违法建筑处置规定》(2013)第3条规定："本规定所称违法建筑，是指未依法取得规划许可或者未按照规划许可内容建设的建筑物和构筑物，以及超过规划许可期限未拆除的临时建筑物和构筑物，包括城市、镇规划区内的违法建筑(以下简称'城镇违法建筑')和乡、村庄规划区内的违法建筑(以下简称'乡村违法建筑')。"应当说，上述界定标准还是比较准确的，且此处所言的"规划许可"就是建设工程规划许可。

《城乡规划法》第40条第1款、第41条第1款规定了具体的行为模式："在城市、镇规划区内进行建筑物、构筑物、道路、管线和其他工程建设的，建设单位或者个人应当向城市、县人民政府城乡规划主管部门或者省、自治区、直辖市人民政府确定的镇人民政府申请办理建设工程规划许可证。""在乡、村庄规划区内进行乡镇企业、乡村公共设施和公益事业建设的，建设单位或者个人应当向乡、镇人民政府提出申请，由乡、镇人民政府报城市、县人民政府城乡规划主管部门核发乡村建设规划许可证。"第64条则规定了相应的法律后果："未取得建设工程规划许可证或者未按照建设工程规划许可证的规定进行建设的，由县级以上地方人民政府城乡规划主管部门责令停止建设；尚可采取改正措施消除对规划实施的影响的，限期改正，处建设工程造价百分之五以上百分之十以下的罚款；无法采取改正措施消除影响的，限期拆除，不能拆除的，没收实物或者违法收入，可以并处建设工程造价百分之十以下的罚款。"根据上述规定可知，取得建设工程规划许可证是合法建设的前提。[①] 三个法条的核心规范均直指"进行建设"的行为本身。我们认为，建设工程规划许可证与建造行为本身密切相关。法律对违法建筑所作的否定性评价，准确地讲，其对象不是建筑标的物，也不是标的物所附着的土地，而是建造行为本身。因此，法律要明确禁止未取得建设工程规划许可证或者未按照建设工程规划许可证的规定进行工程建设的行为。最高院民一庭庭长程新

① 最高人民法院民事审判第一庭编：《民事审判指导与参考》(总第69期)，人民法院出版社2017年版，第251页。

文在 2015 年 12 月 24 日所作的《关于当前民事审判工作中的若干具体问题》的重要讲话中，就明确指出了未取得建设工程规划许可审批手续的合同无效。

另，《房屋租赁合同司法解释》第 2 条第 1 款规定："出租人就未取得建设工程规划许可证或者未按照建设工程规划许可证的规定建设的房屋，与承租人订立的租赁合同无效。"《国有土地使用权合同司法解释》第 19 条规定："在下列情形下，合作开发房地产合同的当事人请求分配房地产项目利益的，不予受理；已经受理的，驳回起诉：……（二）房地产建设项目未取得建设工程规划许可证；（三）擅自变更建设工程规划。"这些规定否认合同效力的根本原因在于标的物是违法建筑，存在瑕疵。[①] 上述两部司法解释同属于私法性质，从外部体系解释，也进一步印证了未取得建设工程规划许可证所签订的施工合同的无效性。据此，我们认为，《城乡规划法》第 40 条第 1 款、第 41 条第 1 款属于《合同法》第 52 条第 5 项法律、法规的强制性规定中的效力性强制性规定，未取得建设工程规划许可证所签订的施工合同应当认定为无效。本条第 1 款的规定与我们的这一观点完全一致，对司法实践将起到一锤定音的作用。

此外，根据合同效力补正的理论，应当允许发包人通过事后救济的形式取得建设工程规划许可证，主动消除该无效合同的效力瑕疵。有争议的是补正无效合同的时间节点如何确定，多数地方性司法意见将其放宽至一审诉讼的辩论终结前。例如，《北京市高级人民法院关于审理建设工程施工合同纠纷案件若干疑难问题的解答》（以下简称《北京高院解答》）第 1 条规定："发包人就尚未取得建设用地规划许可证、建设工程规划许可证等行政审批手续的工程，与承包人签订的建设工程施工合同无效。但在一审法庭辩论终结前发包人取得相应审批手续或者经主管部门批准建设的，应当认定合同有效。"江苏、浙江、四川等地均对此作出了同样的规定，唯独《安徽省高级人民法院关于审理建设工程施工合同纠纷案件适用法律问题的指导意见》第 7 条第 1 款规定："发包人未取得建设工程规划许可证，与承包人签订建设工程施工

① 参见杜万华、冯小光、关丽：《最高人民法院关于审理城镇房屋租赁合同纠纷案件具体应用法律若干问题的解释的理解与适用》，载最高人民法院民事审判第一庭编：《民事审判指导与参考》（总第 39 辑），法律出版社 2010 年版，第 345 页。

合同的，应认定合同无效，但起诉前取得规划许可证的，应认定合同有效。”《施工合同司法解释（二）》在征求意见稿中也一度将补正时间规定至一审法庭辩论终结前，但是考虑到该时间点存在较大的不确定性和不可控性，为了避免法官滥用自由裁量权或者当事人滥用程序性手段人为拖延审理时间而补正合同效力，折损司法尊严、影响司法效率，《施工合同司法解释（二）》最终慎重地将效力补正的时间改为起诉前。这既符合诉权理论，也有《商品房买卖合同司法解释》第2条、《国有土地使用权合同司法解释》第16条等立法先例可循。

本条第2款规定：“发包人能够办理审批手续而未办理，并以未办理审批手续为由请求确认建设工程施工合同无效的，人民法院不予支持。”实践中，由于办理建设工程规划审批手续是发包人的法定义务，如果客观上具备办理审批手续的条件但是发包人恶意拒不办理，并以规划审批手续未办理为由主张施工合同无效，应当参照《合同法》第45条第2款第1句“当事人为自己的利益不正当地阻止条件成就的，视为条件已成就”的法理，认定施工合同为有效。因此，本案两级法院允许在签约时未取得建设工程规划许可证而起诉前已取得规划许可证的《施工合同》效力予以补正是完全正确的。

实务争点

1. 发包人未取得土地使用权证是否影响施工合同的效力？

土地使用权证，又称“建设用地使用权证”，根据《物权法》第135条的规定：“建设用地使用权人依法对国家所有的土地享有占有、使用和收益的权利，有权利用该土地建造建筑物、构筑物及其附属设施。”

部分法院曾将土地使用权证的取得作为施工合同的效力要件之一。例如，《广东省高级人民法院关于审理建设工程合同纠纷案件的暂行规定》第10条规定：“发包人与承包人签订无取得土地使用权证、无取得建设工程规划许可证、无办理报建手续的‘三无’工程建设施工合同，应确认无效；但在审理期间已补办手续的，应确认合同有效。”《深圳市中级人民法院关于建设工程合同若干问题的指导意见》第2条表达了类似的观点。实际上，根据我国“房地分离”主义的立法原则，房屋与土地为独立的不动产，两者截然分离，土地使用权是否取得，与地上建筑的合法性并无直接关联。《物权法》第 30 条规定：“因合法建造、拆除房屋等事实行为设立或者消灭物权的，自事实行为成就时发生效力。”根据通说观点，无论合法建造还是非法建造，均因建造这一事实行为而取得不动产所有权。因此，不应以未取得土地使用权证，去否定建设工程的合法性，进而否定施工合同的效力。①

2. 建设用地规划许可证是否影响施工合同的效力？

《城乡规划法》第 37 条规定：“在城市、镇规划区内以划拨方式提供国有土地使用权的建设项目，经有关部门批准、核准、备案后，建设单位应当向城市、县人民政府城乡规划主管部门提出建设用地规划许可申请，由城市、县人民政府城乡规划主管部门依据控制性详细规划核定建设用地的位置、面积、允许建设的范围，核发建设用地规划许可证。建设单位在取得建设用地规划许可证后，方可向县级以上地方人民政府土地主管部门申请用地，经县级以上人民政府审批后，由土地主管部门划拨土地。”第 38 条第 2 款规定：“以出让方式取得国有土地使用权的建设项目，在签订国有土地使用权出让合同后，建设单位应当持建设项目的批准、核准、备案文件和国有土地使用权出让合同，向城市、县人民政府城乡规划主管部门领取建设用地规划许可证。”据此，建设用地规划许可证是有关工程项目的位置、面积、范围符合城市规划的法律凭证。有观点从上述法律第 60 条第 2 项、第 61 条第 3 项规定对违法行为的相应处分认定未取得建设用地规划许可证的工程属于违法建筑，进而认为有关建设用地规划许可证的法律规定属于效力性强制性规范。②申言之，未取得建设用地规划许可证的施工合同无效。

上述观点在司法实践中颇为流行，如《北京高院解答》第 1 条第 1 款规定：“发包人就尚未取得建设用地规划许可证、建设工程规划许可证等行政审批手续的工程，与承包人签订的建设工程施工合同无效。”无独有偶，《浙江省高

---

① 参见关丽：《建设工程施工合同的效力认定及处理路径》，载中国人民大学民商事法律科学研究中心主办：《判解研究》（总第 73 辑），人民法院出版社 2016 年版，第 26–27 页。

② 参见王勇著：《建设工程施工合同纠纷实务解析》，法律出版社 2017 年版，第 53 页。

级人民法院民事审判第一庭关于审理建设工程施工合同纠纷案件若干疑难问题的解答》(以下简称《浙江高院解答》)第2条第1款、《四川省高级人民法院关于审理建设工程施工合同纠纷案件若干疑难问题的解答》(以下简称《四川高院解答》)第2条等纷纷作了同样的规定。《施工合同司法解释（二)》也曾在征求意见稿第5条中规定:“当事人以发包人未取得建设用地规划许可证、建设工程规划许可证为由，请求认定建设工程施工合同无效的，人民法院应予支持。”但最终将建设用地规划许可证从合同无效事由中删除。

我们认为，建设用地规划许可证与土地的使用权证类似，与地上建筑物的合法性并无直接关联。实践中所谓的“三无工程”，一般是指未取得土地使用权证、未取得建设工程规划许可证、未办理报建手续的工程，又称作“违法建筑”，是法律对未取得建筑审批程序的建筑所作的否定性评价。随着理论研究与实践水平的不断提升，对违法建筑不该一棍子打死，而应当作类型化的分析，并结合法律规范的核心意旨作类型学上的还原。如前所述，法律对违法建筑所作的否定性评价，其对象不是建筑物以及建筑物所附着的土地(涉及建设用地使用权证及建设用地规划许可证)，而是建造行为。因此，不应以未取得建设用地规划许可证否定建设行为的合法性，进而否定施工合同的效力。[①] 此外，根据《城乡规划法》第37条、第38条、第40条第1款的规定，取得建设用地规划许可证，是取得建设工程规划许可证的前提，故从简化文字的角度从发，只需要规定建设工程规划许可证作为施工合同效力的要件即可。

同理，是否取得施工许可证，作为行政管理性内容，并不影响施工合同的效力，这是不言自明的道理。

案例索引

安徽华朗生物技术有限公司与淮北市恒基建筑安装有限公司建设工程施

① 参见关丽:《建设工程施工合同的效力认定及处理路径》，载中国人民大学民商事法律科学研究中心主办:《判解研究》(总第73辑)，人民法院出版社2016年版，第26-27页。

工合同纠纷案［案号：（2015）皖民四终字第00177号］；

丰盛绿建集团有限公司与泰兴市金兴房地产开发有限公司、泰州锦溪置业有限公司建设工程施工合同纠纷案［案号：（2015）苏民终字第0188号］。

规范链接

《2015年全国民事审判工作会议纪要》

42. 就尚未取得建设工程规划许可审批手续的工程，发包人与承包人签订的建设工程施工合同无效。但在一审法庭辩论终结前发包人取得相应审批手续或者经主管部门批准建设的，应当认定合同有效。

《最高人民法院关于当前民事审判工作中的若干具体问题》

六、关于建设工程合同纠纷案件的审理问题

第二，关于合同效力问题……不具有相应资质等级以及未取得建设工程规划许可审批手续等签订建设工程施工合同的，应当依法认定无效。

《江苏省高级人民法院关于审理建设工程施工合同纠纷案件若干问题的解答》

3. 未取得建设工程规划许可证、施工许可证所签订的建设工程施工合同的效力如何认定？

发包人未取得建设工程规划许可证，与承包人签订的建设工程施工合同，应认定为无效。但在一审法庭辩论终结前取得建设工程规划许可证或者经规划部门认可的，可以认定有效。

发包人未取得建设工程施工许可证的，不影响建设工程施工合同的效力。

《河北省高级人民法院建设工程施工合同案件审理指南》

一、建设工程施工合同的效力认定问题

1. 发包人未取得建设用地规划许可证或建设工程规划许可证，与承包人签订的建设工程施工合同，应认定为无效。但在一审法庭辩论终结前取得两证或者经主管部门批准建设的，可以认定有效。发包人已经办理建设用地使用权手续，但尚未取得建设用地使用权证，不影响合同效力。发包人未取得建设工程施工许可证的，不影响合同效力。

《浙江省高级人民法院民事审判第一庭关于审理建设工程施工合同纠纷案件若干疑难问题的解答》

二、如何认定未取得“四证”而签订的建设工程施工合同的效力?

发包人未取得建设用地规划许可证或建设工程规划许可证，与承包人签订建设工程施工合同的，应认定合同无效；但在一审庭审辩论终结前取得建设用地规划许可证和建设工程规划许可证或者经主管部门予以竣工核实的，可认定有效。

发包人未取得建设用地使用权证或建筑工程施工许可证的，不影响建设工程施工合同的效力。

《四川省高级人民法院关于审理建设工程施工合同纠纷案件若干疑难问题的解答》

2. 未取得建设审批手续的建设工程施工合同的效力如何认定?

未取得建设用地规划许可证、建设工程规划许可证签订的建设工程施工合同无效。但在审理期间取得建设用地使用权，办理了相应审批手续或者经行政主管部门批准建设且已经竣工验收合格的，应当认定为有效。

建设单位未领取施工许可证的，不影响建设工程施工合同的效力。

《安徽省高级人民法院关于审理建设工程施工合同纠纷案件适用法律问题的指导意见》

7. 发包人未取得建设工程规划许可证，与承包人签订建设工程施工合同的，应认定合同无效，但起诉前取得规划许可证的，应认定合同有效。

违反建设工程规划许可证规定超规模建设的，所签订的建设工程施工合同无效，但起诉前补办手续的，应认定合同有效。

《广东省高级人民法院2012年全省民事审判工作会议纪要》

18. 建设工程没有取得建设工程规划许可证，属于违法建筑，就该违法建筑所签订的施工合同无效。但在一审法庭辩论终结前取得建设工程规划许可证或者经主管部门批准建设的，应当认定该施工合同有效。

《深圳市中级人民法院关于建设工程合同若干问题的指导意见》

2. 人民法院受理的建设工程施工合同纠纷，在审理过程中，一方当事人以涉案工程未取得土地使用权或建设用地规划许可、建设工程规划许可主张合同无效的，在开庭前发包人仍未取得土地使用权及上述行政许可的，应认定施工合同无效；开庭前已经取得土地使用权及上述行政许可，但未取得施工许可的，应认定施工合同有效。

第三条 【无效合同损失赔偿的认定】建设工程施工合同无效，一方当事人请求对方赔偿损失的，应当就对方过错、损失大小、过错与损失之间的因果关系承担举证责任。

损失大小无法确定，一方当事人请求参照合同约定的质量标准、建设工期、工程价款支付时间等内容确定损失大小的，人民法院可以结合双方过错程度、过错与损失之间的因果关系等因素作出裁判。

条文主旨

本条规定了建设工程施工合同无效时，损失赔偿的认定原则及方法。

典型案例

案例3：建设工程施工合同无效，如何认定损失赔偿？

——重庆中梁建筑安装工程公司与四川安和木业有限公司建设工程施工合同纠纷案[1]

案情回放

2010年7月24日，重庆市福安木业有限公司（以下简称福安公司）

① （2014）泸民终字第732号、（2013）合江民初字第2403号。

与重庆中梁建筑安装工程公司（以下简称中梁建司）签订《工程承包合同》，将位于四川省合江县临港工业园区内房屋建设以包工包料的形式承包给中梁建司建设，约定厂房按建筑面积 260 元 / 平方米包干计算。合同还约定“厂房须按图施工”，又对厂房部分施工标准进行了约定，但此时设计文件尚未形成。合同签订后，中梁建司进场施工，同年 8 月设计文件形成，但中梁建司仍未按设计图纸进行施工。合同履行期间，福安公司主要股东在合江县投资设立新的有限公司，并以四川安和木业有限公司（以下简称安和公司）作为名称进行预登记。福安公司将与中梁建司签订的《工程承包合同》的权利义务转让给安和公司，并告知中梁建司。2011 年 4 月 27 日，安和公司取得工商登记，2011 年 5 月 1 日，福安公司以书面形式正式通知中梁建司。2011 年 12 月 25 日，该工程竣工，安和公司对工程进行了验收。2012 年，安和公司付清了全部工程款。2013 年 6 月 20 日，合江县出现大风天气，最大风力为八级，中梁建司承建的 4 号厂房棚顶垮塌，该厂房总面积为 4850.13 平方米。安和公司诉至法院，要求中梁建司按照合同包干价 260 元 / 平方米的单价赔偿损失 1261033.80 元。审理中，经委托四川恒固建设工程检测有限公司鉴定，鉴定结论为：工程垮塌的诱因为大风，但其主要原因为施工质量不符合设计及相关验收规范要求。

裁判理由

一审法院认为，根据《施工合同司法解释》的相关规定，承包人未取得资质或者超越资质等级的，建设工程施工合同应认定无效。中梁建司未取得相应资质而承建工程，其与福安公司签订的建设工程施工合同无效。经法院委托对厂房垮塌原因进行鉴定，认定中梁建司在“施工时将部分钢筋混凝土柱替换为钢管柱或砖柱，承重柱的间距与设计相比过大，纵向柱少两排，E 轴山墙柱各少一根，且在 4.000M 处连系梁未接通，使得该房屋的结构体系发生改变，传力体系混乱；通过实体检测，承重柱的间距、钢筋混凝土柱尺寸、主筋规格及其混凝土抗压强度均不符合设计要求”“桁架的制作未严格按照设计要求进行选材和施工”“桁架与柱的连接未按照设计要求埋置预埋件，而是简单搭接在承重柱上”。鉴定综合认定该工程屋架垮塌的诱因为大风，但其主要原因为施工质量不符合设计及相关验收规范要求。《建筑法》第60条第1款规定：“建筑物在合理使用寿命内，必须确保地基基础工程和主体结构的质量。”《建设工程质量管理条例》第26条第1款的规定：“施工单位对建设工程的施工质量负责”；第40条规定：“在正常使用条件下，建设工程的最低保修期限为：（一）基础设施工程、房屋建筑的地基基础工程和主体结构工程，为设计文件规定的该工程的合理使用年限……”《建设工程质量管理条例》第28条规定：“施工单位必须按照工程设计图纸和施工技术标准施工，不得擅自修改工程设计，不得偷工减料。施工单位在施工过程中发现设计文件和图纸有差错的，应当及时提出意见和建议。”本案双方签订的建设工程施工合同虽然无效，但中梁建司仍应对其施工的工程质量负责。中梁建司明知自己无资质而与福安公司签订《工程承包合同》，且在施工过程中不按图施工，改变了设计要求的厂房主体结构，其施工质量严重不合格，是造成垮塌的主要原因，故中梁建司应对安和公司的损失承担赔偿责任。

《建设工程勘察设计管理条例》第4条规定：“从事建设工程勘察、设计活动，应当坚持先勘察、后设计、再施工的原则。”《四川省建设工程勘察设计管理条例》第5条规定：“工程建设应当坚持先勘察、后设计、再施工的原则。建设工程勘察、设计执行国家工程建设强制性标准。建设工程勘察文件未经审查批准的，不得进行工程设计。设计文件未经审查批准的，不得发包施工。”福安公司在设计文件尚未形成时即将建设工程发包，且将建设工程发包给不具备相应资质的中梁建司进行施工，在工程竣工时也未严格进行验收，其自身存在过错，应适当减轻中梁建司的责任。中梁建司主张按双方签订的合同约定的单价计算损失并无不当，故双方应根据各自的过错程度分担安和公司主张的损失。考虑到垮塌厂房尚有一定残值，垮塌厂房所在地皮已经平整，安和公司还可继续利用，安和公司承担30%的责任，中梁建司承担70%责任为宜。

二审法院认为，对涉案工程的质量问题，原审法院在审理中，经委托四川恒固建设工程检测有限公司鉴定，鉴定结论为：“工程垮塌的诱因为大风，但其主要原因为施工质量不符合设计及相关验收规范要求。”该鉴定机构及其鉴定人员具有相应鉴定资质，鉴定程序合法，原审法院采信该鉴定结论认定涉案工程存在质量问题，并无不当。原审法院以涉案工程造价作为安和公司的损失，结合房屋垮塌后所剩残值以及安和公司的过错程度，判决安和公司承担损失的 30%，中梁建司承担 70% 的赔偿责任，并无不当。

裁判结果

一审法院判决：中梁建司在判决书生效之日起十日内赔偿安和公司损失 880000 元。

二审法院判决：驳回上诉，维持原判。

焦点评析

本案的争议焦点是施工合同无效的情况下，因工程质量问题导致发包人损失的，如何认定该损失赔偿?

由于建设工程合同纠纷审判实践中，存在大量的无效合同，使无效合同的处理问题变得尤为突出。施工合同被认定无效后，不仅涉及本案中的质量问题导致的损失赔偿认定，还涉及诸如工程价款结算、工期延误导致的损失赔偿等问题，这些问题事实上都是同一问题的不同侧面，关于合同无效后的工程价款结算问题将在下一章中详细论述，此处仅讨论合同无效后的质量、工期问题引起的损失赔偿的认定问题。

《合同法》第 113 条规定："当事人一方不履行合同义务或者履行合同义务不符合约定，给对方造成损失的，损失赔偿额应当相当于因违约所造成的损失，包括合同履行后可以获得的利益，但不得超过违反合同一方订立合同时预见到或者应当预见到的因违反合同可能造成的损失。"该条规定明确了合同有效情形下的损失赔偿原则，即完全赔偿原则，违约方不仅要赔偿守约方所遭受的实际损失，还要赔偿守约方的预期利益损失。

《合同法》第 58 条规定："合同无效或者被撤销后，因该合同取得的财产，应当予以返还；不能返还或者没有必要返还的，应当折价补偿。有过错的一方应当赔偿对方因此所受到的损失，双方都有过错的，应当各自承担相应的责任。"根据该规定，在建设工程施工合同被认定无效的情况下，承发包双方无权要求对方承担合同约定的违约责任，而只能根据各自的过错承担相应的过错赔偿责任。至于该过错赔偿责任的范围，《施工合同司法解释》未作出规定，导致实践中对该赔偿范围产生了不同的理解。

有观点认为可以参照无效合同约定主张过错赔偿，也有观点认为应按照实际发生的损失主张过错赔偿，还有观点认为只能主张赔偿质量修复费用，等等。

为了统一司法实践中对这一问题的认识，《施工合同司法解释（二）》第1款规定合同无效，承包人或发包人一方因工程质量、工期、逾期支付工程价款等遭受损失的，遭受损失一方可以向对方主张损失赔偿，但需要就对方过错、损失大小、过错与损失之间的因果关系等内容承担举证责任。紧接着第2款又规定，如果损失大小无法确定的，可以参照合同约定的质量标准、建设工期、工程价款支付时间等内容确定损失大小，人民法院可以结合双方过错程度、损失与过错之间的因果关系等因素行使自由裁量权，作出对损失大小的判断。本案中，发包人要求承包人赔偿因案涉工程质量问题造成的损失时，因自身举证能力所限，无法直接举证证明案涉工程质量问题系由承包人原因造成，故申请法院委托鉴定机构对造成案涉工程质量问题的原因进行鉴定，在鉴定机构作出造成案涉工程质量问题的主要原因为施工质量不符合设计及相关验收规范要求的结论后，法院便可结合全案实际情况，依据《建筑法》《建设工程质量管理条例》《建设工程勘察设计管理条例》等的规定，对承发包人在造成案涉工程质量问题时的过错及因果关系等问题进一步分析，从而对承发包双方各自对造成案涉工程质量问题的过错大小进行认定，并作出判决。本案裁判虽发生于《施工合同司法解释（二）》颁布之前，但对这一问题的把握与本条的规定并无差异。

然而，在适用本条处理纠纷时，主要的困难不在于质量不合格工程的损失赔偿，司法实践中，质量不合格工程也并非常态，主要的纠纷在于质量符合国家规定的强制性标准但不符合合同约定标准造成损失以及工期延误造成损失时如何处理。我们认为，只能是在理解该条规定时作扩张解释，即将第2款中的“等”字解释为包括无效合同中的违约责任条款，否则，本条所规定的人民法院结合双方过错程度、过错与损失之间的因果关系等因素作出裁判根本没有基础。司法实践中，在施工合同无效后，一方当事人主张损失赔偿的最大障碍在于损失大小的确定，在绝大多数案件中，当事人是不具备证明损失大小的能力的，其根本无法举证证明实际损失大小，因此，只有根据无效合同中的违约责任条款确定损失金额后，人民法院才有可能结合双方过错程度、过错与损失之间的因果关系、导致合同无效的原因、有无减损以及公平分担等因素来确定损失分担，才具有可操作性。

当然，作这样理解的最大障碍在于，会被批评者认为无效合同已经无限接近于有效处理。我们认为，这其实已经是所有选择中最不坏的一种选择。首先，作此解释并非完全按照有效合同处理。因为如果合同有效，根据《合同法》的严格责任原则，在确定违约责任时，并不需要考虑违约方的过错与否，只需严格按照合同约定进行裁判即可，而此处参照无效合同中的违约责任条款，仅仅是参照违约责任条款来确定损失大小的基准金额，并在此基础上结合双方过错程度来确定损失责任的分配，并非直接按照该金额进行判决。其次，建设工程施工合同纠纷中的许多疑难问题都是因司法和行政衔接不畅所造成的，根源在于太多的合同被认定为无效。在这样的背景下，“不让违法者因自身的违法行为而获益”这一基本法律原则已经不可能被遵守，如果再过多地强调遵循合同法法理只会造成司法解释与建筑实践的脱离，将同时使“不让不诚信者因自身的不诚信行为而获益”的基本原则被破坏殆尽。所以我们认为，与其使“不让违法者因自身的违法行为而获益”“不让不诚信者因自身的不诚信行为而获益”两大基本原则都被破坏殆尽，不如退而求其次，在遵循“不让违法者因自身的违法行为而获益”原则已无可能的情况下，尽量维护“不让不诚信者因自身的不诚信行为而获益”的基本原则，最大限度地遵循当事人的意思自治。

实务争点

1. 施工合同无效，工期条款能否参照？

《合同法》第 56 条规定，无效的合同自始没有法律约束力。对此，除《施工合同司法解释》第 2 条、第 3 条对工程价款结算作出例外规定外，在工期问题上，《施工合同司法解释》和《施工合同司法解释（二）》均未作出特别规定。有观点据此认为，当建设工程施工合同被认定无效后，合同中所有关于工期条款的约定均不具有法律约束力，不仅包括有关工期提前的奖励约定和工期延误的违约责任，还包括工期本身的约定。也就是说，既不能根据无效合同的约定主张工期奖励或工期违约，也不能根据无效合同中关于工期时长的约定确定建设工期。此时，应当根据建设工程所在地的省级住建部门发布的工期定额计算出该建设工程的工期，并将其作为认定该建设工程工期的依据。持此观点者认为这不仅符合《合同法》的规定，也符合《建设工程质量管理条例》等行政法规和司法文件的规定，而且有利于改善当前业主不合理压缩工期，从而导致质量、安全事故频发的局面。因为《建设工程质量管理条例》第 10 条第 1 款规定："建设工程发包单位不得迫使承包方以低于成本的价格竞标，不得任意压缩合理工期。"《八民会议纪要》第 30 条规定："当事人违反工程建设强制性标准，任意压缩合理工期、降低工程质量标准的约定，应认定无效。"并进一步认为，建设工程合同无效，合同中所有关于工期条款的约定均不具有法律约束力，并不是说承包人无须对工期问题承担任何责任。根据《合同法》第 58 条的规定，合同无效后，有过错的一方仍应赔偿对方因此所受到的损失。而此处的定额工期与无效合同中的合同工期之间的时间差所造成的发包人损失，不妨将其认定为无效合同所造成的损失的一部分，可以根据《合同法》第 58 条的规定，按照各自的过错程度确定赔偿比例。在认定该部分损失时，还需考虑造成承包人超过无效合同工期的原因。

我们认为，上述观点看似完全符合法律规定，其实完全忽视了建筑实践，完全不顾建设工程施工合同纠纷案件中存在大量的无效合同的现实，机械地适用《合同法》的规则来处理这一问题。在建设工程施工合同纠纷这一特殊领域，我们必须正视由于司法和行政衔接不畅导致的司法过多承担了行政职能，对过多的施工合同效力作出了否定评价的现实，在处理这类纠纷时，必须从维护某些最基本的法律价值（如诚实信用）的角度去确立这一领域的纠纷处理规则。如果按照上述观点，承包人在延误工期时，完全有可能也有动力与第三人串通或者向法庭自证其与第三人之间存在挂靠的事实，根据《施工合同司法解释》第1条的规定，承包人和发包人签订的施工合同就可以被认定为无效，此时就可以按照定额工期确定建设工期，而定额工期往往远比合同约定的工期要长，导致的荒唐结果就是承包人可以因挂靠这一自身违法行为而免除或大幅减轻工期责任，这对发包人来说将是一种灾难。因此，我们认为，即使施工合同无效，工期条款仍应被参照，如上所述，这可能是一种最不坏的选择。

2. 施工合同无效，合同中约定的管理费如何处理？

管理费又称企业管理费，是指施工单位为组织施工生产和经营管理所发生的费用[①]。在施工总承包合同中，管理费有时又被称为总包管理费。故管理费、企业管理费、总包管理费在施工总承包合同中具有相同的内涵，所不同的是管理费、企业管理费还适用于转包、分包合同中。

《建设工程工程量清单计价规范》（GB 50500-2013）和《建设工程施工合同（示范文本）》（GF -2017-0201）并未对管理费单独定义，而是将管理费纳入"费用"项下。在定额计价模式下，管理费属于间接费的一部分，承包人按照定额确定的费率计取管理费。

在司法实践中，对有效合同中的管理费计取问题基本不存在争议，而对转包、违法分包合同中的管理费计取问题争议极大，主要集中在如下几个方面：没有资质或超越资质的实际施工人能否计取管理费？法院是否应该收缴转包、违法分包合同中的管理费？如果法院不收缴管理费，该如何处理转包人、违法分包人的管理费诉请？

（1）没有资质或者超越资质承揽工程的实际施工人主张管理费的，应根据实际施工人的资质情况并结合管理水平酌情确定管理费的数额。管理费是施工单位为组织施工生产和经营管理所发生的费用，因此，对不同资质等级的实际施工人而言，其所需支出的管理成本并不相同，在实际施工人不具备建筑业资质或者超越资质承揽建设工程时，其无权按照定额标准主张管理费。例如，最高院在四川省邛崃市川康建筑工程有限责任公司等与西藏世邦

---

① 《工程造价术语标准》（GB/T 50875-2013），中国计划出版社2013年版。

投资有限责任公司建设工程施工合同纠纷案[①]中认为，在建设工程实际施工时，实际施工人的资质证书已经失效，等同于实际施工人没有建筑业资质，加之实际施工人在人员资质及经营管理方面也存在瑕疵，不符合相应资质企业的要求。因此，可以按照个人承包标准计算管理费。

（2）法院可以依法收缴转包、违法分包合同约定的管理费。针对转包、违法分包行为，《建筑法》《建设工程质量管理条例》《建筑工程施工发包与承包违法行为认定查处办法》等法律、行政法规、部门规章均规定了没收违法所得的行政处罚措施。同时，《施工合同司法解释》第4条、《江苏省高级人民法院审理建设工程施工合同纠纷案件若干问题的意见》（以下简称《江苏高院意见》）第28条等也规定，承包人转包、违法分包所获得的管理费，人民法院可以收缴。

由此产生的问题是，法院和行政机关能否分别收缴转包人、违法分包人所收取的管理费？一种观点认为，建设行政机关依据《建筑法》等法律法规作出没收违法所得的行政处罚措施属于行政执法权，人民法院作出没收违法所得的民事制裁措施属于法院审判权的一部分。因此，法院和行政机关各自采取制裁措施并不违反法律规定。[②]在中国建筑第一局（集团）有限公司与英协（河南）房地产有限公司建设工程施工合同纠纷案[③]中，转包人的转包行为已经受到建委的行政处罚，但河南高院仍然以转包人已经取得的发包人超付的工程款，系其因非法转包取得的非法所得为由，对转包人非法所得款项予以收缴。另一种观点认为，行政机关对当事人的违法行为已作出过行政处罚决定的，人民法院不宜再次进行民事制裁。[④]

一般认为，《施工合同司法解释》第4条规定，对于转包人、违法分包

① （2013）民提字第77号。

② 关晓海：《行政处罚不能成为工程转包人豁免司法制裁的依据——最高人民法院复议决定对中建一局非法所得工程款制裁案》，载《人民法院报》2013年6月18日，第6版。

③ （2011）豫法民三终字第0066-1号。

④ 冯小光：《回顾与展望——写在〈最高人民法院关于审理建设工程施工合同纠纷案件适用法律问题的解释〉颁布实施三周年之际》，载最高人民法院民事审判第一庭编：《民事审判指导与参考》（总第33辑），法律出版社2008年版，第93页。

人已经取得的管理费，人民法院可以依法予以收缴。因此，人民法院对于承包人因非法转包已经获取的管理费等非法收益，依法应予以收缴国库。[①]在适用该条规定时，应当注意，收缴对象只能是当事人已经取得的违法所得；对约定取得，尚未履行的，不适用此条规定。[②]

（3）法院不收缴转包、违法分包合同约定的管理费。这存在如下几种不同做法：

①支持转包人、违法分包人请求支付管理费的诉请。实践操作中，对这一做法又存在两种不同的处理方式。A. 参照合同约定支持支付管理费的诉请。《施工合同司法解释》第 2 条规定，建设工程施工合同无效，但建设工程经验收合格的，可以参照合同约定结算工程价款。根据该条规定，虽然转包人、违法分包人与实际施工人签订的合同无效，但合同中关于管理费的约定仍然应当参照执行。例如，最高院在济南市历城区建筑安装工程公司等与济南市历城区建筑安装工程公司第十分公司建设工程施工合同纠纷案[③]中认为，参照合同约定扣除总价款的 9% 后支付给实际施工人较为公平，就是支持了这种观点。B. 根据参与管理情况酌情确定管理费的数额。转包人、违法分包人要求按照合同约定支付管理费的，法院应当根据其实际参与管理情况区别对待：对于转包人、违法分包人实际提供管理服务的，应综合考虑合同履行情况、缔约过错、工程质量等因素，根据公平原则予以衡量；对于转包人、违法分包人未实际提供管理服务的，对其支付管理费的请求不予支持。[④]例如，江苏高院在邓兰华与南通华新建工集团有限公司建设工程施工合同纠纷案[⑤]中认为，对违法分包人的违法分包行为，本应依法收缴其非法所得，但考虑到违法分包人在案涉工程施工过程中尽到了

---

① 杨心忠等著：《建设工程合同纠纷裁判思路》，法律出版社 2014 年版，第 9 页。

② 冯小光：《回顾与展望——写在〈最高人民法院关于审理建设工程施工合同纠纷案件适用法律问题的解释〉颁布实施三周年之际》，载最高人民法院民事审判第一庭编：《民事审判指导与参考》（总第 33 辑），法律出版社 2008 年版，第 93 页。

③ （2013）民提字第 59 号。

④ 参见潘军锋：《建设工程施工合同审判新类型问题研究——〈建设工程司法解释〉施行十周年回顾与展望》，载《法律适用》2015 年第 4 期。

⑤ （2014）苏民终字第 0002 号。

一定的管理责任，且案涉工程已竣工验收合格，故违法分包人可以向实际施工人收取一定比例的管理费。

②转包人、违法分包人已经收取的管理费应当返还实际施工人。合同无效，约定的管理费条款也应无效，根据《合同法》第 58 条规定，合同无效后，因该合同取得的财产，应当予以返还。因此，转包人、违法分包人基于无效合同取得的管理费也应予以返还。例如，最高院在湖北中民建筑工程有限公司诉胡俊雄公司建设工程施工合同纠纷案[①]中认为，在转包人与实际施工人签订的转包合同无效的情况下，转包人应将实际施工前便已经收取的管理费返还给实际施工人。

3. 因未取得建设工程规划许可证导致建设工程合同无效，如何结算工程价款？

《施工合同司法解释（二）》第 2 条第 1 款规定："当事人以发包人未取得建设工程规划许可证等规划审批手续为由，请求确认建设工程施工合同无效的，人民法院应予支持，但发包人在起诉前取得建设工程规划许可证等规划审批手续的除外。"因此，若在起诉前，建设工程仍未取得建设工程规划许可证，针对该建设工程所签订的建设工程施工合同无效，除非发包人在建设工程规划许可证等规划审批手续的条件成就时仍不办理并以此为由主张施工合同无效，人民法院才不予支持。关于这类建设工程施工合同被认定无效后，如何结算工程款的问题，存在不同的观点。

第一种观点认为，未取得建设工程规划许可证的建设工程施工合同被认定无效后，工程价款的结算应当参照《施工合同司法解释》第 2 条、第 3 条的规定处理，即应当区分工程质量是否合格。如果工程已经竣工验收合格或者修复后竣工验收合格，工程质量不存在问题，可以参照合同约定支付工程价款。如果工程质量不合格，应当对承包方投入的人工费、机械费、材料费等实际损失进行分担，考虑发包人的过错较大，其应分担较多比例的损失。[②]

---

① （2014）民抗字第 10 号。

② 潘军锋：《建设工程施工合同审判新类型问题研究——〈建设工程司法解释〉施行十周年回顾与展望》，载《法律适用》2015 年第 4 期。

第二种观点认为，无建设工程规划许可证的建设工程无论质量是否合格，均不得参照合同约定支付工程价款，应立即拆除已完工程、返还已支付的工程款，并根据各自的过错，赔偿人工费、材料费、机械费等实际损失。例如，成都中院在四川恒升钢构工程有限公司与四川国际标榜职业学院建设工程施工合同纠纷案[①]中认为，当事人之间关于修建未取得建设工程规划许可的建筑的约定属于无效约定，因该建筑在法律层面不具有可利用性，不能适用《施工合同司法解释》第2条所确立的折价补偿规则，应适用缔约过失规则对施工人的利益（包括建造成本和利润）予以赔偿。

第三种观点认为，未取得建设工程规划许可证的建设工程施工合同被认定无效后，工程价款的结算不应作为民事纠纷来处理。首先，对违法建设行为的认定及处理属于行政职责范围；其次，参照《国有土地使用权合同司法解释》第19条第2项的规定，当事人主张按建设工程施工享有权益法院不予受理。[②]

我们认为，在未取得建设工程规划许可证的建设工程施工合同被认定无效后，工程价款的结算一般应参照《施工合同司法解释》第2条、第3条的规定处理[③]，除非该建设工程被有关部门依法拆除。因为：（1）《施工合同司法解释》第2条、第3条是处理建设工程施工合同被认定无效后工程价款结算的一般原则，在未取得建设工程规划许可证的建设工程施工合同被认定无效时，只要该建设工程没有被有关部门依法拆除，其在结算工程价款时并无多大的特殊性，不应该被特殊对待。（2）实践中，大量的没有建设工程规划许可证的建设工程都是政府部门、国有企事业单位、军队等的用房，如果不允许承包人参照《施工合同司法解释》第2条、第3条的规定结算工程价款，

---

① （2014）成民终字第5178号。

② 王永起、李玉明著：《建设工程施工合同纠纷法律适用指南》，法律出版社2013年版，第115页。

③ 需要注意，在这种情况下，承包人不能行使建设工程价款优先受偿权。《施工合同司法解释（二）》（征求意见稿）第31条规定："建设工程具有下列情形之一，应当认为不宜折价、拍卖：（一）建设工程未取得建设工程规划许可证或者未按照规划许可证的要求进行建设的……"显然最终出台的《施工合同司法解释（二）》未体现该内容，但是可以参照该规定的法理精神。

将使本就处于弱势的承包人的利益失去有效的保障，也无法平衡承发包双方的利益。（3）若该未取得建设工程规划许可证的建设工程被有关部门依法拆除，此时确实不宜再参照《施工合同司法解释》第2条、第3条的规定结算工程价款。事实上，在这种情况下，《施工合同司法解释》第2条规定的折价补偿的基础已经不存在，只能根据各自的过错大小，适用缔约过失规则，对承包人的利益（包括建造成本和利润）根据比例予以赔偿。

案例索引

广州信实房地产开发有限公司等与广东瑞丰建设集团有限公司建设工程施工合同纠纷案［案号：（2010）粤高法民一终字第160号］；

崔烈志与中国太平洋财产保险股份有限公司苏州分公司、苏州中川投资有限公司建设工程施工合同纠纷案［案号：（2014）苏中民终字第04569号］。

规范链接

《最高人民法院关于审理建设工程施工合同纠纷案件适用法律问题的解释》

第三条 建设工程施工合同无效，且建设工程经竣工验收不合格的，按照以下情形分别处理：

（一）修复后的建设工程经竣工验收合格，发包人请求承包人承担修复费用的，应予支持；

（二）修复后的建设工程经竣工验收不合格，承包人请求支付工程价款的，不予支持。

因建设工程不合格造成的损失，发包人有过错的，也应承担相应的民事责任。

《广东省高级人民法院关于审理建设工程施工合同纠纷案件若干问题的意见》

3. 建设工程施工合同无效，但按照《关于审理建设工程施工合同纠纷案件适用法律问题的解释》第二条的规定可参照合同约定计算工程价款的，如承包人存在延期完工或者发包人存在延期支付工程款的情形，当事人应参照合同约定赔偿对方因此造成的损失。

《重庆市高级人民法院民一庭关于当前民事审判疑难问题的解答》

8. 建设工程施工合同无效，发包人请求承包人承担延期完工损失的，如何处理？

答：建设工程施工合同无效时，合同中关于工期的约定条款对当事人仍然具有约束力，人民法院可以据此判断工期是否延误。合同中对于工期延误损失有约定的，无论是约定违约金、损失计算方法以及其他约定，因合同被认定无效，故上述约定不能作为认定损失的依据。合同被认定无效后，工期延误损失应当是因承包人延期完工给发包人造成的实际损失，可根据双方当事人的过错予以赔偿。对于实际损失的存在及金额，发包人应当承担举证责任。

《山东省高级人民法院关于审理建筑工程承包合同纠纷案件若干问题的意见》

41. 建筑工程承包合同被确认无效后，应按合同当事人缔约过错程度确定各自应当承担的责任。

合同被确认无效后尚未履行的，由此造成的经济损失，根据双方当事人的过错程度，予以合理负担。

42. 建筑工程已经完成且质量合格，建设单位应当按照已完工程的实际造价支付给施工企业相应价款，因无效合同造成的经济损失，应根据双方当事人的过错程度和责任大小，确定应当承担的赔偿数额。

46. 因无效合同造成的损失范围，一般应当包括：窝工停工费、机械设备调遣费、倒运费、建筑材料和构件积压费、保管费、机械设施闲置费、租赁费、临时设施建造费以及其他直接与该工程有关而独立发生的费用等。

《河北省高级人民法院建设工程施工合同案件审理指南》

14. 建设工程施工合同无效，当事人一方依照《合同法》第58条规定，请求对方赔偿其因合同无效所受到的损失，人民法院应当综合过错程度、损失大小、损失与对方的过错之间是否存在因果关系等因素，依照诚实信用原则和公平原则，做出认定和裁决。

15. 建设工程施工合同被确认无效后，发包人主张因承包方工期延误应赔偿其与第三人签订的房屋买卖合同因逾期交房发生的违约损失，承包人对工期延误存在过错，损失已经实际发生，且损失发生与承包人逾期交工行为有因果关系，可以纳入无效合同过错责任赔偿范围。根据承包方订立、履行合同中的过错责任大小及诚实信用原则，依据《合同法》第五十八条规定判令其承担相应的责任。

《金华市中级人民法院民事审判若干疑难问题讨论纪要》

41. 建设工程施工合同无效，但建设工程经竣工验收合格的，工程价款和损失赔偿数额如何处理？

根据最高人民法院《关于审理建设工程施工合同纠纷案件适用法律问题的解释》第二条规定精神，建设工程施工合同无效，但建设工程经竣工验收合格的，承包人和发包人请求参照合同约定支付工程价款的，应予支持。损失赔偿数额可参照合同约定的违约责任计算。

第四条 【出借及借用资质者的责任】缺乏资质的单位或者个人借用有资质的建筑施工企业名义签订建设工程施工合同，发包人请求出借方与借用方对建设工程质量不合格等因出借资质造成的损失承担连带赔偿责任的，人民法院应予支持。

条文主旨

本条规定了借用资质情形下出借资质的单位与借用资质的单位或个人对因出借资质造成的损失应承担连带赔偿责任。

典型案例

案例 4：出借资质的单位应对挂靠人的债务承担连带责任

——蒋纪平与潘松青、润州建筑公司建设工程施工合同纠纷案[①]

案情回放

潘松青借用镇江市润州区建筑装潢配套工程公司（以下简称润州建筑公司）的资质与金航程公司签订建设工程施工合同一份，约定：（1）工程名称：金航程二号车间；（2）工程内容：施工图纸范围内的土建及水电；（3）合同工期总日历天数 250 天；（4）工程款（进度款）支付的方式和时间：工程竣工后第二年分两次付清；（5）质量保修：工程质保期从工程实际竣工之日起算，分单项竣工验收的工程，按单项工程分别计算质量保修期：土建工程为二年，屋面防水工程为五年，电气管线、上下水管线安装工程为二年；（6）非经发包人同意承包人不得将承包工程的任何部分分包，不得转包工程，也不得将其承包的全部工程肢解以后以分包名义分别转包给他人，分包工程价款由承包人与分包单位结算，发包人未经承包人同意不得向分包单位支付各种工程款项；等等。随后潘松青与蒋纪平签订协议一份，约定蒋纪平负责承包金航程车间内墙涂料包工、包料每平方米 13 元；付款方式为按大甲方付款方式进行；等等。

2014 年 10 月 9 日，江苏海信项目管理有限公司出具金航程公司航空座椅车间（二）工程结算审核报告，载明：航空座椅车间（二）刷喷涂料，内墙面乳胶漆 4881.21 平方米，天棚面、柱面乳胶漆 14925.04 平方米等。蒋纪平认可潘松青已经支付 17 万元。案涉工程已经竣工验收。

因潘松青未及时向蒋纪平支付案涉工程款，蒋纪平将潘松青与润州建筑公司一并起诉至法院。

---

① （2018）苏 11 民终 1322 号、（2017）苏 1191 民初 246 号。

裁判理由

一审法院认为，蒋纪平与潘松青签订的协议违反了润州建筑公司与金航程公司签订的建设工程施工合同中对该工程不得进行分包、转包的约定，应认定为无效。蒋纪平实际完成了工程施工，且已经通过竣工验收，潘松青应支付蒋纪平的工程款项为257481.25元，潘松青已经支付工程款17万元，尚余87481.25元未支付。潘松青逾期付款应当支付蒋纪平利息损失。润州建筑公司不承认潘松青具备对外能够以其名义签订合同的权限，蒋纪平亦未向法院提供其与润州建筑公司之间关系的相关材料，对蒋纪平要求润州建筑公司支付工程款的诉讼请求，不予支持。

二审法院认为，建筑施工企业转让、出借资质证书或者以其他方式允许他人以本企业的名义承揽工程，对因该项承揽工程不符合规定的质量标准造成的损失，建筑施工企业与使用本企业名义的单位或个人承担连带赔偿责任。本案中，蒋纪平与潘松青签订的协议违反了相关法律规定，应认定为无效。蒋纪平实际进行了工程的施工，且该工程已经竣工验收，潘松青应支付蒋纪平工程款及利息损失。在本案一审审理中，润州建筑公司称与潘松青是挂靠关系，各方当事人对此事实无异议，本院予以确认，润州建筑公司应对潘松青上述款项承担连带责任。

裁判结果

一审法院判决：

一、潘松青于判决生效之日起十日内支付蒋纪平87481.25元并支付利息3414.32元。2017年12月27日至实际给付之日的利息按照中国人民银行同期贷款利率计算；

二、驳回蒋纪平的其他诉讼请求。

二审法院判决：

一、维持镇江经济开发区人民法院（2017）苏1191民初246号民事判决书第一项、第二项；

二、镇江市润州区建筑装潢配套工程公司对上述给付义务承担连带清偿责任。

焦点评析

本案的争议焦点之一是如何确定挂靠关系情形下被挂靠人与挂靠人的对外责任承担方式?

由于建设工程关涉国计民生，关系到人民群众的生命财产安全，国家采取了建筑业企业资质管理的方式对工程建设领域实行严格的市场准入机制。我国现有的法律法规及司法解释对借用施工企业资质的行为有着具体而严格的规制。例如,《建筑法》第 26 条第 2 款规定:“禁止建筑施工企业以任何形式允许其他单位或者个人使用本企业的资质证书、营业执照，以本企业的名义承揽工程。”《建设工程质量管理条例》第 25 条第 2 款规定:“禁止施工单位超越本单位资质等级许可的业务范围或者以其他施工单位的名义承揽工程。禁止施工单位允许其他单位或者个人以本单位的名义承揽工程。”但在实践中，建筑行业出借或借用施工企业资质的现象仍然层出不穷。[①]

挂靠行为的存在使原本对建筑施工企业所设定的资质要求难以发挥其应有的作用，不仅严重扰乱了健康正常的建筑市场秩序，且对建设工程的质量产生了重大影响，因此，我国法律法规对挂靠行为作出了明确的禁止性规定，当事人之间因挂靠行为而签订的建设工程施工合同也因违反了《建筑法》第 26 条的效力性强制性规定而被认定为绝对无效。《施工合同司法解释》第 4 条也规定:“……没有资质的实际施工人借用有资质的建筑施工企业名义与他人签订建设工程施工合同的行为无效。”发包人与承包人之间的施工合同、承包人与挂靠人之间的挂靠合同都统统归为无效。在实践中，挂靠形式的复杂性及多样性要求我们必须首先分清挂靠行为的特征及具体表现形式，以准确地界定行为性质，正确地判定合同效力。

① “借用资质”系法律上正式的概念，长期以来在建筑市场中有着约定俗成的对应称谓，俗称“挂靠”。两者的含义基本相同，司法机关在实践中对此也普遍认可且不作严格区分。故下文所指的“挂靠”与“借用资质”具有同一意义，并交替使用。

一、挂靠行为的认定

1. 挂靠行为的特征

（1）挂靠人借用被挂靠人的资质开展工程建设。

①挂靠人缺乏相应的主体资格或资质。具体包括：挂靠人不具有从事建筑活动的主体资格；或者虽有主体资格，但不具有相应的施工资质；或者虽具有施工资质，但不符合所要承接工程的资质要求。

②被挂靠人具有相应的施工资质，能够协助挂靠人达到承接某项工程所需要的资质要求。挂靠人对外以被挂靠人的名义进行投标、签订建设工程施工合同、办理有关施工手续、从事施工等活动。[①] 为了便于工作的开展，被挂靠人一般会应挂靠人的要求，根据具体情况提供介绍信、施工企业资质证书、营业执照、授权委托书等材料，并提供盖章等内容的服务。

③挂靠人与被挂靠人之间需就资质的出借使用达成明确的合意，在未经被借用人同意的情况下，借用人单方面的意思表示可能会构成资质的盗用或冒用，此种情形不属于挂靠的范畴。

（2）挂靠人自主经营、自负盈亏。在挂靠法律关系中，被挂靠人只负责出借资质，不实际参与工程的建设，不进行技术支持，也不参与工程的质量安全监管等，一切的资金、人员、设备等均由挂靠人自行筹措并组织投入。挂靠人作为实际施工人，自负盈亏、独立核算、自担风险，对工程质量、工期、价款等承担完全的责任。

（3）被挂靠人通过资质的出借，向挂靠人收取一定的管理费。

2. 挂靠行为的表现形式

实践中，挂靠行为的典型表现形式主要有如下几种：未取得建筑施工企业资质的单位或个人借用有资质的施工企业名义承揽工程；低资质等级的施工企业借用高资质等级的施工企业的名义承揽工程；高资质等级的施工企业借用低资质等级的施工企业的名义承揽工程；同资质等级的施工企业之间借用资质承揽工程；不具有总承包资质的施工企业借用具有总承包资质的施工企业的名义承揽工程；低资质等级的施工企业通过与高资质等级的施工企业

---

① 参见《发包与承包违法行为认定查处管理办法》（建市规〔2019〕1号）第10条第2款。

签订“联营协议”，“联合承包”建设工程；等等。[①]

3. 挂靠行为与内部承包的区别

为营造一种合法的外观，实践中挂靠人往往以被挂靠人的项目经理、施工负责人等名义对外与第三人发生法律关系，对内则另外签订“内部协议”以对挂靠关系中的权利义务进行约定，这种行为在形式上极易与内部承包发生混淆，属于借内部承包之名行挂靠之实，行为相当隐蔽。但两者在本质上截然不同，内部承包系指建设工程施工合同的承包人将其承接的工程承包给其下属机构或在册职工，并在资金、技术、设备、人力等方面给予支持。作为建筑施工企业自身的一种经营管理模式，内部承包是法律所允许的行为，因之签订的合同合法有效。因此，正确认定挂靠行为，要求我们必须厘清挂靠与内部承包之间的区别。

（1）人事关系上，考察承包人与建筑施工企业之间是否具备人事隶属或聘用关系。在正常、合法的施工承包关系中，施工单位在施工现场派驻的项目负责人、技术负责人、质量管理负责人、安全管理负责人应当是施工单位的正式员工，即应当与施工单位订立劳动合同、建立劳动工资及社会保险关系（原则上三者应同时满足）[②]。具体而言，可以凭是否签订劳动合同、企业是否为承包人缴纳相应的社会保险[③]（核心因素）、是否发放工资等来综合认定，目前的司法实践采取的是从严认定的态度。而在挂靠关系中，挂靠人与被挂靠人是两个彼此独立的平等民事主体，不具有以社保关系为核心表征的人事隶属关系。

（2）从参与度上，挂靠行为的一大重要特征就是被挂靠人仅仅向挂靠人出借资质，本身并不实际、深度地参与工程的建设、管理，对工程安全质量等也不承担相应责任。被挂靠人只是为了应对相关部门的监督检查而象征性

---

① 此处所说的联合承包非《建筑法》规定的联合承包，而是指以联合承包为名，行挂靠之实的行为。

② 参见朱树英、何郁宁：《认定查处挂靠亟待关注的六大法律问题》，载《建筑时报》2015年5月7日，第001版。

③ 当然，实务中不排除有些能工巧匠在退休后被企业返聘的情况，此时，因为无法缴纳社会保险，需从其他因素进行综合审核，不宜一刀切地认定此时一定存在挂靠行为。

地调派相关人员，并不常驻项目，或者为了工程资料的制作及备案而设置相关人员进行形式上的签字盖章。而在内部承包的情况下，建筑企业需要对工程的实际建设负责，往往还会对内部承包人提供物质、技术和人力上的某方面或者多方面的必要支持。

（3）在财务管理上，内部承包由企业实行统一的管理结算模式，而在挂靠关系中，被挂靠人除向挂靠人收取一定的管理费外，一般不会与挂靠人发生其他经济上的关联。除非双方在内部协议中约定先由被挂靠人对外向发包人进行工程价款的结算，再将钱款转支付给挂靠人。挂靠人具有自己独立的财务核算体系。

（4）在对外关系上，挂靠人作为独立主体有时以自己的名义进行活动，此时，相应的权利义务也由挂靠人自行承担，而内部承包则统一以公司的名义对外发生关系。

二、挂靠人与被挂靠人对发包人承担连带责任

在建设工程施工合同中，挂靠人以被挂靠人的名义从事法律行为，两者的关系犹如人之于外衣。故此，在对外关系上，应将两者作为一个共同体（共同承包人）来对待，挂靠人与被挂靠人同居一侧，共同对发包人承担连带责任。需要强调的是，这种连带责任实为不真正连带责任。在内部关系上，由于挂靠人是责任的终局承担者，在对外承担责任之后，被挂靠人有权根据实际情形对挂靠人进行追偿。

遵循上述理论的思路，就施工合同无效的损失的责任分担问题，《施工合同司法解释（二）》曾在征求意见稿第9条中规定："建设工程施工合同因实际施工人借用有资质的建筑施工企业名义签订被认定无效，发包人请求实际施工人和出借资质的建筑施工企业对其因合同无效所受到的损失承担连带赔偿责任的，人民法院应予支持。发包人订立合同时明知实际施工人借用资质，实际施工人或者出借资质的建筑施工企业以此为由主张发包人承担相应责任的，人民法院应予支持。"应从发包人过错因素、过错与合同无效之间的因果关系的角度进行判断。根据该征求意见稿的思路，发包人在订立合同时对挂靠事实是否知情显得尤为重要，这是确定责任的大小范围及分摊的关键指标。首先，发包人知悉挂靠的时间节点是缔约当时，发包人嗣后知悉并

不加重发包人的责任；其次，发包人的主观状态是“明知”，还应当包括“应当知”，发包人因重大过错而不知情的，与“明知”作同等的价值判断。[①]

在工程质量上，挂靠人与被挂靠人应当共同对发包人承担连带责任，这在实体法与程序法上有着充分的依据。《建筑法》第66条规定：“……对因该项承揽工程不符合规定的质量标准造成的损失，建筑施工企业与使用本企业名义的单位或者个人承担连带赔偿责任。”程序法上，《民诉法司法解释》第54条规定：“以挂靠形式从事民事活动，当事人请求由挂靠人和被挂靠人依法承担民事责任的，该挂靠人和被挂靠人为共同诉讼人。”此外，《施工合同司法解释》第25条进一步明确规定：“因建设工程质量发生争议的，发包人可以以总承包人、分包人和实际施工人[②]为共同被告提起诉讼。”

最终，《施工合同司法解释（二）》第4条在充分吸收《建筑法》第66条的基础上规定：“缺乏资质的单位或者个人借用有资质的建筑施工企业名义签订建设工程施工合同，发包人请求出借方与借用方对建设工程质量不合格等因出借资质造成的损失承担连带赔偿责任的，人民法院应予支持。”即以“质量责任”为重点进行列举，这里的质量标准，包括法定标准以及约定标准。一个“等”字包含了其他情形，可以举一反三。实践中，建筑施工企业出借资质造成的责任主要包括建设工程质量不合格、工期延误、合同无效等。一言以蔽之，只要损失是由出借资质造成的，发包人就有权请求借用资质的单位或者个人与出借资质的建筑施工企业承担连带责任。

本案二审法院并未注意发包人和实际施工人的区别，直接依据挂靠人与被挂靠人应对发包人承担连带责任的规定，认定挂靠人与被挂靠人对实际施工人承担连带责任，是值得商榷的。

---

① 之所以最终出台的《施工合同司法解释（二）》中未直接体现该内容，是由于第4条规定的质量连带责任只是作为出借资质造成损失的示例，而并非全部，出借资质导致的损失可一并归入“等”情形之中。

② 含挂靠人。——笔者注

实务争点

1. 挂靠人是否有权向发包人要求支付工程款?

挂靠人是否有权向发包人要求支付工程款，这是司法实践中的一大难点问题。我们根据不同情形分述如下：

（1）挂靠人以实际施工人的身份，根据《施工合同司法解释》第 26 条第 2 款、《施工合同司法解释（二）》第 24 条的规定起诉发包人要求支付工程款。

《山东省高级人民法院 2011 年民事审判工作会议纪要》第 3（6）条规定："最高人民法院《关于审理建设工程施工合同纠纷案件适用法律问题的解释》第 26 条规定的实际施工人，是指工程转包合同的转承包人、违法分包合同的承包人、借用资质（资质挂靠）的承包人。"《盐城市中级人民法院关于审理建设工程施工合同纠纷案件若干问题的指导意见》（以下简称《盐城中院指导意见》）第 6 条也作了同样的规定。

《施工合同司法解释》第 26 条第 2 款规定："实际施工人以发包人为被告主张权利的，人民法院可以追加转包人或者违法分包人为本案当事人。发包人只在欠付工程价款范围内对实际施工人承担责任。"从文义上解读，该条所称的"实际施工人"仅指转包和违法分包的承包人，未包含挂靠人，《施工合同司法解释（二）》第 24 条规定的实际施工人也应作同一解读。从体系上看，《施工合同司法解释》中"实际施工人"一词总共出现了 6 次，分布在第 1 条、第 4 条、第 25 条及第 26 条。第 25 条中的实际施工人涵盖了转包、违法分包、挂靠人。从立法者主观目的解释亦复如是。《施工合同司法解释（二）》第 24 条承继了上述条文，采取同样的态度。据此，我们认为，挂靠人也可以实际施工人名义，依据《施工合同司法解释》第 26 条第 2 款或者《施工合同司法解释（二）》第 24 条的规定向发包人主张工程款债权。[①]

---

① 参见本书第 340 页，第五章第二十四条"典型案例"中的"焦点评析"部分。

（2）挂靠人以自己名义向发包人主张工程款。

①挂靠人与发包人之间成立事实上的施工合同关系。

最高院民一庭早年有观点认为，被挂靠人在整个施工合同中并未实际履行义务，而挂靠人与发包人之间虽未建立合法的合同关系，但施工合同的实际履行主体是发包人与挂靠人。据此认定挂靠人与发包人之间成立（事实）合同关系。[①] 我们认为，这种观点的论据并不充分，合同的签订注重名义，不能轻易地推翻施工合同是被挂靠人与发包人之间订立的事实。实践中，有些法院在裁判时也简单地以挂靠人为实际施工人，实际完成工程为由，直接认定成立事实施工合同关系，这背离了合同重视名义的本征。无论是实务界还是理论界，对以合同无效为由任意打破合同相对性的做法都提出了强烈的质疑，且事实合同关系仅具有法律史上的意义，其适用空间在现代法治社会本应当限制至非常狭小的空间，如果被任意发挥或滥用，亦不足为训。

②以发包人在订立施工合同时是否明知挂靠事实为标准，分别进行考察。

第一种情形是发包人不知有关单位或个人以其他有资质的施工单位的名义，参与投标、订立合同、办理有关施工手续、从事施工等活动。发包人在订立合同时不知实际施工人借用资质的，应当保护善意发包人对被挂靠人系施工合同相对人的信赖，挂靠人向发包人主张工程价款的，应当依据《施工合同司法解释》第 26 条第 2 款或者《施工合同司法解释（二）》第 24 条、第 25 条的规定处理。

第二种情形是发包人明知、放任或者故意追求不具备资质的单位或者个人以具备相应资质的施工单位名义承揽工程的行为。最高院在贵州华隆煤业有限公司、六枝工矿（集团）六十五工程建设有限公司建设工程合同纠纷案[②] 中，创造性地提出发包人与承包人之间的建设工程施工合同法律关系因双方虚假意思表示应为无效的观点。

我们认为，在挂靠签订的建设工程施工合同中，如果发包人对挂靠施工

---

① 类似观点，参见万怡、李颖：《挂靠中工程款案件诉讼主体正当性研究——以某中级法院为视角》，载于健龙等主编：《中国建设工程法律评论》（第四辑），法律出版社 2016 年版，第 197-198 页。

② （2016）最高法民终 361 号。

的事实是明知的，应重新审视三者之间的关系，探究当事人真实的意思表示。对此，有以下两种思路可供展开：

第一种思路：如该判决主旨所述，发包人与被挂靠人之间的建设工程施工合同关系，因双方系虚假意思表示，根据《民法总则》第146条第1款之规定，当事人以虚假的意思表示实施的民事法律行为无效。进而根据该条第2款规定："以虚假的意思表示隐藏的民事法律行为的效力，依照有关法律规定处理。"在发包人明知挂靠，甚至主动撮合挂靠人与被挂靠人建立挂靠关系的情形下，背后隐藏了挂靠人与发包人订立施工合同的真实意思表示，承包人对发包人享有工程款给付请求权。故最高院在贵州华隆煤业有限公司、六枝工矿（集团）六十五工程建设有限公司建设工程合同纠纷案中进一步认为，出借资质的建筑工程企业实际仅为名义上的承包方，且在该工程价款的结算中，应由实际施工人直接向发包方主张工程价款。但是，上述情形构成虚伪通谋的观点有待商榷。批判性的见解指出，由于在合同磋商、拟定至签约的各个阶段，三方对"挂靠"事实均知晓并认可，这个伪装的民事行为其实已经成立并生效了。[①] 对此，我们认为，依据通说理论，虚伪通谋及背后隐藏的行为均限于双方当事人之间，不存在三方结构。[②] 而当事人利用合同手段对经济生活进行合理安排，属于私法自治的范畴，承、发包人之间的施工合同符合双方真实意思表示，故不存在虚伪通谋的解释空间。

第二种思路：在发包人明知挂靠事实时，挂靠人向发包人主张工程款的请求权基础系类推适用《合同法》第402条的规定。[③]

《施工合同司法解释（二）》曾在征求意见稿第9条第2款中规定："发包人订立合同时明知实际施工人借用资质，实际施工人或者出借资质的建筑施工

---

① 参见万怡、李颖：《挂靠中工程款案件诉讼主体正当性研究——以某中级法院为视角》，载于健龙等主编：《中国建设工程法律评论》（第四辑），法律出版社2016年版，第197页。

② 参见李宇著：《民法总则要义——规范释论与判解集注》，法律出版社2017年版，第536页。

③ 《合同法》第402条规定：受托人以自己的名义，在委托人的授权范围内与第三人订立的合同，第三人在订立合同时知道受托人与委托人之间的代理关系的，该合同直接约束委托人和第三人，但有确切证据证明该合同只约束受托人和第三人的除外。

企业以此为由主张发包人承担相应责任的，人民法院应予支持。”该条文明显带着《合同法》第402条的痕迹，即发包人“在订立合同时”明知实际施工人借用资质的，被挂靠人从施工合同当事人退居为代理人，挂靠人则从局外人直接自动地成为施工合同当事人。[①] 在工程款给付关系上，实际施工人有权要求发包人支付工程款。例如，《四川高院解答》第14条规定：“发包人知晓并认可实际施工人借用资质施工，能够认定发包人实际与实际施工人建立建设工程施工合同关系，实际施工人要求发包人直接承担工程价款支付责任的，应予支持。”该解答明确了挂靠情形下实际施工人可以向发包人主张工程价款的条件。

重庆四中院在重庆怡豪房地产开发有限公司（以下简称怡豪房产公司）与酉阳县怡豪大酒店有限公司刘志荣建设工程施工合同纠纷案[②] 中认为，首先，因案涉重庆酉阳怡豪大酒店配套小高层消防工程是由刘志荣挂靠完成。刘志荣先挂靠天瑞消防公司，挂靠人刘志荣已经完成了部分消防工程。故《建设工程施工合同》是重庆怡豪房产公司作为发包人、天瑞消防公司作为名义承包人、刘志荣作为实际承包人形成合同的事实[③]，重庆怡豪房产公司自始便知道并认可[④]。其次，天瑞消防公司与重庆怡豪房产公司的《建设工程施工合同》签订后，实际由刘志荣履行了合同义务，完成工程并经验收合格，重庆怡豪房产公司向刘志荣支付了部分工程款，即合同实际由重庆怡豪房产公司与刘志荣履行[⑤]。最后，本案中，被挂靠人天瑞消防公司是当事人，于诉讼中明确表示认可刘志荣以自己名义向重庆怡豪房产公司主张案涉消防工程款，并承诺不就此再提出主张。鉴于此，天瑞消防公司仅为名义上的建设工程施工合同的相对方，关于刘志荣与重庆怡豪房产公司可参照《合同法》第402条关于委托人的介入权的规定，认定刘志荣已突破其与天瑞消防公司的内部约定，对外与重庆怡豪房产公司之间直接成立建设工程施工合同关系，原审依据挂靠人也是实际承包人的刘志荣的请求，判决作为发包人的重庆怡

---

① 参见韩世远著：《合同法学》，高等教育出版社2010年版，第564–565页。

② （2017）渝04民终1155号。

③ 从客观方面认定。——笔者注

④ 从主观方面认定。——笔者注

⑤ 给付关系之强化。——笔者注

豪房产公司承担《建设工程施工合同》责任并无不当，本院予以确认。

上述案例裁判思路中的说理部分认为，参照[①]《合同法》第 402 条的规定，发包人在签约当时明知挂靠关系的情况下，使挂靠人直接与发包人建立建设工程施工合同关系。在突破合同相对性原则上有着具体的法条依据，论证透彻充分，符合法教义学理念。其中有一处细节值得注意，即工程款直接支付给实际施工人，这也有助于强化合同当事人身份的确认。最后，在认定挂靠人与发包人成立工程合同的前提下，本案又作了伏笔，即被挂靠人天瑞消防公司作为当事人，于诉讼中明确表示认可刘志荣以自己名义向重庆怡豪房产公司主张案涉消防工程款，并承诺不再就此提出主张，有效地防止两个主体先后提出主张，造成滥诉现象。根据我们的经验，个别被挂靠人或挂靠人为了自身利益就会进行重复的恶意诉讼，既浪费了司法资源，又造成了不良的社会影响。因此，在挂靠的情况下，只能两者取其一。

（3）挂靠人通过行使代位权的形式向发包人主张工程款。

该观点严守合同相对性，只有承包人（被挂靠人）才有权根据施工合同约定向发包人主张工程款，例外地在承包人怠于行使上述权利导致被挂靠人利益受损时，挂靠人根据《合同法》第 73 条之规定向发包人行使代位权。例如，《北京高院解答》第 20 条规定：“不具有资质的实际施工人（挂靠施工人）挂靠有资质的建筑施工企业（被挂靠人），并以该企业的名义签订建设工程施工合同，被挂靠人怠于主张工程款债权的，挂靠施工人可以以自己名义起诉要求发包人支付工程款，法院原则上应当追加被挂靠人为诉讼当事人，发包人在欠付工程款范围内承担给付责任。”背后其实蕴含着代位权的法理机制。

2. 挂靠人是否有权向被挂靠人主张工程款

挂靠人与被挂靠人之间成立借名法律关系，该借名合同不符合合同法中任何典型合同的类型。根据《合同法》第 124 条的规定：“本法分则或者其他法律没有明文规定的合同，适用本法总则的规定，并可以参照本法分则或者其他法律最相类似的规定。”鉴于这种借名合同具有强烈的人身信赖属性，且含有委托他人处理事务的内容，因此，应类推适用委托合同的

---

① 即类推适用。——笔者注

相关规定，即挂靠人以被挂靠人的名义从事经营活动，挂靠人作为委托方，是工程建设的实际承担者、利益享有人以及风险责任的终局承担方。受托人（被挂靠人）以自己的名义与发包人缔结施工合同关系，按照受托人与委托人之间的内部挂靠关系，该施工合同的法律效果归属于受托人。对外关系上，施工合同的当事人原则上是被挂靠人与发包人，例外地由于签订施工合同时发包人知悉挂靠关系的存在，而使得挂靠人与发包人直接建立施工合同关系。

挂靠人是否有权要求被挂靠人支付工程款？对此，《合同法》第404条规定："受托人处理委托事务取得的财产，应当转交给委托人。"被挂靠的施工企业受挂靠人的委托，从建设单位处代收工程款，应当及时地遵从法定或者约定将工程款扣除管理费后（如有约定）转交给挂靠人。[①] 被挂靠人只负有在收到工程款后向挂靠人转付的义务，而没有向挂靠人直接支付工程款的对价义务。

《施工合同司法解释（二）》曾在征求意见稿第9条第3款中规定："发包人订立合同时明知实际施工人借用资质，实际施工人向出借资质的建筑施工企业主张工程价款的，不予支持；实际施工人主张出借资质的建筑工程施工企业对发包人不能清偿的工程价款承担补充责任的，可予支持。"该条款第1句从反面强化了发包人知悉挂靠事实的前提下，施工合同只约束发包人与挂靠人，但该款第2句又转而规定，被挂靠人仍需就发包人不能清偿部分的工程款承担补充责任。这显然不符合逻辑且缺乏实体法依据，不能使被挂靠人因有过错就要对工程款承担连带责任或者补充责任，两者间没有因果关系。例如，在秦金贵等与昆山东辉房地产发展有限公司等建设工程施工合同纠纷案[②]中，一审法院认定东辉公司（发包人）、昆建公司（承包人）均明知或者应知秦金贵不具有建筑施工资质，却与秦金贵签订协议，由秦金贵挂靠昆建公司承揽建筑工程，三方均存在过错，故酌情确定由被挂靠人昆建公司

---

① 我国《合同法》系以有偿委托为原则，该挂靠关系中的管理费，实际上类似于委托合同的报酬，即挂靠合同可准用有偿委托的类型。

② （2013）苏民终字第0347号。

就债务人东辉公司不能清偿部分的30%承担赔偿责任。对此，二审江苏高院认为一审的上述认定缺乏事实和法律依据，应予纠正。我们赞同二审法院的做法。

我们认为，除非在挂靠协议中有特别的约定，否则无论发包人在缔约当初是否知悉挂靠事实，均不影响挂靠人向被挂靠人要求支付工程款的请求权基础——类推适用《合同法》第404条转付义务的内容。例如，江苏高院在山西顺发热电有限责任公司与秦国琦等建设工程施工合同纠纷案①中正确地揭示道，本案中通州建总公司（被挂靠人）已将其收到山西顺发公司（发包人）的工程款全部支付给了秦国琦（挂靠人）。故秦国琦主张通州建总公司应向其支付工程款缺乏事实和法律依据。

案例索引

贵州华隆煤业有限公司、六枝工矿（集团）六十五工程建设有限公司建设工程合同纠纷案［案号：（2016）最高法民终361号］；

广东强雄建设集团有限公司、中山市黄圃镇高峰装饰工程部建设工程合同纠纷案［案号：（2016）粤20民终5046号］。

规范链接

《江苏省高级人民法院建设工程施工合同案件审理指南》

六、建设工程施工合同条款

（二）关于项目经理

2. 项目经理行为的法律责任

（2）内部责任

①挂靠关系产生的内部责任。在挂靠关系中，实际承包人与施工企业主体地位平等，因挂靠关系产生的债权债务关系应属民事权利义务关系。建设

① （2016）苏民终1037号。

工程领域的挂靠行为属于借用资质、出借资质的一种，应为违法行为。但不论建设工程合同是否有效，已经履行的建设工程合同一般不能恢复原状，因此挂靠关系中实际承包人与施工企业之间的债权债务应当参照挂靠协议处理，施工企业取得的工程价款应归实际承包人所有，施工企业为实际承包人支出的费用应由实际承包人承担。至于挂靠管理费问题，因属违法所得，原则上应予收缴。

《广东省高级人民法院2012年全省民事审判工作会议纪要》

16.借用资质的实际施工人以自己的名义独立向第三人购买建筑材料等商品的，出借资质方无需对实际施工人的欠付货款承担民事责任。

《四川省高级人民法院关于审理建设工程施工合同纠纷案件若干疑难问题的解答》

14.如何确定借用资质（挂靠）人主张欠付工程款的诉讼主体及责任承担？

发包人知晓并认可实际施工人借用资质施工，能够认定发包人实际与实际施工人建立建设工程施工合同关系，实际施工人要求发包人直接承担工程价款支付责任的，应予支持。

《山东省高级人民法院关于审理建筑工程承包合同纠纷案件若干问题的意见》

44.建筑施工企业转包、出借资质证书或以其他方式允许他人以本企业名义承揽工程，因此导致合同无效而造成的损失，应由转包人、接受转包人、出借人和借用人承担连带赔偿责任。

《绍兴市中级人民法院关于审理建筑领域民商事纠纷案件若干问题的纪要》

九、关于转包、违法分包、借用资质的实际施工人行为与表见代理的认定转包、违法分包、借用资质的实际施工人以建筑施工企业名义与合同相对人签订合同，合同相对人对代理表象应尽合理注意义务，实际施工人的行为构成表见代理的，由建筑施工企业承担责任。但合同相对人知道工程已转包、违法分包或者系出借资质的，应根据合同相对性原则确定责任人。

第二章

工期、质量及价款结算

（第五条至第十一条）

本章要旨

《施工合同司法解释（二）》涉及工期、质量及价款结算的条文共有7条。其中第5条、第6条为开工日期的认定规则及工期顺延的裁判规定；第7条、第8条为发包人主张质量责任的处理及质量保证金的返还；第9条、第10条、第11条为涉及多份施工合同时工程价款结算依据的确定规则。工期、质量、价款是施工合同内容中最为核心的三大要素，从篇幅上看，占整个《施工合同司法解释（二）》条文的比例并不高，但这并不意味着《施工合同司法解释（二）》对这三个核心问题重视不够。我们认为，这主要是由于《施工合同司法解释》已经对这三大核心问题作出了较为细致的规定，《施工合同司法解释（二）》主要起到一种查漏补缺的作用，所以把更大的篇幅留给了《施工合同司法解释》未作出过规定或规定得较为简略的内容，如建设工程价款优先受偿权和建设工程鉴定两大内容。因此，虽然这三大问题仅有7个条文，但仍然是《施工合同司法解释（二）》的重要内容之一，不可偏废。

工期作为建设工程施工合同的实质性内容之一，是指施工合同中约定的承包人完成工程建设所需的期限。由于建设工程施工合同的履行期限长，影响因素多，涉及主体广，计划开工日期与实际开工日期不一致、顺延工期和延误工期等情况往往伴随着施工合同履行的全过程。因此，有关开工日期的认定和工期能否顺延等问题也成了司法实践中工期问题的主要争议所在。《施工合同司法解释（二）》第5条、第6条的规定能在一定程度上起到定分止争的作用，但由于成文法固有的缺陷，必然还会带来一些新的争议。

质量是工程建设的重中之重，关系到公共安全和人民群众的生命财产安全，是所有参与者必须共同坚守的生命线。“百年大计、质量为本”，为确保工程质量，《建筑法》《合同法》《建设工程质量管理条例》等法律法规都对保证工程质量作出了具体规定。在建设工程施工合同中，承包人最主要的义务就是按合同约定完成施工任务，向发包人交付合格工程。因此，无论是2005年开始施行的《施工合同司法解释》，还是刚刚颁布的《施工合同司法解释（二）》，都牢牢把握住了工程质量这条生命线。

在建设工程施工合同关系中，发包人最主要的义务是按照合同约定向承包人支付工程款。工程价款包括预付款、进度款、结算款等，工程价款结算包括期中结算、终止结算、竣工结算等。在只有一份施工合同的情况下，相对比较容易确定结算依据，但在建设工程施工合同纠纷案件中，很多时候都会存在数份施工合同，此时，当事人往往会就按照哪份合同结算工程价款发生争议。为了解决这一问题，《施工合同司法解释》第21条已经作出过规定，但远远无法满足实践的需要。因此，《施工合同司法解释（二）》在《施工合同司法解释》第21条的基础上，于第9条、第10条、第11条对此作了更为详细的规定。

办案思路

由于本章涉及三大问题，因此，有必要对这三大问题引发纠纷的办案思路分别进行介绍。**在办理工期纠纷案件[①]时，大体可以从如下方面着手分析：**

1. 工期有无超出合同约定？合同中有无对工期签证程序的具体约定？

2. 如果工期超出合同约定，是谁的责任造成的？

3. 如果不是承包人原因造成的，承包人有无按合同约定提出工期顺延的申请？

4. 发包人或监理人有无对承包人提出的工期顺延申请进行确认？有无提出异议？

5. 发包人或监理人提出的异议是否成立？

---

① 此处不讨论索赔问题。

6. 承发包双方有无对工期延误问题达成协议？

7. 延误事由是否发生在关键线路上？

8. 发包人是否按照承包人申请及时组织竣工验收？

在办理质量纠纷案件时，大体可以从如下方面着手分析：

1. 建设工程有无通过竣工验收？是否通过竣工验收备案？

2. 承包人有无提交竣工验收报告？

3. 发包人有无擅自使用建设工程？

4. 隐蔽工程验收情况？

5. 主要建筑材料、设备、建筑构配件的质量信息？

6. 主要建筑构配件的检验检测情况？

7. 基础资料的准确性、完整性？

8. 分包工程质量情况？

在办理价款结算纠纷案件[①]**时，大体可以从如下方面着手分析：**

1. 建设工程施工合同是否有效？

2. 建设工程施工合同关于工程价款的约定是否明确？是否存在冲突？

3. 是否存在多份建设工程施工合同？

4. 如果存在多份建设工程施工合同，是否存在有效的合同？是否存在与中标合同实质性内容不一致的合同？

5. 如果存在多份建设工程施工合同，是否存在因客观情况变化而签订的合同？

6. 如果多份建设工程施工合同都无效，能否确定实际履行的合同？能否确定最后签订的合同？

举证指南

参照上述办案思路，分别对工期、质量、价款结算纠纷的举证问题予以

---

① 此处主要围绕本章所要讨论的《施工合同司法解释（二）》第9条、第10条、第11条展开。

介绍。**工期纠纷案件的举证，主要从如下方面着手：**

1. 承发包双方关于工期、开工日期、竣工日期、工期顺延情形及签证程序等证据。

2. 承包人、发包人或第三人原因造成工期延误的证据。

3. 承包人提出工期顺延的签证单、联系单等，发包人或监理人收到该签证单、联系单等的证据。

4. 发包人或监理人对承包人工期顺延的签证单、联系单等的回复。

5. 承发包双方关于工期问题的会议纪要等。

6. 施工组织设计、工期计划、施工日志、监理日志、设计变更联系单等。

7. 停工通知、停工令等。

8. 竣工验收申请报告等。

9. 施工期间的恶劣天气情况、异常事件材料等。

质量纠纷案件的举证，主要从如下方面着手：

1. 竣工验收申请报告、竣工验收表、竣工验收备案表等。

2. 发包人擅自使用的证据。

3. 隐蔽工程验收表。

4. 主要建筑材料、设备、建筑构配件的质量合格证书、质量保修书等。

5. 主要建筑构配件的检验检测报告等。

6. 地质勘查资料、设计文件等。

7. 分包工程相关材料、甲供材信息等证据。

8. 要求承包人对工程进行维修的通知等。

9. 承包人不按约进行维修，发包人自行或委托第三方进行维修的证据及产生的费用等。

价款结算纠纷案件的举证，主要从如下方面着手：

1. 建设工程施工合同、招投标文件、中标通知书、建筑业企业资质证书、安全生产许可证、建设工程规划许可证等。

2. 补充协议、会议纪要等。

3. 工程是否为必须招标工程的证据材料。

4. 施工合同签订后，客观情况发生变化的证据材料。

5. 确定实际履行的合同的相关证据，如联系单、签证单、会议纪要等书面文件中记载的实际履行情况等。

6. 确定最后签订的合同的相关证据，如联系单、签证单、会议纪要等书面文件中记载的合同签约或可能签订后续合同的文字等。

第五条 【开工日期的认定】当事人对建设工程开工日期有争议的，人民法院应当分别按照以下情形予以认定：

（一）开工日期为发包人或者监理人发出的开工通知载明的开工日期；开工通知发出后，尚不具备开工条件的，以开工条件具备的时间为开工日期；因承包人原因导致开工时间推迟的，以开工通知载明的时间为开工日期。

（二）承包人经发包人同意已经实际进场施工的，以实际进场施工时间为开工日期。

（三）发包人或者监理人未发出开工通知，亦无相关证据证明实际开工日期的，应当综合考虑开工报告、合同、施工许可证、竣工验收报告或者竣工验收备案表等载明的时间，并结合是否具备开工条件的事实，认定开工日期。

条文主旨

本条规定了实际开工日期的认定标准。

典型案例

案例5：不以施工许可证上载明的日期确定实际开工日期

——青海方升建筑安装工程有限责任公司与青海隆豪置业有限公司建设工程施工合同纠纷案[①]

案情回放

2011年5月8日，青海方升建筑安装工程有限责任公司（以下简称方升公司）与青海隆豪置业有限公司（以下简称隆豪公司）签订《建设工程施工合同》，后方升公司依约进行了施工。至2012年6月13日，方升公司已完成合同约定工程的基础及主体，方升公司、隆豪公司、设计单位、监理单位、勘察单位对基础及主体进行验收。经过验收，勘察、监理单位均确认基础及主体质量合格。后方升公司已完成主体工程，但因为隆豪公司拖欠进度款，方升公司起诉至法院，后隆豪公司提起反诉。

裁判理由

一审法院认为，本案合同生效时间为2011年9月1日，双方当事人合同约定的开工日期为2011年5月8日，竣工日期为2012年6月30日。在合同生效之前，方升公司已开始施工。方升公司施工期间，双方当事人与有关单位于2011年6月29日完成图纸会审，此时施工的内容才得以明确具体。另外，在方升公司施工期间也存在部分工程的设计变更，虽然方升公司未提交证据证明发生以上事实后办理了工期顺延手续，但结合本案的实际，方升公司的施工期限不应严格依照合同约定的施工期间执行。隆豪公司发出解除合同通知时，方升公司仍在施工。隆豪公司主张方升公司延误工期，赔偿工期延误损失，不符合本案实际，并且其主张工期延误损失的计算方法亦依据不足。

二审法院认为，首先，方升公司与隆豪公司签订的《建设工程施工合同》

① （2014）民一终字第69号、（2012）青民一初字第5号。

约定的工期为2011年5月8日；方升公司呈送并经监理单位确认的《开工报告》中载明的计划开工日期为2011年5月15日；由隆豪公司申报办理的经青海省共和县住房和城乡建设局颁发的《建筑工程施工许可证》中载明的开工日期为2011年6月20日。在上述三份文本中记载的开工日期均不相同的情形下，应当以监理单位确认的《开工报告》中载明的2011年5月15日作为本工程开工日期。尽管《建设工程施工合同》约定的工期为2011年5月8日，但承发包双方均认可在该时间节点上，方升公司并未开始施工。合同约定的开工日期与实际开工日期不一致的，应当以改变了的日期作为开工日期。

其次，方升公司在给案涉项目监理机构出具的《工程开工报审表》《开工报告》中明确载明，“管理人员及机械设备已到场，施工人员已到位……符合开工条件”；监理机构经审核作出了同意施工的意见。由此可见，无论是施工方还是监理单位，均认可开工日期为2011年5月15日。

再次，一审法院委托规划研究院咨询部对已完工程造价部分工程项目价款进行鉴定时，方升公司与隆豪公司共同确认案涉工程开工时间为2011年5月15日。就建设工程而言，建设单位、施工单位与监理机构共同确认的开工日期具有明显优势的证明力和说服力，应当成为认定案件事实的重要依据。

最后，虽然《建筑工程施工许可证》载明的开工日期为2011年6月20日，但是，施工许可证载明的日期并不具备绝对排他的、无可争辩的效力，建筑工程施工许可证是建设主管部门颁发给建设单位的准许其施工的凭证，只是表明了建设工程符合相应的开工条件，建设工程施工许可证并不是确定开工日期的唯一凭证。实践中，建设工程开工日期早于或者晚于施工许可证记载日期的情形大量存在。当施工单位实际开工日期与施工许可证上记载的日期不一致时，同样应当以实际开工日期而不是施工许可证上记载的日期作为确定开工日期的依据。本案中，在方升公司、隆豪公司及监理机构均确认开工日期为2011年5月15日的情况下，再以施工许可证上载明的日期确定为开工日期，无事实和法律依据。

裁判结果

一审判决：

一、方升公司于本判决生效后三十日内向隆豪公司返还超付的工程款

835491.69 元；

二、方升公司于本判决生效后三十日内向隆豪公司支付质量缺陷修复费用 248000 元；

三、驳回方升公司的诉讼请求；

四、驳回隆豪公司的其他反诉请求。

二审判决：

一、撤销青海省高级人民法院（2012）青民一初字第 5 号民事判决；

二、青海隆豪置业有限公司于本判决生效后十日内向青海方升建筑安装工程有限责任公司支付工程款 9410477.43 元；

三、青海隆豪置业有限公司于本判决生效后十日内向青海方升建筑安装工程有限责任公司支付违约金 60227 元；

四、青海方升建筑安装工程有限责任公司于本判决生效后十日内向青海隆豪置业有限公司交付已施工部分全部施工资料和全部工程图纸；

五、驳回青海方升建筑安装工程有限责任公司的其他诉讼请求；

六、驳回青海隆豪置业有限公司的其他反诉请求。

焦点评析

本案的争议焦点之一是如何确定实际开工日期。工期即建设工程施工合同的履行期限，是建设工程施工合同的主要且必备条款，工期与质量、造价共同构成施工合同的实质性内容。工期对判断承包人是否构成迟延履行、风险转移、支付工程价款本金及利息的起算时间、质量保修期及缺陷责任期的确定等诸多法律问题，具有重大意义。

开工日期与竣工日期作为施工进度中的两大里程碑，是界定施工项目开始起点与终点的标志，两者之间的时段即为工期。[①] 其中，开工日期作为计算工期总日历天数的起始点，是项目工期管理的第一个重要指

---

① 张广兄编著：《建设工程合同纠纷诉讼指引与实务解答》，法律出版社 2017 年版，第 162 页。

标。[1] 开工日期包括计划开工日期和实际开工日期。计划开工日期是指合同协议书约定的开工日期；实际开工日期是指发包人或监理人按照合同约定发出的符合法律规定的开工通知（又称“开工令”）中载明的开工日期。[2] 实践中，认定实际开工日期要远比这一标准复杂，列示如下：

1. 发包人或者监理人发出了开工通知的，则开工日期为开工通知中载明的日期。《建设工程施工合同（示范文本）》（GF-2017-0201）第 7.3.2 项第 1 段规定：“发包人应按照法律规定获得工程施工所需的许可。经发包人同意后，监理人发出的开工通知应符合法律规定。监理人应在计划开工日期 7 天前向承包人发出开工通知，工期自开工通知中载明的开工日期起算。”据此，如果发包人或者监理人发出了开工通知，则开工日期为开工通知中载明的日期。此前施工合同中约定的计划开工日期仅作为参考，具体应以开工通知中载明的日期为准。

2. 开工通知发出后，尚不具备实际开工条件的，则应以开工条件具备的时间为开工日期。对实际开工日期的认定，应以客观事实为依据。如前所述，开工通知一经发出，即推定为已具备了开工条件。开工通知上记载的日期，具有相对较高的证明力，但并非绝对不能推翻。如果开工通知发出后，客观上尚不具备开工条件，则以开工条件具备的时间作为实际开工日期。所谓“开工条件”，参照《建设工程施工合同（示范文本）》（GF-2017-0201）通用条款的相关规定，主要包括施工现场[3]、施工条件[4]、基础资料[5]、许可、批

① 工程的三大控制指标：工期、质量、造价。开工日期影响到施工合同履行的起算点、中标合同实质性内容变更的时间点、主材价格大幅度变更调整的判断节点等，意义重大。

② 《建设工程施工合同（示范文本）》（GF-2017-0201）实际开工日期是指监理人按照第 7.3.2 项［开工通知］约定发出的符合法律规定的开工通知中载明的开工日期。

③ 参见《建设工程施工合同（示范文本）》（GF-2017-0201）通用条款第 2.4.1 项［提供施工现场］。

④ 参见《建设工程施工合同（示范文本）》（GF-2017-0201）通用条款第 2.4.2 项［提供施工条件］。

⑤ 重要者，如地质勘查资料等，参见《建设工程施工合同（示范文本）》（GF-2017-0201）通用条款第 2.4.3 项［提供基础资料］。

准[①]等。通用条款同时对每一项开工条件均作了详细的解释，如第 2.4.2 条规定，发包人应负责提供的施工条件包括：（1）将施工用水、电力、通讯线路等施工所必需的条件接至施工现场内；（2）保证向承包人提供正常施工所需要的进入施工现场的交通条件；（3）协调处理施工现场周围地下管线和邻近建筑物、构筑物、古树名木的保护工作，并承担相关费用；（4）按照专用合同条款约定应提供的其他设施和条件。

3. 由于发包人原因未能按合同约定或法律规定提供上述开工条件的，则以开工条件成就时间为准。此外，诸如自然灾害、异常恶劣气候、流行性疾病、周边群众阻挠等不可归责于发承包双方当事人的外部原因也会导致实际无法正常开工，也属于不可归责于承包人的事由，应当以该阻碍事由消除后具备开工条件之日为开工日期。我们认为，本条第 1 项第 2 分句“开工通知发出后，尚不具备开工条件的，以开工条件具备的时间作为开工日期”即囊括了上述含义。于此情形，承包人有权要求顺延开工日期，且承包人不构成延误开工的违约，甚至在一定条件下承包人有权向发包人提出停窝工损失费用的索赔。反之，本条第 1 项第 3 分句规定：“因承包人原因导致开工时间推迟的，以开工通知载明的时间为开工日期。”如承包人因资金准备不足、人、材、机等无法现场组织到位而延误工期，则开工日期不顺延，承包人可能需要承担延误工期的违约责任。

4. 承包人经发包人同意在发出开工通知之前已经进场施工的，以实际进场施工时间为开工日期。从应然层面上看，开工通知的发出应以具备开工条件为前提，但如果在开工通知发出前，承包人已经实际进场施工，则应当尊重该既成事实。《施工合同司法解释（二）》在征求意见稿的基础上，增加了“经发包人同意”几个字，明确承包人的进场需以双方合意为前提，从而排除承包人单方进场的情况，这充分尊重了当事人的意思自治。我们认为，开工时间的确定，不仅仅是一个纯粹的事实问题，而是事实判断与价值考量的结合。在引入的价值评判因素中，首要考虑当事人的真实意思表示。如果当

① 参见《建设工程施工合同（示范文本）》（GF-2017-0201）通用条款第 2.1 款［许可或批准］。

事人对开工标准有约定，从其约定；当事人没有约定或者约定不清的，再考虑通行的界定标准。[①] 开工，顾名思义，指承包人开始进场施工作业。一般以承包人的机器、设备、人员进场施工为标准。以新建工程为例，开工是指开始进行基础桩施工或者土方开挖。据此，实践中施工机械及班组的进场、工地围墙的修建等行为宜归类为开工前的准备（或预备）工作，尚不构成开工的着手行为。[②]

5. 在既没有开工通知，也没有相关证据证明实际开工日期的情况下，在以往的司法实践中，通行观点认为，应依据施工合同约定的开工日期予以认定。例如，《北京高院解答》第 25 条第 1 款规定："既无开工通知也无其他相关证据能证明实际开工日期的，以施工合同约定的开工时间为开工日期。"《安徽省高级人民法院关于审理建设工程施工合同纠纷案件适用法律问题的指导意见（二）》（以下简称《安徽高院指导意见（二）》）第 3 条第 3 款、《盐城中院指导意见》第 10 条第 3 项等也表达了类似观点。然而，这种观点可能显得过于刚性，忽视了其他间接证据材料的作用。在一个动态履行的施工合同中，合同约定的开工日期为计划开工日期，参考性较为有限。有鉴于此，《施工合同司法解释（二）》规定，应综合考虑开工报告、合同、施工许可证、竣工验收报告或者竣工验收备案表等载明的时间，并结合是否具备开工条件的事实来认定开工日期。丰富了综合考量的内容，值得赞同。其实，开工报告、会议纪要、工程第一道工序的实施时间原则上应当优先于合同约定以及施工许可证所记载的时间来确定工程的实际开工时间。我们进一步地认为，如果这里所指的开工报告是经发包人所签认的，则其效力与开工通知等同，应自动适用本条第 1 项的规定，以发包人所签认的时间作为开工日期。即使未经发包人的签认，其证明力一般也在合同约定与施工许可证之上。

---

① 参见潘福仁主编：《建设工程合同纠纷》，法律出版社 2013 年版，第 73–74 页。

② 参见王勇著：《建设工程施工合同纠纷实务解析》，法律出版社 2017 年版，第 225 页。

实务争点

施工许可证与开工日期的认定问题

《施工合同司法解释（二）》（征求意见稿）第10条第4项曾规定：“依照上述第1项（开工通知中载明的开工日期）、第3项确定的开工日期（开工通知前的实际进场施工），在开工许可证载明的时间之前的，以开工许可证载明的时间确定开工日期。”这种观点主张将施工许可证的取得作为开工的法定要件，未经取得一律不得开工，不能做任何突破。承包人在发包人取得施工许可证之前即实际进场施工的时间点不作为开工日期。由此，承包人享受了该期限利益，对其较为有利。但这种做法有行政管理对民事行为意思自治过度干涉之嫌，故正式颁布的《施工合同司法解释（二）》中删除了该项内容。

另一种观点认为，未取得施工许可证的工程不具备法定开工条件，承包人可以据此行使先履行抗辩权拒绝进场施工，并要求工期顺延而不构成违约。但如果承包人仍同意进场施工，则应当尊重当事人的真实意思表示，视为承包人放弃上述权利，之后不得任意反悔，因此以承包人实际进场时间作为开工时间。[①]

《建筑法》第7条规定：“建筑工程开工前，建设单位应当按照国家有关规定向工程所在地县级以上人民政府建设行政主管部门申请领取施工许可证……”我们认为，该条关于开工前取得施工许可证的规定属于行政管理性规定，未取得施工许可证而开工的行为，可以按照相关规定进行处理。[②]诚如本案二审法院所认为的，建筑工程施工许可证是建设主管部门颁发的准许施工的凭证，只是表明了工程符合相应的开工条件，施工许可证只是确定开工日期的一项因素，施工许可证载明的日期不具有绝对效力。当然，在实践中也应当充分地衡量未取得施工许可证是否对正常施工产生影响。例如，浙江高院在中国化学工程第十四建设有限公司与浙江建桥能源发展有限公司建

---

① 陈旻著：《建设工程案件审判实务与案例精析》，中国法制出版社2014年版，第191页。

② 《建筑法》第64条规定：违反本法规定，未取得施工许可证或者开工报告未经批准擅自施工的，责令改正，对不符合开工条件的责令停止施工，可以处以罚款。

设工程施工合同纠纷案[①]中认为，至于开工时间的认定，虽然本案工程施工许可证的取得时间是2009年4月22日，但本案工程实际开工时间是2008年11月1日，且十四建公司开始施工后至取得施工许可证期间没有受到影响，故原审以实际开工时间为开工日并无不当。

综上，我们认为，除非有合同的特别约定，在发包人取得施工许可证之前，承包人已实际开工的，应以实际开工之日作为开工日期。如因未取得施工许可证而被行政主管部门责令停止施工，承包人可据此要求工期顺延。例如，《广东省高级人民法院关于审理建设工程合同纠纷案件疑难问题的解答》（以下简称《广东高院解答》）第19条、《河北省高级人民法院建设工程施工合同案件审理指南》（以下简称《河北高院审理指南》）第46条均表达了相同的意见。需要注意的是，在个别情况下，如果主管部门作出了责令停止施工的处罚，但是工程实际上并未停工，而仍然在正常施工，只要当事人能够举证证明该事实，则该工期仍然不能顺延。

案例索引

中国化学工程第十四建设有限公司与浙江建桥能源发展有限公司建设工程施工合同纠纷案［案号：（2014）浙民终字第2号］；

南京江东资产经营管理有限公司与江苏双驰建设工程有限公司建设工程合同纠纷案［案号：（2018）苏01民终6990号］。

规范链接

《北京市高级人民法院关于审理建设工程施工合同纠纷案件若干疑难问题的解答》

25. 工程开竣工日期如何确定？

建设工程施工合同实际开工日期的确定，一般以开工通知载明的开工时

① （2014）浙民终字第2号。

间为依据；因发包人原因导致开工通知发出时开工条件尚不具备的，以开工条件具备的时间确定开工日期；因承包方原因导致实际开工时间推迟的，以开工通知载明的时间为开工日期；承包人在开工通知发出前已经实际进场施工的，以实际开工时间为开工日期；既无开工通知也无其他相关证据能证明实际开工日期的，以施工合同约定的开工时间为开工日期。

发包人、承包人、设计和监理单位四方在工程竣工验收单上签字确认的时间，可以视为《解释》第十四条第（一）项规定的竣工日期，但当事人有相反证据足以推翻的除外。

《江苏省高级人民法院建设工程施工合同案件审理指南》

六、建设工程施工合同条款

（二）关于开工日期

1. 开工日期的认定

建设工程合同中，开工日期一般都是确定的，但实务中也时常发生承包人实际开工日期的争议，通常集中为承包人实际延迟开工的原因方面。归纳起来，承包人实际推迟开工的原因主要为以下三个方面:（1）发包人未能依法依约提供符合承包人开工的条件。根据《建筑法》第7—11条的规定，除国务院建设行政主管部门确定的限额以下的小型工程以及按照国务院规定的权限和程序批准开工报告的建筑工程以外，建筑工程开工前，发包人应当按照国家有关规定向工程所在地县级以上人民政府建设行政主管部门申请领取施工许可证；延期、中止开工的，应当办理延期申请、核验或者重新申办施工许可证。由于发包人未申领或者延期、中止施工后未办理核验或者重新申办施工许可证，或者发包人因不具备《建筑法》第八条规定的条件而不能领取施工许可证，承包人因此拒绝进场施工。发包人未按照约定的时间和要求提供原材料、设备、场地、资金、技术资料的，致使承包人无法进场施工等。（2）承包人无力按时开工，包括施工人员、机械设备、承诺垫资的资金、材料不能按时到位等。（3）外部原因，比如自然灾害、恶劣气候、流行性疾病、周边群众阻挠等。上述发包人原因、外部原因（周边群众阻挠系因与发包人的纠纷引发）致使承包人确实无法按时开工，不可归责于承包人，承包人可以顺延开工日期而不构成违约。因承包人原因（周边群众阻挠系因与承包人的纠纷引起）致使承包人不能按时开工的，承包人不可以顺延开工日期，因此不能在约定的工程日期内竣工或者不能履行合同的，承包人应承担迟延履行和不能履行的违约责任。

《安徽省高级人民法院关于审理建设工程施工合同纠纷案件适用法律问题的指导意见（二）》

第三条 建设工程的开工日期应依据开工令、开工报告记载的时间予以认定。当事人认为实际开工时间与开工令、开工报告记载的时间不符的，应当承担举证责任。

因发包人原因导致延误开工的，以实际开工时间作为开工日期；因承包人原因导致延误开工的，以开工令、开工报告记载的时间作为开工日期。

既无开工令、开工报告，又无法查明实际开工时间的，依据合同约定的开工日期予以认定。

《广东省高级人民法院关于审理建设工程合同纠纷案件疑难问题的解答》

19. 建设工程开工日期应如何认定

虽然发包人未取得施工许可证，但承包人已实际开工的，应以实际开工之日为开工日期，合同另有约定的除外。因未取得施工许可证而被行政主管部门责令停止施工的，停工日期可作为工期顺延的事由。

第六条 【工期顺延的认定规则】当事人约定顺延工期应当经发包人或者监理人签证等方式确认，承包人虽未取得工期顺延的确认，但能够证明在合同约定的期限内向发包人或者监理人申请过工期顺延且顺延事由符合合同约定，承包人以此为由主张工期顺延的，人民法院应予支持。

当事人约定承包人未在约定期限内提出工期顺延申请视为工期不顺延的，按照约定处理，但发包人在约定期限后同意工期顺延或者承包人提出合理抗辩的除外。

条文主旨

本条规定了工期顺延的认定标准。

典型案例

案例 6：未按约定申请工期顺延且无证据证实顺延事由成立的，工期不予顺延

——甘肃红旗建设工程集团有限公司与青海福音房地产开发有限公司建设工程施工合同纠纷案[①]

案情回放

2011 年 1 月 8 日，青海福音房地产开发有限公司（以下简称福音公司）与甘肃红旗建设工程集团有限公司（以下简称红旗公司）签订《建设工程施工合同》，约定由红旗公司承建福茵·长乐港湾 1—3 号楼及地下室建设工程。合同工期：2011 年 1 月 18 日至 2012 年 6 月 18 日，共计 510 天；总合同价款：109246000 元；承包方式：包工包料，总合同价款包干，即电梯、高低压配电、锅炉除外的交钥匙工程等。《建设工程施工合同》中的通用条款约定，第 11.1.2 条发包人的工期延误：在履行合同过程中，由于发包方的下列原因造成工期延误的，承包人有权要求发包人延长工期和增加费用，并支付合理利润。（1）增加合同工作内容；（2）改变合同中任何一项工作的质量要求和其他特征；（3）发包人提供材料、工程设备或变更交货地点；（4）因发包人原因导致的暂停施工；（5）提供图纸延误；（6）未按合同约定及时支付预付款；（7）发包人造成工期延误的其他原因。第 11.4 条异常恶劣的气候条件：由于出现专用合同条款规定的异常恶劣气候的条件导致工期延误的，承包人有权要求发包人延长工

---

① （2015）民一终字第 249 号、（2014）青民一初字第 29 号。

期。第23.1条承包人索赔的提出：根据合同约定，承包人认为有权得到追加付款（或）延长工期的，应按以下程序向发包人提出索赔：（1）承包人应在知道或应当知道索赔事件发生后28天内，向监理人递交索赔意向通知书，并说明发生索赔事件的事由。承包人未在前述28天内发出索赔意向通知书的，丧失要求追加付款和（或）延长工期的权利。（2）承包人应在发出索赔意向通知书后28天内，向监理人正式递交索赔意向通知书。索赔意向通知书应详细说明索赔理由以及要求追加的付款金额和（或）延长的工期，并附必要的记录和证明材料。（3）索赔事件具有连续影响的，承包人应按合理时间间隔继续递交延续索赔通知，说明连续影响的实际情况和记录，并列出累计的追加付款金额和（或）工期延长的天数。第23.2条承包人索赔处理程序：（1）监理人收到承包人提交的索赔意向通知书后，应及时审查索赔通知书的内容，查验相关资料；（2）监理人应按3.5款商定或确定追加的付款和（或）延长的工期，并在收到上述索赔通知书或有关索赔的进一步证明资料后的42天内，将索赔处理结果答复承包人；（3）承包人接受索赔处理结果的，发包人应在作出索赔处理结果答复后28天完成赔付。承包人不接受索赔处理结果的，按第24条的约定办理。

2011年9月15日，红旗公司、福音公司就福茵·长乐港湾4号楼签订《建设工程施工合同》，由红旗公司承建福茵·长乐港湾4号楼及地下室建设工程，合同价款：32700000元；合同工期：2011年9月18日至2012年10月1日，共计469天；承包方式：包工包料，总合同价款包干（价格调整详见专用条款16条），即二次装修、电梯除外的交钥匙工程。合同中的通用条款与2011年1月8日双方签订的建筑工程施工合同的内容一致。合同中的专用条款关于工期延误的违约责任、设计变更责任等约定与2011年1月8日双方签订的建筑工程施工合同的内容一致。

上述合同签订后，红旗公司依约履行施工义务。2013年1月30日，福茵·长乐港湾1—3号楼及地下室工程验收合格，2013年2月26日，业主办理入住手续；2013年11月6日，福茵·长乐港湾4号楼及地下室工程验收合格，福音公司于2013年11月11日正式投入使用。

上述工程竣工验收后，在红旗公司多次催促下，福音公司于2013年10月23日签收该项目1—3号楼及地下室工程竣工结算资料，于同年11月19日签收4号楼及地下室工程竣工结算资料。因结算审核及工程款付款事宜发生争议，红旗公司起诉至法院。后福音公司提出反诉，要求红旗公司承担逾期竣工的违约责任。

裁判理由

一审法院认为，当红旗公司因福音公司违反案涉合同通用条款第11.1.2条第（4）（7）项约定的情形，同时具备第23.1条申请延长工期的条件后，可以向福音公司主张延误工期。审理中，红旗公司提出因电梯、配电室安装滞后导致工期延误，但其并未向法庭提交上述事由按合同约定的程序办理工期延误的通知书和审批的相关证据。但从红旗公司提交的三份由红旗公司、福音公司、监理公司参加的《会议纪要》中能够证明因电梯安装迟延致使电梯门套干挂大理石施工顺延，因此，导致此节顺延的原因系福音公司未及时督促电梯施工方施工，应按红旗公司认可的15天进行顺延。至于红旗公司提出因电梯安装延误，导致后续的施工电梯洞口的砌体、抹灰、窗户安装、外墙保温和外墙涂料无法按计划进行施工的诉辩理由，由于红旗公司提出的墙体抹灰、窗户安装、外墙保温和外墙涂料均系其施工的范围，用其使用的室外电梯即能完成施工任务，无须等待室内电梯安装完毕后才能完成施工任务，红旗公司以福音公司未及时安装室内电梯造成其延误工期的理由不能成立。至于红旗公司提出因福音公司未按工程进度完成配电室配电设备的采购及安装，直接影响主电缆无法安装工期应予顺延的理由，因红旗公司未提交合同约定的必须顺延的证据，不予采信。

关于4号楼楼内装修交叉施工影响正常施工是否顺延工期的问题。红旗公司在完成主体工程时，按工程进度已出现逾期延误工期的事实，福音公司为加快4号楼的施工进度，及时选定装修公司对4号楼进行装修，装修公司使用红旗公司的电梯进行运送人、货物。由于各施工队交叉作业，各工种互相影响，必然会影响红旗公司正常施工。但在施工中，红旗公司并未向福音公司提出过因上述事由要求顺延工期，也未按合同约定的程序办理工期延误的通知书和审批的相关手续，表明其对交叉施工作业事实的认可，因此，当红旗公司无证据证实上述事实必然导致工期顺延，不予支持。

二审法院维持一审法院对该问题的上述认定。

裁判结果

一审判决：

一、福音公司于判决生效后十日内给付红旗公司工程款 11961873.4 元及利息 1073595 元（自 2013 年 5 月 1 日起至 2014 年 11 月 24 日止）；

二、红旗公司于判决生效后十日内支付福音公司逾期竣工违约金 5515762 元；上述二项折抵后，福音公司于判决生效后十日内支付红旗公司工程款 6446111.4 元及利息 1073595 元；

三、红旗公司于判决生效后十日内向福音公司移交案涉工程的全部施工资料；

四、驳回福音公司的其他诉讼请求。

二审判决：

一、维持青海省高级人民法院（2014）青民一初字第 29 号民事判决第三项；

二、变更青海省高级人民法院（2014）青民一初字第 29 号民事判决第一项为：青海福音房地产开发有限公司于本判决生效后十日内给付甘肃红旗建设工程集团有限公司工程款 11961873.4 元及利息（利息自 2014 年 12 月 29 日起至实际给付之日止按照中国人民银行发布的同期同类贷款利率计算）；

三、变更青海省高级人民法院（2014）青民一初字第 29 号民事判决第二项为：甘肃红旗建设工程集团有限公司于本判决生效后十日内支付青海福音房地产开发有限公司逾期竣工违约金 4046308 元；

四、驳回青海福音房地产开发有限公司的其他诉讼请求。

焦点评析

本案的争议焦点之一是如何认定工期的顺延。工期延误与工期顺延是一组相对的概念。因发包人原因所导致的工期延误，于承包人角度则可以据此发生工期顺延的法律后果。关于工期顺延的事由，可以归纳为：有约定的从约定；无约定的从法定；无法定的遵从客观事实判断。

1. 不可归责于承包人的事由导致的工期延误，承包人有权要求工期顺延

（1）发包人未按照约定履行己方义务。

施工合同示范文本通用条款对因发包人原因导致工期顺延的事由有明确规定。例如，《建设工程施工合同（示范文本）》（GF-2017-0201）第7.5.1项［因发包人原因导致工期延误］规定："在合同履行过程中，因下列情况导致工期延误和（或）费用增加的，由发包人承担由此延误的工期和（或）增加的费用，且发包人应支付承包人合理的利润：（1）发包人未能按合同约定提供图纸或所提供图纸不符合合同约定的；（2）发包人未能按合同约定提供施工现场、施工条件、基础资料、许可、批准等开工条件的；[①]（3）发包人提供的测量基准点、基准线和水准点及其书面资料存在错误或疏漏的；（4）发包人未能在计划开工日期之日起7天内同意下达开工通知的；（5）发包人未能按合同约定日期支付工程预付款、进度款或竣工结算款的……[②]" 此外，《八民会议纪要》第33条规定："发包人不履行告知变更后的施工方案、施工技术交底、完善施工条件等协作义务，致使承包人停（窝）工，以至难以完成工程项目建设的，承包人催告在合理期限内履行，发包人逾期仍不履行的，人民法院视违约情节，可以依据合同法第二百五十九条、第二百八十三条规定裁判顺延工期，并有权要求赔偿停（窝）工损失。"

（2）因第三人行为但可归责于发包人的事由。

①因发包人委托的第三人的行为导致工期延误的，由发包人承担工期延误责任。例如，监理人受发包人的委托对工程进行监督管理，其在从事受托

---

① 《合同法》第283条规定：发包人未按照约定的时间和要求提供原材料、设备、场地、资金、技术资料的，承包人可以顺延工程日期，并有权要求赔偿停工、窝工等损失。

② 《建设工程施工合同（示范文本）》（GF-1999-0201）通用条款第13.1款第2项规定："发包人未能按约定日期支付工程预付款、进度款，致使施工不能正常进行。"该规定多了影响工期的结果，强调了未支付工程款与工期顺延的因果关系，值得重视。

事务中的过错导致工期延误的法律后果由发包人承担，承包人可以据此顺延工期。《建设工程施工合同（示范文本）》（GF-2017-0201）第5.3.2项规定，监理人未按时到场并对隐蔽工程及其施工工艺、材料和工程设备进行检查，由此导致工期延误的，工期应予顺延。[①] 第7.5.1项之（6）规定，监理人未按合同约定发出指示、批准等文件的，工期应予顺延。第13.3.1项规定，监理人不能按时参加试车，由此导致工期延误的，工期应予以顺延。

同理，因设计人的过错导致的工期延误亦由发包人承担。例如，《建设工程施工合同（示范文本）》（GF-2017-0201）第13.3.2项规定，因设计原因导致试车达不到验收要求，发包人应要求设计人修改设计，承包人按修改后的设计重新安装。发包人承担修改设计、拆除及重新安装的全部费用，工期相应顺延。

②因发包人主导的设计变更[②] 造成承包人停工、缓建、返工、改建等。

（3）不可归责于承发包人双方的事由导致的工期延误。

①不利物质条件、异常恶劣的气候。根据《建设工程施工合同（示范文本）》（GF-2017-0201）第7.6款第2段以及第7.7款第2段规定，在这两种情形下，承包人应采取克服异常恶劣的气候条件的合理措施继续施工……承包人因采取合理措施而增加的费用和（或）延误的工期由发包人承担。

②不可抗力。《建设工程施工合同（示范文本）》（GF-2017-0201）第17.3.2项［不可抗力］之（4）规定，因不可抗力影响承包人履行合同约定的义务，已经引起或将引起工期延误的，应当顺延工期。

③法律的变化。例如，《建设工程施工合同（示范文本）》（GF-2017-0201）第11.2款［法律变化引起的调整］规定，在基准日期后，因法律变化造成工期延误时，工期应予以顺延。

（4）工程质量经重新检查或者鉴定，结果为合格的，检查期间或鉴定期

---

① 《合同法》第278条规定："隐蔽工程在隐蔽以前，承包人应当通知发包人检查。发包人没有及时检查的，承包人可以顺延工程日期，并有权要求赔偿停工、窝工等损失。"监理人作为受托人的行为亦归属于发包人。

② 参见《建设工程施工合同（示范文本）》（GF-1999-0201）通用条款第13.1款第4项。

间计为顺延期间。

《建设工程施工合同（示范文本）》（GF–2017–0201）第5.3.3项规定："承包人覆盖工程隐蔽部位后，发包人或监理人对质量有疑问的，可要求承包人对已覆盖的部位进行钻孔探测或揭开重新检查，承包人应遵照执行，并在检查后重新覆盖恢复原状。经检查证明工程质量符合合同要求的，由发包人承担由此增加的费用和（或）延误的工期，并支付承包人合理的利润……"《施工合同司法解释》第15条也规定："建设工程竣工前，当事人对工程质量发生争议，工程质量经鉴定合格的，鉴定期间为顺延工期期间。"

2. 处于关键线路上的工期延误才会影响建设工期，从而发生工期顺延

根据《建设工程司法鉴定程序规范》[①]（SF/ZJD0500001–2014）第7.2.8项之附注，关键线路是指在工期网络计划中从起点节点开始，沿箭线方向通过一系列箭线与节点，最后达到终点节点为止所形成的通路上所有工作持续时间总和最大的线路。关键工作指关键线路上的工作，关键工作上各项工作持续时间总和即为网络计划的工期，关键工作的进度将直接影响到网络计划的工期。

通常认为，在施工过程中，关键线路上工作的延误会导致工程总工期的延误。反之，非关键线路上的工作由于存在时差，当该线路上的延误时间未超过时差时，不会造成总工期的延误；只有当延误的时间超过时差时，超过的部分才会造成总工期的延误。施工进度计划中的关键线路与非关键线路在一定条件下能够相互转化。随着施工过程中各工序的不断推进，关键线路可能会变成非关键线路，非关键线路上工作时差被延误时，非关键线路可能会变成关键线路。

基于上述概念和原理，在建设工程施工合同工期纠纷中，对于工期延

---

① 2018年11月8日，《司法部办公厅关于颁布和废止部分司法鉴定技术规范的通知》（司办通〔2018〕139号）已将该规范废止，但由于该规定的内容仍具有参考价值，故加以引用。

误的技术分析方法[①]均是基于关键线路法的工期延误分析技术，即通过分析工期延误事件是否导致了关键线路和关键工作的工程量增加而引起工期变化，进而决定是否应当顺延工期。例如，《建设工程造价鉴定规范》（GB/T 51262–2017）第 5.7.5 条规定："当事人对鉴定项目因设计变更顺延工期有争议的，鉴定人应参考施工进度计划，判别是否因增加了关键线路和关键工作的工程量而引起工期变化，如增加了工期，应相应顺延工期；如未增加工期，工期不予顺延。"《建设工程司法鉴定程序规范》（SF/Z JD0500001–2014）第 7.2.8 条规定："设计变更和工程量增加，应查明是否增加了关键线路和关键工作上的工程量。关键工作增加了工程量，工期应予以顺延；关键工作未增加工程量，工期可不予顺延。"

实务争点

施工合同有逾期索赔失权条款，承包人未按约定的签证程序申请工期顺延的法律后果

实践中，当事人通常会在施工合同中约定顺延工期的签证确认程序。例如，常见的《建设工程施工合同（示范文本）》（GF–2017–0201）第 19.1 款规定："根据合同约定，承包人认为有权得到追加付款和（或）延长工期的，应按以下程序向发包人提出索赔：（1）承包人应在知道或应当知道索赔事件发生后 28 天内，向监理人递交索赔意向通知书，并说明发生索赔事件的事由；承包人未在前述 28 天内发出索赔意向通知书的，丧失要求追加付款和（或）延长工期的权利；（2）承包人应在发出索赔意向通知书后 28 天内，向监理人正式递交索赔报告；索赔报告应详细说明索赔理由以及要求追加的付款金额和（或）延长的工期，并附必要的记录和证明材料；（3）索赔事件具有持续影响的，承包人应按合理时间间隔继续递交延续索赔通知，说明持续影响的实际情况和记录，列出累计的追加付款金额和（或）工期

① 主要的工期鉴定方法如时间影响分析法、窗口分析法、影响时间剔除分析法等均需要使用关键线路法的原理和技术。

延长天数；（4）在索赔事件影响结束后28天内，承包人应向监理人递交最终索赔报告，说明最终要求索赔的追加付款金额和（或）延长的工期，并附必要的记录和证明材料。"

鉴于目前建筑市场中发包人处于强势地位，承包人在施工过程中往往很难办到工期顺延的签证。[①] 事实上，当承包人符合工期顺延的条件并及时向发包人或监理人申请时，如果发包人及其代表监理人恶意阻却或拒不配合工期签证，本身已经构成违约。因此，为了保护承包人的合法权益，司法实践中的倾向性意见认为，如果合同中约定了工期顺延的签证时限及程序，但是未明确约定逾期失权的内容，则只要承包人有证据证明曾经向发包人或者监理人主张过工期顺延并且顺延事由成立的，工期应当予以顺延。本条第1款对此也进行了明确，值得赞同。

当施工合同明确约定逾期失权条款时，如果施工合同履行过程中发生可顺延工期的事由，但承包人未及时提出工期索赔申请，在贯彻实体公正还是遵从合同约定注重程序规则的不同价值判断下，会产生不同的结果。《施工合同司法解释（二）》在第6条第2款规定："当事人约定承包人未在约定期限内提出工期顺延申请视为工期不顺延的，按照约定处理，但发包人在约定期限后仍同意工期顺延或者承包人提出合理抗辩的除外。"可见，《施工合同司法解释（二）》完全尊重当事人的契约自治，在充分考虑我国现阶段建筑市场管理水平的基础上，力图倒逼承包人全面提高签证索赔意识及合同动态履约的水平，值得肯定。这背后其实涉及的是现代契约法规则下契约自由与契约正义之间的关系。

《建设工程施工合同（示范文本）》（GF-2013-0201）强制宣贯使用迄今已实施了5年之久，其通用条款第19.1款第（1）项规定："承包人应在知道或应当知道索赔事件发生后28天内，向监理人递交索赔意向通知书，并说明发生索赔事件的事由；承包人未在前述28天内发出索赔意向通知书的，丧失要求追加付款和（或）延长工期的权利。"该"逾期索赔失权"的规定，

---

① 韩延斌等著：《房地产纠纷裁判思路与规范指引（上）》，人民法院出版社2014年版，第338页。

只是针对索赔通知书的发出时间，并不苛刻，施工企业应该能够适应并满足其要求，这实际上相当于行业交易习惯。此外，《施工合同司法解释（二）》还规定了两种逾期失权的除外情形，一是发包人在承包人逾期提出工期签证后仍同意顺延的情形，此时应当尊重当事人的意思自治；二是承包人以不可抗力及意外事件等作为合理抗辩的情形，此时如果该事由确实给工程进度造成了不可克服的巨大障碍，亦应准予工期顺延。

关于索赔期限的性质。我们认为其既非法定的诉讼时效也非除斥期间，而是一种独有的特殊期限。由于与索赔相关的事件转瞬即逝，不易固定，更难还原，故索赔期限往往是短期时限且伴随着“过期作废”的后果。其目的在于催促当事人尽快行使权利，保留工程过程性的有效痕迹，防止在权利行使上睡着。[①] 对于承包人在过了索赔期限后主张工期顺延的问题上，部分省市法院为了追求实体公正，对该期限采取了相对宽松的态度。例如，《安徽高院指导意见（二）》第4条进一步规定：“承包人未能提供顺延工期的签证等书面文件，但能够证明工程存在延期开工、不具备施工条件、设计变更、工程量增加、发包人指定的分包工程迟延完工、不可抗力等不可归责于承包人的原因，影响施工进度的，可以允许承包人相应顺延工期。”《北京高院解答》第26条规定：“因发包人拖欠工程预付款、进度款、迟延提供施工图纸、场地及原材料、变更设计等行为导致工程延误，合同明确约定顺延工期应当经发包人签证确认，经审查承包人虽未取得工期顺延的签证确认，但其举证证明在合同约定的办理期限内向发包人主张过工期顺延，或者发包人的上述行为确实严重影响施工进度的，对承包人顺延相应工期的主张，可予支持。”这些规定从实体公正的角度看，最大限度地保护了承包人的利益。根据这些规定，只要承包人能够证明发包人的行为对施工进度造成了影响，工期就可以相应地予以顺延，侧重于以契约正义（侧重实质正义）的角度矫正当事人之间的利益失衡，捍卫承包人的利益。

相反，《浙江高院解答》第6条规定：“发包人仅以承包人未在规定时间

---

① 参见陈旻著：《建设工程案件审判实务与案例精析》，中国法制出版社2014年版，第195页。

内提出工期顺延申请而主张工期不能顺延的，该主张不能成立。但合同明确约定不在规定时间内提出工期顺延申请视为工期不顺延的，应遵从合同的约定。”《广东高院解答》也追随这种精神，在第 20 条规定：“发包人仅以承包人未在合同约定的期限内提出工期顺延申请而主张工期不能顺延的，不予支持，但合同明确约定承包人未依约提出顺延工期申请视为放弃权利的，按照约定处理。”上述规定的但书部分显然对工期签证提出了较高的程序性要求，即使发生了能够顺延工期的事由，如果承包人未能严格按照合同约定的期限申请工期顺延，工期也一律不予顺延。应当说，随着我国建筑业市场的发展，应对承包人的工程管理水平提出更高的要求，尤其是承包人的签证管理水平，这也是实现“一带一路”战略，熟悉并掌握国际游戏规则，增加建筑企业国内国际市场竞争力的必然要求。《施工合同司法解释（二）》（征求意见稿）对此也作了相同的规定。最终颁布的《施工合同司法解释（二）》对此作出了微调，在本条第 2 款中规定：“当事人约定承包人未在约定时间内提出工期顺延申请视为工期不顺延的，按照约定处理，但发包人在约定期限后同意工期顺延或者承包人提出合理抗辩的除外。”这一规定，在本质上与上述规定并无区别，应予肯定。

案例索引

宏胜建设有限公司与兴义市威鲁公路投资建设有限责任公司建设工程施工合同纠纷案［案号：（2018）最高法民终 373 号］；

四川雅眉乐高速公路有限责任公司与攀枝花公路建设有限公司建设工程施工合同纠纷案［案号：（2017）最高法民申 1182 号］。

规范链接

《最高人民法院关于审理建设工程施工合同纠纷案件适用法律问题的解释》

第十五条　建设工程竣工前，当事人对工程质量发生争议，工程质量经鉴定合格的，鉴定期间为顺延工期期间。

《北京市高级人民法院关于审理建设工程施工合同纠纷案件若干疑难问题的解答》

26. 工期顺延如何认定?

因发包人拖欠工程预付款、进度款、迟延提供施工图纸、场地及原材料、变更设计等行为导致工程延误，合同明确约定顺延工期应当经发包人签证确认，经审查承包人虽未取得工期顺延的签证确认，但其举证证明在合同约定的办理期限内向发包人主张过工期顺延，或者发包人的上述行为确实严重影响施工进度的，对承包人顺延相应工期的主张，可予支持。

《江苏省高级人民法院建设工程施工合同案件审理指南》

六、建设工程施工合同条款

2. 工程日期的顺延

上述提及的因发包人和外部原因致使承包人无法按时开工，承包人可以顺延开工日期，导致工程日期顺延之外，在履行合同过程中，如果出现以下情形，承包人可以顺延工程日期:

（1）根据《合同法》第二百七十八条的规定，隐蔽工程在隐蔽以前，承包人应当通知发包人检查，发包人没有及时检查的，承包人可以顺延工程日期;（2）根据《合同法》第二百八十三条的规定，发包人未按照约定的时间和要求提供原材料、设备、场地、资金、技术资料的，承包人可以顺延工程日期;（3）根据最高人民法院《关于审理建设工程施工合同纠纷案件适用法律问题的解释》第15条的规定，建设工程竣工前，当事人对工程质量发生争议，工程质量经鉴定合格的，鉴定期间为顺延工期期间;（4）发包人在履行合同过程中变更设计，造成承包人停工、缓建、返工、改建，或者因发包人的要求而增加工程量;（5）建设工程勘察、设计合同中，发包人未按照约定的时间和要求提供有关基础资料、文件;建设工程施工合同中，因自然灾害、恶劣气候、流行性疾病以及非承包人引起的纠纷等原因，致使承包人无法在短期内恢复履行合同。

《安徽省高级人民法院关于审理建设工程施工合同纠纷案件适用法律问题的指导意见》

15. 承包人以发包人未按合同约定支付工程进度款为由主张工期顺延权，

发包人以承包人未按合同约定办理工期顺延签证抗辩的，如承包人举证证明其在合同约定的办理工期顺延签证期限内向发包人提出过顺延工期的要求，或者举证证明因发包人迟延支付工程进度款严重影响工程施工进度，对其主张，可予支持。

因发包人迟延支付工程进度款而认定承包人享有工期顺延权的，顺延期间自发包人拖欠工程进度款之日起至进度款付清之日止。

《河北省高级人民法院建设工程施工合同案件审理指南》

47. 工期延误的责任应该由造成工期延误的过错一方承担，发包人仅以承包人未在合同约定的期限内提出工期顺延申请而主张工期不能顺延的，人民法院不予支持。

《深圳仲裁委关于审理建设工程施工合同案件若干问题的意见》

三、关于开工时间和工期顺延

（二）工期顺延的确认

施工过程中因发包人拖欠工程预付款、进度款、变更设计造成工程停工、窝工或因不可抗力因素造成工程停工的，工期顺延计算。

第七条 【发包人主张工程质量责任的处理】 发包人在承包人提起的建设工程施工合同纠纷案件中，以建设工程质量不符合合同约定或者法律规定为由，就承包人支付违约金或者赔偿修理、返工、改建的合理费用等损失提出反诉的，人民法院可以合并审理。

条文主旨

本条规定了在承包人提起的施工合同纠纷诉讼中，发包人主张质量责任时的处理。

典型案例

案例 7：因质量问题主张扣减维修费用的主张，无须另行提起反诉

——大庆市曙光房地产开发有限公司、齐宝英与齐齐哈尔市宏盛建筑安装工程有限公司建设工程施工合同纠纷案[①]

案情回放

2005 年 5 月 4 日，齐齐哈尔市宏盛建筑安装工程有限公司（以下简称宏盛公司）通过招标方式承包了富裕县曙光购物中心 2 号、3 号商服楼的工程，并于 2005 年 5 月 7 日与大庆市曙光房地产开发有限公司（以下简称曙光公司）签订了《建设工程施工合同》，约定曙光休闲广场 2 号楼建筑面积 10973 平方米，承包范围包括施工图设计的全部内容，包括建筑工程、装饰装修工程、安装工程，合同价款 7132456.00 元，以及开竣工时间等条款，该工程于 2005 年 12 月 15 日竣工验收。2005 年 7 月 10 日双方签订了 3 号楼《建设工程施工合同》，约定建筑面积 5834 平方米，层数二层（面积以测绘面积为准），承包范围包括施工图纸设计的全部内容，包括建筑工程、装饰装修工程、安装工程，合同造价为 3617080.00 元，该工程于 2005 年 12 月 10 日竣工。后双方当事人对工程价款发生争议，宏盛公司以齐宝英（曙光公司的联合发包人）与曙光公司拖欠工程款为由，向人民法院提起诉讼。

裁判理由

一审法院认为，关于齐宝英提出的工程质量问题，因其未提出反诉，且没有对工程质量问题进行鉴定，故本案不宜处理。

二审法院认为，关于案涉工程质量维修费问题。齐宝英以案涉工程存在质量问题，主张扣除维修费用的抗辩，其目的是减少工程价款，该抗辩无须

---

① （2017）最高法民申 2128 号、（2016）黑民终 445 号、（2010）齐民初字第 2 号。

提起反诉。一审法院认为齐宝英应对此提起反诉，系适用法律不当。案涉工程于 2005 年 12 月陆续竣工并交付使用。一审期间，齐宝英举示了 2006 年 5 月 10 日富裕县建设工程质量监督管理站即向曙光公司下发的《工程质量维修通知书》，该通知书中明确案涉工程在质保期内存在大量的工程质量问题。该通知的时间系在工程质保期内，另外，齐宝英还举示了其与案外人张会忠签订的维修协议及给付张会忠维修款 289400.00 元的收据及维修现场照片。该部分证据能够证明宏盛公司施工的案涉工程在质保期内存在工程质量问题，且齐宝英已委托他人进行维修的事实，本院对此予以认定。因双方当事人签订的两份施工合同无效，齐宝英对无效合同亦有过错责任，故其应自行承担 50% 的维修费 144700.00 元。

裁判结果

一审判决：

大庆市曙光房地产开发有限公司、齐宝英于本判决生效之日起十日内给付齐齐哈尔市宏盛建筑安装工程有限公司工程款 1385613.79 元，并给付拖欠工程款的利息。

二审判决：

一、变更齐齐哈尔市中级人民法院（2010）齐民初字第 2 号民事判决主文：齐宝英于本判决送达之日起十五日内给付齐齐哈尔市宏盛建筑安装工程有限公司工程款 741797.39 元及利息（自 2005 年 12 月 16 日起至本判决确定的给付之日止，按照中国人民银行发布的同期同类贷款利率计息）；

二、大庆市曙光房地产开发有限公司承担连带给付责任；

三、驳回大庆市曙光房地产开发有限公司上诉请求；

四、驳回齐宝英的其他上诉请求。

再审裁定：驳回齐宝英的再审申请。

焦点评析

本案的争议焦点之一是发包人追究承包人工程质量问题时，该如何处理？

司法实践中，承包人因建设工程施工合同争议提起诉讼，请求支付工程价款。发包人随即以质量违约为由提出对抗性的主张，这种“剑拔弩张”“旗鼓相当”的态势在建设工程施工合同纠纷案件中似乎已经司空见惯。需要探究的是，在这种场合下，作为被告的发包人主张承包人的工程质量责任，究竟应该属于本诉中的抗辩，还是需要提起反诉或者另行起诉呢？这在司法实践中存在较大的争议。要回答这一问题，我们首先需要厘清抗辩与反诉或者另行起诉的关系以及各自的边界。以抗辩与反诉为例，抗辩是对对方当事人所提请求权的一种拒绝与对抗。反诉，是指在本诉的诉讼程序中，本诉的被告以本诉的原告为被告，提起的与本诉相关的诉。反诉以本诉存在为前提，同时反诉又具备诉的构成要素，具有相对独立性。①二者都与作为本诉的请求权关系密切，但二者又存在本质区别：

（1）二者的性质不同。反诉的本质属性是诉，是一种独立的诉讼请求，其请求权基础可能是请求权、支配权或者形成权。而抗辩是对抗请求权的主张，是一种诉讼行为，无论如何主张，都不会产生新的诉讼请求。

（2）二者的内容不同。反诉是诉的一种，因此就必须有其诉讼标的，诉讼标的是一个诉区别于他诉的标准。作为一个独立的诉，反诉一定有实体方面的内容。而抗辩则不同，抗辩可以有实体方面的内容，也可以仅有程序方面的内容。

（3）二者的目的不同。反诉是一个独立的新诉讼请求，是被告主动进攻的武器，旨在抵消、吞并本诉原告的权利，使原告的权利部分或全部失效，甚至超出原告所主张的权利范围。抗辩的目的是直接否定对方当事人的诉讼请求、事实或理由，是一种被动防御的工具，其成立的直接后果是原告的主张得不到全部支持甚至全部得不到支持。

（4）二者的法律关系不同。反诉是一种独立的反请求，反诉的提出会引发新的法律关系，导致法律关系的增加，而抗辩的提出不会产生这样的效果。

正是由于反诉与抗辩存在上述区别，所以导致二者在诉讼中也存在较大的差异：

（1）二者的法律地位不同。本诉的被告因反诉的受理而与本诉的原告处

---

① 江伟主编：《民事诉讼法》，中国人民大学出版社2007年版，第48页。

于同等的诉讼地位，成为反诉的原告。而在抗辩中，抗辩者不可能改变其在诉讼中的法律地位，无论其如何抗辩，始终是被告。

（2）二者提起的时间不同。反诉只能在一审法庭辩论结束前提起，而抗辩意见则可以在一审、二审、重审、再审的任何时候提出。

（3）二者审理的条件不同。反诉是一个独立的诉，虽然提出反诉的目的有时是抵消对方当事人的诉讼请求，但对提出的反诉请求，法院要结合受理案件的各项条件进行审查，以决定是否受理。抗辩不存在法院是否受理的问题，只要提出抗辩，法院就应予以审理。

（4）二者的处理方式不同。法院受理反诉后，当事人必须交纳诉讼费用，法院必须依法对之作出明确的裁判。而对于抗辩，当事人不需要交纳诉讼费用，抗辩是否成立，法院无须对其另行作出裁判。[①]

正是基于抗辩与反诉存在的上述重大区别，因此，需要对发包人提出的质量问题主张进行类型化的分析，进而准确地区分并把握某项特定主张究竟属于抗辩还是反诉。这将直接关系到案件的审理范围、所涉及法律关系的性质、诉讼程序以及诉讼费的缴纳等问题。我们以发包人的四种质量责任主张为样态，以工程竣工验收前后两个阶段作为节点进行区别讨论。为便于观察，附图如下：

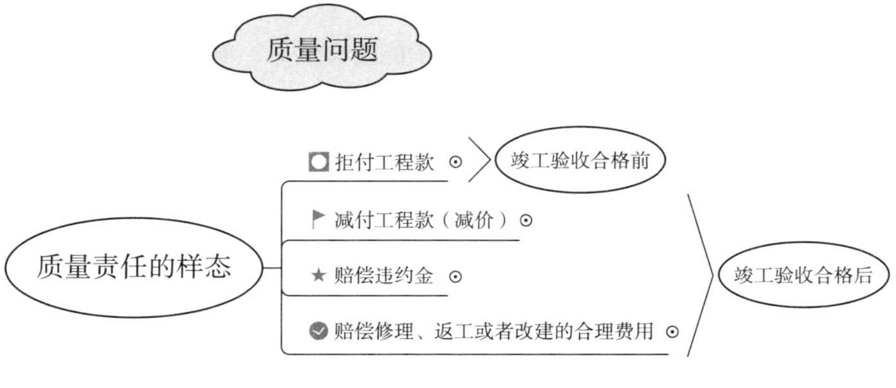

① 最高人民法院民事审判第二庭编著：《最高人民法院关于买卖合同司法解释理解与适用》，法律出版社2012年版，第638–639页。

1. 发包人以工程存在质量问题为由，拒绝支付工程价款

《合同法》第 269 条第 1 款规定：“建设工程合同是承包人进行工程建设，发包人支付价款的合同。”第 279 条第 1 款规定：“建设工程竣工后，发包人应当根据施工图纸及说明书、国家颁发的施工验收规范和质量检验标准及时进行验收。验收合格的，发包人应当按照约定支付价款，并接收该建设工程。”综观上述规定，建设工程施工合同原则上是承包人先按时保质地完成建设任务，发包人随后才有付款义务，这在进度款、结算款的支付上体现得尤为明显。当工程存在质量问题时，发包人拒绝支付工程款，系行使《合同法》第 67 条规定的先履行抗辩权，意在否定或者阻却承包人的工程款付款请求权，属于对对方付款请求权的防御，无疑是一种抗辩。《施工合同司法解释》第 10 条第 1 款规定，当提前解除合同导致结算款的支付条件成就时，应以已完工程质量合格为前提。

2. 发包人以工程存在质量问题为由，要求减少支付工程价款

在传统大陆法系，“减价”责任一般纳入物之瑕疵担保责任的范畴。我国《合同法》将减价责任统合进违约责任的体系，具有一定的特殊性。在法律性质上，有观点认为减价权属于一种请求权，理由是《施工合同司法解释》第 11 条规定：“因承包人的过错造成建设工程质量不符合约定，承包人拒绝修理、返工或者改建，发包人请求减少支付工程价款的，应予支持。”其中用了“请求”一词。对此，我们认为，不能望文生义，单凭“请求”二字就直接判定为这是一种请求权，进而认为减价权的行使必须要单独提起一项诉讼请求。我们赞同将减价权认定为形成权的观点，这有点类似于解除权（一部解除），但与传统合同解除权思想不同的是，其应该更接近于单方变更合同的思想。且《合同法》第 111 条规定：“质量不符合约定的，应当按照当事人的约定承担违约责任。对违约责任没有约定或者约定不明确，依照本法第六十一条的规定仍不能确定的，受损害方根据标的的性质以及损失的大小，可以合理选择要求对方承担修理、更换、重作、退货、减少价款或者报酬等违约责任。”其中，“要求减少价款”用了“要求”一词，并非“请求”，有单方决定并支配的意思，能涵盖形成权的内容。既然明确了减价权可作为一种形成权，也就是说，权利人一旦行使权利，就能够单方变动法律关系。

或许有人会担心发包人擅自减价会对承包人造成伤害。我们认为，这种担心完全是多余的，因为减价的本质是从公平原则出发的“按质论价”，在减价权人的形成意思中，可以类推适用《合同法》第96条第1款后段（合同解除相对方的异议权）的内容，对方有异议的，可以请求法院或仲裁机构确认减价的效力。[①] 至于如何减价的判定标准，涉及修复这种质量问题（消除物之瑕疵）所需的费用，通常需要通过鉴定程序确定修复费用的具体数额，并以修复所需的费用来确定建设工程价值减损的金额。

综上可知，减价的目的是对抗本诉中的价款请求权，作为一种防御性的手段，意图少付或者不付款项，没有必要成为一种单独的诉。《浙江高院解答》第9条规定：“承包人诉请给付工程价款，发包人以工程质量不符合合同约定或国家强制性的质量规范标准为由，要求减少工程价款的，按抗辩处理；发包人请求承包人赔偿损失的，按反诉处理。”该规定殊值赞同。《福建省高级人民法院关于审理建设工程施工合同纠纷案件疑难问题的解答》第10条对此也作出了相同的规定。《江苏省高级人民法院建设工程施工合同案件审理指南》的规定则更为清晰和明确，其第8条第1项规定：“发包人以质量不符约定为由仅请求拒付或减付工程款的，或者合同中明确约定可以直接将工程质量违约金或赔偿金从应付工程款中扣减的，属于抗辩，无须反诉。”或许有人会说，如果这样，一旦承包人撤回本诉，发包人就丧失了减价的空间，这不利于保护发包人。其实不然，既然《合同法》第111条同时规定了修理、重作、减少价款等救济措施，并处于竞合状态，那么即使不能减价，也还能单独起诉要求承包人修复、返工、改建建设工程或赔偿损失等，丝毫不会削减发包人的权益。前引案例中，二审法院纠正了一审的错误观点。二审认为发包人以案涉工程存在质量问题为由，主张扣除维修费用的抗辩，其目的是减少工程价款的支付，该抗辩无须提起反诉。

3. 发包人以工程存在质量问题为由，主张承包人按合同约定支付违约金

如果施工合同里对质量责任的违约金有约定，则发包人可以向承包人主张违约金的方式追究质量违约责任。此时，违约金作为违约损害赔偿的一种

---

① 参见韩世远著：《合同法总论》，法律出版社2018年版，第848–852页。

方式，发包人以工程质量存在问题为由要求承包人支付违约金或赔偿金的，其诉求不仅明确而且具体，具备民事诉讼法“诉”的全部条件，属于独立的诉。其目的不在于抵御付款请求权，而是超出了承包人的工程款付款请求权范围之外主张积极的权利，实际上提出了新的诉讼请求，因此属于反诉，需要另行缴纳诉讼费用。鉴于发包人的上述违约金（损害赔偿）的请求与承包人在本诉中的工程款支付请求，两者基于同一合同，具有牵连性，故可以合并审理。①

4. 发包人以工程存在质量问题为由，要求承包人赔偿修复、返工或者改建等的合理费用损失

《建设工程质量管理条例》第 32 条规定：“施工单位对施工中出现质量问题的建设工程或者竣工验收不合格的建设工程，应当负责返修”，《合同法》第 281 条规定：“因施工人的原因致使建设工程质量不符合约定的，发包人有权要求施工人在合理期限内无偿修理或者返工、改建……”可见，在现行法律体系中，修理、返工或者改建是承包人对工程质量问题的原给付义务，具有优先适用性。根据《施工合同司法解释》第 11 条的规定：“因承包人的过错造成建设工程质量不符合约定，承包人拒绝修理、返工或者改建，发包人请求减少工程价款的，应予支持。”可见，只有在发包人催告承包人就质量问题进行修理、返工或改建，但遭到后者拒绝；或者承包人进行上述维修但未能修复，发包人对承包人失去信任时，发包人才有权要求承包人赔偿修理、返工或者改建的合理费用等损失。此处的合理修复费用就是工程质量修复所实际发生的费用，包括对原不合格工程进行拆除、重新返工、修复所需的建筑材料、机械设备及人工费用等。在双方对修复费用无法达成一致时，可以采用对质量修复费用进行鉴定的方法予以确定。②这里的赔偿损失属于对质量维修责任的替代，同样属于一种新的诉讼请求，属于单独的诉而不属于抗辩。

---

① 参见最高人民法院民事审判第二庭编著：《最高人民法院关于买卖合同司法解释理解与适用》，人民法院出版社 2012 年版，第 640 页。

② 最高人民法院民事审判第一庭编著：《最高人民法院建设工程施工合同司法解释的理解与适用》，人民法院出版社 2004 年版，第 116 页。

上述发包人的四种质量责任主张方式，在工程竣工验收前后的不同阶段，呈现出不同的责任形式。承包人在竣工验收之前承担维修责任，在竣工验收合格之后承担保修责任。对此，北京、四川、浙江等地方高院的指导性文件规定进一步地细化了相应的处理方式。例如，《北京高院解答》第 28 条规定："承包人要求支付工程款，发包人主张工程质量不符合合同约定给其造成损害的，应按以下情形分别处理：（1）建设工程已经竣工验收合格，或虽未经竣工验收，但发包人已实际使用，工程存在的质量问题一般应属于工程质量保修的范围，发包人以此为由要求拒付或减付工程款的，对其质量抗辩不予支持，但确因承包人原因导致工程的地基基础工程或主体结构质量不合格的除外；发包人反诉或另行起诉要求承包人承担保修责任或者赔偿修复费用等实际损失的，按建设工程保修的相关规定处理。（2）工程尚未进行竣工验收且未交付使用，发包人以工程质量不符合合同约定为由要求拒付或减付工程款的，可以按抗辩处理；发包人要求承包人支付违约金或者赔偿修理、返工或改建的合理费用等损失的，应告知其提起反诉或另行起诉。（3）发包人要求承包人赔偿因工程质量不符合合同约定而造成的其他财产或者人身损害的，应告知其提起反诉或另行起诉。"《浙江高院解答》第 7 条规定："发包人已经签字确认验收合格，能否再以质量问题提出抗辩，主张延期或不予支付工程价款？发包人已组织验收并在相关文件上签字确认验收合格，后又以工程质量存在瑕疵为由，拒绝支付或要求延期支付工程价款的，该主张不能成立。但确因承包人施工导致地基基础工程、工程主体结构质量不合格的，发包人仍可以拒绝支付或要求延期支付工程价款。"

综上可知，对发包人要求拒付或者减付工程款的主张，应作为抗辩处理。至于工程是否竣工验收合格，是否存在工程甩项以及发包人是否提前实际使用的情形，只是决定发包人提出的这种抗辩能否得到支持的考量因素。对发包人请求支付违约金或者损害赔偿的主张则应作为反诉或另行起诉来对待。《施工合同司法解释（二）》（征求意见稿）整条采纳北京高院的上述规定内容，只是最终颁布的《施工合同司法解释（二）》对此作了高度的提炼与概括。

实务争点

工程未经竣工验收，发包人擅自使用后的质量责任如何承担？

实践中，建设工程未经竣工验收，发包人擅自使用的，该工程的质量责任如何承担的问题，存在着较大的争论。

《施工合同司法解释》第13条规定："建设工程未经竣工验收，发包人擅自使用后，又以使用部分质量不符合约定为由主张权利的，不予支持；但是承包人应当在建设工程的合理使用寿命内对地基基础工程和主体结构质量承担民事责任。"从文义解释和体系解释的角度分析，这里就质量责任所主张的权利，不仅包括返修、返工等整改责任，还包括保修责任。权威观点认为，发包人擅自使用未经验收的建设工程的，除地基基础和主体结构工程外，视为发包人认可工程质量，对其使用部分出现的质量问题，应自行承担责任。[①] 实践中多采纳这种观点，如在西安天虹电气有限公司、格尔木力腾新能源有限公司与江苏宏大建设集团有限公司、甘肃宏亚建设工程有限公司建设工程施工合同纠纷案[②]中，最高院认为，根据《施工合同司法解释》第13条的规定，建设工程未经竣工验收或者验收不合格，发包人违反法律规定或合同约定擅自使用，视为发包人在交付工程时对质量问题的认可，或者自愿对质量不合格承担责任。随着发包人对未经验收工程的使用，其工程质量责任的风险也由承包人转移给发包人。发包人丧失了以工程未验收合格为由向承包人主张工程质量责任的权利，故宏大公司没有要求宏亚公司支付质量整改费用的权利。不仅如此，法院一般对诉讼中发包人提出的质量鉴定申请以及返修、返工、改建、重建等所需费用的鉴定申请也不予准许，如在青海省建筑工程总承包有限公司、王忠诚建设工程施工合同纠纷案[③]中，一审青海高院认定王忠诚等三人使用工程的行为应当视为其对建设工程质量的认可，

---

① 参见最高人民法院民事审判第一庭编著：《最高人民法院建设工程施工合同司法解释的理解与适用》，人民法院出版社2004年版，第128页。

②（2016）最高法民终188号。

③（2017）青民初34号、（2018）最高法民终384号。

或者虽然工程质量不合格，但其自愿承担质量责任，故对王忠诚等三人提出的质量鉴定申请不予准许，对该项主张质量问题及损害赔偿的反诉请求亦不予支持。最高院在二审中支持了这种观点。

我们认为，上述观点仍有进一步探讨的空间。《建筑法》第61条第2款规定："建筑工程竣工经验收合格后，方可交付使用；未经验收或者验收不合格的，不得交付使用。"此外，《建设工程质量管理条例》第16条、《合同法》第279条等规定也均明确了交付使用前的竣工验收是承发包双方共同的法定权利及义务。由于竣工验收涉及社会公共利益，涉及不特定社会公众的生命财产安全，因此，不能基于发包人的擅自提前使用而使质量责任在承发包方双方内部任意转移，发包人违反法定验收义务而使施工单位免除质量责任从而获利，最终损害的是小业主等工程实际承受者的切身利益。

近年来，实务界人士逐渐意识到了《施工合同司法解释》第13条将使用部分的所有质量责任（包括保修责任）免除的不良后果，开始主张根据《建筑法》第62条和《建设工程质量管理条例》第41条等规定，工程质量保修责任是承包人的法定义务，该义务的履行将影响建设工程的安全及正常使用，故即便发包人擅自使用建设工程，也不能免除承包人的保修义务。[①] 例如，大连中院在大连市建设工程集团有限公司与大连新龙门风吕温泉酒店有限公司建设工程施工合同纠纷案[②]中认为，发包人已经使用案涉工程，承包人不应当再承担维修责任，是对该司法解释适用条件的误读所致……即便工程经竣工验收合格，只要是在规定的保修期内出现的质量瑕疵，责任单位都应当负责维修，验收合格或擅自使用后并不能免除施工人的维修责任。最高院在齐齐哈尔市非凡建筑装饰工程有限责任公司（以下简称非凡公司）与泰来县聚洋购物中心有限公司（以下简称聚洋公司）、泰来县鑫宇房地产开发有限责任公司建设工程施工合同纠纷案[③]中，对工程质量不合格的返修责任与工程保修责任进行了区分，认为聚洋公司（发包人）在案涉工程竣工后未

---

① 参见林镥海主编：《建筑商之孙子兵法 III》，法律出版社2018年版，第276页。

② （2016）辽02民终4275号。

③ （2016）最高法民再23号。

经验收即开业使用，根据上述规定，自其实际使用之日起即应认定工程已经验收合格，非凡公司（承包人）不再负有施工中或经验收不合格的质量返修责任，仅对案涉工程质量在保修期内及保修范围内负有保修义务，承担保修责任。最高院在嫩江县宝宏置业发展有限公司、黑河正亿房地产开发有限公司与中冶建设高新工程技术有限责任公司沈阳分公司建设工程施工合同案[①]中也表达了类似观点。

对此，我们认为，上述观点具有一定的进步之处，但是仍未从根本上解决问题。竣工验收责任是承发包双方共同的法定义务，竣工验收既是一种权利也是一种义务，原本就需要双方协力完成。发包人的提前使用，不能简单地免除承包人的法定质量责任。尽管从主观目的解释入手，《施工合同司法解释》起草者的意思是发包人擅自使用未经竣工验收的工程的，该使用部分的工程质量视为合格。但是通过客观目的解释，该使用部分工程质量合格，应当仅仅是一种推定。在法律术语上，“视为”与“推定”具有截然不同的意义及内涵。“视为”系不容反证予以推翻，“推定”为可推翻的推定，而《施工合同司法解释》第 13 条前半句并未使用“视为使用部分质量合格”的表述。

我们认为，首先，需要将工程质量瑕疵区分为显性瑕疵与隐性瑕疵。前者是指通过肉眼即可判断的观感性瑕疵等，后者是指凭借通常的感官检验方法无法发现，在使用过程中或者通过检验鉴定的方式才会逐渐发现的质量瑕疵。[②]发包人的擅自使用，导致承包人对擅自使用部分工程的观感性质量责任免除自无问题。

其次，发包人的擅自使用，推定为对使用部位的质量由表及里的初步认可。发包人擅自提前使用工程的，工程转移占有之日，视为工程实际竣工之日，工程款付款条件成就，且风险责任随之转移。因擅自使用推定为使用部分的工程质量合格，由发包人就该部分工程存在质量问题承担举证责任。但

---

① （2016）最高法民申 2097 号。

② 关于外观瑕疵与隐蔽瑕疵的内涵及区别，参见最高人民法院民事审判第二庭编著：《最高人民法院关于买卖合同司法解释理解与适用》，人民法院出版社 2012 年版，第 284–286 页。

是如果由于发包人的提前使用导致质量责任难以查明，发包人无权要求承包人承担返修、保修等全部质量责任。[①] 换言之，此时，工程质量责任在客观意义上的证明责任由发包人承担。此处确认工程质量问题以及分清质量责任均需要审慎地启动鉴定程序，可以在发包人提供初步证据的基础上，严格限定鉴定事项及范围，但绝不能因噎废食，直接以擅自使用为由而不准许鉴定。如果发包人的提前使用与工程质量缺陷不构成因果关系，即工程本身存在与发包人使用毫无关联的固有的隐性质量瑕疵时，承包人仍有义务承担返修或者保修的质量责任。只有如此，方能实现"百年大计、质量第一"的宏伟目标。

案例索引

新疆金晖兆丰能源股份有限公司、河北省第四建筑工程有限公司建设工程施工合同纠纷案［案号：（2018）最高法民终342号］。

中国建筑第八工程局有限公司与辽阳亚龙房地产开发有限公司建设工程施工合同纠纷案［案号：（2016）最高法民终135号］。

规范链接

《江苏省高级人民法院建设工程施工合同案件审理指南》

八、建设工程的质量

（一）发包人工程质量问题的主张，有的属于反诉，有的属于抗辩发包单位（发包人）以工程质量问题为由要求施工单位（承包人）支付违约金或赔偿金的，当提起反诉。

发包人以质量不符约定为由仅请求拒付或减付工程款的，或者合同中明确约定可以直接将工程质量违约金或赔偿金从应付工程款中扣减的，属于抗

① 此时发包人的提前使用导致责任不清的因果关系，应当适用"条件说"的理论。本部分观点参照了天同律师事务所曹文衔博士以及马鞍山仲裁委员会朱永超部长的见解。

辩，无须反诉。

建设工程案件中，发包人以工程质量问题为由请求拒付、减付工程款，以及请求承包人支付违约金或赔偿损失，是否必须另行反诉，一直存在争议。对此，应当根据发包人主张的内容，区分情况对待：

（1）发包方以工程质量存在问题为由要求承包人支付违约金或赔偿金的，其诉求不仅明确而且具体，具备民事诉讼法“诉”的全部条件，属于独立的诉。发包人不提出反诉的，原则上不在本诉中审查。

（2）发包人以质量不符约定为由请求拒付或减付工程款，但没有提出承包人因质量不符合约定应当承担的违约金或赔偿金的，其请求不具备民事诉讼法“诉”的全部条件，只是对承包人请求的一种对抗理由，根据《民事诉讼法》第一百零八条的规定，这种情形下的诉求视为抗辩权的行使，发包人无须提起反诉，对发包人这一抗辩意见应当审查。发包人抗辩成立的，应当直接支持其意见。

（3）如双方在合同中明确约定可以直接将工程质量违约金或赔偿金从应付工程款中扣减的，发包人提出扣减请求的，因双方已有了明确的约定，故该请求可以应视为抗辩，发包人也无须提起反诉。

《安徽省高级人民法院关于审理建设工程施工合同纠纷案件适用法律问题的指导意见（二）》

第六条 尚未竣工验收或使用的建设工程，承包人主张工程价款，发包人以工程质量不符合合同约定或者国家质量标准为由，主张减少工程价款或者扣除修复费用的，属于抗辩。

工程已经竣工验收合格，发包人又以工程质量不合格为由，主张承包人承担违约责任的，应当提起反诉。

《广东省高级人民法院关于审理建设工程施工合同纠纷案件若干问题的指导意见》

一、工程欠款纠纷案件中，发包人以建设工程质量不符合合同约定为由主张付款条件未成就的，可以作为抗辩处理。

发包人以建设工程质量不符合合同约定为由，请求承包人承担违约责任的，应当提起反诉。

《四川省高级人民法院关于审理建设工程施工合同纠纷案件若干疑难问题的解答》

31. 如何处理发包人提出的工程质量问题?

承包人诉请支付工程价款,发包人主张工程质量不符合合同约定或者国家强制性质量规范标准,要求减少工程价款的,按抗辩主张处理;发包人要求承包人赔偿损失的.应以反诉的方式提出或另行起诉。

建设工程已经竣工验收合格或虽未竣工验收,但发包人已实际使用,如工程质量问题属于承包人施工原因导致的地基基础工程或工程主体结构质量问题,发包人要求拒付或延期支付工程价款的,应予支持;如发包人提出的工程质量问题属于保修范围,发包人要求拒付或减付工程款的,不予支持。

工程尚未进行竣工验收且未交付使用,发包人以工程质量不符合合同约定或者国家强制性质量规苑标准为由要求拒付或减付工程款,经查证属实的,应予支持;发包人要求承包人支付违约金或者赔偿修理,返工或改建的合理费用等损失的,应以反诉的方式提出或另行起诉。

因承包人原因致使工程质量不符合合同约定,发包人要求承包人承担保修责任或者赔偿修复费用等实际损失的,按保修的相关规定处理。承包人拒绝修复、在合理期限内不能修复或者发包人有正当理由拒绝承包人修复,发包人另行委托他人修复后要求承包人承担合理修复费用的,应予支持。发包人未通知承包人或无正当理由拒绝由承包人修复而另请他人修复的,所发生的修复费用由发包人自行承担。

《河北省高级人民法院建设工程施工合同案件审理指南》

38. 承包人提起的建设工程施工合同纠纷中,发包人以工程质量不符合合同约定或规定、工期延误等为由,要求承包人支付违约金或者赔偿修理、返工或者改建的合理费用等损失的,告知发包人应提起反诉,与本诉一并审理。承包人提起建设工程施工合同纠纷后,发包人在其他法院另行起诉承包人主张上述权利的,人民法院应告知发包人在前诉中提起反诉。发包人坚持立案的,后立案的法院应主动将案件移送到先立案的法院合并审理。

《福建省高级人民法院关于审理建设工程施工合同纠纷案件疑难问题的解答》

10. 问：因承包人的过错造成建设工程质量不符合约定，承包人拒绝修理、返工或者改建，发包人以工程质量不符合约定为由请求减少支付工程价款的，是否必须反诉？工程未经竣工验收交付使用的，发包人以工程质量不符合约定为由请求减少支付工程款，应否支持？

答：发包人可以以此抗辩，请求在工程价款中扣减修理、返工或者改建的合理费用；也可以提起反诉，请求承包人支付修理、返工或者改建的合理费用。但发包人要求承包人赔偿因工程质量不符合约定而造成的其他财产或者人身损害的，应当提起反诉。

工程未经竣工验收，发包人擅自使用后，又以质量不符合约定为由请求减少支付工程价款的，不予支持。

第八条 【质量保证金的返还期限】有下列情形之一，承包人请求发包人返还工程质量保证金的，人民法院应予支持：

（一）当事人约定的工程质量保证金返还期限届满。

（二）当事人未约定工程质量保证金返还期限的，自建设工程通过竣工验收之日起满二年。

（三）因发包人原因建设工程未按约定期限进行竣工验收的，自承包人提交工程竣工验收报告九十日后起当事人约定的工程质量保证金返还期限届满；当事人未约定工程质量保证金返还期限的，自承包人提交工程竣工验收报告九十日后起满二年。

发包人返还质量保证金后，不影响承包人根据合同约定或者法律规定履行工程保修义务。

条文主旨

本条规定了质量保证金返还期限的确定标准。

典型案例

案例 8：当事人约定的质量保证金返还期限早于保修期的，从其约定

——西宁市城市交通投资建设有限公司、陈春菊建设工程施工合同纠纷案[①]

案情回放

2010 年 7 月 7 日，第三人徐州匠铸建设有限公司（以下简称匠铸公司）与陈春菊签订《挂靠协议》，匠铸公司同意陈春菊挂靠在其公司名下，承接西宁市城市交通投资建设有限公司（以下简称城投公司）投资建设的西宁市火车站综合改造工程小寨安置小区Ⅲ标段工程项目的建设施工。陈春菊挂靠期间以匠铸公司项目经理部名义自主经营、独立核算、自负盈亏。匠铸公司按工程总造价 0.5% 收取管理费。挂靠期间，陈春菊按工程进度收取城投公司的工程进度款必须转入匠铸公司与陈春菊在建设银行开设的共管账户，待扣除管理费后其余工程款匠铸公司需在 3 天内转入陈春菊指定账户。2010 年 8 月 4 日，匠铸公司中标该工程，并于同年 8 月 6 日与城投公司签订《建设工程施工合同》，约定匠铸公司承揽西宁火车站综合改造工程小寨安置小区住宅工程，合同价款为 107587026.41 元；工程款按照工程形象进度按月结算，承包人应根据每月工程形象进度计算已完工工程价款，每月 20 日前报监理单位审批后，报建设单位办理结算手续；工程进度到 80% 时，工程价款停付，待工程交工验收后，按承包合同价款，扣除 5% 保修金，其余款项全部付清；每次工程进度款支

---

① （2018）最高法民终 128 号、（2016）青民初 64 号。

付时，按进度款的5%预留工程质保金，预留质量保证金直至达到合同总金额的5%，待工程竣工验收（初验）合格交付使用一年后，承包人已全部履行完合同义务的，发包人应于六个月内按规定返还，返还时不计银行利息。2014年6月27日，住宅楼工程竣工验收合格，2014年11月7日商铺及地下室工程竣工验收合格。

后因工程款项问题发生争议，陈春菊将城投公司起诉至人民法院。

裁判理由

一审法院认为，关于质保金是否应予扣减的问题，城投公司与匠铸公司所签《建设工程施工合同》约定，每次工程进度款支付时，按进度款的5%预留工程质保金，预留质保金直至达到合同总金额的5%，待工程竣工验收（初验）合格交付使用一年后，承包人已全部履行完合同义务的，发包人应于六个月内按规定返还，返还时不计银行利息。案涉工程于2014年11月7日全部竣工验收合格并交付使用，城投公司应依约于2016年5月7日前返还质保金，故对城投公司主张扣减质保金的辩解，不予支持。

二审法院认为，根据城投公司与匠铸公司签订的《建设工程施工合同》约定，按工程进度款的5%预留质保金，预留质量保证金直至达到合同总金额的5%，待工程竣工验收（初验）合格交付使用一年后，承包人已全部履行完合同义务的，发包人应于六个月内按规定返还，返还时不计银行利息。案涉工程于2014年11月7日竣工验收合格并交付使用，城投公司依约应于2016年5月7日前返还质保金，城投公司以案涉工程仍在质保期内主张扣减的理由无事实及合同依据，城投公司关于工程款中应扣除质量保证金的主张不予支持。

裁判结果

一审判决：被告西宁市城市交通投资建设有限公司于本判决生效后十日内支付原告陈春菊工程款47170043.58元。

二审判决：变更青海省高级人民法院（2016）青民初64号民事判决

“西宁市城市交通投资有限公司于本判决生效后10日内支付陈春菊工程款47170043.58元”为：西宁市城市交通投资建设有限公司于本判决生效后十日内支付陈春菊工程款45136714.26元。

焦点评析

本案的争议焦点之一是质量保证金的返还期限如何确定？

质量保证金，全称为“建设工程质量保证金”，又称“建设工程质量保修金”或者“保修金”，也有称作“质保金”。《建设工程施工合同（示范文本）》（GF-1999-0201）通用条款第34.3款早就规定：“质量保修书的主要内容包括：……（4）质量保修金的支付办法。”首次使用“质量保修金”的概念。2004年《建设工程价款结算暂行办法》第14条第（4）项提出了“质量保证金（保修金）”的概念。随后，2005年《建设工程质量保证金管理暂行办法》第2条第1款明确规定：“本办法所称建设工程质量保证金（保修金）（以下简称保证金）是指发包人与承包人在建设工程承包合同中约定，从应付的工程款中预留，用以保证承包人在缺陷责任期内对建设工程出现的缺陷进行维修的资金。”至2013年发布的《建设工程施工合同（示范文本）》（GF-2013-0201）[①]通用条款第15条［缺陷责任期与保修］之15.3款规定质量保证金的提供方式及扣留。可见，“质量保修金”与“质量保证金”在同一语义下交替使用，并逐渐统一称为“质量保证金”，避免在实务中发生识别上的混乱。[②]

关于建设工程质量保修制度，《建筑法》第61条第1款规定：“交付竣工验收的建筑工程，必须符合规定的建筑工程质量标准，有完整的工程技术资料和经签署的工程保修书，并具备国家规定的其他竣工条件。”第62条规定：“建筑工程实行质量保修制度。建筑工程的保修范围应当包括地基基础工程、主体结构工程、屋面防水工程和其他土建工程，以及电气管线、上下水管线的安装工程，供热、供冷系统工程等项目；保修的期限应当按照保证

① 《建设工程施工合同（示范文本）》（GF-2017-0201）沿袭了相关质量保证金制度的规定，但对质保金的预留比例以及返还期限、履约担保等作了修订。

② 参见林一主编：《建设工程施工合同纠纷案件审判实务》，法律出版社2015年版，第217-218页。

建筑物合理寿命年限内正常使用，维护使用者合法权益的原则确定。具体的保修范围和最低保修期限由国务院规定。”《建设工程质量管理条例》第40条规定：“在正常使用条件下，建设工程的最低保修期限为：（一）基础设施工程、房屋建筑的地基基础工程和主体结构工程，为设计文件规定的该工程的合理使用年限；（二）屋面防水工程、有防水要求的卫生间、房间和外墙面的防渗漏，为5年；（三）供热与供冷系统，为2个采暖期、供冷期；（四）电气管线、给排水管道、设备安装和装修工程，为2年。其他项目的保修期限由发包方与承包方约定。建设工程的保修期，自竣工验收合格之日起计算。”第41条规定：“建设工程在保修范围和保修期限内发生质量问题的，施工单位应当履行保修义务，并对造成的损失承担赔偿责任。”

综上，建设工程质量保修制度是指建设工程在办理竣工验收手续后，在规定的保修期限内，因勘察、设计、施工、材料等原因造成质量缺陷，应当由施工承包单位负责维修、返工或更换，由责任单位负责赔偿损失。质量缺陷是指工程不符合国家或行业现行的有关技术标准、设计文件以及合同中对质量的要求等。建设工程质量保证金是指发包人与承包人在建设工程施工合同中约定，从应付的工程款中预留，用以保证承包人在缺陷责任期内对建设工程出现的缺陷进行维修的资金。

在缺陷责任期与保修期制度的关系上，有观点认为，缺陷责任期制度源自FIDIC（菲迪克）合同的规定，我国的立法体系上没有规定，与之相对应的是保修期制度。在《建设工程施工合同（示范文本）》（GF-2013-0201）合同中引入了FIDIC制度中的缺陷责任期，导致与既有的保修制度及体系发生了冲突，有叠床架屋之嫌。① 这种观点是否正确，暂且不论。我们主要从解释论的角度对现有规则进行梳理，以期能指导实践操作。

缺陷责任期与保修期，两者在性质、功能、期限等方面存在重大的差别。缺陷责任期是承包人按照合同约定承担缺陷修复义务，且发包人预留质量保证金的期限，自工程通过竣工验收之日起算。保修期是指承包人按照合同约

① 参见周吉高主编：《建设工程施工合同（示范文本）应用指南与风险提示》，法律出版社2017年版，第15-17页。

定对工程承担保修责任的期限，根据《建设工程质量管理条例》第 40 条之规定，建设工程的保修期限因保修范围的不同而有差异。当事人可以约定保修期限，但不能低于法定期限。如前所述，《建设工程施工合同（示范文本）》（GF-1999-0201）仅仅规定了质量保修期，并未用缺陷责任期之表述，对质量保证金返还时间也未予明确。而根据《建设工程质量保证金管理办法》第 2 条第 2 款之规定："缺陷是指建设工程质量不符合工程建设强制性标准、设计文件，以及承包合同的约定。"工程保修阶段包括缺陷责任期与工程保修期，在缺陷责任期内，承包人当然承担保修义务，即缺陷责任期内，承包人的保修责任与缺陷修复责任发生重合。但质量保证金并非保修费用，该金额虽由发包人预先扣留，但仍属于承包人所有，如果承包人经通知不履行缺陷修复义务，则发包人可以委托他人修复，并从中扣除修复费用，在缺陷责任期满后将剩余部分退还承包人。①

结合《建设工程质量保证金管理办法》对质量保证金的定义，质量保证金的返还期限一般与缺陷责任期保持一致。根据该办法的最新规定，缺陷责任期一般为 1 年，最长不超过 2 年，由发、承包双方在合同中约定。而保修期设有合理期限、2 年、5 年的法定下限。可见，缺陷责任期要短于保修期，并允许当事人自由约定。这样，就会出现质量保证金的返还期限短于质量保修期的现象，实属正常。在制度衔接上，本条第 2 款规定："发包人返还工程质量保证金后，不影响承包人根据合同约定或者法律规定履行工程保修义务。"

所谓法律规定的工程保修义务，系指《建设工程质量管理条例》第 41 条规定："建设工程在保修范围和保修期限内发生质量问题的，施工单位应当履行保修义务，并对造成的损失承担赔偿责任。"根据《施工合同司法解释》第 27 条第 1 款的规定，保修人未及时履行保修义务，导致建筑物毁损或者造成人身、财产损害的，保修人应当承担赔偿责任。

具体而言，保修范围和保修期限内发生的质量问题，包括：施工单位未

---

① 最高人民法院民事审判第一庭编：《民事审判指导与参考》（总第 66 辑），人民法院出版社 2016 年版，第 164-165 页。

按国家有关规范、标准和设计要求施工造成质量缺陷，由施工单位负责维修并承担经济责任；由于设计方面原因造成质量缺陷，先由施工单位负责维修，经济责任按有关规定通过建设单位向设计单位索赔；因建筑材料、构配件和设备质量问题不合格引起的质量缺陷，先由施工单位负责维修，经济责任属于施工单位采购的或经其验收同意的，由施工单位承担责任，属于建设单位采购的，由建设单位承担经济责任；因建设单位（含监理单位）错误造成的质量缺陷，先由施工单位负责维修，经济责任由建设单位承担，如属监理单位责任，则由建设单位向监理单位索赔；因使用单位使用不当造成的损坏问题，先由施工单位负责维修，经济责任由使用单位自行负责。损失范围既包括因工程质量造成的直接用于返修的费用，也包括间接损失，如给使用人或第三人造成的财产或非财产损失。①

除缺陷责任期外，承发包双方能否单独约定质量保证金的返还期限？鉴于建设工程施工合同为民事合同，允许当事人自由协商。而《建设工程质量保证金管理办法》在法律性质上位阶较低，只是部颁规章，并非法律法规，因此，不能直接干预当事人的意思自治，仍然应当遵循当事人的意思自治。故本条第 1 款第 1 项规定，当事人约定的工程质量保证金返还期限届满，承包人请求发包人返还工程质量保证金的，人民法院应予支持。如果发包人利用其强势地位在合同中约定质量保证金的返还期限超过缺陷责任期规定的 2 年上限，从民事私法自治角度来看亦未尝不可。至于承包人根据上述办法向行政主管部门提出主张要求纠正的，则属于另外一层法律关系。在前引案例中，法院确认双方签订的《建设工程施工合同》中关于质量保证金返还期限的约定有效，案涉工程于 2014 年 11 月 7 日竣工验收合格并交付使用，城投公司依约应于 2016 年 5 月 7 日前返还质保金。因此，法院认为城投公司以案涉工程仍在质保期内主张扣减质保金的主张缺乏合同依据而不予支持。

此外，当事人对返还工程质量保证金的期限没有约定或者约定不明的，

---

① 最高人民法院民事审判第一庭编：《民事审判指导与参考》（总第 66 辑），人民法院出版社 2016 年版，第 165 页。

则参照缺陷责任期的最长期限2年。例如,《北京高院解答》第31条第2款规定:“(工程质量保修金返还期限)没有约定或约定不明的,工程质量保修金返还期限为工程竣工验收合格之日起二十四个月。”缺陷责任期的起算点为竣工验收合格之日,但对竣工日期的界定需要区分具体情形分别认定。对此,《建设工程质量保证金管理办法》第8条明确规定:“缺陷责任期从工程通过竣工验收之日起计。由于承包人原因导致工程无法按规定期限进行竣工验收的,缺陷责任期从实际通过竣工验收之日起计。由于发包人原因导致工程无法按规定期限进行竣工验收的,在承包人提交竣工验收报告90天后,工程自动进入缺陷责任期。”《建设工程施工合同(示范文本)》(GF-2017-0201)第15.2.1项随之也进行了修改调整,《施工合同司法解释(二)》也积极响应上述变化,于本条第1款第2、3项规定:“(二)当事人未约定工程质量保证金返还期限的,自建设工程通过竣工验收之日起满二年;(三)因发包人原因建设工程未按约定期限进行竣工验收的,自承包人提交工程竣工验收报告九十日后起当事人约定的工程质量保证金返还期限届满;当事人未约定工程质量保证金返还期限的,自承包人提交工程竣工验收报告九十日后起满二年。”

实务争点

建设工程施工合同无效,发包人能否参照合同约定扣留质量保证金(保修金)?

《北京高院解答》第31条第3款规定:“建设工程施工合同无效,但工程经竣工验收合格并交付发包人使用的,承包人应依据法律、行政法规的规定承担质量保修责任。发包人要求参照合同约定扣留一定比例的工程款作为工程质量保修金的,应予支持。”《安徽高院意见》第14条也规定:“建设工程施工合同无效,但工程经竣工验收合格并交付发包人使用的,承包人应承担相应的工程保修义务和责任,发包人可参照合同约定扣留一定比例的工程款作为工程质量保修金。”上述规定均肯定了合同无效情况下,发包人能够参照合同约定扣留保修金。

有观点认为，根据《施工合同司法解释》第2条规定的文义理解，建设工程施工合同被认定无效，该无效合同除工程价款计算方法和计价方式外的约定均自始没有法律约束力。因此，当建设工程施工合同被认定无效时，合同中关于质量保证金（保修金）预留比例和返还时间等的约定也不具有约束力，发包人应在该施工合同被认定无效时将预留的质量保证金（保修金）全额退还给承包人。例如，最高院在浙江东阳建筑实业工程有限公司与西安市康福房地产开发有限公司建设工程施工合同纠纷案[①]中认为，根据《合同法》第58条的规定，合同无效或者被撤销后，因该合同取得的财产，应当予以返还；不能返还或者没有必要返还的，应当折价补偿。有过错的一方应当赔偿对方因此所受到的损失，双方都有过错的，应当各自承担相应的责任。案涉《建设工程施工合同》属于无效合同，西安市康福房地产开发有限公司据此取得的200万元工程质量保证金应予返还。

至于发包人提前退还该质量保证金（保修金）所造成的损失，一般情况下为利息损失，可以根据《合同法》第58条的规定，根据各自的过错，承担相应的赔偿责任。

另外，发包人提前退还承包人质量保证金（保修金），并不能免除承包人对工程质量的维修责任。若发包人在法定保修期限内，发现承包人施工的建设工程存在质量问题需要维修，仍然可以通知承包人要求其对工程进行维修，承包人不按发包人通知对建设工程进行维修的，发包人可自行维修或委托第三人进行维修，因该维修产生的合理费用可要求承包人赔偿。这是因为根据《建筑法》《建设工程质量管理条例》等法律法规的规定，承包人的工程质量保修义务不仅仅是双方合同约定的义务，更是承包人的一项法定义务。例如，《建筑法》第62条规定："建筑工程实行质量保修制度。建筑工程的保修范围应当包括地基基础工程、主体结构工程、屋面防水工程和其他土建工程，以及电气管线、上下水管线的安装工程，供热、供冷系统工程等项目；保修的期限应当按照保证建筑物合理寿命年限内正常使用，维护使

① （2014）民一终字第108号。

用者合法权益的原则确定。具体的保修范围和最低保修期限由国务院规定。”《建设工程质量管理条例》第39条规定：“建设工程实行质量保修制度。建设工程承包单位在向建设单位提交工程竣工验收报告时，应当向建设单位出具质量保修书。质量保修书中应当明确建设工程的保修范围、保修期限和保修责任等。”对此，上述《北京高院解答》第31条第3款、《安徽高院意见》第14条的规定也印证了这一观点。

我们认为，从当前法律、司法解释的规定看，应作上述解读，但由于建设工程合同纠纷领域存在过多无效合同，如果严格按照文义解释来理解《施工合同司法解释》第2条的规定，就会造成“违法者因自身违法行为而获益”和“不诚信者因自身的不诚信行为而获益”的不良后果，如果按照诚实信用原则对《施工合同司法解释》第2条作目的性扩张，还能在一定程度上坚守“不让不诚信者因自身的不诚信行为而获益”的法律原则。因此，两害相权取其轻，对《施工合同司法解释》第2条作目的性扩张也是当下的无奈之举。①

案例索引

中国新兴建设开发总公司与国泰纸业（唐山曹妃甸）有限公司建设工程施工合同纠纷案［案号：（2017）最高法民终252号］；

黑龙江四海园建筑工程有限公司与哈尔滨市第五医院建设工程施工合同纠纷案［案号：（2015）民一终字第94号］。

规范链接

《北京市高级人民法院关于审理建设工程施工合同纠纷案件若干疑难问题的解答》

31. 施工合同约定工程保修期限低于法定最低期限的条款是否有效？承

① 参见本书第41页，第一章第三条“典型案例”中的“焦点评析”部分。

包人要求返还质量保修金的，如何处理？

建设工程施工合同中约定正常使用条件下工程的保修期限低于法律、行政法规规定的最低期限的，该约定无效。

当事人就工程质量保修金返还期限有约定的，依照其约定，但不影响承包人在保修期限内承担质量保修责任；没有约定或约定不明的，工程质量保修金返还期限为工程竣工验收合格之日起二十四个月。

建设工程施工合同无效，但工程经竣工验收合格并交付发包人使用的，承包人应依据法律、行政法规的规定承担质量保修责任。发包人要求参照合同约定扣留一定比例的工程款作为工程质量保修金的，应予支持。

《安徽省高级人民法院关于审理建设工程施工合同纠纷案件适用法律问题的指导意见（二）》

第十四条 建设工程尚未竣工，合同终止履行的，已完工程质量合格，发包人主张按照合同约定扣留一定比例的工程价款作为质量保修金的，不予支持。

《广东省高级人民法院关于审理建设工程合同纠纷案件疑难问题的解答》

9. 工程质量保证金的返还期限应如何认定

根据《建设工程质量保证金管理办法》第二条的规定，质量保证金是用以保证承包人在缺陷责任期内对建设工程出现的缺陷进行维修的资金，缺陷责任期最长为2年。当事人对质量保证金返还期限有约定的，从其约定；没有约定或约定不明的，发包人应在最长缺陷责任期（2年）期满后28日内将质量保证金返还给承包人。合同约定的缺陷责任期期满后，承包人仍应在保修期内对工程承担保修责任。

《山东省高级人民法院2011年全省民事审判工作会议纪要》

（七）关于质量保修金返还时间的确定问题

建设工程质量保修金是发包人与承包人在建设工程施工合同中约定，从应付的工程款中预留，用以保证承包人在保修期内对建设工程出现的质量缺陷进行维修的资金。其主要功能在于担保建设工程竣工验收并交付使用后在保修期限内出现的质量缺陷问题。与质量保修金相联系的是质量保证金。依据建设部《建设工程质量保证金管理暂行办法》的规定，建设工程质量保证金（保修金）是发包人与承包人在建设工程承包合同中约定，从应付的工程款中预留，用以保证承包人在缺陷责任期内对建设工程出现的缺陷进行维修的资金。从上述规定来看，建设工程质量保修金和保证金属于相同性质的费用，功能也是相同的。由于质量保修金对应的是质量保修期，而质量保证金对应的是缺陷责任期，导致司法实务中对于保修金或者保证金的返还时间发生争议。会议认为，质量保修期与缺陷责任期是两个不同的概念，质量保修期是指建设工程在正常使用条件下的法定最低保修期限，在此期限内承包人对建设工程出现的质量问题负有保修义务。而缺陷责任期是指质量保证金的预留期限，最长为 2 年，缺陷责任期满，发包人应当将保证金返还给承包人。因二者期限不同，质量保修期长于缺陷责任期。因此，当事人对质量保修金返还期限有约定的，从其约定；没有约定或约定不明的，缺陷责任期满后，发包人应当将质量保修金返还给承包人，即发包人应当自接受建设工程之日起 2 年内将质量保修金返还给承包人。

《河北省高级人民法院建设工程施工合同案件审理指南》

43. 当事人对质量保证金返还期限有约定的，承包人请求按照约定返还工程质量保证金的，人民法院应予支持。没有约定或约定不明的，适用《建设工程质量保证金管理办法》（建质〔2016〕295 号）第二条规定，缺陷责任期最长为 2 年。发包人应在最长缺陷责任期（2 年）期满后将质量保证金返还承包人。质量保证金的期限自工程竣工验收合格之日起算；工程因发包人原因未能竣工验收的，自承包人提交工程竣工验收报告 90 天后起算。发包人返还质量保证金后，不影响承包人依照合同约定或法律规定履行工程保修义务。

《深圳市中级人民法院关于建设工程合同若干问题的指导意见》

36. 当事人约定保修金在保修期届满后支付的，地基基础工程及主体结构工程的保修金应在工程竣工验收 2 年后返还。

第九条 【非强招项目通过招标签约时的结算规则】发包人将依法不属于必须招标的建设工程进行招标后，与承包人另行订立的建设工程施工合同背离中标合同的实质性内容，当事人请求以中标合同作为结算建设工程价款依据的，人民法院应予支持，但发包人与承包人因客观情况发生了在招标投标时难以预见的变化而另行订立建设工程施工合同的除外。

条文主旨

本条规定了非必须招标项目进行招投标后的工程价款结算依据。

典型案例

案例 9：中标合同并不当然具有结算优先效力

——黑龙江省惠福房地产开发有限公司与赤峰建设（集团）有限责任公司建设工程施工合同纠纷案[①]

案情回放

2011 年 5 月 28 日、2011 年 7 月 10 日，黑龙江省惠福房地产开发有限公司（以下简称惠福公司）为甲方，与赤峰建设（集团）有限责任公司（以下简称建设公司）为乙方，就阿鲁科尔沁旗益民购物广场工程分别签订《建设工程施工合同》各一份，并将 2011 年 7 月 10 日所签订的《建设工程施工合同》在阿鲁科尔沁旗建设局进行备案。两份合同的施工内容相同，合同价款方面：2011 年 5 月 28 日的《建设工程施工合同》第四条合同价款约定计算依据按惠福公司给建设公司提供审定后的施工图纸，

① （2014）内民一终字第 00182 号、（2012）赤民二初字第 37 号。

按2009年《内蒙古自治区建筑工程预算定额》《内蒙古自治区装饰装修工程预算定额》《内蒙古自治区安装工程预算定额》进行编制预算，按《内蒙古自治区建设工程费用定额》经双方调整后的费用定额取费。开工先预算，完工决算的方式确定合同价款。费用定额调整：1.经双方协商确定，营业税由甲方与政府协调，退还部分抵付甲方拨工程款。2.养老失业保险不计入工程结算由甲方缴纳。……基本医疗保险、住房公积金、工伤保险、意外伤害保险、生育保险、水利建设基金若乙方缴纳，按实际发生计入结算，如无缴费发票，则不计入结算，但报销额度不能超过本工程A座、B座、C座取费标准。3.承包范围内材料及产品质量检测费共3元/㎡（建筑面积），结算时不予调整。4.人工费按2009年预算定额结算，决算前有内蒙古自治区统一的调整文件，按文件执行。5.设计变更按实际发生进行调整。6.现场签证按实际发生进入决算。7.本工程内所有材料价格由甲方掌控。结算时乙方不计取任何费用。8.甲、乙双方预算中的工程量，经过甲、乙双方核对准确后，决算时不做调整。9.本工程决算时，按工程总造价乙方给甲方下浮6%后的工程造价作为最终结算价。2011年7月10日所签订的备案《建设工程施工合同》第五条合同价款金额：39869926元。该合同专用部分第23条合同价款及调整约定：23.2本合同价款采用可调价款方式确定。在投标报价基础上根据设计变更、经济签证、工程量清单误差据实调整，合同工期内赤峰市下发的材料价格调整文件，以及批准的施工方案进行调整决算。23.3双方约定合同价款的其他调整因素：双方决算依据，施工图纸以及23.2条款的约定，执行2009年内蒙古预算定额、费用定额及报价管理部门下发的各种文件决算。该合同专用部分第26条工程款（进度款）支付约定：双方约定的工程款（进度款）支付的方式和时间：转账支付，时间按双方商定。质保金在工程交工满一年或工程使用满一年内返还。

2012年7月24日，惠福公司与建设公司又签订了《补充协议》，约定：1.竣工验收时间为2012年7月27日。2.惠福公司将预算剩余工程尾款480万元（按原双方确认预算额5600万元计算，扣除5%质保金）存入建设局，双方不得动用，在工程决算惠福公司审定双方认可后确认工程总造价，扣除总额5%质保金和双方确认的下浮工程款等，以及甲供材款确定尾欠款额度，从该款中拨付给建设公司应付工程款，多余部分惠福公司收回，如不足惠福公司补齐。3. 工程验收合格后、办完竣工验收手续、五方主体签字、交付惠福公司使用，建设公司将所有备案资料交付惠福公司，同时，建设公司将工程决算报送惠福公司，惠福公司在30日内审核完毕。4. 在双方无任何争议的情况下，惠福公司在30日内拨付应付的工程尾欠款。质保金满一年后返还给建设公司（30日内）。5. 双方在合同履行和决算中出现纠纷协商不成诉诸法院解决。涉案工程于2011年5月30日由建设公司开始施工，2012年7月完工后于2012年7月22日通过验收。建设公司于2012年7月27日将工程交付给惠福公司，现涉案工程已投入使用。双方因工程资料交付、工程价款结算等事宜发生争议，惠福公司起诉至人民法院，建设公司随后提出反诉。

裁判理由

一审法院认为，建设公司主张应以2011年7月10日双方备案的中标合同作为结算工程价款的根据，工程造价不应下浮，而惠福公司则主张应根据2011年5月28日双方签订的《建设工程施工合同》和2012年7月24日签订的《补充协议》约定对工程造价进行下浮。本案涉案工程不属于法律规定的必须进行招投标的工程，涉案工程虽经过招投标程序，但惠福公司在招投标前即与建设公司签订了施工合同，确定建设公司为涉案工程的承包人。此后，惠福公司又与建设公司通过招投标程序签订一份《建设工程施工合同》并进行备案，而根据《招标投标法》第43条关于“在确定中标人前，招标人不得与投标人就投标价格、投标方案等实质性内容进行谈判”的规定，本案中标无效，故经过备案的2011年7月10日的《建设工程施工合同》不受法律保护。在备案合同签订前的2011年5月28日，双方签订的《建设工程施工合同》中约定最终结算价应在工程造价基础上下浮6%，在备案合同签订后的2012年7月24日即工程通过验收之后，双方又签订《补充协议》，再次对工程造价下浮问题进行确认。双方当事人就工程造价下浮6%作为最终结算价的约定，系双方真实意思表示，该约定不违反法律、行政法规强制性规定，亦不损害国家、集体或第三人利益，为有效条款，故工程结算价款应予下浮。

二审法院认为，建设公司主张应以2011年7月10日双方招投标中备案的中标合同作为结算工程价款的根据，工程总造价不应下浮。经审查，惠福公司与建设公司在2011年5月28日签订施工合同后，建设公司于2011年6月1日开始施工并于2012年7月24日竣工，施工合同已履行完毕。合同履行过程中，本案所涉阿鲁科尔沁旗益民购物广场工程经过招投标程序，双方又于2011年7月10日签订了《建设工程施工合同》，两份合同施工内容相同，实质差异就是工程总造价是否下浮及惠福公司是否提供建材的约定。建设公司在招投标前即与惠福公司签订了施工合同，合同中对工程项目，开工、竣工时间及工程款结算方式进行了约定，确定了建设公司为涉案工程的承包人，根据《招标投标法》第43条“在确定中标人前，招标人不得与投标人就投标价格、投标方案等实质性内容进行谈判”，第53条“投标人相互串通投标或者与招标人串通投标的，……中标无效”的规定，惠福公司与建设公司进行的招投标及签订的备案合同无效。另外，按照2011年5月28日签订的施工合同，惠福公司作为甲方提供了部分施工材料，且2012年7月24日工程竣工时，双方签订的《补充协议》再次对工程造价下浮6%进行确认。以上事实表明，2011年7月10日签订的施工合同仅是为了在串通投标中出具的未实际履行的备案合同，故原审法院对该合同不予采信符合事实及法律规定。2011年5月28日签订的《建设工程施工合同》及后续《补充协议》中均约定最终结算价应在工程总造价基础上下浮6%，双方当事人应遵守该约定，以工程总造价下浮6%作为最终结算价格。

裁判结果

一审法院判决：

一、建设公司在本判决生效后立即协助惠福公司办理包括“赤峰市建设工程支付工程款证明”（该证明中的工程款数额按照惠福公司已付款43632967元和双方无争议的甲供材款项2286000元，合计45918967元，双方有争议的甲供材款项暂不计入已付款数额，并且在该证明中备注：惠福公司愿意在该证明上另行注明“此证明中工程价款为已付款，不作为双方最终结算的依据，工程价款的数额以双方最终结算或法院判决的数额为准，多退少补”）在内的应由施工单位出具的竣工验收备案资料；

二、惠福公司于本判决生效后立即向建设公司给付尾欠工程款6680065元，并给付自2012年9月28日起至工程款付清之日止的按照中国人民银行同期同类贷款利率计算的尾欠工程款利息。

二审法院判决：驳回上诉，维持原判。

焦点评析

本案的争议焦点之一是非强制招标项目进行招标后如何确定结算工程价款的依据？

《施工合同司法解释》第21条规定：“当事人就同一建设工程另行订立的建设工程施工合同与经过备案的中标合同实质性内容不一致的，应当以备案的中标合同作为结算工程价款的根据。”一般认为，“备案的中标合同”是指在履行招投标程序后，承发包双方按《中标通知书》记载的实质性内容，在法定签约期限内签订并备案的施工合同。[①]由于该规定没有明确适用前提，在以往的司法实践中，对必须招投标的建设工程适用该条规定没有争议，但对非必须招投标工程是否适用该条规定，一直存在巨大的争议。

肯定的观点认为，《招标投标法》第2条规定：“在中华人民共和国境内进行招标投标活动，适用本法。”第46条第1款规定：“招标人和中标人应当自中标通知书发出之日起三十日内，按照招标文件和中标人的投标文件订立书面合同。招标人和中标人不得再行订立背离合同实质性内容的其他协议。”从上述规定来看，《招标投标法》并未区分强制性招标项目和非强制性招标项目。只要当事人自愿就建设工程项目进行了招投标，就应当受到招投标法律、法规和规章的约束，就应当遵守公开、公平、公正、透明的招投标原则，否

① 杨心忠等著：《建设工程合同纠纷裁判思路》，法律出版社2014年版，第81页。

则将会破坏正常的市场竞争秩序。[①] 因此，虽然建设工程项目属非强制招标的范围，但当事人自愿进行招投标，应当受《招标投标法》的约束。[②] 而《招标投标法》第46条是《施工合同司法解释》第21条的渊源，故该行为也要受到《施工合同司法解释》第21条的约束。在以往的司法实践中，就有地方法院对此作出明确规定，如《北京高院解答》第15条第1款规定："法律、行政法规规定必须进行招标的建设工程，或者未规定必须进行招标的建设工程，但依法经过招标投标程序并进行了备案，当事人实际履行的施工合同与备案的中标合同实质性内容不一致的，应当以备案的中标合同作为结算工程价款的依据。"

否定的观点则认为，在工程通过招标的情况下，还要进一步区分工程是否为必须招投标的工程，如果工程属于必须进行招投标且确实进行并根据招投标结果签订了合同，此时适用《施工合同司法解释》第21条的规定。若"黑合同"约定的工程价款、质量、工期等重大事项与中标合同存在较大差异，则应以中标合同即"白合同"约定的条款作为结算工程款的依据。如果工程不是必须进行招投标的工程，或者未进行实质意义上的招投标活动而虚假编造的，当事人明确表示仅用于备案以办理建设工程审批手续才签订的中标合同，则不属于《施工合同司法解释》第21条规定的备案的中标合同，不能以其作为结算工程款的依据，而应以反映当事人真实意思表示的"黑合同"作为结算价款的依据。[③] 也就是说，对于不是强制招标的工程，当事人即使为了办理相关报验审批手续，按照有关要求履行了招投标程序，仍然可以事先或事后通过签订符合当事人真实意思表示的合同，推翻按照中标文件签订的合同。新近颁布的《江苏高级人民法院关于审理建设工程施工合同纠纷案件若干问题的解答》(以下简称《江苏高院解答》)即持这一观点，还认为备案合同在结算工程价款时也与中标合同一样具有优先效力。《江苏高院解答》第7条第3款规定："非强制

---

① 王勇著:《建设工程施工合同纠纷实务解析》，法律出版社2017年版，第20页。

② 参见杨心忠等著:《建设工程合同纠纷裁判思路》，法律出版社2014年版，第83页。

③ 杨鹏、刘尊知:《建设工程"黑白合同"的认定与处理》，载《人民司法》2009年第14期。

招投标的建设工程，经过招投标或备案的，当事人在招投标或备案之外另行签订的建设工程施工合同与经过备案的合同实质性内容不一致的，以双方当事人实际履行的合同作为结算工程价款的依据。”值得注意的是，江苏高院在2010年出台的《建设工程施工合同纠纷案件审理指南》则持相反的观点。①

我们认为，绝对的认为应当适用或不应当适用的观点都过于武断，都忽略了工程实践中复杂的情形所可能带来的不同后果。在非强制招标工程项目的招投标实践中，会存在中标有效和中标无效两种情形，讨论这一问题时必须对此进行区分，而适用本条规定的前提条件是中标有效。

如果承发包双方在招投标之前就签订了协议，根据《招标投标法》第53条的规定，承发包双方因串通投标，导致中标无效，所以承发包双方通过招投标程序签订的中标合同也无效。而根据《民法总则》第146条的规定，行为人与相对人以虚假的意思表示实施的民事法律行为无效，也可以得出同样的结论。但当事人事先签订的协议并不违反法律行政法规的强制性规定，该协议有效，此时只能按照承发包双方签订的有效协议结算工程价款，否则会陷入逻辑悖论。本案一审和二审法院都准确地抓住了这一核心问题，虽然当时《民法总则》尚未实施，但是根据《招标投标法》的规定完全可以得出同样的结论，只是一审法院在适用法律时仅限于《招标投标法》第43条，而未进一步适用《招标投标法》第53条，稍显遗憾。因为《招标投标法》第43条只是规定“在确定中标人前，招标人不得与投标人就投标价格、投标方案等实质性内容进行谈判”，但对该行为的后果在本条并未作出明确规定，而是规定在了《招标投标法》第53条和第55条中。二审法院在适用法律时则进一步明确根据《招标投标法》第53条的规定，判定承发包双方的中标无效，并确认根据招投标文件所签订的中标合同亦无效，弥补了一审法院在

① 《江苏省高级人民法院建设工程施工合同纠纷案件审理指南》规定：“招标投标法所保护的不仅是当事人自身的利益，更是对社会招投标市场的规范，事关不特定投标人利益的保护，涉及市场竞争秩序的维护，因此，只要根据招标投标法进行的招投标并因此签订的合同均应受该法约束，当事人不得在此之外签订黑合同。”但该规定与最新颁布的《江苏高院解答》相抵触，已不再适用。

适用法律中的不足。

需要强调的是，承发包双方自愿进行招投标，如部分大型房地产企业设立内部招标制度，未通过当地招投标办公室等行政部门而进行自主招投标程序，又在其后的施工过程中签订了与中标合同实质性内容不一致的其他协议的，应当受到《招标投标法》的约束，这其实是权利义务一致性的体现，也是维护招投标市场秩序的需要。全国人大法工委在《中华人民共和国招标投标法释义》一书中认为："招标投标法以招标投标活动中的关系为调整对象。凡在我国境内进行的招标投标活动，不论是属于该法第三条规定的法定强制招标项目，还是属于由当事人自愿采用招标方式进行采购的项目，其招标投标活动均适用本法。当然，根据强制招标项目和非强制招标项目的不同情况，招标投标法有关条文作了有所区别的规定。有关招标投标的规则和程序的强制性规定及法律责任中有关行政处罚的规定，主要适用于法定强制招标的项目。这里还要说明的是，目前实践中称作招标投标的活动很多，有些从其本质上看并非本法所称的招标投标活动，对此需要按照国务院或国务院有关部门的规定来判断。"[①] 由此可见，立法机关在制定《招标投标法》时的本意也是将维护招投标市场的秩序放在了当事人意思自治之前，在当前《招标投标法》未作出修改的情况下，司法解释应该遵守《招标投标法》的规定，并在《招标投标法》的约束下作出适用法律的解释。因此，本条解释作出了按照中标合同结算的规定，只是该规定未考虑到上述特殊情况，在具体适用时需要对此作出限缩解释，而且需要增加一个适用的前提条件，即中标合同有效。因为无论在何种情况下，如果中标无效，则据此签订的建设工程施工合同（中标合同）无效，而无效的中标合同并不具有当然的优先效力，这是合同法的基本常识。

另外一个需要注意的问题是，本条规定也并非完全禁止承发包双方对中标合同的实质性内容作出变更。根据本条的但书规定，如果发生在招投标时难以预见的客观情况变化，如规划调整、设计变更、长期停工等，则承发包双方可以根据具体情况对中标合同进行变更，这也是保障当事人意思自治，

---

① 卞耀武主编：《中华人民共和国招标投标法释义》，法律出版社 2000 年版，第 23 页。

贯彻合同自由原则的内在要求。总之，在理解该条规定时务必平衡好维护招投标市场秩序和保障合同自由两者之间的关系，切不可有所偏废。

实务争点

1. 对签约时为强制招标项目，履行过程中变为非强制招标的项目，如果未履行招投标程序，如何确定结算工程价款的依据?

《施工合同司法解释》第 1 条规定：“建设工程施工合同具有下列情形之一的，应当根据合同法第五十二条第（五）项的规定，认定无效：（一）承包人未取得建筑施工企业资质或者超越资质等级的；（二）没有资质的实际施工人借用有资质的建筑施工企业名义的；（三）建设工程必须进行招标而未招标或者中标无效的。”

根据该条规定，必须进行招标的项目未进行招标签订的建设工程施工合同无效。随着国家对建筑业改革的持续推进，在对必须招标项目的范围上作了极大的限缩。2014 年 5 月，住建部下发《关于开展建筑业改革发展试点工作的通知》将吉林、广东、江苏、安徽作为建筑市场监管综合试点地区，改革招投标监管方式。2014 年 7 月，住建部下发《关于推进建筑业发展和改革的若干意见》提出，要调整非国有资金投资项目发包方式，试行非国有资金投资项目建设单位自主决定是否进行招标发包。2018 年，国家发改委颁布的《必须招标的工程项目规定》和《必须招标的基础设施和公用事业项目范围规定》中，明确规定民营投资的商品房项目不再纳入强制招标的范围。因此，实践中出现了一些签约时为强制招标项目，履行过程中变为非强制招标的项目，而又未履行招投标程序签订的建设工程施工合同，对这些施工合同的效力认定也成了司法实践中的一大难题。

事实上，这涉及施工合同效力能否补正的问题。所谓合同效力补正，是指对合同的效力进行修正，使无效合同或者效力待定合同转化为有效合同。《施工合同司法解释》第 5 条规定：“承包人超越资质等级许可的业务范围签订建设工程施工合同，在建设工程竣工前取得相应资质等级，当事人请求按照无效合同处理的，不予支持。”《施工合同司法解释（二）》第 2

条也肯定了在因缺少建设工程规划审批手续时的合同效力补正制度，在建设工程领域，缺建设工程规划审批手续是最严重的违法行为，根据举重以明轻的法律解释原则，我们在此讨论的问题更应该允许对施工合同的效力进行补正。

除此之外，最高院 2003 年颁布的《商品房买卖合同司法解释》第 2 条规定："出卖人未取得商品房预售许可证明，与买受人订立的商品房预售合同，应当认定无效，但是在起诉前取得商品房预售许可证明的，可以认定有效。"以及最高院于 2005 年颁布的《国有土地使用权合同解释》第 9 条规定："转让方未取得出让土地使用权证书与受让方订立合同转让土地使用权，起诉前转让方已经取得出让土地使用权证书或者有批准权的人民政府同意转让的，应当认定合同有效。"上述司法解释颁布后，在实践中都起到了促进当事人积极履行合同、维护房地产市场秩序的作用。

因此，我们认为，在这种情况下，允许对施工合同的效力进行补正，认定施工合同有效符合《合同法》鼓励交易的立法目的，顺应历史的潮流。根据《合同法司法解释（一）》第 3 条的规定："人民法院确认合同效力时，对合同法实施以前成立的合同，适用当时的法律合同无效而适用合同法合同有效的，则适用合同法。"这条规定的目的就在于尽量不否定合同效力，以达到鼓励交易的目的，这也是现今《合同法》发展的潮流。

综上，对签约时为强制招标项目，履行过程中变为非强制招标的项目，应当肯定合同效力补正制度，确认此时双方签订的建设工程施工合同的效力。

2. 非必须招标项目的施工合同非结算条款是否也要按中标合同执行？

本条的规定实际上是将非必须招投标项目也纳入《施工合同司法解释》第 21 条的规制范围，这在上文已经作了详细的分析，此处不再赘述。然而，根据上述规定按照中标合同结算工程价款，仍然会给实践带来如下困惑：（1）按照中标合同结算工程价款是否意味着非中标合同无效？（2）按照中标合同结算工程价款是仅指结算条款，还是指所有实质性内容的条款，甚至是所有双方权利义务都要按照中标合同确定？

对于第一个问题，有观点认为，《施工合同司法解释》第 21 条的规定实则承继了《招标投标法》第 46 条的精神。根据《招标投标法》的规定，招投标活动的一大特点是公平，在知悉同等招标信息的情况下，投标人根据自身实力编制投标文件，招标人根据一定的程序及评标规则公平地挑选出最佳的中标人，招投标文件是中标人据以击败其他中标人，得以中标的依据。签订与中标时公开签订的建设工程施工合同实质性内容不一致的合同，实际上否定了中标依据，对其他投标人是极其不公平的。[①] 因此，对承发包双方签订的与中标合同实质性内容不一致的合同因违反法律的强制性规定而无效。另一种观点认为，《招标投标法》第 46 条是管理性强制性规定，违反该条规定的法律后果是《招标投标法》第 59 条规定的“责令改正”或“罚款”的行政责任。因此，承发包双方签订的与中标合同实质性内容不一致的合同仍然有效，只是中标合同在结算工程价款时具有优先效力。我们更倾向于第二种观点。首先，《施工合同司法解释》第 21 条和本条均没有直接否定承发包双方签订的与中标合同实质性内容不一致的施工合同（或者条款）的效力；其次，同一法律条文可以有多种不同含义的解释时，应尽量作出合同有效的解释，慎用合同无效；最后，如今国家大力推行简政放权改革，大幅度地收缩必须招投标项目的范围，而《招标投标法》颁布于 1999 年，当时更多是从政府管理的需要来看待招投标市场，如今的市场经济发展水平也远非当时可比，这就要求立法者要更充分地尊重当事人的意思自治，更全面地维护当事人的合同变更权利。因此，并不能从《施工合同司法解释》第 21 条和本条的规定中得出非中标合同无效的结论。

对于第二个问题，既然承发包双方签订的与中标合同实质性内容不一致的其他合同并不当然无效，除非存在《合同法》第 52 条、《施工合同司法解释》第 1 条和第 4 条规定的情形；那么，在结算工程价款时，对非结算条款，如违约责任条款等是否也要按照中标合同确定？我们认为，《施工合同司法解释》第 21 条以及本条按照中标合同结算工程价款的规定，仅仅是要求对实质性内容按照中标合同确定，非实质性内容根据合同变更等原则加以确定。无论是《施工合同司法解释》第 21 条、本条，还是《招标投标法》

---

① 参见林镥海著：《〈建设工程施工合同司法解释〉操作指南：建筑商之孙子兵法》，法律出版社 2005 年版，第 40 页。

第 46 条都无意禁止承发包双方正常行使合同变更的权利，其仅仅是出于维护招投标市场公平性的需要，对合同实质性内容的变更进行了限制。因此，我们在对《施工合同司法解释》第 21 条和本条进行再解释的时候不宜轻易扩大限制的范围，而应严格按照条文的文义解释，限制在实质性内容的射程范围之内。

案例索引

严金贵与江苏镇淮建设集团有限公司、东台盘锦隆祥房地产开发有限公司建设工程施工合同纠纷案［案号：（2016）苏民终 208 号］；

青岛阜东锻压机械有限公司与青岛胶城建设集团有限公司建设工程合同纠纷案［案号：（2008）青民一终字第 602 号］。

规范链接

《四川省高级人民法院关于审理建设工程施工合同纠纷案件若干疑难问题的解答》

21. 存在“黑白合同”的建设工程，如何结算工程价款？

法律，行政法规规定必须进行招标的建设工程，或者未规定必须进行招标的建设工程，但依法经过招标投标程序并进行了备案，当事人实际履行的施工合同与备案的中标合同实质性内容不一致的，应当以备案的中标合同作为结算工程价款的依据。

不是法律、行政法规规定必须进行招标的建设工程，且未进行实质意义的招投标，当事人均明确表示签订的中标合同仅用于当地建设行政主管部门备案，备案的合同与实际履行的合同实质性内容不一致的，应以反映当事人真实意思表示的实际履行的合同结算工程价款。

备案的中标合同与当事人实际履行的建设工程施工合同均因违反法律、行政法规的强制性规定被认定为无效的，应参照当事人实际履行的合同结算工程价款。

《宣城市中级人民法院关于审理建设工程施工合同纠纷案件若干问题的指导意见（试行）》

第十五条 法律、法规规定必须进行招标的建设工程，当事人实际履行的建设工程施工合同与备案的中标合同实质性内容不一致的，应当以备案的中标合同作为工程款的结算依据；未经招标的，建设工程施工合同无效，但工程经竣工验收合格的，当事人请求参照合同约定支付工程款的，人民法院应予支持。

法律、法规未规定必须进行招标的建设工程，当事人实际履行的建设工程施工合同与备案的中标合同实质性内容不一致的，可以按当事人实际履行的合同作为工程款的结算依据。

《深圳仲裁委关于审理建设工程施工合同案件若干问题的意见》

五、关于工程结算

（一）当事人就同一建设工程另行订立的建设工程施工合同与经过备案的中标合同实质性内容不一致的，一般以备案中标合同作为结算依据。但中标合同签订后，发包人改变了原工程设计，如建设工程项目不属于《中华人民共和国招标投标法》第三条规定的必须招标投标的工程建设项目，以后签合同为结算依据；如建设工程项目属于《中华人民共和国招标投标法》第三条规定的必须招标的工程建设项目，中标合同签订后发包人改变原设计，但并不构成实质性改变的，亦以后签合同为结算依据。

第十条 【施工合同与招投标文件不一致时的结算规则】当事人签订的建设工程施工合同与招标文件、投标文件、中标通知书载明的工程范围、建设工期、工程质量、工程价款不一致，一方当事人请求将招标文件、投标文件、中标通知书作为结算工程价款的依据的，人民法院应予支持。

条文主旨

本条规定了招投标文件、中标通知书在结算工程价款时具有优先效力。

典型案例

案例10：建设工程施工合同与招投标文件的实质性内容不一致的，应以招投标文件结算工程价款

——中鑫建设集团有限公司与宁波济帆房地产开发有限公司建设工程施工合同纠纷案[①]

案情回放

2012年11月，宁波济帆房地产开发有限公司（以下简称济帆公司）就龙山1002#地块房地产项目进行招标，该地块主要为商品房项目。同年12月13日中鑫建设集团有限公司（以下简称中鑫公司）递交了该地块的投标文件，12月18日济帆公司确定中鑫公司中标，中标价暂定造价11000万元，下浮10.8%，工期720日历天，工程质量符合一次性验收合格标准。招标文件中计价依据及标准、定额套用，根据浙江省2010版预算定额为依据。取费标准，按《浙江省建设工程施工取费定额（2010年版）》中的取费标准为依据。按工业与民用建筑工程三类中值计取，规费只计规费1和规费2，税金按城镇税金计取。各专业工程补充定额、各类政策性调价文件均执行2012年11月1日前颁布的并由省、市造价管理机构发布的续存有效的管理文件，等等。

招投标文件对工程款（进度款）支付进行了约定，根据约定进度款支付节点，乙方（中鑫公司）须于当月25日将已完工程施工产值和拟拨款申请报告递交总监理工程师审核，甲方（济帆公司）或甲方委托的造

① （2015）浙甬民二初字第6号，本案判决后双方均未上诉。

价咨询机构于次月10日前完成工程量及进度款审核报告，甲方（济帆公司）根据进度款审核报告在7天内拨付进度款。进度款支付节点和支付比例：地下室以完成±0.00为一个支付节点，支付至该部分已完工程价款的65%。±0.00以上高层，按每幢工程形象进度付款。竣工资料城建档案馆存档合格，支付至已完工程价款的75%。竣工结算审核完成，支付至结算价款的95%。保修期结束并经结算审核后，一次性支付全部余款（无息）。

2012年12月30日，中鑫公司、济帆公司就龙山1002#地块工程签订建设工程施工合同。合同价款暂定11000万元，按23条规定取费标准总价下浮7%。合同工期600日历天。定额结算依据，土建、装饰按《浙江省建筑工程预算定额（2003版）》，安装按《浙江省安装工程预算定额（2003版）》，取费按《浙江省建设工程施工取费定额（2003版）》。工程预算时材料价格按2013年4月《宁波建设工程造价信息》（正刊，慈溪市价，如慈溪市价没有，参考宁波市价），等等。该合同在慈溪市公共资源交易中心和慈溪市住建局存档。

根据涉案合同，济帆公司收取中鑫公司履约保证金100万元。

开工报告记载开工时间为2013年4月19日，由于济帆公司项目资金紧张，严重拖欠工程款，2014年1月16日，双方订立补充合同，将建设工程施工合同第26条"工程款支付"进行了修改，约定了付款的时间节点和违约责任。

涉案工程于2015年2月9日竣工验收合格。济帆公司委托浙江联达工程项目管理有限公司对涉案工程提供全过程咨询以及结算审计服务。2013年11月27日，浙江联达工程项目管理有限公司出具《关于慈溪龙山1002#地块桩基工程结算审核报告》，慈溪龙山1002#地块桩基工程审定金额为29020031元，济帆公司对此予以确认。中鑫公司于2014年12月28日向济帆公司递交已审预算造价书及结算报审资料。2015年3月30日浙江联达工程项目管理有限公司对涉案地块土建工程审定金额为104397859元，同年5月11日对水电安装工程审定金额9704344元，济帆公司对上述报告未确认。协商无果后，中鑫公司起诉至宁波中院。

济帆公司因对浙江联达工程项目管理有限公司桩基审核报告有异议，诉讼中自行委托宁波三港金穗工程造价咨询有限公司对桩基工程进行审价，该公司 2016 年 6 月 20 日出具工程造价咨询报告书，该地块桩基工程造价为 26731544 元。

2015 年 6 月 29 日济帆公司向法院申请就涉案工程进行造价鉴定，法院依法委托中国建设银行股份有限公司宁波市分行对龙山 1002# 地块进行工程造价鉴定。2016 年 1 月 14 日该行出具龙山 1002# 地块工程造价咨询报告，涉案工程造价（不含桩基工程）为 104218515 元，争议造价为 465802 元，总包配合费为 300000 元。涉案工程按照施工合同鉴定造价为 104984317 元。

2016 年 5 月 22 日济帆公司向法院申请补充鉴定，要求依据招投标文件所确定的工程款结算办法对涉案工程进行审价。法院依法委托中国建设银行股份有限公司宁波市分行进行工程造价鉴定。2016 年 12 月 13 日该行出具龙山 1002# 地块工程造价咨询报告，涉案工程造价（含桩基工程）为 122333375 元，其中桩基工程造价为 23929622 元，争议造价为阳台防水 569059 元、泥浆处置费 715350 元、钢板损耗费 50000 元。涉案工程按照招投标文件鉴定造价为 123667784 元。

裁判理由

宁波中院认为，根据《招标投标法》第 3 条的规定："在中华人民共和国境内进行下列工程建设项目包括项目的勘察、设计、施工、监理以及与工程建设有关的重要设备、材料等的采购，必须进行招标：（一）大型基础设施、公用事业等关系社会公共利益、公众安全的项目；……"《工程建设项目招标范围和规模标准规定》[①] 对《招标投标法》第 3 条进行了明确，即"关系社会公共利益、公众安全的公用事业项目的范围包括：……（五）商品住宅，包括经济适用住房"。在本案中，涉案工程主要为商品房项目，属必须招投标的建设工程项目。虽然双方当事人就涉案工程进行了招投标，但双方并未按

① 该规定目前已失效。

照招投标文件签订建设工程施工合同。建设工程施工合同与招投标文件二者存在实质性差异：第一，下浮率不同，招投标文件下浮10.8%，建设工程施工合同下浮7%。第二，工期不同，招投标文件是720天，建设工程施工合同是600天。第三，确定工程价款的依据不同，招投标文件主要依据《浙江省建筑工程预算定额（2010版）》《浙江省安装工程预算定额（2010版）》《浙江省建设工程施工取费定额（2010版）》《宁波建设工程造价信息（综合刊）》《浙江造价信息》2012年第10期、2012年第12期—2015年第1期，等等。建设工程施工合同主要依据《浙江省建筑工程预算定额（2003版）》《浙江省安装工程预算定额（2003版）》《浙江省建设工程施工取费定额（2003版）》《宁波建设工程造价信息》（综合刊）2013年第4期—2014年第10期，等等。

根据《招标投标法》第46条第1款规定："招标人和中标人应当自中标通知书发出之日起三十日内，按照招标文件和中标人的投标文件订立书面合同。招标人和中标人不得再行订立背离合同实质性内容的其他协议。"虽然备案的建设工程施工合同与实际履行的建设工程施工合同一致，但备案合同与实际履行的合同都背离了招投标文件的实质性内容。建设工程施工合同因违反招投标法的强制性规定无效。建设工程施工合同无效，基于该合同的补充合同也应无效，故涉案工程价款的结算应依据招投标文件。

至于中鑫公司主张招投标程序违法等问题，中鑫公司未提供确实有效证据，不予支持。

裁判结果

法院判决：

一、宁波济帆房地产开发有限公司于本判决生效之日起十日内支付中鑫建设集团有限公司工程款26266039.89元，并支付自2015年5月12日起至实际付清日止按中国人民银行公布的同期同类贷款利率计算的利息；

二、宁波济帆房地产开发有限公司于本判决生效之日起十日内返还中鑫建设集团有限公司质量保修金6399642.15元，并以3199821.075元为基数支付自2016年2月9日起至实际付清日止按中国人民银行公布的同期同类贷款利率计算的利息，以3199821.075元为基数支付自2017年2月9日起至实际付清日止按中国人民银行公布的同期同类贷款利率计算的利息；

三、中鑫建设集团有限公司对工程款 32665682.04 元享有优先受偿权；

四、宁波济帆房地产开发有限公司于本判决生效之日起十日内赔偿中鑫建设集团有限公司利息损失 1000000 元；

五、宁波济帆房地产开发有限公司于本判决生效之日起十日内返还中鑫建设集团有限公司履约保证金 1000000 元；

六、驳回中鑫建设集团有限公司的其他诉讼请求。

焦点评析

本案的核心争议焦点是，招投标文件与备案合同不一致时，依据哪份合同结算工程价款？

“黑白合同”是建设工程法律实践中常见的现象，其违反了《招标投标法》《合同法》《建筑法》等法律法规的相关规定，极易造成建设工程质量隐患，损害各参与主体的利益，甚至损害社会公共利益。为此，《施工合同司法解释》在第 21 条规定了“黑白合同”的处理原则，但由于实践中“黑白合同”的情况相较第 21 条的规定更为复杂，导致第 21 条的规定无法解决实践中所有关于“黑白合同”的问题。因此，在《施工合同司法解释（二）》实施前，司法实践中对招投标文件与备案合同不一致时如何处理的问题，一直存在着两种观点。

一种观点认为，根据《施工合同司法解释》第 21 条的规定：“当事人就同一建设工程另行订立的建设工程施工合同与经过备案的中标合同实质性内容不一致的，应当以备案的中标合同作为结算工程价款的根据。”在招投标文件与备案合同不一致时，应当以备案合同作为结算工程价款的依据。

另一种观点认为，《施工合同司法解释》第 21 条规定的法律渊源是《招标投标法》第 46 条，根据《招标投标法》第 46 条的规定精神，其所要维护的是招投标市场的秩序，因此，当出现招投标文件与备案合同不一致时，应以中标合同作为结算工程价款的依据。

为了更好地解决“黑白合同”问题，统一司法实践，本条专门对此作出了明确的规定，对《施工合同司法解释》第 21 条规定进行了再解释，以更好地指导司法实践。因此，在理解本条规定时，必须先准确理解《施工合同司法解释》第21条的规定。

《施工合同司法解释》第21条规定“备案的中标合同”，实际上可以将其拆解为两部分，即“备案”和“中标合同”，而“备案”又是对“中标合同”的一种限制，因此，要准确理解第21条的规定，我们必须从理解下列问题入手。

第一，关于备案的性质问题。《建筑法》曾在征求意见稿第31条第1款中规定：“发包单位应当在建设工程合同签订的30日内，送工程所在地建设行政主管部门备案。合同发生重大变更的，发包单位应自合同变更后15个工作日内，将变更协议送原备案机关备案。”然而最终颁布的《建筑法》删除了这一规定。这是否意味着立法机关对合同备案态度的转变？我们认为，备案实际上是一种行政管理行为，目的在于遏制建筑市场违法违规的现象，建立良好的管理秩序。尽管我国法律法规及部门规章中并没有强制性备案的规定，但在实践中，各地方多将其作为取得施工许可证的前置条件。例如，《湖南省建设工程施工合同备案管理实施细则（试行）》第4条规定：“施工合同备案是办理施工许可的前置条件。”《河南省建设工程施工合同备案管理办法（试行）》第10条规定：“各级住房城乡建设主管部门在颁发施工许可证时，应当查验施工合同备案情况；在办理竣工验收备案时，应当查验合同结算备案情况。”《招标投标法》第12条第3款也规定：“依法必须进行招标的项目，招标人自行办理招标事宜的，应当向有关行政监督部门备案。”《房屋建筑和市政基础设施工程施工招标投标管理办法》第12条、第19条、第20条也有相关的规定。

需要特别注意的是，2018年9月28日，《住房城乡建设部关于修改〈房屋建筑和市政基础设施工程施工招标投标管理办法〉的决定》中指出，为贯彻落实国务院深化“放管服”改革，优化营商环境的要求，住房城乡建设部决定对《房屋建筑和市政基础设施工程施工招标投标管理办法》作如下修改：“……五、删去第四十七条第一款中的‘订立书面合同后7日内，中标人应当将合同送工程所在地的县级以上地方人民政府建设行政主管部门备案’。”有人将其解读为施工合同备案已取消，并将成为历史。但是，在目前的工程实践中，实际上多是将备案方式由向窗口递交纸质备案改为了平台系统的网上录入备案，并作为施工许可证取得的前置程序。当然，也不排除在未来的某个时间节点，施工合同备案真正从我们的工程实践中彻底消失的可能，到那时，对于备案引发的问题也会彻底成为历史。

第二，备案与否是否会对施工合同的效力产生影响？《施工合同司法解释》第21条所规定的以“备案的中标合同”为结算的依据，并未否定未备案合同的效力。一般认为，“备案的中标合同”是指在履行招投标程序后，承发包双方按《中标通知书》记载的实质性内容，在法定签约期限内签订并备案的施工合同。[①]《合同法》第44条规定：“依法成立的合同，自成立时生效。法律、行政法规规定应当办理批准、登记等手续生效的，依照其规定。”而施工合同备案，并非法律、法规规定的批准、登记手续，并非施工合同生效要件。在性质上，备案为建设行政管理部门对工程招标活动及建设工程施工的一种监督，是招投标活动的行政管理措施，未备案不影响施工合同作为民事合同的效力。[②]由于合同备案登记不具有不动产登记的公示效力，无法为第三人所知悉，不具有对抗效力。[③]从语法上看，《施工合同司法解释》第21条规定的以“备案的中标合同”为结算的依据，强调的是中标合同，备案仅仅是对中标合同的修饰。因此，应当作扩张性解释，即无论是否备案，均以中标的施工合同作为结算依据。而且，有效的建设工程施工合同亦不会因为备案而具备更高的法律效力。

第三，“备案的中标合同”必须有效。根据《施工合同司法解释（二）》起草人的观点，《施工合同司法解释》第21条适用的前提是中标合同有效。[④]同样，在适用本条规定时，也需满足中标有效的前提条件，即建设工程的招投标过程不存在《招标投标法》第50条至第55条规定的情形。否则，承发

---

① 杨心忠等著：《建设工程合同纠纷裁判思路》，法律出版社2014年版，第81页。

② 最高人民法院民事审判第一庭编：《民事审判指导与参考》（总第56辑），人民法院出版社2014年版，第230页。

③ 参见王勇著：《建设工程施工合同纠纷实务解析》，法律出版社2017年版，第32页。

④ 李琪：《建设工程施工中多份无效合同工程价款的结算》，载最高人民法院民事审判第一庭编：《民事审判指导与参考》（总第72辑），人民法院出版社2018年版，第214-227页。

包双方在招投标过程中形成的所有招投标文件、中标通知书都是无效的，无效的招投标文件、中标通知书在结算工程价款时当然也不具备比施工合同更为优先的效力。

经过上述对“备案的中标合同”和“备案”性质及对合同效力影响的分析可以看出，《施工合同司法解释》第 21 条规定“备案的中标合同”的本意是指“中标合同”，所要维护的是招投标的秩序和承包人之间公平的竞争环境，而备案与否并不会影响到合同的效力。因此，在结算工程价款时，只有中标合同才具有比其他施工合同更优先的效力。本条规定事实上所要弥补的是《施工合同司法解释》第 21 条规定的另一个漏洞，即建设工程完全按照法律规定履行了招投标程序，并无违法违规现象，但是最后承发包双方所签订的所有合同均与招投标文件、中标通知书的实质性内容不一致，也就是未形成中标合同。在这种情况下，根据《施工合同司法解释》第 21 条的立法本意，结合《招标投标法》的规定，本条作出了按照招投标文件、中标通知书等结算工程价款的规定，弥补了《施工合同司法解释》第 21 条的漏洞。

实务争点

建设工程未经招投标，存在与备案合同不一致的合同时，如何结算？

如果建设工程未经过招投标程序，但承发包双方签订了多份合同，其中一份合同进行了备案，如上所述，备案本身并不会影响施工合同的效力。因此，当存在与备案合同不一致的施工合同时，备案合同并不当然具有优先效力。此时应按照《合同法》确立的一般原则确定承发包双方的结算依据。

第一，如果存在有效合同和无效合同，则应该按照有效合同进行结算，这是不言自明的道理。

第二，如果数份合同均有效，则应考虑合同变更规则，当数份合同内容不一致时，按照时间在后的合同作为双方结算的依据。

第三，如果数份合同均无效，则按照《施工合同司法解释（二）》第 11 条的规定确定双方的结算依据。

案例索引

南洲环艺置业（南京）有限公司与广厦建设集团有限责任公司建设工程施工合同纠纷案［案号：（2014）苏民终字第00379号］；

江苏省第一建筑安装集团股份有限公司与唐山市昌隆房地产开发有限公司建设工程施工合同纠纷案［案号：（2017）最高法民终175号］。

规范链接

《最高人民法院关于审理建设工程施工合同纠纷案件适用法律问题的解释》

第二十一条 当事人就同一建设工程另行订立的建设工程施工合同与经过备案的中标合同实质性内容不一致的，应当以备案的中标合同作为结算工程价款的根据。

《北京市高级人民法院关于审理建设工程施工合同纠纷案件若干疑难问题的解答》

15.“黑白合同”中如何结算工程价款？

法律、行政法规规定必须进行招标的建设工程，或者未规定必须进行招标的建设工程，但依法经过招标投标程序并进行了备案，当事人实际履行的施工合同与备案的中标合同实质性内容不一致的，应当以备案的中标合同作为结算工程价款的依据。

法律、行政法规规定不是必须进行招标的建设工程，实际也未依法进行招投标，当事人将签订的建设工程施工合同在当地建设行政管理部门进行了备案，备案的合同与实际履行的合同实质性内容不一致的，应当以当事人实际履行的合同作为结算工程价款的依据。

备案的中标合同与当事人实际履行的施工合同均因违反法律、行政法规的强制性规定被认定为无效的，可以参照当事人实际履行的合同结算工程价款。

《江苏省高级人民法院关于审理建设工程施工合同纠纷案件若干问题的解答》

7.《建设工程司法解释》第21条黑白合同的规则，审判实践中如何适用？

强制招投标的建设工程，经过招投标的，当事人在招投标之后另行签订的建设工程施工合同与经过备案的中标合同实质性内容不一致的，备案的中标合同有效，另行签订的合同无效，应当以备案的中标合同作为结算工程价款的依据。

强制招投标的建设工程，当事人在招投标之前进行了实质性协商签订了建设工程施工合同，后经过招投标另行签订了一份实质性内容不一致的建设工程施工合同并进行备案的，前后合同均无效，参照双方当事人实际履行的合同结算工程价款。

非强制招投标的建设工程，经过招投标或备案的，当事人在招投标或备案之外另行签订的建设工程施工合同与经过备案的合同实质性内容不一致的，以双方当事人实际履行的合同作为结算工程价款的依据。

合同履行完毕后当事人达成的结算协议具有独立性，施工合同是否有效不影响结算协议的效力。

《浙江省高级人民法院民事审判第一庭关于审理建设工程施工合同纠纷案件若干疑难问题的解答》

十六、对“黑白合同”如何结算？

当事人就同一建设工程另行订立的建设工程施工合同与中标合同实质性内容不一致的，不论该中标合同是否经过备案登记，均应当按照最高人民法院《关于审理建设工程施工合同纠纷案件适用法律问题的解释》第二十一条的规定，以中标合同作为工程价款的结算依据。

当事人违法进行招投标，当事人又另行订立建设工程施工合同的，不论中标合同是否经过备案登记，两份合同均为无效；应当按照最高人民法院《关于审理建设工程施工合同纠纷案件适用法律问题的解释》第二条的规定，将符合双方当事人的真实意思，并在施工中具体履行的那份合同，作为工程价款的结算依据。

《广东省高级人民法院2012年全省民事审判工作会议纪要》

21. 招标人和中标人另行签订改变工期、工程价款、工程项目性质等中标结果的协议，应认定为变更中标合同实质性内容；中标人作出的以明显高于市场价格购买承建房产、无偿建设住房配套设施、让利、向建设方捐献等承诺，亦应认定为变更中标合同的实质性内容。对于变更中标合同实质性内容的工程价款结算，应按照《关于审理建设工程施工合同纠纷案件适用法律问题的解释》第二十一条规定，以备案的中标合同作为结算工程价款的根据。协议变更合同是法律赋予合同当事人的一项基本权利。建设工程开工后，因设计变更、建设工程规划指标调整等客观原因，发包人与承包人通过补充协议、会谈纪要、往来函件、签证等洽商记录形式变更工期、工程价款、工程项目性质的，不应认定为变更中标合同的实质性内容。依法有效的建设工程施工合同，双方当事人均应依约履行。除合同另有约定，当事人请求以审计机关作出的审计报告、财政评审机构作出的评审结论作为工程价款结算依据的，不予支持。

22. 合同所涉工程不属于强制招投标的范围，当事人之间也没有进行招投标，但按当地建设行政主管部门的要求进行了备案，该备案合同与当事人另行签订的合同不一致的，以当事人实际履行的合同作为结算工程价款的依据。

《河北省高级人民法院建设工程施工合同案件审理指南》

8. 法律、行政法规未规定必须进行招投标的建设工程，经过合法有效的招投标程序的，当事人实际履行的建设工程施工合同与备案中标合同实质性内容不一致的，应当以中标合同作为工程价款的结算根据。

9. 法律、行政法规未规定必须进行招投标的建设工程，实际上也未经过招投标，当事人根据当地行政主管部门的要求，对双方签订的建设工程施工合同进行备案后另行签订实质性内容不同的合同，应当以当事人实际履行的合同作为工程价款的结算根据。

第十一条 【数份施工合同均无效时的结算规则】 当事人就同一建设工程订立的数份建设工程施工合同均无效，但建设工程质量合格，一方当事人请求参照实际履行的合同结算建设工程价款的，人民法院应予支持。

实际履行的合同难以确定，当事人请求参照最后签订的合同结算建设工程价款的，人民法院应予支持。

条文主旨

本条规定统一了多份施工合同都无效时的结算依据。

典型案例

案例11：多份建设工程施工合同均无效，以实际履行的合同作为双方结算工程价款的依据

——广州信实房地产开发有限公司等与广东瑞丰建设集团有限公司建设工程施工合同纠纷案[①]

案情回放

2002年11月22日，广州市农业机械总公司（以下简称农机公司）（甲方）与广州信实房地产开发有限公司（以下简称信实公司）（乙方）签订《隆基怡苑二期合作开发协议书》。

2003年4月30日，信实公司（发包方、甲方）与广东瑞丰建设集团有限公司（以下简称瑞丰公司）（承包方、乙方）签订《广州市建设工程施工合同》，约定由瑞丰公司承建隆基怡苑二期工程。

① （2010）粤高法民一终字第160号、（2007）穗中法民五初字第36号。

2003 年 9 月 18 日，信实公司与农机公司作为建设方，向瑞丰公司发出中标通知书，由其承建隆基怡苑 A、B 栋商住楼土建安装工程。

2003 年 9 月 20 日，信实公司（甲方）、瑞丰公司（乙方）签订《补充协议》，约定将 2003 年 9 月 18 日签订的《建设工程施工合同》修改和变更如下：……六、如甲、乙双方对该补充协议有异议时，应该以甲、乙双方于 2003 年 4 月 30 日签订的《建设工程施工合同》的条文规定及双方在现场代表签名的补充的协议等为执行依据，进行协商解决，但不能以甲、乙双方于 2003 年 9 月 18 日签订的《建设工程施工合同》作为执行的依据。

2003 年 11 月 17 日，信实公司（甲方）、瑞丰公司（乙方）签订《主要材料结算价格补充协议》，约定对本工程 A、B 幢主要材料结算价格作补充。

2004 年 7 月 8 日，广州市天河区建设工程质量安全监督站向信实公司出具《建设工程质量验收意见书》（穗天质检〔2004〕第 009 号），确认隆基怡苑二期工程 B 栋工程于 2004 年 7 月 2 日进行质量验收，该质量验收的组织形式、验收程序、执行验收标准等符合工程质量有关规定。

2004 年 9 月 24 日，隆基怡苑二期 B 栋工程取得《建设工程规划验收合格证》。

2007 年 1 月 18 日，广州市天河区建设工程质量安全监督站向信实公司出具《建设工程质量验收意见书》（穗天质检〔2007〕第 004 号），确认隆基怡苑二期工程 A 栋工程于 2007 年 1 月 17 日进行质量验收，该质量验收的组织形式、验收程序、执行验收标准等符合工程质量有关规定（裙楼 1—3 层未办理消防验收不列入本次验收范围）。

瑞丰公司分别于 2007 年 1 月 7 日及 2007 年 1 月 15 日将关于 A 幢工程造价为 30279411.51 元、B 幢工程造价为 8671847.90 元的《建筑工程结算书》送交给信实公司。

后双方对工程款结算及支付事宜发生争议，瑞丰公司起诉至广州中院。

裁判理由

一审法院认为，2003 年 4 月 30 日，信实公司与瑞丰公司签订的《广州市建设工程施工合同》与 2003 年 11 月 17 日签订的《主要材料结算价格补充协议》为双方当事人的真实意思表示，内容并未违反法律、行政法规的强制性规定，为合法有效合同，双方均应切实履行。

因信实公司、瑞丰公司于2003年9月18日签订的《建设工程施工合同》是通过招投标方式签订的，根据《招标投标法》第43条的规定："在确定中标人前，招标人不得与投标人就投标价格、投标方案等实质性内容进行谈判。"第53条规定："投标人相互串通投标或者与招标人串通投标的，投标人以向招标人或者评标委员会成员行贿的手段谋取中标的，中标无效……"信实公司与瑞丰公司早已在2003年4月30日就同一项目签订了《广州市建设工程施工合同》，且瑞丰公司亦于招标投标前就该工程进行施工。信实公司与瑞丰公司之后再对同一项目进行招标投标，显然属于相互串通行为，信实公司的中标依法应确认无效。根据《施工合同司法解释》第1条的规定，建设工程中标无效的，建设工程施工合同亦无效。因此，上述《建设工程施工合同》无效。因信实公司与瑞丰公司于2003年9月20日签订的《补充协议》是上述《建设工程施工合同》的补充协议，该补充协议亦属无效。

因《广州市建设工程施工合同》及《主要材料结算价格补充协议》是双方真实的意思表示，为有效合同，而瑞丰公司的中标无效，相关的中标文件不应该作为结算依据。因此，应以2003年4月30日信实公司与瑞丰公司签订的《广州市建设工程施工合同》与2003年11月17日签订的《主要材料结算价格补充协议》为工程结算依据。

二审法院认为，信实公司与瑞丰公司分别于2003年4月30日、2003年9月18日各签订一份《广州市建设工程施工合同》，前一份合同系在涉案项目招标前签订，后一份合同系在瑞丰公司中标后签订。首先，根据《招标投标法》第3条的规定，大型基础设施、公用事业等关系社会公共利益、公众安全的工程建设项目必须进行招标，至于必须招标项目的具体范围和规模标准，由国务院发展计划部门会同国务院有关部门制定，并报国务院批准。经国务院批准，国家发改委于2000年5月1日发布《工程建设项目招标范围和规模标准规定》[1]，明确规定商品住宅属于关系社会公共利益、公众安全的

① 该文件现已失效。

公用事业项目范围，并规定施工单项合同估算价在 200 万元以上的相关建设项目必须进行招标。鉴于涉案工程属于商品住宅项目，且施工合同估算价在 200 万元以上，应属于必须进行招标的建设工程。既然涉案工程属于必须招标的建设工程，根据《施工合同司法解释》第 1 条第 1 款第 3 项的规定，在未经招标的情况下，信实公司与瑞丰公司于 2003 年 4 月 30 日签订的《广州市建设工程施工合同》，因违反法律的强制性规定，应认定为无效合同。同时，信实公司与瑞丰公司于 2003 年 11 月 17 日签订的《主要材料结算价格补充协议》系该合同的补充协议，亦应认定为无效合同。其次，虽然在瑞丰公司中标后，信实公司与瑞丰公司于 2003 年 9 月 18 日又签订一份《广州市建设工程施工合同》，但鉴于信实公司与瑞丰公司早已于 2003 年 4 月 30 日就同一项目签订施工合同，且经信实公司通知，瑞丰公司已在招标投标前就涉案工程进行实际施工，则信实公司与瑞丰公司之后再对涉案项目进行招标投标，显然属于相互串通行为。况且，在该合同签订后，信实公司与瑞丰公司又于 2003 年 9 月 20 日签订《补充协议》，其中第六条明确约定双方对该补充协议有异议时，应以 2003 年 4 月 30 日签订的《广州市建设工程施工合同》为执行依据，而不以 2003 年 9 月 18 日签订的《广州市建设工程施工合同》为执行依据，上述约定内容亦可印证双方在招标投标时确实存在相互串通的事实。因此，双方于 2003 年 9 月 18 日签订的《广州市建设工程施工合同》、2003 年 9 月 20 日签订的《补充协议》无效。

《施工合同司法解释》第 2 条规定："建设工程施工合同无效，但建设工程经竣工验收合格，承包人请求参照合同约定支付工程价款的，应予支持。"由于涉案工程 B 栋、A 栋（不包括裙楼 1—3 层）已分别于 2004 年 7 月 2 日、2007 年 1 月 17 日通过建设工程质量验收，且信实公司在本案诉讼中亦从未对涉案工程质量提出异议，故信实公司应参照合同约定支付工程款。同时，尽管上述涉案合同均为无效，但依据民法的公平原则，应参照双方实际履行的合同确定涉案工程的工程造价。本案中，无论是从合同的签订时间、合同的实际履行情况，还是从双方于 2003 年 9 月 20 日签订的《补充协议》第六条的约定内容来看，信实公司与瑞丰公司实际执行的是 2003 年 4 月 30 日签订的《广州市建设工程施工合同》以及 2003 年 11 月 17 日签订的《主要材料结算价格补充协议》。

裁判结果

一审法院判决：

一、自判决发生法律效力之日起十日内，信实公司向瑞丰公司支付工程款 7342269.57 元；

……

二审法院判决：

一、维持广东省广州市中级人民法院（2007）穗中法民五初字第 36 号民事判决第一项、第二项、第三项、第五项、第六项、第八项；

二、撤销广东省广州市中级人民法院（2007）穗中法民五初字第 36 号民事判决第四项、第七项；

三、驳回广东瑞丰建设集团有限公司的其他诉讼请求。

焦点评析

本案的争议焦点之一是承发包双方针对同一建设工程所签订的数份施工合同均无效时，应如何确定结算工程价款的依据？

《施工合同司法解释》第 2 条规定："建设工程施工合同无效，但建设工程经竣工验收合格，承包人请求参照合同约定支付工程价款的，应予支持。"根据该条规定，只要已完工程质量合格，即使合同无效，也应当按照无效合同中约定的计价标准和计价方式结算工程价款。有人把这条规定概括为"无效合同有效处理"，实际上是对这条规定的一种误解。《施工合同司法解释》第 2 条之所以如此规定，是因为《合同法》第 58 条规定："合同无效或者被撤销后，因该合同取得的财产，应当予以返还；不能返还或者没有必要返还的，应当折价补偿。"但在建设工程领域，承包人投入的人、材、机等已经物化到建设工程中，发包人取得该建设工程后，客观上已经无法向承包人返还所投入的人、材、机等，因此，无法适用恢复原状的返还原则，而只能进行折价补偿。对于折价补偿的计算方法，考虑到承发包双方在合同中关于工程价款结算依据的约定是其真实意思表示，符合缔约时的市场行情，确定按照该约定结算工程价款，能最好地平衡承发包双方的利益，尽量避免合同无效使一方当事人无端获益。因此，即使存在多份无效建设工程施工合同，也应当确定当事人真实意思表示的合同，以作为双方结算工程价款的依据。在确定当事人真实意思表示的合同时，应通过合同所使用的语句，结合承发包双方在合同履行过程中形成的各种书面文件及其他履行事实进行综合判断。

对这一问题，最高院一直强调要参照当事人真实意思表示的合同作为承发包双方结算工程价款的依据。例如，在汕头市建安（集团）公司与北京秦浪屿工艺品有限公司建设工程施工合同纠纷案[①]中，经最高院审委会讨论认为，双方当事人就同一建设工程签订的数份施工合同均被认定无效时，应综合缔约时建筑市场行情、利于当事人接受、诉讼经济等因素，参照双方达成合意并实际履行的合同结算工程价款。参照合同的确认，要以该合同是否为当事人达成的真实意思合意为判断标准，该合意可以通过缔约双方在合同中体现的真实意思表示，并结合双方对合同的履行事实予以判定。[②]又如，在江苏省第一建筑安装集团股份有限公司与唐山市昌隆房地产开发有限公司建设工程施工合同纠纷案[③]中，最高院经审理后认为，在当事人存在多份施工合同且均无效的情况下，一般应参照符合当事人真实意思表示并实际履行的合同作为工程价款结算依据；在无法确定实际履行合同时，可以根据两份争议合同之间的差价，结合工程质量、当事人过错、诚实信用原则等予以合理分配。由于本案一审法院认定涉案工程存在有效的合同，故不存在这一规则的适用余地。而二审法院则认为涉案工程不存在有效合同，故根据公平原则，参照双方实际履行的合同确定涉案工程的工程造价，这一做法殊值赞同。

本条第1款规定实际上是对最高院确立的这一原则的再一次确认，然而令人费解的是本条的第2款规定，在无法确认实际履行的合同时，参照最后

---

① （2011）民一终字第62号。

② 关丽：《就同一建设工程分别签订的多份施工合同均被认定无效后，应当参照双方当事人达成合意并实际履行的合同结算工程价款——汕头市建安（集团）公司与北京秦浪屿工艺品有限公司建设工程施工合同纠纷上诉案》，载最高人民法院民事审判第一庭编：《民事审判指导与参考》（总第55辑），人民法院出版社2014年版，第134页。

③ （2017）最高法民终175号。

签订的合同作为结算工程价款的依据。这一规定简单地以签约时间先后确定结算工程款的依据明显不符合建设工程市场的实际情况，也不符合《合同法》的相关规定，应当引起高度重视。《合同法》第 62 条第 2 项规定："价款或者报酬不明确的，按照订立合同时履行地的市场价格履行；依法应当执行政府定价或者政府指导价的，按照规定履行。"根据该规定，在无法确定当事人实际履行的合同时，应当执行政府定价或政府指导价，无论如何也不能得出按照最后签约的合同结算工程价款的结论。其实，在无法确定实际履行的合同时，最高院在之前的判决中已经确立了按照订立合同时履行地的市场价格确定工程价款的原则。例如，最高院在齐河环盾钢结构有限公司与济南永君物资有限责任公司建设工程施工合同纠纷案①中认为，建设工程造价并不属于政府定价或政府指导价，由此可见，鉴定机构给出了定额价和市场价两种参考标准时，一般应当根据市场价进行判定，且市场价更能够表现企业施工、技术和管理水平，也更贴近市场价格，接近建设工程的实际造价成本，更加符合公平原则。因此，当无法确定实际履行的合同时，应当以市场价为标准，确定工程造价。

实务争点

1. 施工合同无效是否影响结算协议的效力？

一般认为，即使建设工程施工合同无效，事后双方签署的结算协议也并不因此无效。结算协议是对承包人已完工程量所对应的工程款、发包人应付工程款、索赔款项等事项的部分或全部确认，具有独立的法律效力。只要结算协议系承发包双方真实意思表示，不存在欺诈、胁迫等撤销事由和《合同法》第 52 条规定的无效事由，就应认定该结算协议有效。例如，最高院在普定县鑫臻房地产开发有限责任公司与黑龙江省建工集团有限责任公司建设工程合同纠纷案②中认为，案涉工程项目属于必须进行招标的项目，但承

---

① （2011）民提字第 104 号。

② （2016）最高法民终 106 号。

发包双方未履行法律规定的招标投标程序，违反了法律的强制性规定，根据《招标投标法》《施工合同司法解释》等的规定，承发包双方签署的工程承包合同应被认定为无效。《纠纷处理协议》是在承发包双方因项目施工发生纠纷，当地人民政府组织进行协调并达成一致意见的情况下，双方就纠纷处理方案签订的协议。该协议在性质上属于承发包人对双方之间既存债权债务关系的结算和清理，因而具有独立性。《纠纷处理协议》作为清算协议，具有单独的法律效力，应当作为处理双方争议的依据。案涉工程交付、工程款结算及违约责任的确定等，应当根据《纠纷处理协议》的内容确定。

如果该结算协议的实质是履行《建设工程施工合同》中双方对于部分条款的细化和变更，则属补充协议，其效力因主合同无效而无效。例如，最高院在重庆市圣奇建设（集团）有限公司与贵州山城生态移民发展有限公司建设工程施工合同纠纷案①中认为，承发包双方签订的《工程进度款支付协议》，其实质是履行《施工协议》中双方对工程价款支付方式等约定内容的细化和变更，属补充协议，因主合同无效应为无效。最高院在福建融港侨装饰设计工程有限公司与新疆天山实业发展有限公司建筑装饰工程施工合同纠纷案②中，对该问题的阐述则更为具体明确。最高院认为，本案系施工合同纠纷，由于发包人原因造成工期拖长，故双方后续又签订了一系列的《协议书》和《承诺书》，其中约定了补偿款、违约金等内容。但无论是垫资款、利息损失，还是违约金，这些事后单独签订的协议均因工程款未能及时给付产生，核心内容都源于承包人与发包人之间的施工合同关系，并非在当事人之间缔结了与施工合同并行的新的债权债务关系，其效力如何终究取决于最初的合同关系。既然《施工合同》已经被认定无效，意味着在合同有效前提下的违约责任、工程利润等约定均无法得到支持，亦即，承包人只能就已经施工完成的工程主张相应工程款，而无权基于合同本身以及后续《协议书》等关于违约金的约定主张权利。

实践中也有观点认为，建设工程施工合同无效，当事人基于该无效的建

---

① （2016）最高法民终675号。

② （2013）民一终字第12号。

设工程施工合同达成的结算协议，也应被认定为无效。持该观点的人认为，结算协议在性质上属于施工合同的从合同，主合同无效，从合同当然无效。我们认为，这一观点在逻辑上有一个致命的漏洞，导致在实践中根本无法操作。从部分法院的统计数据可知，司法实践中无效的建设工程施工合同大量存在，如果按照该观点的思路，承发包双方在合同无效的情况下就不能自行签署结算协议，而必须通过诉讼或仲裁解决，并且在诉讼或仲裁过程中也不能和解或调解，只能通过判决或裁决，这显然是荒谬的。所以，承发包双方签订的结算协议在效力上必须独立于建设工程施工合同的效力。

2. 施工合同无效，工程款支付方式和支付时间等内容是否参照合同约定处理?

由于《施工合同司法解释》第 2 条规定并未明确参照合同约定支付工程价款的具体内容，导致实践中对“参照约定”的范围问题产生了不同的理解。

有观点认为，对工程造价、工期和进度、工程质量、竣工验收、质量保修等约定，因与工程结算直接关联，均可以参照合同约定处理。[①] 甚至有人将这条规定简单地理解为“无效合同有效处理”，并就此认为无效施工合同中的所有约定均可参照适用。

我们认为，上述将“参照合同支付工程价款”的范围简单地、一刀切地扩大到工程价款计算方式和计价标准之外的观点，不符合《施工合同司法解释》第 2 条以及《合同法》第 58 条的规定。《施工合同司法解释》的起草者们在《最高人民法院建设工程施工合同司法解释的理解与适用》中已经明确指出，由于建设工程施工合同的特殊性，施工合同无效后，无法适用《合同法》第 58 条规定的恢复原状的返还原则，而只能折价补偿。又由于建筑市场中，存在多种工程价款的计算标准和复杂多样的计算方法。在这样的背景下，折价补偿时如果抛开合同约定的工程价款，无论按照何种标准折价补偿，均有不当之处，不能很好地平衡双方当事人之间的利益关系。因此，本条司法解释为平衡当事人之间的利益关系，便捷、合理地解决纠纷，确定了建设工程施工合同无效，建设工程经竣工验收合格的，可以参照合同约定支付承

① 潘军锋：《建设工程施工合同审判新类型问题研究》，载《法律适用》2015 年第 4 期。

包人工程价款。[①]

由此可见,《施工合同司法解释》第2条的本意是确立一种施工合同无效后的折价补偿原则,以平衡承发包双方的利益,而绝非如上述观点所认为的"无效合同有效处理",并且有将"参照合同支付工程价款"的范围尽量控制在文义射程范围之内的意思。这在最高院审理的黄国盛、林心勇与江西通威公路建设集团有限公司建设工程分包合同纠纷案[②]中也可以得到清晰的印证,在该案中,最高院认为,《施工合同司法解释》第2条规定"参照合同约定支付工程价款"主要指参照合同有关工程款计价方法和计价标准的约定。发包人主张"参照"应当包括合同对支付条件的约定,其与业主未完成结算,本案所涉合同约定的工程款支付条件尚未成就,其应在付款条件成就时承担向实际施工人的付款义务,于法无据。在该案中,最高院在解释"参照合同约定支付工程价款"的内容时,明确将合同中关于工程款支付条件的内容排除在"参照"范围之外。

仔细分析上述两种观点可以发现,无论是将"参照合同约定支付工程价款"的范围解释为仅指计价方法和计价标准的观点,还是将"参照合同约定支付工程价款"的范围解释为包括工程价款计价方法和计算方式以外的观点,在逻辑上均无法自洽,因为上述两种观点在法理上均突破了《合同法》关于无效合同的规定,两者的差异仅仅是突破无效合同规定的程度不同而已。

实际上,将"参照合同约定支付工程价款"的范围解释为包括工程价款计价方法和计算方式以外的观点,也并非是对《施工合同司法解释》第2条以及《合同法》第58条规定的误解,而是对建设工程合同纠纷司法实践中混乱状况的一种无奈妥协。因为在建设工程合同纠纷中,存在大量的无效合同[③],在这样的背景下,经常会出现违法者积极主动地向法庭提交证据以证明自身行为违法的"动人场景",如果严格按照《施工合同司法解释》第2条

---

① 最高人民法院民事审判第一庭编著:《最高人民法院建设工程施工合同司法解释的理解与适用》,人民法院出版社2004年版,第34页。

② (2013)民一终字第93号。

③ 全国范围内,无效施工合同的比例尚无权威统计数据,但据部分法院公布的个别地区无效合同比例来看,大多超过了50%,有的甚至高达70%以上。

以及《合同法》第58条的规定处理案件，往往会导致“违法者因自身违法行为而获益”及“不诚信者因自身的不诚信行为而获益”的恶劣后果。为了避免这两种恶果的出现，对“参照合同约定支付工程价款”的范围作一定程度的扩张解释，虽然未必能避免出现“违法者因自身违法行为而获益”的后果，但至少可以最大限度地避免出现“不诚信者因自身的不诚信行为而获益”的后果，两害相权取其轻，于是便有了上述对“参照合同约定支付工程价款”的范围作扩大解释的观点。

从这个意义上来说，仅仅否认将“参照合同约定支付工程价款”的范围解释为包括工程价款计价方法和计价标准以外的观点并无实际意义，完全按照《施工合同司法解释》第2条的本意处理无效合同的后果问题也无法回应现实的需要，甚至反而会造成混乱。因此，我们认为，若要从根本上解决无效合同的后果问题，只有正本清源，回归《合同法》关于合同效力的规定，承认大量原本不该被认定为无效施工合同的合同效力，方能彻底解决当前司法实践中因施工合同被认定无效后所带来的“违法者因自身违法行为而获益”或“不诚信者因自身的不诚信行为而获益”的不良后果。当然，在当前《施工合同司法解释（二）》仍然坚持《施工合同司法解释》中关于施工合同效力认定规则的背景下，遵循“不让不诚信者因自身的不诚信行为而获益”的法律原则，运用法律规定的法律解释方法，最大限度地维护诚实信用原则是当前司法实践中的无奈之选。

3. 施工合同无效，发包人能否主张折价补偿时扣除利润、规费等内容？

有观点认为，既然《施工合同司法解释》第2条确立的是施工合同无效后的折价补偿原则，发包人在折价补偿时就只需要将建设工程的直接成本补偿给承包人即可，而无须支付承包人的利润、规费等内容。

我们认为，这一观点既无法平衡承发包双方的利益，也不符合建设工程的计价规则。根据住建部、财政部于2013年颁布的《建筑安装工程费用项目组成》规定，建筑安装工程费用项目按费用构成要素组成划分为人工费、材料费、施工机具使用费、企业管理费、利润、规费和税金。由此可知，利润、规费是建筑安装工程费用的组成部分，不应该在折价补偿时从工程价款中剥离。例如，最高院在潍坊雅居园投资置业有限公司与晟元集团有限公司建设工程施工合同纠纷案[①]中就认为，在发包人与承包人之间，案涉工程的价值为工程造价，包括规费和利润。案涉工程项目由发包人占有，发包人应按照工程造价补偿承包人。私法救济目的是使双方的利益恢复均衡，如果从折价补偿款中扣减部分规费和利润，则发包人既享有工程项目的价值，又未支付足额对价，获得额外利益，不符合无效合同的处理原则。

需要注意的是，实践中也有裁判者将利润、规费等内容认定为损失，并根据导致施工合同无效的过错程度，从而判决由承发包双方按照各自过错分担的。例如，最高院在四川省邛崃市川康建筑工程有限责任公司等与西藏世邦投资有限责任公司建设工程施工合同纠纷案[②]再审中认为，虽然规费和利润在性质上并不相同，但鉴于根据鉴定报告的内容，无法在案涉工程造价和成本费用的差额中具体区分规费和利润的数额，故只能将其视为案涉合同无效导致的损失。根据《合同法》第 58 条的规定，合同无效后，双方都有过错的，应当各自承担相应的责任。对本案中合同无效损失的具体分担比例，根据双方当事人对合同无效的过错情况和相关案件事实，本院酌定为承发包双方各自负担 50%。结合上述第二个焦点问题的分析可以发现，最高院的这一做法事实上让违法的发包人获得了额外的利益——比合同有效时少支付了对价，也比合同约定支付得更少，从而对诚实信用原则造成了致命的破坏。我们认为，与其如此，不如按合同约定，将利润和规费分配给承包人享有，即使承包人真的属于“违法获益”，至少还能坚守诚实信用原则，也比两大原则均被破坏殆尽要来的更好。

案例索引

汕头市建安（集团）公司与北京秦浪屿工艺品有限公司建设工程施工合同纠纷案［案号：（2011）民一终字第 62 号］；

江苏省第一建筑安装集团股份有限公司与唐山市昌隆房地产开发有限公

---

① （2017）最高法民终 360 号。

② （2013）民提字第 77 号。

司建设工程施工合同纠纷案［案号：（2017）最高法民终175号］。

规范链接

《2015年全国民事审判工作会议纪要》

48. 当事人就同一建设工程订立的数份施工合同均被认定无效，在结算工程价款时，应当参照当事人真实合意并实际履行的合同约定结算工程价款。无法确定双方当事人真实合意并实际履行合同的，应当结合缔约过错、已完工程质量、利益平衡等因素分配两份或以上合同间的差价确定工程价款。

《安徽省高级人民法院关于审理建设工程施工合同纠纷案件适用法律问题的指导意见（二）》

第八条 当事人就同一建设工程订立的数份施工合同均被认定无效，应当参照当事人实际履行的合同结算工程价款。

《四川省高级人民法院关于审理建设工程施工合同纠纷案件若干疑难问题的解答》

20. 当事人就同一建设工程订立的数份施工合同均被认定无效的，如何结算工程价款？

当事人就同一建设工程订立的数份施工合同均被认定无效，但工程经竣工验收合格，当事人请求按照合同约定结算工程款，应当参照当事人实际履行的合同结算工程价款。不能确定实际履行合同的，可以参照签订建设工程施工合同时当地建设行政主管部门发布的计价方法或者计价标准结算工程价款。

《河北省高级人民法院建设工程施工合同案件审理指南》

7. 当事人就同一建设工程订立的数份施工合同均被认定为无效的，在结算工程价款时，应当参照当事人真实意思表示并实际履行的合同约定结算工程价款。当事人已经基于其中一份合同达成结算单的，如不存在欺诈、胁迫等撤销事由，应认定该结算单应有效。无法确定当事人真实意思并实际履行的合同的，可以结合缔约过错、已完工程质量、利益平衡等因素合理分配当事人之间数份合同的差价确定工程价款。

第三章

工程司法鉴定

（第十二条至第十六条）

本章要旨

由于建设工程施工合同纠纷案件具有较高的专业性和相当的复杂性，在民事诉讼中越来越多地需要借助专业人士就相关专门性问题进行检测和判断，工程司法鉴定遂应运而生。诉讼中，与工程造价、质量、修复费用等专业性问题相关的待证事实往往都离不开司法鉴定。

《施工合同司法解释（二）》第 12 条至第 16 条，共计 5 个条文涉及工程司法鉴定，从该部分内容占整个《施工合同司法解释（二）》的比例来看，已经算是相当大的篇幅了，司法鉴定的重要性由此可见一斑。

鉴于工程价款作为施工合同实质性内容中最为核心的要素，《施工合同司法解释（二）》以造价鉴定作为工程司法鉴定的典型代表予以具体地展开。其中，第 12 条强化了诉前达成结算协议原则上对当事人具有约束力，能够作为工程的结算依据，且根据“禁反言”原则，不能任意反悔。这也从反面规定了司法鉴定启动的前提条件，即必须是当事人对专业性、专门性问题没有达成一致意见，存在争议。第 13 条明确了鉴定只有在诉讼过程中才能进行，至于诉前咨询行为，除非当事人明确表示接受该意见的结论，否则应允许当事人在诉讼中启动鉴定程序。第 14 条明确了一审中就专门性问题，对待证事实负有结果意义上举证责任的一方未向法院申请鉴定时的法律后果，以及在二审中的处理方式。第 15 条、第 16 条明确了启动鉴定程序的具体操作流程，明确了法院需要积极行使审判权，包括把控鉴定流程，明确鉴定事项、范围及期限，并组织当事人对鉴定材料及鉴定意见发表充分的质证意见，在此基础上对鉴定意见进行独立、有效的审查认证，经过法院审查、认定的鉴定意见才能作为定案依据。

办案思路

由于工程鉴定主要是工程造价鉴定以及工程质量鉴定，因此以下主要以该两部分内容为典型，对相关涉及鉴定纠纷的办案思路进行介绍。

在办理涉及工程造价鉴定纠纷案件时，主要可以从如下几个方面着手分析：

1. 在诉讼前或者诉讼过程中，当事人是否已就工程款的结算金额或结算方式等达成协议。

2. 如果达成了结算协议，该结算协议是否真实合法有效，是否存在无效、可撤销的事由。

3. 在诉讼前，当事人双方是否共同委托了第三方咨询机构或者个人出具咨询意见，双方是否在结算审定表或者咨询报告上共同签章确认。

4. 是否存在一方自行委托审价报告的情况，另一方提出异议的，该审价报告出具人是否出庭接受质询。

5. 如果确有必要申请启动造价鉴定程序，应当确定造价鉴定的申请方。一般而言，承包人请求支付工程款，是申请方；如果发包人主张工程款超付要求返还，以发包人作为造价鉴定申请方。

6. 启动造价鉴定程序前，双方就已完工程量或者价款的无争议部分是什么；争议项是什么，能否最大限度地固定无争议的内容，缩小鉴定事项及鉴定范围。

7. 未完工工程，是否已经通过公证、见证等手段固定了已完工程量的证据。

8. 中途退场的项目，双方是否办理了退场手续，包括工作面的交接及已完工程量的审核确认等。

9. 固定总价方式结算的施工合同中，是否存在超出总价对应范围的工作内容。

10. 鉴定程序中，是否存在送审的检材未经质证即作为鉴定依据的情况。

11. 鉴定机构及人员是否具备与鉴定工程相应的资质，是否存在法定回避事由。

12. 对鉴定报告的初稿，双方应当进行充分有效的质证，必要时可以申请专家辅助人参与，提高质证效果。对鉴定意见正式稿的质证，亦可以要求鉴定人出庭作证，针对争议项一一回应。

13. 在一审阶段，是否存在法院未释明举证责任归属的情况；是否存在当事人虽然申请鉴定但未预付鉴定费用或者拒不提供相关资料等不配合行为，导致鉴定无法开展的情况。

在办理涉及工程质量鉴定纠纷案件时，大体可以从如下方面着手分析：

1. 建设工程有无通过竣工验收？是否通过竣工验收备案？如果未通过竣工验收，是可归责于哪一方的事由所导致的。

2. 建设工程是否通过了单位工程竣工验收、分部分项质量验收、检验批的质量验收等。

3. 发包人是否存在未经竣工验收，擅自使用建设工程的情况。

4. 建设工程是否按要求进行了隐蔽工程验收，有无留存影像照片资料等。

举证指南

参照上述办案思路，分别对工程造价鉴定与工程质量鉴定两大方面的举证材料予以介绍。**工程造价司法鉴定所需要的鉴定材料，主要从如下方面着手：**

1. 鉴定申请书、司法鉴定委托书。

2. 起诉状、答辩状。

3. 庭审质证笔录（证据交换笔录）。

4. 原、被告双方的工程造价主张（结算书）。

5. 施工合同及有关补充协议、会议纪要等。

6. 招投标文件、中标通知书及相关资料。

7. 设计（竣工）图纸。

8. 变更联系单、有关签证等文件资料。

9. 工程量计算书。

10. 钢筋配料单。

11. 开竣工资料（开工报告、竣工报告等）。

12. 打桩、基础资料。

13. 工程质量验收记录备案表。

14. 经审批的施工组织设计及专项施工方案。

15. 原地坪标高资料。

16. 成品（含设备）购销合同（如有）。

17. 甲供材料清单（如有）。

18. 其他能证明工程造价的材料。

工程质量司法鉴定所需要的鉴定材料，可以从如下方面着手：

1. 鉴定申请书。

2. 工程地质勘察报告。

3. 经审查合格的施工图设计文件、竣工图纸。

4. 相关的设计计算书。

5. 建设工程施工合同及补充协议。

6. 设计变更联系单。

7. 检验批、分部分项工程验收记录、单位工程验收记录等。

8. 涉及结构安全和主要使用功能的分部分项工程的检验材料。

9. 原材料出厂合格证书及材料进场检（复）验报告。

10. 隐蔽工程验收记录等。

11. 施工记录、监理日记等。

12. 质量纠纷详细情况报告及其他相关材料。

第十二条 【诉前结算协议的效力】当事人在诉讼前已经对建设工程价款结算达成协议，诉讼中一方当事人申请对工程造价进行鉴定的，人民法院不予准许。

条文主旨

本条规定了当事人在诉讼前达成的工程结算协议的效力。

典型案例

案例 12：诉前已达成工程款结算协议，诉讼中一方申请造价鉴定的，不予准许

——中建四局第五建筑工程有限公司与云南今玉房地产有限公司建设工程施工合同纠纷案[1]

案情回放

2011 年 9 月 19 日，云南今玉房地产有限公司（以下简称今玉房地产公司）和中建四局第五建筑工程有限公司（以下简称中建四局五公司）经过招投标，签订《建设工程施工合同》，确定由中建四局五公司承建玉水金岸 C 区土建及水电安装工程，工程内容包括：11、12 栋住宅，13、14 栋，15 栋（五星级酒店），商业街，幼儿园和地下室，总建筑面积

① （2016）最高法民终 251 号、（2015）云高民一初字第 21 号。

28.75949 万平方米。

2011 年 10 月 20 日，今玉房地产公司向中建四局五公司发出 C 区工程开工令。开工后，中建四局五公司按照合同约定进场施工，每月报送《月度工程款确认表》，今玉房地产公司进行审核确认，双方按照月进度进行工程量确认。后因今玉房地产公司拖欠中建四局五公司工程款，导致 C 区工程于 2013 年 12 月停工至今。截至停工时中建四局五公司完成了 11 栋和 12 栋住宅的施工任务，并已经交付今玉房地产公司使用。2014 年 12 月 13 日，中建四局五公司与今玉房地产公司签订《玉水金岸·水云间 C 区结算协议》，协议载明经过双方反复核对和友好协商，确认结算范围为中建四局五公司承包的基坑围护工程，桩基工程，已完成的土建、安装工程，绿化工程等，结算造价为 596445296.28 元，停工损失补偿费 2300 万元，共计 619445296.28 元，协议第 3 条约定今玉房地产公司前期延迟支付款违约金及商业承兑汇票利息双方另行依据合同和协议协商结算。协议中同时确定，除第 3 条外，双方均不再就其他内容向对方主张权利。经双方确认，今玉房地产公司已经支付中建四局五公司 C 区工程款数额为 353509361.65 元。

2015 年 2 月 12 日，中建四局五公司与今玉房地产公司签订《玉水金岸·水云间 C 区工程建设补充协议》，载明由中建四局五公司总承包的玉水金岸 C 区工程建设项目，因今玉房地产公司资金短缺，现已处于停工状态，双方就中建四局五公司所完成的工程量进行了结算，并于 2014 年 12 月 13 日签署了已完工工程结算协议，合同约定的剩余工程量，中建四局五公司不再继续施工，由今玉房地产公司另行委托施工。对于中建四局五公司完成的工程，今玉房地产公司组织人员进行分部（分项）验收、移交。验收过程中发现的问题，由中建四局五公司进行整改，补充协议还约定本工程项目今玉房地产公司欠中建四局五公司的工程款项，双方另行商定后签订支付协议。

后因今玉房地产公司未按约支付工程款，中建四局五公司向人民法院提起诉讼，请求解除双方签订的《建设工程施工合同》并要求今玉房地产公司偿付拖欠的工程价款 247352575.74 元。庭审中，今玉房地产公司申请对涉案C区工程的工程质量鉴定以及工程结算总价进行鉴定。

裁判理由

一审法院认为：双方对于施工现状并无争议，对于已完工程状况，中建四局五公司提供了C区工程产值报表审核意见表予以证实，结算协议中载明经过双方反复核对和友好协商，确认结算工程价款数额，2015年2月12日，中建四局五公司与今玉房地产公司签订的《玉水金岸·水云间C区工程建设补充协议》中也对签订结算协议的过程进行了重新确认。关于今玉房地产公司提出签订结算协议系受到中建四局五公司胁迫，不是其真实意思表示的主张，因未提交相关证据，故对其主张不予采纳，对双方签订的结算协议的效力予以确定。对于今玉房地产公司对涉案C区工程的工程结算总价进行鉴定的申请，不予准许。

二审法院认为：因今玉房地产公司资金缺乏导致涉案工程无法继续履行，经双方协商解除了《建设工程施工合同》，并对已完工程价款的结算形成《玉水金岸·水云间C区结算协议》，对工程的验收、移交等问题形成《玉水金岸·水云间C区工程建设补充协议》。上述协议虽基于《建设工程施工合同》而来，但其实质内容是双方就合同解除前的权利义务进行清理、结算的约定，中建四局五公司以此结算协议为基础提起本案诉讼。上述协议内容均不违反法律禁止性规定，是当事人真实意思表示，合法有效。今玉房地产公司虽主张《玉水金岸·水云间C区结算协议》不是其真实意思表示，但不能证明结算协议是中建四局五公司胁迫所为，故称结算协议无效的理由不能成立。

裁判结果

一审法院判决：

一、解除中建四局五公司与今玉房地产公司于2011年9月19日签订的《建设工程施工合同》；

二、今玉房地产公司于本判决生效之日起十日内向中建四局五公司支付欠付工程款247352575.74元；

三、今玉房地产公司于本判决生效之日起十日内向中建四局五公司支付欠付工程款247352575.74元利息及违约金（利息及违约金分别以61838143.94元为本金，分四笔分别自2015年3月13日、2015年6月13日、2015年9月13日、2015年12月13日计算至款项还清之日止。上述利息计算标准为中国人民银行同期同类贷款利率，违约金的计算标准为每天0.5‰）；

四、中建四局五公司对其施工完成的玉水金岸C区工程折价或者拍卖的价款在224352575.74元范围内享有优先受偿权；

五、驳回中建四局五公司的其他诉讼请求。

二审法院判决：驳回上诉，维持原判。

焦点评析

本案的争议焦点之一是当事人达成结算协议后，在诉讼过程中，一方当事人申请对工程造价进行鉴定，请求重新清算已完工程的工程造价时如何处理？这需要从如下两方面来分析：

1. 结算协议的法律性质及效力

根据《建设工程工程量清单计价规范》（GB50500-2013）第2.0.44款的规定："工程结算是指发承包双方根据合同约定，对合同工程在实施中、终止时、已完工后进行的合同价款计算、调整和确认。"广义的工程价款结算是指根据合同约定进行工程预付款、进度款、工程竣工价款结算的活动。狭义的工程价款结算是指施工合同终止后的价款结算，指承、发包双方按照合同约定或者法律规定，在工程竣工验收合格或施工合同解除后对最终工程价款进行结算的活动。实践中所称的工程价款结算，一般都是从狭义上来使用的，如无特别说明，本文也是指狭义上的工程价款结算。

分析结算协议的法律性质，首先需要明确结算行为的法律性质。关于结算行为的法律性质，存在事实行为和法律行为两种观点，实务界的主流观点认为结算行为属于法律行为。例如，最高院在辽宁省沈阳溢利房地产开发有限公司与中国建筑第六工程局有限公司建设工程施工合同纠纷案[①]中认为，

① （2013）民一终字第168号。

《关于沈阳金碧辉煌国际俱乐部工程竣工结算确认书》中约定的内容，是双方当事人真实意思的表示，且不违反法律的禁止性规定，应当认定该竣工结算确认书有效。涉案竣工结算确认书是双方当事人对于涉案工程造价的最终确认。又如，最高院在呼和浩特绕城公路建设开发有限责任公司与河北路桥集团有限公司建设工程施工合同纠纷案[①]中认为，双方于 2008 年 10 月 21 日对河北路桥公司完工工程量进行汇总后，核定工程总造价为 105243288 元。该工程价款是在河北路桥公司申报工程量之后，经绕城公路公司审核之后确认的价款。双方对此均无异议，双方已就应支付的工程款总价形成合意，这是双方真实意思的表示，且没有违反法律的禁止性规定，对双方均具有约束力。在上述两案中，最高院均明确地表达了工程款结算为法律行为的观点。

如果认为结算行为的性质为法律行为，那么，就应该适用《民法总则》中有关法律行为效力的相关规定。根据《民法总则》的规定，法律行为的效力有三种状态，即有效、无效、可撤销。根据《民法总则》第 143 条的规定："具备下列条件的民事法律行为有效：（一）行为人具有相应的民事行为能力；（二）意思表示真实；（三）不违反法律、行政法规的强制性规定，不违背公序良俗。"法律行为的有效性系以意思表示为内核，进行正反两方面的评价。工程款结算行为（协议）的有效，除了具备上述一般法律行为的生效要件外，还隐含了已完建设工程竣工质量合格的条件。

法律行为（合同）无效的事由，包括行为人无行为能力（《民法总则》第 144 条）、双方存在通谋虚伪表示（《民法总则》第 146 条）、违反强行法的规定（《民法总则》第 153 条第 1 款）或者违背公序良俗（《民法总则》第 153 条第 2 款）以及双方恶意串通（《民法总则》第 154 条）。法律行为（合同）可撤销的事由，包括重大误解（《民法总则》第 147 条）、欺诈（《民法总则》第 148 条、第 149 条）、胁迫（《民法总则》第 150 条）以及显失公平（《民法总则》第 151 条）。

除上述狭义的工程竣工结算之外，工程实施过程中，在工程未竣工验收

---

① 最高人民法院民一庭编：《民事审判指导与参考》（总第 52 辑），人民法院出版社 2013 年版，第 156–162 页。

的情况下，双方就已完工程达成的结算协议，在符合上述生效要件的情况下同样有效。此时，工程款支付的前提是已完工程分部分项质量验收合格。

从地方法院发布的指导性文件来看，基本上也是认可当事人在诉前达成的结算协议的效力的。例如，《北京高院解答》第7条第1款规定："当事人在诉讼前已就工程价款的结算达成协议，一方在诉讼中要求重新结算的，不予支持，但结算协议被法院或仲裁机构认定为无效或撤销的除外。"《四川高院解答》第22条规定："当事人在诉讼前已就工程价款的结算达成协议，一方在诉讼中要求重新结算的，不予支持，但结算协议被人民法院或仲裁机构认定为无效或撤销的除外。"《河北高院审理指南》第23条规定："发包人对承包方提供的结算报告已经委托有资质的第三方进行审核并经双方签字认可，或者双方当事人已完成工程价款结算，结算报告已经双方签字认可。诉讼中一方当事人要求重新鉴定的，人民法院不予准许。"上述条款中所称经双方签字认可的结算报告，以及其他双方签章确认的工程结算审定单等均应视同结算协议。

综上可知，当事人在诉讼前已经对工程价款结算达成协议，只要该协议不存在无效、可撤销的情形，就对双方当事人具有约束力，各方都应当遵守。诉讼中一方当事人申请对工程造价进行鉴定，企图推翻该结算协议的，人民法院不应准许。

有疑问的是，双方当事人就工程款达成结算协议后，承包人依据结算协议提起诉讼主张工程款时，如何确定双方的法律关系。对此，实务界有观点认为，此时工程款结算关系已经转化为普通的债权债务法律关系，在诉讼管辖上，按照一般债权债务关系处理，有约定的从约定，无约定的，也可以适用《民诉法司法解释》第18条第2款的规定，由原告（债权人）所在地管辖。例如，北京一中院在北京国电龙高科环境工程技术有限公司与山东四方安装工程有限公司等建设工程施工合同纠纷案[①]中认为，本案双方已就全部工程达成了《工程竣工结算证明》，现就该款项的支付存在争议，本案审理范围不包括各建设工程的具体情况。双方虽因建设工程施工产生债权债务，但本

① （2018）京01民终9399号。

案审理内容仅为一般的合同纠纷，因此，原审法院确定案由有误，应予变更。原审法院对本案有管辖权，国电公司主张适用专属管辖依据不足。

我们认为，上述观点显然不能成立。结算协议只是建设工程施工合同履行过程中的工程价款结算依据，在审理案件时仍应当对作为结算协议基础的建设工程施工合同进行审查，故该类案件不应定性为普通债权债务纠纷案件，在性质上仍属于建设工程施工合同纠纷案件，适用《民诉法司法解释》第 28 条第 2 款规定的专属管辖。[①] 正如《江苏高院解答》第 1 条第 2 款规定，达成结算协议的建设工程施工合同纠纷，均适用专属管辖，此观点殊值赞同。

2. 结算协议与施工合同的关系 [②]

工程款结算协议是针对原施工合同项下的工程款进行的结算确认，结算协议以原施工合同为前提，根据原合同的内容所形成，具有一定的从属性。故有观点据此主张结算协议不能脱离施工合同而独立存在，结算协议的效力受施工合同效力的影响，如果施工合同无效，则结算协议随之无效。

我们认为上述观点片面强调结算协议与施工合同的联系，忽视了两者之间的区别，结算协议实质上是当事人就合同项下的工程款经过协商后形成的新的债权债务关系，属于一个新的协议，具有相对独立性。对结算协议的效力评价应当从其自身入手进行审查，判断是否存在无效及可撤销的事由。此外，《施工合同司法解释》第 2 条规定："建设工程施工合同无效，但建设工程经竣工验收合格，承包人请求参照合同约定支付工程价款的，应予支持。"即使施工合同无效，只要已完工程质量验收合格，无效合同中关于计价方式等约定仍然可以作为结算协议的参照依据。对此，《广东省高级人民法院 2012 年全省民事审判工作会议纪要》（以下简称《广东高院会议纪要》）第 24 条规定："当事人依照无效的建设工程施工合同就工程价款签订了结算协议，且工程经竣工验收合格的，可参照结算协议认定工程价

---

① 陈旻著：《建设工程案件审判实务与案例精析》，中国法制出版社 2014 年版，第 84 页。

② 参见本书第 154 页，第二章第十一条"实务争点"第一部分。

款。”《北京高院解答》第 7 条第 2 款也规定：“建设工程施工合同无效，但工程经竣工验收合格，当事人一方以施工合同无效为由要求确认结算协议无效的，不予支持。”

此外，在强制招投标项目中，如果结算协议与施工合同约定不同，以何种效力为准？对此，黑龙江高院在佳木斯大成建筑有限公司与佳木斯市国联房地产开发有限公司建设工程施工合同纠纷案[①]中认为，国联公司与大成公司在工程结束后于 2013 年 1 月 6 日签订的施工结算单及 2013 年 1 月 9 日签订的施工结算补充协议，是双方在施工合同履行过程中履行期限大大超出合同约定期限等实际情况下对已完工程造价及工程款支付方式达成的合意，不是就同一建设工程另行订立的建设工程施工合同，不属于《施工合同司法解释》第 21 条规定的情形。国联公司也未提供证据证明补充协议是受胁迫签订的，故施工结算补充协议中关于工程款结算数额和给付日期的约定以及支付逾期利息的约定合法有效。我们认为，该观点具有相当的合理性。

实务争点

当事人达成结算协议后又主张工期、质量等索赔时如何处理？

有种观点认为，结算协议是双方就施工合同履行过程中产生的包括工程款在内的所有争议一揽子最终解决的协议。在结算协议订立后双方提出的其他索赔等主张，除非有特别约定，原则上均不能支持。[②]这种观点本质上属于“大结算”的概念。例如，《北京高院解答》第 24 条规定：“结算协议生效后，承包人依据协议要求支付工程款，发包人以因承包人原因导致工程存在质量问题或逾期竣工为由，要求拒付、减付工程款或赔偿损失的，不予支持，但结算协议另有约定的除外。当事人签订结算协议不影响承包人依据约定或法律、行政法规规定承担质量保修责任。结算协议生效后，承包人以因发包人原因导致工程延期为由，要求赔偿停工、窝工等损失的，不予支持，

① （2016）黑民终 70 号。

② 王勇著：《建设工程施工合同纠纷实务解析》，法律出版社 2016 年版，第 146 页。

但结算协议另有约定的除外。”持该观点的理由主要有：

（1）结算的目的是最终确定因施工合同履行产生的债权债务数额，除非在结算协议中明确约定工程款之外的争议另行解决，否则双方在结算协商时会考虑所有对最终价款产生影响的因素且一并解决。这符合经验逻辑和目前建筑市场的交易惯例。[①]

（2）《建设工程施工合同（示范文本）》（GF–2017–0201）第 14.1 款约定竣工结算申请单首先包含工程竣工结算合同价格，就合同价格进行结算既包括工程款也包括履约中的索赔等。另外，《建设工程施工合同（示范文本）》（GF–2017–0201）通用条款第 19.5 款［提出索赔的期限］规定：“（1）承包人按第 14.2 款［竣工结算审核］约定接收竣工付款证书后，应视为已无权再提出在工程接收证书颁发前所发生的任何索赔。（2）承包人按第 14.4 款［最终结清］提交的最终结清申请单中，只限于提出工程接收证书颁发后发生的索赔。提出索赔的期限自接受最终结清证书时终止。”

我们认为，上述观点存在值得商榷之处。首先，上述理由（1）是基于建筑市场承、发包双方地位平等的预设前提下产生的，这在当前中国建筑市场中较难实现。根据结算协议的达成过程，一般是竣工后承包人根据合同约定向发包人提交竣工结算报告和结算资料，发包人自行审核或者委托第三方中介机构进行审价，双方对账后就争议项磋商后最终共同签章确认结算价款数额。在没有特别约定的情况下，该结算金额一般仅针对狭义的工程款数额（可能会包括人工、主材价格涨跌等因素）。工程质量以及承包人是否逾期完工、工程存在停窝工损失等不在该结算协议中具体体现。如果承包人明确提出要求上述内容，可能导致工程价款总体结算的迟延，在发包人占据优势地位的市场中，对承包人较为不利。

其次，2017 版施工合同示范文本在这一问题上沿袭了 2013 版施工合同示范文本的规定，而 2013 版施工合同示范文本的编制则是参考了《建设工程价款结算暂行办法》的规定，施工合同示范文本中所称的竣工结算是指

---

① 陈旻著：《建设工程案件审判实务与案例精析》，中国法制出版社 2014 年版，第 82–84 页。

“大结算”的概念，即包括工程造价、违约金、赔偿金等全部合同履行相关工作事项的总结算。《建设工程价款结算暂行办法》第14条规定：“工程完工后，双方应当按照约定的合同价款和合同价款调整内容以及索赔事项，进行工程竣工结算。”但该规定本身的位阶较低，不应作为最终的依据。《建设工程施工合同（示范文本）》（GF-2017-0201）第14条及19.5款规定的“大结算”的内容，也并不符合目前我国建筑市场的实际情况及交易惯例，且作为通用条款（格式条款）的上述内容并不能当然地上升为建筑市场的交易惯例，也不能当然地视为双方的明确约定，不应赋予较高的效力，除非双方当事人在专用条款中对此予以明确。事实上，在实践中，当事人严格执行第19.5款的内容，承包人填写“最终结清申请单”、发包人颁发“竣工付款证书”的情况也似乎并不多见。因此，施工合同示范文本的该部分条款仅具有倡导性的效力，作为今后建筑市场的一个努力尝试、健康发展的方向。

最后，就我们依托中国裁判文书网，对以“结算协议”“工程款”作为关键词检索获得的裁判文书进行分析可知，多数结算协议中会明确结算金额以及所包含的内容是否为工期、质量、索赔等截止签约之日的一揽子协议。由此，我们认为，不能搞一刀切，还是应当审慎地审查签订结算协议的背景、过程、协议的内容以及实际履行情况，深入地探求当事人在签订结算协议当时的真实意思表示，就个案进行具体认定及判断。例如，最高院在内蒙古新加多房地产开发有限公司、中建城市建设发展有限公司建设工程施工合同纠纷案[①]中认为，就最终结算总金额形成会议纪要并达成结算协议，明确约定案涉三份合同已经解除，其最终结算总金额为99801600元，上述结算金额为含税金额，且为中建公司完成本工程应获得的全部和最终的结算总额，亦是双方结算争议事项的最终解决。双方承诺放弃对彼此其他任何形式的费用请求或索赔。从合同文义和目的来看，结算协议是有关施工合同解除后为解决双方纠纷而订立，是对有关纠纷的一揽子解决。“放弃对彼此其他任何形式的费用请求或索赔”的表述明确表明了这一结算金额是各方磋商、互谅的最终结果，不应再有任何扣减。最高院在该案判决中所遵循的就是我们所主

① （2017）最高法民终883号。

张的分析思路，本案虽然在结果上是不能另行主张其他费用，但这并非只因为双方达成了结算协议所致，更重要的是双方在结算协议中有对“放弃其他费用或索赔”的一致意思表示。

当然，如果存在诸如“甲乙双方均同意无论任何时候都不再因为本工程工期、质量及本协议签订之日以前延期付款利息提出任何异议及费用主张”“除非本补充合同另有约定，双方就本工程的工期、质量互不向对方另行主张违约或赔偿责任”等在时空上所作的横向及纵向的表达，都是一揽子“大结算”的不同体现，双方无权就工期、质量等问题另行提出索赔主张。

案例索引

浙江浙大数码港科技有限公司与林汝友建设工程施工合同纠纷案［案号：（2015）浙民终字第 15 号］；

江苏南通二建集团有限公司与连云港市远通房地产开发有限公司建设工程施工合同纠纷案［案号：（2014）苏民初字第 8 号］。

规范链接

《河北省高级人民法院建设工程施工合同案件审理指南》

22. 在双方当事人已经通过结算协议确认了工程结算价款并已基本履行完毕的情况下，国家审计机关作出的审计结论或财政评审意见，不影响双方结算协议的效力。

24. 发包人对承包方提供的结算报告已经委托有资质的第三方进行审核并经双方签字认可，或者双方当事人已完成工程价款结算，结算报告已经双方签字认可。诉讼中一方当事人要求重新鉴定的，人民法院不予准许。

《北京市高级人民法院关于审理建设工程施工合同纠纷案件若干疑难问题的解答》

7. 当事人在诉讼前已就工程价款的结算达成协议，一方要求重新结算的，如何处理？

当事人在诉讼前已就工程价款的结算达成协议，一方在诉讼中要求重新结算的，不予支持，但结算协议被法院或仲裁机构认定为无效或撤销的除外。

建设工程施工合同无效，但工程经竣工验收合格，当事人一方以施工合同无效为由要求确认结算协议无效的，不予支持。

24. 当事人就工程款结算达成一致后又主张索赔的，如何处理？

结算协议生效后，承包人依据协议要求支付工程款，发包人以因承包人原因导致工程存在质量问题或逾期竣工为由，要求拒付、减付工程款或赔偿损失的，不予支持，但结算协议另有约定的除外。当事人签订结算协议不影响承包人依据约定或法律、行政法规规定承担质量保修责任。

结算协议生效后，承包人以因发包人原因导致工程延期为由，要求赔偿停工、窝工等损失的，不予支持，但结算协议另有约定的除外。

《四川省高级人民法院关于审理建设工程施工合同纠纷案件若干疑难问题的解答》

22. 当事人诉前达成的结算协议如何处理？

当事人在诉讼前已就工程价款的结算达成协议，一方在诉讼中要求重新结算的，不予支持，但结算协议被人民法院或仲裁机构认定为无效或撤销的除外。

《重庆市高级人民法院关于建设工程造价鉴定若干问题的解答》

2. 当事人已经办理结算，又申请通过鉴定方式确定建设工程造价的，如何处理？

当事人已经办理结算，形成结算文件，又申请通过鉴定方式确定建设工程造价的，人民法院不予准许。但有证据证明双方达成的结算文件无效、被依法撤销的除外。

《山东省高级人民法院关于审理建筑工程承包合同纠纷案件若干问题的意见》

31. 发包方和承包方协商进行了工程结算，签订工程结算书的，原则上应以双方签字认可的工程结算书作为定案依据；诉讼中，当事人一方对工程结算书有异议而又不能提供充分证据请求法院予以鉴定的，原则上不予支持。

第十三条　【诉前委托造价咨询的效力】当事人在诉讼前共同委托有关机构、人员对建设工程造价出具咨询意见，诉讼中一方当事人不认可该咨询意见申请鉴定的，人民法院应予准许，但双方当事人明确表示受该咨询意见约束的除外。

条文主旨

本条规定了诉讼前当事人委托造价咨询的效力。

典型案例

案例 13：诉前当事人共同委托审价后对审价结果不予认可的，可以在诉讼中申请造价鉴定

——唐山市南北房地产开发有限公司与湖北鑫发建设工程有限公司建设工程施工合同纠纷案[①]

案情回放

2012 年 8 月 4 日，唐山市南北房地产开发有限公司（以下简称南北公司）与湖北鑫发建设工程有限公司（以下简称鑫发公司）签订了《建设工程施工合同》。合同约定，龙庭时代商住楼工程由鑫发公司承包完成，工程地点在路北区市农业机械化研究所西侧。工程内容：地下三层，群房四层，五层以上为住宅，最高层二十三层，局部二十四层，共三幢，总建筑面积 126215.95 平方米。资金来源：单位自筹。合同工期：开工日期为 2012 年 8 月 4 日，竣工日期为住宅 2012 年 12 月 31 日、商业 2013 年 6 月 30 日。质量标准：达到国家、省市施工验收规范“合格”标准。

① （2015）冀民一终字第 321 号、（2014）唐民初字第 163 号。

合同价款 97856059.81 元，合同第 23.2 条约定采取可调价格，合同价款调整方法为执行河北省消耗量定额及与其相对应的有关政策性文件调整，不再执行新颁发的定额，最终结算造价金额按双方审定确认的工程造价下浮 2%。工程款（进度款）支付的方式和时间：单栋住宅主体每完成五层，拨付一次已完成工程量造价的 75%；二次结构及装修、水电安装按月施工进度支付工程款，每月 25 日前乙方向甲方报已完成的工程量，甲方在下个月 10 个工作日前审核完毕按乙方当月完成工程量总额的 75% 支付。该合同还约定了其他权利义务。

经查，鑫发公司于签约前的 2012 年 5 月进场施工，进度款由监理公司和南北公司共同审核后，根据审定数额的 75% 拨付。鑫发公司在施工中先后五次向南北公司提交工程款支付申请，鑫发公司五次共审定工程价款 4101.57 万元。

后因该工程未按时完工，2013 年 11 月开始停工。南北公司要求解除施工合同并清退场地。鑫发公司称南北公司未按时支付工程款，导致工程延期及停工，鑫发公司多次协商复工事宜，均遭拒绝；南北公司无权要求解除合同，更无权要求己方退场。鑫发公司主张南北公司支付其工程款人民币 55979314.56 元。

南北公司与鑫发公司在路北区政府协调下，双方曾达成诉前合意，共同委托唐山工程造价司法鉴定中心对鑫发公司施工的已完工程造价、质量缺陷费用以及拖延工期损失等进行鉴定，该中心于 2013 年 12 月 23 日出具了编号为鉴定中心纠鉴字（2013）第 10 号《司法鉴定意见书》，南北公司对该鉴定意见不予认可，遂诉至法院。请求：1. 判决解除《建设工程施工合同》；2. 判令鑫发公司赔偿南北公司截至判决给付之日的经济损失、违约金等。

诉讼过程中，经南北公司申请，法院委托唐山市兰德工程造价咨询有限公司启动造价鉴定及质量鉴定程序。2015 年 1 月 15 日唐山市兰德工程造价咨询有限公司出具唐兰工鉴（2015）第 001 号及 002 号工程造价司法鉴定意见书，确定了讼争项目已完工程的造价以及质量问题的修复费用。

裁判理由

一审法院认为，关于本案司法鉴定问题。本案在审理过程中，鑫发公司对两家鉴定机构主体资格提出异议，对此，司法鉴定的委托是根据当事人的申请，在河北省高级人民法院选定的司法鉴定机构范围内，依法履行了公开摇号决定的司法鉴定程序，鉴定机构符合法律规定的鉴定机构的资质条件，其作出的鉴定客观公正，该鉴定应当作为案件认定事实的依据。鑫发公司提交的诉讼前的司法鉴定，由于该鉴定并非通过司法程序进行的司法鉴定，且双方在鉴定的内容上存在争议，以致诉讼，故该鉴定不作为认定事实的依据。

二审法院认为，关于是否欠付工程款问题。南北公司未经鑫发公司同意，在诉争工程未经竣工验收的情况下，擅自安排新的施工队伍进场施工，应就鑫发公司已完成的工程量支付相应的工程价款。唐山工程造价司法鉴定中心虽系双方诉前共同委托，但在原审诉讼过程中，原审法院委托唐山市乾正建设工程材料检测有限公司、唐山兰德工程造价咨询有限公司就诉争工程质量和造价进行司法鉴定，鑫发公司参与了该司法鉴定的过程，鉴定单位亦回答了鑫发公司的质疑，应视为鑫发公司与南北公司就鉴定问题达成了新的合意，故本院对鑫发公司主张由唐山工程造价司法鉴定中心进行鉴定不予支持。

裁判结果

一审法院判决：

一、自判决生效之日起解除南北公司与鑫发公司于2012年8月4日签订的《建设工程施工合同》及2012年8月6日签订的《建筑工程施工承包补充协议》，并限鑫发公司于判决生效后十日内全部撤离施工场地，将施工场地交付给南北公司；

二、南北公司给付鑫发公司工程款34720805.16元；

三、鑫发公司给付南北公司工程质量修复款人民币9076380.07元；

四、鑫发公司按每天一万元的标准给付南北公司自2013年9月27日起至判决生效后鑫发公司全部撤离施工现场完毕之日止的违约金；

五、驳回南北公司与鑫发公司的其他诉讼请求。

二审法院判决：

一、撤销唐山市中级人民法院（2014）唐民初字第163号民事判决第二、三、四项，维持第一、五项；

二、唐山市南北房地产开发有限公司于本判决生效后十日内给付湖北鑫发建设工程有限公司工程款31289373元。

焦点评析

本案的争议焦点之一是如何认定当事人在诉讼前共同委托中介机构进行造价咨询的效力问题。根据《全国人民代表大会常务委员会关于司法鉴定管理问题的决定》第1条的规定："司法鉴定是指在诉讼活动中鉴定人运用科学技术或者专门知识对诉讼涉及的专门性问题进行鉴别和判断并提供鉴定意见的活动。"

在司法实践中，与建设工程相关的司法鉴定主要为工程造价鉴定及工程质量鉴定。工程造价和工程质量的鉴定，是指在诉讼过程中，人民法院为了查明案件事实，依职权或依当事人及其他诉讼参与人的申请，指派或者委托具有鉴定资质的专业机构或人员，对待裁决的建设工程合同纠纷中所涉工程造价、质量等问题进行检验、鉴别和评定的活动。[①]《民事诉讼法》第76条规定："当事人可以就查明事实的专门性问题向人民法院申请鉴定。当事人申请鉴定的，由双方当事人协商确定具备资格的鉴定人；协商不成的，由人民法院指定。当事人未申请鉴定，人民法院对专门性问题认为需要鉴定的，应当委托具备资格的鉴定人进行鉴定。"该条规定明确了鉴定程序的启动规则。

鉴定程序的启动，应注意如下问题：

（1）司法鉴定的目的是查明案件事实，而案件事实的查明又是法律适用的前提。如果申请鉴定的事项与待证事实无关联，或者对证明待证事实无意义，人民法院应不予准许。

---

① 张广兄编著：《建设工程合同纠纷诉讼指引与实务解答》，法律出版社2013年版，第401页。

（2）司法鉴定的内容涉及专业性问题，是具体的事实问题。以工程造价鉴定为例，包括工程量、工程计价方式、费用组成等内容。除此之外，如合同效力、结算方式等均属于法律问题，法官须依职权综合认定，不得任意推诿，让鉴定机构来确定，从而造成“以鉴代审”的不良后果。

（3）司法鉴定的启动，必须是在诉讼过程中，即在法院的主持下委托。如前所述，鉴定程序的启动以当事人申请为原则，法院依职权启动为例外。但无论采取哪种方式，司法鉴定的委托人均是人民法院，受托人是相关的鉴定机构，不能是当事人单独委托。所谓司法鉴定，“鉴定”与“司法”须臾不能分离，鉴定必为司法鉴定，在诉讼程序中方能展开。

由此观之，将当事人诉前委托“咨询机构”的行为称为司法鉴定，似乎并不准确，但在部分地方法院发布的指导性文件及《施工合同司法解释（二）》（征求意见稿）中，仍将这种行为称为“鉴定”。例如，《北京高院解答》第 33 条规定：“当事人诉前已经共同选定具有相应资质的鉴定机构对建设工程作出了相应的鉴定结论，诉讼中一方当事人要求重新鉴定的，一般不予准许，但有证据证明该鉴定结论具有《最高人民法院关于民事诉讼证据的若干规定》第二十七条第一款规定情形除外。”《浙江高院解答》第 17 条第 2 款规定：“诉讼前已经由当事人共同选定具有相应资质的鉴定机构对工程价款进行了鉴定，诉讼中一方当事人要求重新鉴定的，不予准许，但确有证据证明鉴定结论具有最高人民法院《关于民事诉讼证据的若干规定》第二十七条第一款规定的情形除外。”《江苏高院意见》也持同样的观点。

如前所述，在诉讼中方才产生司法鉴定的问题，诉前承发包双方当事人共同委托具备司法鉴定资质的机构及人员进行工程造价咨询的行为，从严格意义上来说不能称为造价鉴定（司法鉴定）。在诉前接受当事人委托的“鉴定单位”，其法律地位实为普通的造价咨询机构。该机构或者人员所出具的关于工程造价的报告，名为“鉴定意见”，充其量只能作为咨询意见。对此，《重庆市高级人民法院关于建设工程造价鉴定若干问题的解答》（以下简称《重庆高院造价鉴定解答》）正确地揭示了这一点，其第 8 条标题即表述为“当事人诉前共同委托建设工程造价中介机构作出了咨询意见……”

至此，我们需要重新审视当事人诉前共同委托工程造价咨询机构作出咨询意见行为的法律效果（后果）。在之前各地方法院发布的指导性意见中，相当多的法院将上述行为与诉讼中的司法鉴定等量齐观。例如，《宣城市中级人民法院关于审理建设工程施工合同纠纷案件若干问题的指导意见（试行）》第19条规定："当事人于诉前或者诉讼中共同选定，或者由当事人申请人民法院依法委托具有相应资质的鉴定人对建设工程造价进行鉴定并出具了鉴定意见，一方当事人要求重新鉴定的，人民法院不予支持。"《广东省高级人民法院关于审理建设工程施工合同纠纷案件若干问题的指导意见》（以下简称《广东高院指导意见》）第6条的规定也是如此，即认定共同委托的咨询意见的效力，例外情形是《证据规定》第27条规定："当事人对人民法院委托的鉴定部门作出的鉴定结论有异议申请重新鉴定，提出证据证明存在下列情形之一的，人民法院应予准许：（一）鉴定机构或者鉴定人员不具备相关的鉴定资格的；（二）鉴定程序严重违法的；（三）鉴定结论明显依据不足的；（四）经过质证认定不能作为证据使用的其他情形。对有缺陷的鉴定结论，可以通过补充鉴定、重新质证或者补充质证等方法解决的，不予重新鉴定。"

《施工合同司法解释（二）》曾在征求意见稿中延续这种思路，并有强化之势，其第20条规定："当事人在提起诉讼前，共同委托的鉴定人已经对建设工程造价出具鉴定意见，诉讼中一方当事人申请重新鉴定的，不予准许。但当事人有证据证明鉴定意见具有《最高人民法院关于民事诉讼证据的若干规定》第二十七条第一款规定情形，且不能通过该条第二款规定方法解决的除外。"

然而，最高院在各地调研过程中充分地了解并意识到，在目前的司法实践中，发包人利用缔约时的强势地位，在签订施工合同阶段即已经明确了工程结算审核的具体程序及步骤，其中可能包括共同委托造价咨询机构进行审价，甚至在合同中即对具体的审价机构作出了明确的约定，而缔约时承包人没有话语权，只能被迫接受这些条款。但事实上，上述约定的造价咨询机构又是发包人另行委托，受发包人控制而可能作出不利于承包人的审价意见。此外，亦不排除经验丰富的施工企业事后对审价单位施加影响，作出不利于发包人的审价意见的可能。因此，在当前的工程实务中，即便是承发包双方诉前共同委托的造价咨询机构，其客观性与中立性也不无疑问。基于此，该咨询意见只能作为一种初步的证据，属于《民事诉讼法》第63条证据分类中的书证，其法律地位亦不宜拔高至鉴定意见的地位，更非颠扑不破。

鉴于诉前共同委托造价咨询机构出具的咨询意见存在上述弊端，最高院在正式颁布的《施工合同司法解释（二）》中改弦更张、正本清源，重新明确了诉前委托咨询机构作出咨询意见的性质及地位。作为本次司法解释的一大亮点，在第 13 条规定："当事人在诉讼前共同委托有关机构、人员对建设工程造价出具咨询意见，诉讼中一方当事人不认可该咨询意见申请鉴定的，人民法院应予准许，但双方当事人明确表示受该咨询意见约束的除外。"

当事人在诉讼前共同委托的机构或者个人，无论是否具备造价鉴定资质，都作为咨询机构或个人提供咨询意见来看待。《施工合同司法解释（二）》将"共同委托有关机构、人员对建设工程造价出具意见"拆分为两个行为或者两个意思表示。共同委托相关机构及人员对工程造价出具咨询意见，并不代表双方对该咨询意见的结果予以事先的认可，仅仅表示在"共同委托有关机构、人员"对建设工程造价出具咨询意见的主体上达成了合意，未就咨询意见中的工程量及造价等实质性内容达成合意。一方对咨询意见不满意，要求申请鉴定的，法院对此予以准许。例外情形是"双方当事人明确表示受该咨询意见约束"，即双方签字盖章，明确接受该咨询意见的结论性内容，则应当受其约束。此外，我们认为，如果在施工合同履行中，承包人提出结算申请后，发包人单方委托的咨询机构或人员出具咨询意见并由发包人送达承包人后，承包人又以发包人委托的咨询机构或人员出具的该咨询意见为依据起诉要求支付工程款，也可以视为事后双方明确表示受该咨询意见的约束。

关于工程质量鉴定的相关问题，根据"相同事务相同处理，类似事务类似处理"的平等原则，可以类推适用（参照）上述规定进行处理。

实务争点

诉讼前双方共同委托的第三方审价机构缺乏相应的造价咨询资质，但是双方当事人一致确认审价结果的，在诉讼过程中能否以该审价结果作为工程价款的结算依据？

原建设部 2006 年颁布的《工程造价咨询企业管理办法》（以下简称办法）

第 8 条规定："工程造价咨询企业资质等级分为甲级、乙级。"第 19 条第 3 款规定："乙级工程造价咨询企业可以从事工程造价 5000 万元人民币以下的各类建设项目的工程造价咨询业务。"第 38 条规定："未取得工程造价咨询企业资质从事工程造价咨询活动或者超越资质等级承接工程造价咨询业务的，出具的工程造价成果文件无效，由县级以上地方人民政府建设主管部门或者有关专业部门给予警告，责令限期改正，并处以 1 万元以上 3 万元以下的罚款。"一种观点据此主张，不具有造价咨询资质的机构或者咨询机构超越自身资质等级所承接的造价咨询业务并出具的审价成果文件应当确认为无效，不能作为工程款的结算依据。[①] 但是多数观点认为，该《办法》是管理性规范，而非效力性规范，[②] 双方当事人共同委托的审价报告并不当然无效，经过当事人共同签章确认后，对双方具有法律约束力。正如在宇杰集团股份有限公司与临海市东部供水有限公司建设工程合同纠纷案[③] 中，台州中院认为，上诉人与被上诉人协商一致委托台州安信工程咨询有限公司对案涉工程进行结算造价审核，双方在收到台州安信工程咨询有限公司反馈的审核结果后均于工程结算审核签证书上签章确认。业主单位与施工单位选择工程造价咨询机构对工程造价进行审核，实际上系由第三方机构对双方的结算提供专业性的服务，包括对施工单位提交的结算材料进行审核、协调业主单位与施工单位对争议的工程量达成一致意见等，其本质上仍属于建设工程施工合同双方结算行为的范畴。因此，本案双方当事人于工程结算审核签证书上签章确认且未在异议期内提出异议的行为，应当视为双方一致认可以《工程造价咨询报告书》作为案涉工程的结算依据，上述结算行为对双方具有约束力。

我们赞同台州中院的上述判决意见，并且认为，工程造价咨询单位的资质认定作为一项行政许可，是行政机关旨在加强行政管理而设定的管理性规定而非合同法所指的效力性强制性规定，其规制的重心不在于民事合同本身。《合同法司法解释（一）》第 4 条规定："合同法实施以后，人民法院确

---

① 参见林镥海主编：《建筑商之孙子兵法 III》，法律出版社 2018 年版，第 127 页。

② （2011）浙民终字第 8 号、（2015）鄂黄石中民二初字第 00053 号、（2016）最高法民申 3371 号。

③ （2017）浙 10 民终 256 号。

认合同无效，应当以全国人大及其常委会制定的法律和国务院制定的行政法规为依据，不得以地方性法规、行政规章为依据。”根据该条规定，《工程造价咨询企业管理办法》在性质上属于部门规章，并非法律法规，不构成人民法院可资确认民事合同无效的依据。因此，经过双方当事人签字盖章确认的工程结算审定单、审定报告等应视同结算协议，即使是由无资质的单位或个人出具，也可以作为民事案件定案的依据。至于咨询机构违反该规章的行为在行政层面的责任，可由相关行政主管部门根据相关规定依法予以处理，与民事案件中对其出具的咨询意见在效力上作肯定评价并不矛盾。

案例索引

江山市旺祥房地产有限公司与浙江万厦建设有限公司建设工程施工合同纠纷案［案号：（2014）浙民提字第 123 号］；

永城市友谊建筑工程有限责任公司与砀山县名益达房地产开发有限公司建设工程施工合同纠纷案［案号：（2015）皖民四终字第 00322 号］。

规范链接

《江苏省高级人民法院关于审理建设工程施工合同纠纷案件若干问题的意见》

第十七条 当事人诉前已经共同选定具有相应资质的鉴定机构对建设工程作出了鉴定结论，诉讼中一方当事人要求重新鉴定的，人民法院不予支持，但有证据证明鉴定结论具有《最高人民法院关于民事诉讼证据的若干规定》第二十七条第一款规定的情形除外。

《重庆市高级人民法院关于建设工程造价鉴定若干问题的解答》

7. 一方当事人自行委托建设工程造价中介机构作出的咨询意见，人民法院是否采信？

一方当事人自行委托建设工程造价中介机构对建设工程造价作出的咨询意见，人民法院原则上不予采信，但该咨询意见经质证，另一方当事人未提出异议，或者提出的异议明显不能成立的，人民法院对该咨询意见可以予以采信。

人民法院对一方当事人自行委托建设工程造价中介机构作出的咨询意见不予采信，且根据当事人举示的证据不能自行确定建设工程造价，确需进行建设工程造价鉴定的，应当根据举证规则向承担举证证明责任的一方当事人履行释明义务，告知其提出鉴定申请。

8. 双方当事人在诉前共同委托建设工程造价中介机构作出了咨询意见，一方当事人在诉讼中请求进行司法鉴定的，如何处理？

双方当事人在诉前共同委托建设工程造价中介机构作出了咨询意见，经质证后，人民法院认为该咨询意见客观、真实、鉴定程序合法的，应当予以采信。一方当事人在诉讼中请求进行司法鉴定的，人民法院一般不予准许。但有证据证明存在当事人与建设工程造价中介机构恶意串通，损害对方当事人利益、鉴定事项与待证事实不具有关联性等情形，该咨询意见确不应被采信的，人民法院应当根据举证规则确定由承担举证证明责任的一方当事人申请司法鉴定。

一方当事人认为双方共同委托建设工程造价中介机构作出的咨询意见存在算术性错误、个别鉴定资料采信不当等瑕疵而申请进行司法鉴定，人民法院经审查后认为该咨询意见可以补正的，可根据具体情况予以补正。难以补正的，应当对该当事人提起的司法鉴定申请予以准许。

《广东省高级人民法院关于审理建设工程施工合同纠纷案件若干问题的指导意见》

六、当事人于诉前或者诉讼中共同选定具有相应资质的鉴定机构对建设工程进行造价鉴定并出具了鉴定结论，一方当事人要求重新进行鉴定的，不予支持，但有证据证明该鉴定结论具有最高人民法院《关于民事诉讼证据的若干规定》第二十七条第一款规定的情形除外。

《徐州中院进一步规范关于审理建设工程施工合同纠纷案件的若干问题》

【单方委托的鉴定结论能否作为定案依据？】对于争议一方单方委托的鉴定单位作出的鉴定结论，其依据的鉴定材料经人民法院质证确认，计算分析方式符合法律规定，鉴定机构及其人员已取得司法鉴定资质的，如争议另一方无证据推翻亦不申请重新鉴定的，可以作为工程造价的认定依据；对于合同当事人以外第三人委托鉴定机构出具的鉴定结论，若其委托鉴定行为未经合同当事人认可，鉴定依据也未经认可的，属于不能作为证据使用的情形，当事人一方申请重新鉴定的，人民法院应予准许。

《河北省高级人民法院建设工程施工合同案件审理指南》

四、建设工程造价鉴定

23. 当事人诉前共同委托具有鉴定资质的鉴定机构对涉案工程的工程造价作出鉴定结论，诉讼中一方当事人要求重新鉴定的，人民法院一般不予准许，但有证据推翻该鉴定结论的除外。承包方提出结算申请后，发包人单方委托鉴定，后承包方以发包人委托鉴定结论为依据起诉要求支付工程款的，按诉前共同委托鉴定处理。

第十四条　【一审未申请鉴定的处理规则】当事人对工程造价、质量、修复费用等专门性问题有争议，人民法院认为需要鉴定的，应当向负有举证责任的当事人释明。当事人经释明未申请鉴定，虽申请鉴定但未支付鉴定费用或者拒不提供相关材料的，应当承担举证不能的法律后果。

一审诉讼中负有举证责任的当事人未申请鉴定，虽申请鉴定但未支付鉴定费用或者拒不提供相关材料，二审诉讼中申请鉴定，人民法院认为确有必要的，应当依照民事诉讼法第一百七十条第一款第三项的规定处理。

条文主旨

本条规定了负举证责任的当事人在一审中未申请鉴定时的处理。

典型案例

案例 14：原审中当事人申请造价鉴定未获准许，导致基本事实无法查明的，再审可以据此将案件发回重审

——四川省第四建筑工程公司与重庆沛琰建筑劳务有限公司建设工程施工合同纠纷案[1]

案情回放

2007 年 3 月 6 日，四川省第四建筑工程公司（以下简称省四建司）取得鲁能·星城五期 11 街区Ⅵ标段建设工程项目的总承包权。为了施工作业的需要，2007 年 3 月 6 日、2008 年 4 月 1 日、2008 年 7 月 30 日，省四建司与重庆沛琰建筑劳务有限公司（以下简称沛琰劳务公司）先后签订了《建筑安装工程承包合同》《建设工程施工分包合同》及《补充协议》，将 11 街区 7# 楼的基建施工劳务作业分包给沛琰劳务公司施工。同时，对工程款的支付、甲供材料超额费用的承担、水电费的承担、违约违规的处罚、材料的保管等内容作了明确约定。

沛琰劳务公司于 2007 年 4 月 5 日进场施工，2008 年 12 月 17 日工程经竣工验收合格，省四建司累计已支付沛琰劳务公司 10195373 元，加上四川省德阳市中级人民法院判决应支付的承诺付款 143 万元，省四建司总计支付沛琰劳务公司 11625373 元。根据省四建司与沛琰劳务公司 2009 年 9 月 18 日阶段性结算暂定金额为 11539619.03 元，省四建司已多支付沛琰劳务公司 85753.97 元。同时，根据双方的协议，分包结算还应扣除沛琰劳务公司超领甲供材料款 1076298.16 元、施工水电费 115433 元、罚款 45360 元、调拨材料和机械费 3985 元，总计 1241076.16 元。据此，沛琰劳务公司共计应返还多收分包款项 1326830.13 元，因追讨未果，省四建司诉至法院请求返还超付款项。

---

① （2016）川民再 23 号、（2014）德民一终字第 528 号、（2011）旌民初字第 1646 号。

裁判理由

一审法院认为，省四建司与沛琰劳务公司签订的《建设工程施工分包合同》及《补充协议》，系双方当事人的真实意思表示，不违反国家法律、法规的强制性规定，应属有效。现省四建司主张的超领甲供材料款、施工水电费、罚款、调拨材料和机械费，均应属在工程最终结算时解决的事项。由于本案所涉工程双方未最终结算，一审法院就案涉工程总造价的举证问题向省四建司释明，要求其限期提交造价鉴定的书面申请，省四建司到期后未提交申请。因省四建司未能举证证明沛琰劳务公司须支付相应款项的事实，故其诉请不能支持。

二审法院认为，省四建司称其在一审中根据法院要求在规定期限内提交了鉴定申请，一审法院未作审查答复。根据二审查明的事实，2014 年 1 月 8 日一审法院已向省四建司进行了释明，并明确要求其提交的申请内容应是就案涉工程总造价进行鉴定。而2013 年 1 月 8 日省四建司提交的鉴定申请内容，仅涉及 2009 年 9 月 18 日双方当事人关于鲁能·星城 11 街区 7# 楼结算单中双方有异议的部分工程造价。故二审法院认为，2014 年 1 月 8 日一审法院所作的释明，实为对 2013 年 1 月 8 日省四建司提交的鉴定申请不符合举证内容要求的答复。省四建司未在一审法院规定的期限内提交对工程总造价进行鉴定的申请。故省四建司的上诉理由缺乏事实和法律依据，二审法院依法不予支持。

再审法院认为，省四建司的诉讼请求为要求沛琰劳务公司返还多收分包款 1326830.13 元，而该请求是否应予支持系以双方工程结算价为基础进行认定，因 2009 年 9 月 18 日双方对工程款已进行阶段性结算，暂定金额为 11539619.03 元，仅对有异议的金额 349369.28 元双方发生分歧。在双方当事人对工程结算金额部分予以确认、部分发生争议的情形下，当事人一方申请仅对争议部分予以鉴定，并拟通过鉴定结论确认申请事项与待证事实是否存在关联性符合法律规定。鉴于省四建司申请鉴定的事项未得到原审法院许可，致工程结算的真实价格认定事实不清，并直接影响省四建司其他诉讼请求是否应予审理及支持的认定，因此，原一、二审判决以省四建司未提出对工程总造价鉴定申请因而对省四建司的诉讼请求不予审理不当，属于认定事实不清。此外，再审审理中省四建司现已放弃对争议部分的鉴定申请，同意按沛琰劳务公司的结算金额予以结算，故原一、二审认为双方未经结算因而对省四建司诉讼请求不予审理的基础亦已不存在。

裁判结果

一审法院判决：驳回省四建司的诉讼请求。

二审法院判决：驳回上诉，维持原判。

再审法院判决：

一、撤销四川省德阳市中级人民法院（2014）德民一终字第528号民事判决及德阳市旌阳区人民法院（2011）旌民初字第1646号民事判决；

二、本案发回德阳市旌阳区人民法院重审。

焦点评析

本案的争议焦点之一是当事人原审中未提出鉴定，在再审程序中如何处理？这涉及司法鉴定与民事诉讼举证责任之间的深层关系。

民事诉讼中的举证责任，指应当由当事人对其主张的事实提供证据并予以证明的责任，若诉讼终结时根据全案证据仍不能判明当事人主张的事实真伪，则由该当事人承担不利的诉讼后果。一般而言，裁判的作出是以法律规范为大前提，以具体的事实为小前提，进而得出结论的三段论的过程。抽象的法律规范在适用中必然以具体的事实为对象，而事实的认定须以证据为基础，在事实不能认定时，就会产生由谁承担不利后果的问题，也由此引发举证责任的问题。

理论上通常认为，举证责任具有双重含义，即行为意义上的举证责任和结果意义上的举证责任。前者也称为主观上的举证责任，是指当事人在民事诉讼中，为避免败诉的风险而向法院提出证据证明其主张的一种行为责任。后者又称客观上的证明责任，是指待证事实的存在与否不能确定、真伪不明时，由哪一方当事人对不利后果进行负担的责任和风险。

行为意义上的举证责任在诉讼过程中无条件地出现，其在外在形式上受到当事人主张的影响。凡有诉讼必有请求，而请求又须以主张为依托，只要当事人提出主张，即会发生提供证据的责任问题。行为意义上的举证责任是动态的，随着当事人证据证明力的强弱变化在同一当事人身上可能发生多次，围绕法官对待证事实的心证程度的变化而在当事人之间发生转移。与此相对，结果意义上的举证责任不受当事人主张的牵引，是一种不能转移的举证责任。其建立在法官不能因事实不清而拒绝裁判的理念之上，它所解决的是待证事实真伪不明时法官如何裁判的问题，实质上是对事实真伪不明的一种法定的风险分配形式。①

《民诉法司法解释》完整地呈现了民事诉讼的举证责任规则，其第 90 条规定：“（第 1 款）当事人对自己提出的诉讼请求所依据的事实或者反驳对方诉讼请求所依据的事实，应当提供证据加以证明，但法律另有规定的除外。（第 2 款）在作出判决前，当事人未能提供证据或者证据不足以证明其事实主张的，由负有举证证明责任的当事人承担不利的后果。”其中，第 1 款规定了行为意义上的举证责任，其核心规则奉行“谁主张，谁举证”；第 2 款规定了结果意义上的举证责任，所谓“举证责任之所在，败诉之所在”就是指结果意义上的举证责任。

《民事诉讼法》还明确了鉴定程序的启动规则，其第 76 条规定：“当事人可以就查明事实的专门性问题向人民法院申请鉴定……当事人未申请鉴定，人民法院对专门性问题认为需要鉴定的，应当委托具备资格的鉴定人进行鉴定。”

工程造价以及工程质量等属于专门性问题，在建设工程施工合同纠纷案件中，涉及这些专门性问题时，往往需要借助鉴定来进行事实认定。工程造价鉴定涉及工程量及工程造价两块；工程质量鉴定分为三个阶段，第一阶段为工程是否存在质量缺陷、质量缺陷的现状情况以及质量缺陷的成因鉴定；第二阶段在第一阶段的基础上更进一步，如果工程质量缺陷能够修复，相应的修复（包括加固）方案的鉴定；第三阶段为工程修复方案所涉及的费用鉴

---

① 沈德咏主编：《最高人民法院民事诉讼法司法解释理解与适用》，人民法院出版社 2015 年版，第 310 页。

定。上述这些都属于相当专业且较为复杂的事实问题。负有举证责任的一方，需要就待证事实申请司法鉴定。简单者，如在承包人要求发包人给付工程款的案件中，承包人需要提供证据证明其已经按约完成了施工合同约定范围内的工程，且已完工程的质量合格，以及已完工程的具体价款数额，此时就可能会涉及工程造价鉴定。如果发包人提出质量问题的抗辩，还可能会涉及工程质量鉴定。

有观点认为，实务中为了降低或避免承担败诉的责任，若一方主动申请鉴定，此时举证责任分配规则处于备而不用的状态。[①] 但这种情况毕竟少见，常见的是当事人在建设工程造价、质量、修复费用等方面存在不可调和的矛盾，该专业性内容客观上只能通过鉴定方式确定，但当事人对是否需要鉴定作出误判，或者就某项举证责任的归属发生误判，以为己方已经尽到举证责任或该举证责任（及其相应的申请鉴定的责任）不归属于己方而应归属于对方。对于涉及对案件审理结果有决定性影响的事项需要鉴定，但当事人双方就该特定的待证事项都不申请鉴定时，各地人民法院的通行规定是：当事人双方都不申请鉴定的，法院应当予以释明，经释明后对鉴定事项负有举证责任的一方仍不申请鉴定的，应承担举证不能的不利法律后果。例如，《浙江高院解答》第 17 条第 1 款规定："当事人对工程价款存在争议，不能协议一致，也无法采取其他方式确定的，可以根据当事人的申请，对工程造价进行鉴定；双方当事人均不申请鉴定的，应向负有举证责任的当事人一方进行释明，其仍不申请鉴定的，由其承担举证不能的法律后果。"其实，鉴定事项并不限于工程价款，对其他专业性问题也一并适用。对此，《安徽高院指导意见（二）》作了更为详细的规定，其第 19 条第 2 款规定："工程价款、质量等需要通过司法鉴定确定，经一审人民法院释明，负有举证责任的当事人无正当理由拒不申请鉴定，或者在人民法院决定委托鉴定后拒不预交鉴定费用的，应当承担举证不能的法律后果。"《杭州市中级人民法院民一庭关于审理建设工程及房屋相关纠纷案件若干实务问题的解答》第 3 条第 2 款第 2 项还规定了当事人未配合鉴定导致鉴定无法正常开展时如何处理的内容。总

① 王勇著：《建设工程施工合同纠纷实务解析》，法律出版社 2017 年版，第 313 页。

之，对鉴定事项负有举证责任的一方在人民法院指定的期限内无正当理由不提出鉴定申请或者不预缴鉴定费用或拒不提供有关材料，致使对案件争议的事实无法通过鉴定结论予以认定的，应当对该事实承担举证不能的法律后果。

关于申请鉴定的期限问题，《民诉法司法解释》第399条规定："审查再审申请期间，再审申请人申请人民法院委托鉴定、勘验的，人民法院不予准许。"从反面解释来理解本条，既然不允许在再审程序中申请鉴定，似乎在一审及二审程序中均可予准许。《民诉法司法解释》第121条第1款规定："当事人申请鉴定，可以在举证期限届满前提出……"结合《证据规定》第25条规定："当事人申请鉴定，应当在举证期限内提出……"鉴定的申请期限，并非简单地从"应当"到"可以"的放松式转变，需要结合具体问题进行分析。在部分疑难案件中，法院经过审理后发现应当由一方承担举证责任的，应当予以释明，即告知负有举证责任的一方在指定期限内申请鉴定，并告知如果不申请可能承担不利的后果。当然，有经验的法官为了避免给另外一方当事人落下法庭违反居中裁判原则、偏袒当事人的口舌，往往会加一句"当然如果启动鉴定程序也未必作出对申请方有利的结论"等。例如，《徐州中院进一步规范关于审理建设工程施工合同纠纷案件的若干问题》在"申请鉴定在时间上有什么限制"部分规定："当事人申请鉴定，应在举证期限届满前提出，最迟在一审法庭辩论终结前提出。当事人的申请超出人民法院规定的举证期限的，人民法院原则不予准许。但对案件结果有实质影响的，人民法院可以准许，并可以依照《民事诉讼法》第一百五十一条第一款的规定予以训诫、罚款。"

负有举证责任的当事人如果在一审中提出过鉴定申请，但是被一审法院不当驳回或者未予准许委托鉴定，导致原审判决基本事实认定不清，二审诉讼中当事人再次提出鉴定申请，二审法院经审查后予以准许的，可以将案件发回一审法院重审，自不待言。例如，《重庆高院造价鉴定解答》第9条规定："当事人在一审中申请建设工程造价鉴定，一审法院应当予以准许而未准许，或者一审法院应当向当事人释明申请建设工程造价鉴定而未释明，当事人在二审中又申请建设工程造价鉴定的，二审法院原则上应当发回一审法院重审，由一审法院进行鉴定。”

《江苏省高级人民法院民一庭建设工程施工合同纠纷案件司法鉴定操作规程》（以下简称《江苏高院司法鉴定规程》）第 2 条较为完整地概括了未提出鉴定及视同的情形。如果负有举证责任的当事人在一审中经过法院告知而未提出鉴定的，或者申请鉴定后未及时预缴鉴定费用或者未提供其他必要协助导致鉴定程序无法正常进行，可能承担不利的法律后果。有观点认为，这时可以视为举证责任方在一审中放弃鉴定申请，不应再次启动鉴定程序。[①] 例如，《安徽高院指导意见（二）》第 19 条第 2 款规定，上述当事人（经释明后未提出鉴定申请）在二审期间又申请鉴定的，应当责令其说明理由，拒不说明理由或者理由不成立的，不予支持。上述观点确有一定道理，对有序推进审判进程、避免浪费司法资源、实现程序正义具有相当重要的意义。

对负有举证责任的一方当事人在二审程序中才提出鉴定申请的处理问题，司法实践中，重实体、轻程序的观点居多。例如，《重庆高院造价鉴定解答》第 9 条第 2 款规定：“经一审法院释明后当事人拒不申请鉴定，或者当事人拒不选择鉴定机构、拒不交纳鉴定费用、拒不提交完整的鉴定资料等，导致一审法院未能进行建设工程造价鉴定，当事人在二审中又申请鉴定，二审法院认为应当进行建设工程造价鉴定的，原则上应当在二审中进行鉴定，但应当参照《最高人民法院关于适用〈中华人民共和国民事诉讼法〉的解释》第一百零一条、第一百零二条规定的逾期举证的相关规则予以处理。”《江苏高院司法鉴定规程》第 2 条也作出了类似的规定，即二审法院经审查后认为，虽然当事人未在一审时申请鉴定，但是如果不通过鉴定确实会对案件结果引起实质性影响，还是有权准许鉴定。

我们认为，即便各地法院的指导性意见中都对二审程序中的鉴定问题作出了较为宽松的规定，但二审对启动鉴定程序仍然应当如履薄冰，审慎行事。本条第 2 款规定：一审诉讼中负有举证责任的当事人未对工程价款申请鉴定，二审诉讼中申请鉴定的，人民法院可予准许。人民法院准许后，按《民事诉

---

① 《建设工程施工合同纠纷鉴定指引》第 5 条，载于健龙等主编：《中国建设工程法律评论》（第七辑），法律出版社 2018 年版，第 257 页。

讼法》第 170 条第 3 项处理。《民事诉讼法》第 170 条规定：“第二审人民法院对上诉案件，经过审理，按照下列情形，分别处理：……（三）原判决认定基本事实不清的，裁定撤销原判决，发回原审人民法院重审，或者查清事实后改判……”需要说明的是，我们认为，司法解释起草者的本旨可谓“醉翁之意不在酒”，即不希望二审法院经当事人申请，启动鉴定程序查清事实后直接予以改判。即使当事人双方在二审中合意启动鉴定程序，仍然可能对鉴定意见的结果产生重大争议。二审法院之所以不应同意一方当事人的请求在二审中启动鉴定程序，主要是因为考虑到在我国现行民事诉讼二审终审的制度下，如果二审启动鉴定程序，无论哪方当事人不服经质证后的鉴定意见，均会出现无权利可资救济的尴尬局面。为了实现程序正义，充分确保当事人享有救济权，原则上，二审经审查后认为确有必要委托鉴定的，应将案件发回一审法院进行重审，让当事人在一审程序中提起司法鉴定。

我们也注意到，司法实践中，有部分当事人以此为由恶意地利用诉讼程序再三拖延工程款支付进程，因此，在当事人经一审法院释明后未申请鉴定的情形下，建议借鉴《江苏高院司法鉴定规程》第 2 条第 2 款的规定，要求当事人按鉴定费标准交纳保证金后，将案件发回原审法院委托鉴定。案件发回后当事人在重审中又不申请鉴定的，人民法院可以根据案件审理的需要依职权委托鉴定，鉴定费从保证金中扣除。

实务争点

固定单价合同中途解约时如何确定工程造价？

建设工程施工合同中途解约后，在已完工程质量合格的前提下，往往需要通过鉴定方式来确定工程款，如何通过鉴定程序确定已完工程造价，是工程造价争议解决领域中的疑难问题。实务中存在不同的观点：一种观点认为根据实际完成的工程量，以建设行政主管部门颁发的定额取费核定工程价款；另外一种观点则认为应以合同约定的固定价为基础，根据已完工程的工程量占全部工程量的比例计算工程价款。这两种观点的对立集中地体现在青海方升建筑安装工程有限责任公司与青海隆豪置业有限公司建设工程施工合同纠纷案[①]中，一审与二审的观点截然相反，至今反响强烈。

我们结合该案例，以该案两审的论证说理和裁判结果为基础进行分析探讨。本案的基本情况是：2011 年 9 月 1 日，青海隆豪置业有限公司（以下简称隆豪公司）与青海方升建筑安装工程有限责任公司（以下简称方升公司）签订《建设工程施工合同》，约定由方升公司承建某商业广场（以下简称涉案工程）；工程建筑面积为 36745 ㎡，最终以双方审定的图纸设计面积为准；工程单价 1860 元 / ㎡，单价一次性包死，合同总价款 68345700 元。2012 年 6 月，在主体验收后但工程未完工的情况下隆豪公司解除合同。方升公司起诉要求隆豪公司支付欠付的工程款，在案件审理过程中，对于如何鉴定已完工程的工程价款，方升公司主张按定额结算，隆豪公司则主张按照合同约定的固定价进行结算。

经一审法院委托，鉴定机构对已完工程造价进行了鉴定，通过计算合同约定总价与施工图预算总价的比例，得出造价下浮比例，再计算已完工程预算价格并乘以造价下浮比例，从而得到已完工程实际造价，具体步骤如下：（1）涉案工程合同总造价 = 建筑面积 × 合同单价 =36691.76 元㎡ ×1860 元 / ㎡ =68246673.60 元。（2）依据《青海省建设工程消耗量定额（2004）》等资料，工程施工图预算总价为 89098947.93 元。合同价与预算价比例为 68246673.60 元 /89098947.93 元 =76.6%，下浮率为 23.4%。（3）通过上述定额计算出已完工程预算价格合计为 40652058.17 元。（4）涉案工程已完工程实际造价（不含签证变更部分）为 40652058.17 元 ×76.6%=31139476.56 元……一审法院依据该鉴定意见作出判决。

二审法院认为一审判决在确定已完工程价款上明显不合理，理由如下：第一，无证据证明鉴定的全部工程预算价 89098947.93 元是当事人缔约时依据的预算价。第二，用鉴定出的两个价款进行比对得出的下浮比例，与当事人的意思表示没有关联，如此计算所得价款不可能是合同约定的价格。第三，如采用这一种方法，隆豪公司应支付的全部工程价款大致为：31139476.56 元 + 13500000 元（被隆豪公司分包出去的屋面工程价款）+14600000 元（剩余工

---

① （2014）民一终字第 69 号，载《最高人民法院公报》2015 年第 12 期。

程价款）=59239476.56 元。由此，隆豪公司应支付的全部工程价款将明显低于合同约定的总价 68345700 元，两者相差 910 余万元。将会导致违约解除的隆豪公司额外获取 910 余万元利益的局面。

鉴于此，二审法院最终依据定额计算已完工程价款 40652058.17 元。若采用此种计算方法，隆豪公司应支付的全部工程价款为：40652058.17 元 + 13500000 元（被隆豪公司分包出去的屋面工程）+14600000 元（剩余工程的工程价款）=68752058.17 元，比合同约定的总价 68345700 元仅高出 36 万余元。此种处理方法既不明显低于也不过分高于合同约定总价，与双方预期的价款较为接近。最终，二审法院认定涉案工程已完工程实际造价（不含签证变更部分）为 40652058.17 元，并据此变更一审判决结果。

二审法院推翻合同约定的固定单价并改用定额计算已完工程价款，其裁判理由主要可以归纳为：第一，隆豪公司未按约支付工程款，且强行解除施工合同，将剩余工程另行发包，属于单方违约行为。以定额计价，更能维护施工企业作为守约方的利益，体现公平正义、诚实守信的价值取向。第二，本案中约定固定单价 1860 元 / ㎡，该计价方式贯彻了土建、安装及装修三个阶段，即三个形象进度的综合平衡的报价原则。土建部分的施工风险和难度较高，利润相对较低。安装、装修部分风险和成本相对较低，可以获取相对较高的利润。若仍以合同约定的 1860 元 / ㎡作为已完工程价款的计价单价，则对方升公司明显不公平。第三，按照定额计算的已完工程价款与屋面工程款、剩余工程款相加所得的总工程款，与合同约定的总价款 68345700 元更为接近。

但是，我们深入分析后认为，上述理由难以令人信服。理由如下：

1. 隆豪公司已足额支付了工程进度款，并不存在单方违约。退一步而言，即便存在单方违约，也不能据此改变合同约定的工程款计价方式。

（1）双方明确约定按已完工程量的 80% 支付进度款，而二审法院却以合同总价的 80% 作为进度款支付依据，由此判定隆豪公司未按时足额付款，属于认定事实错误。涉案施工合同专用条款第 26 条约定："主体结构封顶后 10 日内支付至已完工程量的 80%……"进度款支付方式为按月进度款支付而非按形象进度支付。一审法院据此在已完工程造价为 31272837.66 元的前提下，认定隆豪公司支付的进度款存在超付情形。二审法院却直接按照“合同约定总价”的80%计算隆豪公司在主体封顶后应付54670000元，并以此判定隆豪公司支付不足构成违约，违反合同双方的真实意思表示。

此案应先确定已完工程造价金额，然后根据已付款的情况来判定隆豪公司是否存在支付进度款违约的事实。然二审判决颠倒上述顺序，在先认定隆豪公司存在进度款支付违约，且方升公司如约履行合同的前提下，以维护公平正义、诚实守信的价值取向兼综合考虑双方当事人的过错等理由，最终推翻了原合同约定的计价方式，采用定额计价，严重背离合同约定。

（2）退一步而言，即使隆豪公司存在付款违约的事实，也不能据此颠覆合同约定的计价方式。司法实践中，有的地方法院的司法意见及部分规定也存在不顾基本合同法理，以一方当事人违约为由颠覆合同约定的计价方式的情况，如《湖北省高级人民法院民事审判工作座谈会会议纪要》第32条第3款第2项规定：“……若工程未完工系承包人原因导致，按合同约定的取费标准鉴定未完工部分，以总包干价减未完工部分造价计算工程款；若工程未完工系发包人原因导致，按照建设行政主管部门颁发的定额及取费标准据实结算。”又如，新近的《建设工程造价鉴定规范》（GB/T51262-2017）第5.10.7条第2项规定：“委托人[①]认定承包人违约导致合同解除的，鉴定人可参照工程所在地同时期适用的计价依据计算出未完工程价款，再用合同约定的总价款减去未完工程价款计算”；第3项规定：“委托人[②]认定发包人违约导致合同解除的，承包人请求按照工程所在地同时期适用的计价依据计算已完工程价款，鉴定人可采用这一方式鉴定，供委托人判断使用。”我们认为，这种试图区分工程未完工的责任方，进而颠覆合同约定的结算方式进行变相惩罚的做法，严重背离了契约自治的理念。

本案中，即便工程未完工系隆豪公司的根本违约造成的，法院也只能判令其承担相应的违约责任，但是二审法院改采定额计价显然不是违约责任的承担方式，由此观之，二审法院适用法律显属不当。已完工程造价的确定属于专门性的事实问题；是否构成违约及违约责任的承担属于法律适用问题。

① 人民法院或者仲裁机构。——笔者注

② 人民法院或者仲裁机构。——笔者注

因一方根本违约就判令其承担价格制裁，既混淆了专门性问题与法律问题的边界，更缺乏请求权基础，与法治精神背道而驰。换言之，司法无权以“更为公平合理”为由强行地调整合同约定的工程计价方式。如果隆豪公司存在违约事实且违约损失难以举证或计算等，法院可以根据过错分担、损失界定等方法行使自由裁量权，以保障守约方的权利。

2. 二审法院认为安装、装修工程利润必然高于土建工程的观点没有任何依据，也违反了当事人的意思自治与行业交易惯例。

以“平方米单价”计价是工程承发包人经常采用的一类结算方式，是当事人的真实意思表示。在实践中分为两类情况，第一类是有投标报价或预算价的，此时应按照投标报价或预算价确定已完工程的造价；第二类是没有投标价或预算价的，此时应按照“已完工比例 × 平方米单价 × 实际建筑面积”确定造价。二审法院主观认为“土建部分一般施工风险和难度较高，利润相对较低；安装部分风险和成本相对较低，可以获取相对较高的利润”，这一观点既缺乏事实依据，也不存在工程行业惯例，更违反了契约自治原则。

3. 依合同约定按“已完工比例 × 平方米单价 × 实际建筑面积”计算完工造价，比采用政府指导价（定额）更能体现法律公平正义的价值，符合司法潮流。

预算定额仅能反映某地区、某阶段社会正常生产条件下完成一定工程量所消耗的人工、材料、机械台班数量标准，无法体现当事人自身的施工技术水平，不宜以此直接推翻当事人固定单价的计价约定。二审法院采用定额计价的请求权基础为《合同法》第 62 条第 2 项：“价款或者报酬不明确的，按照订立合同时履行地的市场价格履行；依法应当执行政府定价或者政府指导价（笔者注：定额）的，按照规定履行。”但是，适用该条填补合同漏洞的前提是根据《合同法》第 61 条，通过协议补充、体系解释、交易习惯等仍无法确定工程价款。“价款比例法”作为工程领域之交易习惯可以补充规定，故本案不能适用《合同法》第 62 条第 2 项。

此外，目前各地高院出台的指导性意见也多支持“按比例折算”的方式计算工程价款，体现出对按照“比例法”确定未完成工程价款的认可。例如，新近出台的《江苏高院解答》第 8 条规定：“建设工程合同约定工程价款实行固定总价结算，承包人未完成工程施工，其要求发包人支付工程款，发包人同意并主张参照合同约定支付的，可以采用‘按比例折算’的方式，即由鉴定机构在相应同一取费标准下计算出已完工程部分的价款占整个合同约定工程的总价款的比例，确定发包人应付工程款。”《北京高院解答》第13条第1款规定：“建设工程施工合同约定工程价款实行固定总价结算，承包人未完成工程施工，其要求发包人支付工程款，经审查承包人已施工的工程质量合格的，可以采用‘按比例折算’的方式，即由鉴定机构在相应同一取费标准下分别计算出已完工程部分的价款和整个合同约定工程的总价款，两者对比计算出相应系数，再用合同约定的固定价乘以该系数确定发包人应付的工程款。”《广东高院指导意见》第5条、《四川高院解答》第25条第1项、《河北高院审理指南》第11条等均作出了类似的规定。

值得注意的是，最近，最高院在唐山凤辉房地产开发有限公司与赤峰建设建筑（集团）有限责任公司建设工程施工合同纠纷案[①]中，针对合同约定以平方米计价的未完工程结算时也明确了按比例法结算的思路，并认为按照定额鉴定以确定比例，一方面在实践中比较具有可操作性，另一方面以同一标准确定已完工程占全部工程的比例，也比较科学。这样既能反映当事人通过合同表达出的真实意思，也能反映施工的客观情况。[②]这一裁判思路值得赞同。

案例索引

湖北长安建筑股份有限公司与武汉康恒房地产开发有限公司建设工程施工合同纠纷案［案号：（2016）最高法民终518号］；

黑龙江四海园建筑工程有限公司与齐齐哈尔市中医医院建设工程施工合同纠纷案［案号：（2016）最高法民终799号］。

---

① （2015）民一终字第309号。

② 参见于蒙：《约定了平方米均价的未完工程如何进行结算——唐山凤辉房地产开发有限公司与赤峰建设建筑（集团）有限责任公司建设工程施工合同纠纷案》，载最高人民法院民事审判第一庭编：《民事审判指导与参考》（总第67辑），人民法院出版社2016年版，第225页。

规范链接

《北京市高级人民法院关于审理建设工程施工合同纠纷案件若干疑难问题的解答》

32. 当事人申请对工程造价进行鉴定的，如何处理？

当事人对工程价款存在争议，既未达成结算协议，也无法采取其他方式确定工程款的，法院可以根据当事人的申请委托有司法鉴定资质的工程造价鉴定机构对工程造价进行鉴定；当事人双方均不申请鉴定的，法院应当予以释明，经释明后对鉴定事项负有举证责任的一方仍不申请鉴定的，应承担举证不能的不利后果。

鉴定过程中，一方当事人无正当理由在规定期限内拒绝提交鉴定材料或拒不配合，导致鉴定无法进行，经法院释明不利后果后其仍拒绝提交或拒不配合的，应承担举证不能的不利后果。

《浙江省高级人民法院民事审判第一庭关于审理建设工程施工合同纠纷案件若干疑难问题的解答》

十七、启动工程量和工程价款鉴定程序，应该注意哪些问题？

当事人对工程价款存在争议，不能协议一致，也无法采取其他方式确定的，可以根据当事人的申请，对工程造价进行鉴定；双方当事人均不申请鉴定的，应向负有举证责任的当事人一方进行释明，其仍不申请鉴定的，由其承担举证不能的法律后果。

诉讼前已经由当事人共同选定具有相应资质的鉴定机构对工程价款进行了鉴定，诉讼中一方当事人要求重新鉴定的，不予准许，但确有证据证明鉴定结论具有最高人民法院《关于民事诉讼证据的若干规定》第二十七条第一款规定的情形除外。

一审诉讼期间对工程价款进行了鉴定，当事人在二审诉讼期间申请重新鉴定或补充鉴定的，不予准许，但确有证据证明鉴定结论具有最高人民法院《关于民事诉讼证据的若干规定》第二十七条第一款规定情形的除外。

二审诉讼期间，双方当事人均同意鉴定的，可予准许，但可能损害社会公共利益或第三人利益的除外。

人民法院应避免随意、盲目委托鉴定和不必要的多次、重复鉴定。根据双方当事人的合同约定或者现有证据，足以认定工程量和工程价款的，不应再就工程价款委托鉴定。

《重庆市高级人民法院关于建设工程造价鉴定若干问题的解答》

6. 当事人未申请进行建设工程造价鉴定，但人民法院认为需要进行鉴定的，应当如何处理？

在案件审理过程中，当事人未申请进行建设工程造价鉴定，但人民法院认为根据当事人举示的证据不能自行确定建设工程造价，确需进行建设工程造价鉴定的，应当根据举证规则向承担举证证明责任的一方当事人履行释明义务，告知其提出鉴定申请。

承担举证证明责任的一方当事人经释明后拒不申请鉴定的，人民法院可以根据举证规则，由承担举证证明责任的一方当事人承担不利后果。

《安徽省高级人民法院关于审理建设工程施工合同纠纷案件适用法律问题的指导意见（二）》

第十九条 工程价款、质量等需要通过司法鉴定确定，经一审人民法院释明，负有举证责任的当事人无正当理由拒不申请鉴定，或者在人民法院决定委托鉴定后拒不预交鉴定费用的，应当承担举证不能的法律后果。

上述当事人在二审期间又申请鉴定的，应当责令其说明理由，拒不说明理由或者理由不成立的，不予支持。

《四川省高级人民法院关于审理建设工程施工合同纠纷案件若干疑难问题的解答》

34. 当事人在一审中未申请鉴定，二审中申请鉴定应否准许？

对相应事实负有举证责任的当事人在一审诉讼中未就该事实申请鉴定，导致该事实不清，二审诉讼中申请鉴定的，人民法院根据案件审理情况认为需要鉴定的，可予准许。但在一审法院告知后，该负有举证责任的当事人在人民法院指定的期限内无正当理由拒不申请鉴定或者在一审法院决定委托鉴定后拒不预交鉴定费用的除外。

当事人已在一审诉讼中对相应事实进行了鉴定，二审诉讼中申请重新鉴定不予准许，但确有证据证明鉴定意见具有最高人民法院《关于民事诉讼证据的若干规定》第二十七条第一款规定情形的除外。

原判决认定基本事实不清或者认定的基本事实缺乏依据，二审法院经审理认为案件基本事实需要通过司法鉴定进行查明的，可以发回一审法院重审，由一审法院委托鉴定查明案件事实。

《江苏省高级人民法院民一庭建设工程施工合同纠纷案件司法鉴定操作规程》

第十二条 控制鉴定资料的一方当事人经释明后拒不提供资料，导致鉴定无法进行的，人民法院可以终结鉴定，由拒不提供资料的一方当事人承担相应不利后果；双方均有能力提供，经释明后均未提供的，由对相关争议事实承担举证责任的一方当事人承担相应不利后果。

《杭州市中级人民法院民一庭关于审理建设工程及房屋相关纠纷案件若干实务问题的解答》

三、工程鉴定

2. 对于确需鉴定才能认定工程量或工程造价的案件中，当事人双方均拒不申请鉴定的，应如何处理？

答：除依照《最高人民法院关于民事诉讼证据的若干规定》，属于应当由人民法院调查收集的证据外，对工程量或工程造价进行鉴定应当依照当事人的申请进行，对工程量或工程造价进行鉴定应当依照当事人的申请进行。工程量或工程造价须经鉴定才能确定的，应当告知负有举证责任的当事人在一定期限内提出鉴定申请，负有举证责任的当事人拒不申请的，应承担由此产生的不利后果。

在鉴定过程中，因一方当事人拒不配合，导致鉴定无法进行的，在释明不利后果的情况下，可以判决不履行举证义务一方承担举证不能的不利后果。

第十五条 【鉴定内容的确定和鉴定材料的处理】 人民法院准许当事人的鉴定申请后，应当根据当事人申请及查明案件事实的需要，确定委托鉴定的事项、范围、鉴定期限等，并组织双方当事人对争议的鉴定材料进行质证。

条文主旨

本条规定了人民法院启动鉴定程序后，对委托鉴定内容的确定。

典型案例

案例 15：当事人在提出鉴定申请时应当将鉴定范围等予以明确

——安徽省四圆建设工程有限公司与安徽广泰沥青路面工程有限公司建设工程施工合同纠纷案①

案情回放

2010 年 12 月 24 日，安徽广泰沥青路面工程有限公司（以下简称广泰公司）与安徽省四圆建设工程有限公司（以下简称四圆公司）签订《工程施工合同》一份，约定：1. 四圆公司委托广泰公司对“合肥高新区燕子河路道排”沥青的摊铺进行施工，合同单价为 90 元 / 平方米，合同面积按双方现场实测量为依据；2. 承包方式为包工包料；3. 四圆公司应在 2011 年 12 月 31 日前结清剩余工程款；4. 本工程质量应达到国家质量检验评定标准中的合格标准，如果由于道路基层质量问题引起沥青路面开裂、下沉等与乙方无关，乙方协助甲方修补但费用由甲方按实支付。由于乙方材料或施工工艺发生的质量缺陷由乙方免费维修。合同签订后，广泰公

① （2016）皖 01 民终 4440 号、（2014）包民一初字第 00310 号。

司立即进场施工并于2011年1月19日完工。2011年1月19日四圆公司对上述工程的施工面积进行了现场测量确认：施工面积为17630平方米；根据合同约定，广泰公司完成工程款价款1586700元。在合同履行过程中四圆公司已支付工程款142万元整，拖欠广泰公司工程款166700元未付。工程结束后，广泰公司应四圆公司要求先后六次对上述工程进行修补。对于修补产生的费用数额双方无法达成一致意见。后广泰公司因四圆公司拖欠工程款，诉至人民法院。

裁判理由

一审法院认为，广泰公司于2010年12月24日与四圆公司签订的施工合同，系双方真实意思表示，未违反有关法律规定，合法有效，应受法律保护。关于工程款数额问题。本案的工程款由合同中约定的工程价款及维修费用两部分组成。对合同中约定的工程价款1586700元及已支付工程款142万元，双方均无异议，一审法院予以确认。对于维修费用，按照鉴定机构出具评估报告，对明确的鉴定修补项目的工程价款为334251.95元，对2011年6月9日的现场签证单，广泰公司主张摊铺厚度为3厘米，四圆公司主张为2厘米，鉴定单位按照修补厚度2厘米计算工程款为57442.50元，维修费用应为391694.45元。在维修期间四圆公司支付工程款20万元，尚欠维修工程款为191694.45元。综上，四圆公司共欠广泰公司工程款为358394.45元。关于四圆公司是否应承担维修工程款的问题。按照合同约定，如果由于道路基层质量问题引起沥青路面开裂、下沉等与广泰公司无关，广泰公司协助甲方修补但费用由四圆公司按实支付；由于广泰公司材料或施工工艺发生的质量缺陷由广泰公司免费维修。本案中造成路面下沉、开裂的原因是四圆公司造成的，广泰公司并无过错，故四圆公司应支付维修工程款。

二审法院认为：关于工程质量问题。1. 四圆公司虽然在本案中提交了有关工程质量鉴定申请，但在鉴定过程中，需要对有关鉴定事项范围和方式等问题予以明确，而四圆公司在一审法院指定期限内并未予以明确，应由四圆公司承担相应的法律后果。2. 广泰公司申请法院调取的工程建设单位组织有关专家研究讨论路面局部下沉、开裂问题而于2011年4月25日形成的《燕子河路路下沉开裂及修复方案专家论证会意见》，能够表明四圆公司本案所称的工程质量问题并非广泰公司施工造成。3. 2011年1月19日双方对案涉合同施工面积17630平方米及价款1586700元进行了确认，后因广泰公司对案涉工程进行修补增加了工程款，而2012年6月19日四圆公司在先前已支付142万元工程款的情况下还支付了部分修补款20万元，此行为显然与四圆公司主张的相关工程质量问题在于广泰公司、其不应支付修补款，明显矛盾。综上，四圆公司认为原判关于工程质量问题的责任认定存在错误的主张，证据不足，不予采信。

裁判结果

一审法院判决：

一、四圆公司于本判决生效后十日内支付广泰公司工程款358394.45元、逾期利息8766元及违约金（违约金以358394.45元为基数，自2012年11月1日起按照同期银行贷款利率四倍计算至本判决确定的给付期限之日止）；

二、驳回广泰公司的其他诉讼请求。

二审法院判决：驳回上诉，维持原判。

焦点评析

本案涉及鉴定的问题主要有当事人申请鉴定后，法院是否需要明确鉴定事项和鉴定范围等，鉴定期限的确定，鉴定材料的质证等问题，分别介绍如下。

1. 当事人申请鉴定程序后，法院是否需要明确鉴定事项和鉴定范围等内容？

在当事人申请鉴定时，人民法院有权审核并决定是否启动鉴定程序，其间将综合考虑鉴定的必要性以及案件的金额和重要性、系争事项的复杂性等因素。[①] 当申请事项与案件待证事实具有充分关联性、对证明待证事实确有

---

① 最高人民法院民事诉讼法修改研究小组编著：《中华人民共和国民事诉讼法修改条文理解与适用》，人民法院出版社2012年版，第167页。

意义时，人民法院应当准许启动鉴定程序。

人民法院准许鉴定申请的，应当根据当事人申请及查明案件事实的需要，确定委托鉴定的事项、范围、鉴定期限等。其中，首要的任务是确定鉴定事项。鉴定事项是指鉴定项目工程争议中所涉及的专门性问题，通过当事人的举证无法达到高度盖然性证明标准，需要对其进行鉴别、判断并提供鉴定意见的争议项目。鉴定事项的确定与当事人的诉讼请求息息相关，必须予以明确，且原则上遵循“谁主张，谁举证，谁申请”的原则。如果当事人的诉讼请求既包含工程价款，又包含损失等费用索赔，司法实践中不少当事人误认为损害赔偿的内容也属于工程价款，所以往往只提出一个工程造价鉴定申请。对此，法院应当向当事人释明是否就损失赔偿另行申请鉴定，从而在造价鉴定中予以剔除。法院明确鉴定事项，有助于接受委托的鉴定人正确认识鉴定的目的，使用正确的鉴定方向，以保证鉴定意见的针对性及有效性。

在法院明确鉴定事项后，紧接着需要确定鉴定范围，此时应当遵循最小化原则。法院根据当事人申请决定启动鉴定程序的，应当要求当事人明确鉴定范围。《施工合同司法解释》第23条规定：“当事人对部分案件事实有争议的，仅对有争议的事实进行鉴定，但争议事实范围不能确定，或者双方当事人请求对全部事实鉴定的除外。”根据该规定，人民法院审理建设工程施工合同纠纷案件时，能不通过鉴定即可结算工程价款的，则不作鉴定；必须通过鉴定才能结算工程价款的，尽可能减少鉴定次数；必须通过鉴定才能确定工程价款数额的，尽可能缩小鉴定范围。[①] 因此，法院应当积极地行使审判权，通过组织证据交换、召开庭前会议等工作程序，尽早地固定两造的诉辩意见，并尽可能地归纳并固定无争议事实，缩小有争议事实的范围，从而最大限度地贯彻鉴定范围的最小化原则。这在地方法院发布的指导性文件中亦有所体现，如《江苏高院司法鉴定规程》第5条第2款规定：“人民法院启动鉴定、确定鉴定事项应当遵循以下原则：……（4）鉴定范围最小化原则。人民法院在委托鉴定前应通过其他手段排除无争议项，只对有争议项进

① 参见最高人民法院民事审判第一庭编著：《最高人民法院建设工程施工合同司法解释的理解与适用》，人民法院出版社2004年版，第203页。

行鉴定。对于建设工程造价争议应先根据诉辩意见及当事人举证质证确定争议项，再对争议项进行鉴定。”比如，主体工程价款明确，仅附属工程造价有争议的，鉴定事项和范围应限于附属工程的造价，避免做无用功。又如，当事人在诉讼前已经就部分或者全部工程款的结算达成协议，诉讼中又申请进行鉴定的，除当事人有充分证据证明结算协议有重大漏项，可对该漏项进行鉴定外，其余的鉴定申请不应准许。再如，当事人仅对部分工程或者单项工程的质量存有疑义的，就没有必要对整体工程的质量进行鉴定。①

司法实践中，曾经有部分法院的法官囿于建工案件涉及工程的专业性和复杂性，较为轻易地启动鉴定程序，或者未合理地控制鉴定范围，导致鉴定时间过长，鉴定费用过高，不仅无益于争议纠纷的解决，也影响了司法公信及权威。甚至有些恶意的当事人为达到延缓支付工程款的目的，以细微质量问题为契机，无限地扩大工程质量鉴定的范围。对此，《八民会议纪要》第35条规定：“当事人对鉴定人作出的鉴定意见的一部分提出异议并申请重新鉴定的，应当着重审查异议是否成立；如异议成立，原则上仅针对异议部分重新鉴定或者补充鉴定，并尽量缩减鉴定的范围和次数。”最高院的最新倾向性意见也重申了审慎启动司法鉴定程序及鉴定范围最小化原则，即不但要求严格地执行鉴定程序的启动条件，而且应当尽量缩减鉴定的范围和次数。应严格把握鉴定的启动程序，避免多次重复鉴定。当事人对鉴定意见一部分提出异议且该异议经审查成立的，原则上仅针对该异议部分重新鉴定或补充鉴定，不应随意扩大鉴定范围。同时应当严格把握质量鉴定与重新鉴定的启动条件，不能使其成为拖延支付工程款的手段。②

2. 鉴定期限的确定

鉴定期限由鉴定机构与委托人（人民法院）协商确定。原《建设工程司法鉴定程序规范》（SF/ZJD0500001-2014）第5.17.1条规定：“司法鉴定机构应在收到委托人出具的鉴定委托书或签订《建设工程司法鉴定协议书》之日

① 林一主编：《建设工程施工合同纠纷案件审判实务》，法律出版社2015年版，第327页。

② 张勇健：《建设工程施工合同案件审理中应注意的问题》，载《人民法院报》2018年9月5日，第7版。

起六十个工作日内完成委托事项的鉴定。”第 5.17.2 条规定：“鉴定事项涉及复杂、疑难、特殊的技术问题或者检验过程需要较长时间的，经与委托人协商并经鉴定机构负责人批准，完成鉴定的时间可以延长，每次延长时间一般不得超过六十个工作日。”第 5.17.3 条规定：“司法鉴定机构与委托人对完成鉴定的时限另有约定的，从其约定。”第 5.17.4 条规定：“在鉴定过程中补充或者重新提取鉴定资料，司法鉴定人复查现场、赴鉴定项目所在地进行检验和调取鉴定资料所需的时间，不计入鉴定时限。”[①] 由于该规范现已被司法部自行废止，又无新的规范加以替代，仅有住建部于 2017 年发布的《建设工程造价鉴定规程》（CECA–GC8–2012）可供参照适用。《建设工程造价鉴定规程》根据工程造价金额的大小，分别设定了鉴定期限。第 4.1.4 条规定：“鉴定机构应在确定受理鉴定委托之日起，根据纠纷项目工程造价金额，在鉴定期限表（表 4.1.4）规定的时限内完成鉴定工作。鉴定机构与鉴定委托人对完成鉴定的时限另有约定的，从其约定。但等待当事人提交举证资料、补交资料、交换资料、质证、对征询意见稿反馈意见等所需的时间不应计入鉴定期限。”[②]

表 4.1.4 鉴定期限表

项目工程造价金额（万元）	期限（自然天）
≤ 500	60
500—2000	90
2000—5000	120
5000—10000	150
＞ 10000	180

遇到项目情况复杂、疑难、当事人不配合等情况，鉴定受托人不能在规定期限内完成鉴定工作时，应按照相关法规提前向鉴定委托人申请延长鉴定

① 2018 年 11 月 8 日，《司法部办公厅关于颁布和废止部分司法鉴定技术规范的通知》（司办通〔2018〕139 号）已将该规范废止，但由于该规范的内容仍具有参考价值，故加以引用。

② 第 4.1.5 条规定，当事人在通知期限内拒不交款的，鉴定机构可中止鉴定工作，中止期不计入鉴定期限。

期限，并在其允许的延长期限内完成鉴定工作。

3. 鉴定材料的质证

鉴定材料是确定工程造价及质量等待证事实的基础和依据，直接影响鉴定意见的客观性、真实性，属于证据范畴。因此，对于鉴定材料的真实性、合法性和关联性及鉴定材料的范围，应当通过质证程序，并由法官最终确定。[①]鉴定材料只有经过充分的质证程序后才能作为鉴定意见的依据。经过当事人证据交换、确认签字、质证的鉴定材料应当列为鉴定依据，作为鉴定的依据，对鉴定意见的结果具有极为重要的意义，因此需要认真对待。

司法实践中，部分法官出于各种原因，对当事人提交的鉴定材料不组织证据交换和质证，直接交由鉴定机构选用，甚至直接由当事人向鉴定机构提供鉴定材料。我们认为，人民法院应当组织鉴定材料的证据交换，即使人民法院的工程专业水平不如鉴定机构，对鉴定材料的质证仍属于人民法院行使审判职权的体现，该权利显然不能转移给鉴定机构，且鉴定机构本身不是审判机关，无法也没有能力对当事人递交的鉴定材料的真实性、合法性、关联性以及证明力方面进行综合认定。因此，还是需要依靠人民法院行使审判权，组织鉴定材料的证据交换，允许当事人充分地发表举证及质证意见并记录在案，然后将无争议的鉴定材料以及虽有争议但法院认为应当采信的鉴定材料连同该证据交换笔录一并移交于鉴定机构。这样既可以加强审判人员对鉴定过程的参与及把控，减少对鉴定材料真实性与可采性等问题导致的鉴定拖延，也可以强化审判人员的工程专业知识与能力。

在各地法院发布的指导性文件中，有的就对鉴定材料的质证要求作出了明确规定，如《广东高院指导意见》第 7 条规定："人民法院委托司法鉴定机构进行工程造价鉴定的，应当对当事人提交的鉴定材料进行质证，并将鉴定材料和质证意见移送鉴定机构。人民法院不得将鉴定材料的质证和审核认定工作交由鉴定机构完成。"《江苏高院司法鉴定规程》第 13 条第 1 款规定："人民法院应当在鉴定资料移交鉴定机构前组织当事人进行逐项质证，经质证认可或经人民法院予以认定的资料可以移交鉴定机构使用。"但在第 2 款

---

① 林文学著：《建设工程合同纠纷司法实务研究》，法律出版社 2014 年版，第 35 页。

中适当放宽了条件，即“如果受鉴项目资料较多的，人民法院可以先行委托鉴定机构对双方当事人提交的资料进行核对，确定无争议的资料和有争议的资料后，由人民法院组织双方当事人对核对结果进行书面确认。对于有争议的资料，人民法院应当组织当事人进行逐项质证”。看似简单的材料核对，其实对鉴定机构提出了更高的要求。本条规定在表述上为“（人民法院）并组织双方当事人对争议的鉴定材料进行质证”。似乎为法院委托鉴定机构就鉴定材料进行初步核对放开了空间。其实，《建设工程造价鉴定规程》（CECA-GC8-2012）即对鉴定材料与举证材料进行了区分，第 5.1.2 条规定允许鉴定机构直接从当事人处收取举证资料，并可以接受人民法院的委托，自行组织交换材料并质证；第 5.1.3 条规定经过当事人双方证据交换、质证后，纠纷一方当事人不认可的资料，鉴定机构应当提请鉴定委托人即人民法院决定处理方法。

本条上述放开的做法是否具有操作性，值得将来进一步观察。当前，我们认为，应当对该条规定的文义作目的性扩张，务必需要人民法院行使审判权，统一组织对鉴定材料的举证及质证，避免委托第三方机构进行鉴定材料的核对，由人民法院作为“二传手”，经过质证后再统一将鉴定资料移交给鉴定机构。

实务争点

自行委托“鉴定”报告的效力及处理

自行鉴定，通说认为是指当事人对有争议的工程造价、质量、修复费用等专门问题自行委托专业机构或相关专家进行鉴定，从而为争议问题的解决提供科学依据的活动。[①] 建设工程施工合同纠纷案件中，有部分当事人具有较强的风险意识和举证能力，为了防患于未然，当事人在诉讼前自行委托“鉴定”的情况时有发生。有观点认为，在诉讼前自行委托“鉴定”的意见，也当然地包含在作为法定证据之一的“鉴定意见”之中。我们认为，这种观

① 参见林文学著：《建设工程合同纠纷司法实务研究》，法律出版社 2014 年版，第 38 页。

点值得商榷。

《全国人民代表大会常务委员会关于司法鉴定管理问题的决定》第1条规定："司法鉴定是指在诉讼活动中鉴定人运用科学技术或者专门知识对诉讼涉及的专门性问题进行鉴别和判断并提供鉴定意见的活动。"结合《民事诉讼法》第76条规定："当事人可以就查明事实的专门性问题向人民法院申请鉴定。当事人申请鉴定的，由双方当事人协商确定具备资格的鉴定人；协商不成的，由人民法院指定。当事人未申请鉴定，人民法院对专门性问题认为需要鉴定的，应当委托具备资格的鉴定人进行鉴定。"据此可知，唯一有权决定鉴定的机构是人民法院，唯有经过人民法院（委托人身份）对外委托第三方专业机构所出具的鉴定意见才是符合《民事诉讼法》第63条规定的鉴定意见，当事人无权自行委托"鉴定"。至此，当事人自行委托的"鉴定"意见，只能被称为"咨询意见"，咨询意见显然不具有《民事诉讼法》规定的鉴定意见的法律效力。[①]

需要说明的是，当事人在诉前单方自行委托第三方出具的"鉴定"报告，并非不能作为证据来使用。有观点认为，具备专门知识的鉴定机构，因接受委托而对某项专门性事实作出鉴别或判断，便于查清事实，鉴定机构在接受委托的专业事项的范围内属于"知道案件情况"的人，符合《民事诉讼法》关于证人的定义。因此，应当将自行委托鉴定意见归入证人证言。我们认为，在性质上，单方委托出具的报告应当作为书证来看待，依靠其文字所表明的思想内容来证明案件事实。

《证据规定》第28条规定："一方当事人自行委托有关部门作出的鉴定结论，另一方当事人有证据足以反驳并申请重新鉴定的，人民法院应予准许。"根据《施工合同司法解释（二）》第13条的最新规定，自行委托第三方作出的"鉴定"意见实为咨询意见，但是该规定仍然有效，该咨询意见具有证据的效力，法院不能仅以单方委托"鉴定"为由而不予采信，而应区分不同情况予以处理：

（1）如果一方将单方委托的"咨询意见"作为证据使用，被告方经有效

① 参见林文学著：《建设工程合同纠纷司法实务研究》，法律出版社2014年版，第39页。

通知后无故缺席庭审的，视为放弃答辩及质证，除非该咨询意见存在表面矛盾等本质瑕疵的，法院有权直接予以采信。如果被告到庭参加诉讼，但是未就该咨询意见提出异议，法院也有权直接予以采信。

（2）如果经过质证，确实存在导致该鉴定意见错误的重大程序或实体瑕疵的，可以考虑另行鉴定。[①]

（3）双方当事人均无异议的咨询意见，法院直接予以认定。

（4）对方当事人对部分事实有异议的，应当确定无争议事项，并就有争议事项提出鉴定等申请的，人民法院认为确有必要启动鉴定程序的，应就该部分有争议的事项委托相应资质的鉴定机构进行鉴定，以限定鉴定范围。

（5）如果一方当事人有异议，但是拒不申请鉴定，人民法院应依法全面、客观地审核证据，经过充分质证，如鉴定程序合法、鉴定方法科学、鉴定意见所依据的事实属实，对方提出的相反证据不足以反驳的，法院可以予以采信，确定其证明力。

案例索引

齐河环盾钢结构有限公司与济南永君物资有限责任公司建设工程施工合同纠纷案［案号：（2011）民提字第 104 号］；

许学龙与盐城新林置业有限公司、江苏新宁建筑安装工程有限公司建设工程施工合同纠纷案［案号：（2017）苏 09 民终 1511 号］。

规范链接

《河北省高级人民法院建设工程施工合同案件审理指南》

25. 当事人对施工合同效力、结算依据、签证文件的真实性及效力等问题存在争议的，应由人民法院进行审查并确认是否作为结算依据。人民法

---

① 参见《建设工程施工合同纠纷鉴定指引》第 41 条，载于健龙等主编：《中国建设工程法律评论》（第七辑），法律出版社 2018 年版，第 263 页。

院准许当事人对工程价款进行鉴定的申请后，应当根据当事人申请及查明案件事实的需要，确定委托鉴定的事项及范围，并组织双方当事人对争议的鉴定材料进行质证，确定鉴定依据。当事人对对方提交的鉴定资料无法达成一致意见的，人民法院不能简单以当事人不予认可为由否认该鉴定资料的真实性，人民法院应依法对争议的资料进行审查并确定是否可以作为鉴定资料使用。

《北京市高级人民法院关于审理建设工程施工合同纠纷案件若干疑难问题的解答》

34. 工程造价鉴定中法院依职权判定的事项包括哪些?

当事人对施工合同效力、结算依据、签证文件的真实性及效力等问题存在争议的，应由法院进行审查并做出认定。法院在委托鉴定时可要求鉴定机构根据当事人所主张的不同结算依据分别作出鉴定结论，或者对存疑部分的工程量及价款鉴定后单独列项，供审判时审核认定使用，也可就争议问题先做出明确结论后再启动鉴定程序。

《江苏省高级人民法院民一庭建设工程施工合同纠纷案件司法鉴定操作规程》

第五条 人民法院应当根据当事人的申请，结合双方争议事项，依照《民事诉讼法》及相关司法解释的规定决定是否启动鉴定并合理确定鉴定事项。

人民法院启动鉴定、确定鉴定事项应当遵循以下原则：

（1）必要性原则。因争议事实涉及专门性问题，通过当事人的举证对争议事实无法达到高度盖然性证明标准，当事人申请鉴定的，人民法院可以准许；争议事实虽涉及专门性问题，但通过当事人的举证人民法院可以认定的，不予鉴定。

（2）关联性原则。人民法院应当根据查明待证事实的需要确定鉴定事项，鉴定事项应当与待证事实具有充分关联性，能够为查明待证事实提供依据。

（3）可行性原则。人民法院委托鉴定的事项应当属于能够通过司法鉴定得出鉴定意见的事项。

（4）鉴定范围最小化原则。人民法院在委托鉴定前应通过其他手段排除无争议项，只对有争议项进行鉴定。对于建设工程造价争议应先根据诉辩意见及当事人举证质证确定争议项，再对争议项进行鉴定。

《重庆市高级人民法院关于建设工程造价鉴定若干问题的解答》

3.当事人仅对部分工程造价存在争议，或者人民法院根据当事人举示的证据能够自行确定部分工程造价的，如何进行建设工程造价鉴定?

当事人仅对部分工程造价存在争议，或者人民法院根据当事人举示的证据能够自行确定部分工程造价，需要通过鉴定方式确定争议部分或者人民法院无法确定部分工程造价的，应当仅对当事人存在争议部分或者人民法院无法确定部分的工程造价进行鉴定。但当事人存在争议部分或者人民法院无法确定部分的工程造价与当事人无争议部分或者人民法院可确定部分的工程造价不可分，客观上需要对工程造价进行整体鉴定的除外。

工程造价是否可分，由人民法院在听取当事人、鉴定人意见后作出认定。人民法院认为有必要的，可以向建设工程造价管理总站、建设工程造价管理协会等专业机构咨询。

第十六条　【鉴定意见的质证】人民法院应当组织当事人对鉴定意见进行质证。鉴定人将当事人有争议且未经质证的材料作为鉴定依据的，人民法院应当组织当事人就该部分材料进行质证。经质证认为不能作为鉴定依据的，根据该材料作出的鉴定意见不得作为认定案件事实的依据。

条文主旨

本条规定了对鉴定意见的质证以及对鉴定机构将有争议但未经质证的材料作为鉴定依据时的处理方法。

典型案例

案例 16：在鉴定合法有效的情况下，一方当事人缺乏充分证据反驳鉴定意见的，以鉴定意见作为定案依据

——江西建工第三建筑有限责任公司与甘肃星光达房地产开发有限公司建设工程施工合同纠纷案[①]

案情回放

2013 年 8 月，江西建工第三建筑有限责任公司（以下简称江西三建公司）与甘肃星光达房地产开发有限公司（以下简称星光达公司）签订《建设工程施工合同》，由江西三建公司承建星光达公司的兰州星光城住宅项目，后进场施工。在诉讼中，双方当事人各自持有2013年8月6日《建设工程施工合同》及 8 月 16 日补充协议，签署日期同为 2013 年 11 月 8 日的两份内容不一致的《建设工程施工合同》，双方互不认可对方持有的合同文本。上述三份合同内容除对工程进度款支付及工期约定不一致外，对于合同价款的确定方式、取费类别、计价依据等内容约定一致。在施工过程中，由监理方陕西中安工程管理咨询有限公司和施工方江西三建公司对所施工的模板、钢筋、现浇结构外观等分项工程进行了进度验收，《分项工程批质量报验单》及监理验收意见确认初验合格。2014 年 8 月以后，双方进一步协商确定工程复工、工程款支付等问题。直到 2015 年 3 月 23 日星光达公司向江西三建公司发函要求就清算退场等事宜进行协商时，双方仍未就有关事宜达成一致意见。诉讼中，星光达公司提交了向劳务队支付工程款的支付凭证及明细、兰州市新区执法局出具的《证明》，以证实其按新区有关部门的要求，代为支付江西三建公司建筑工人劳务费 10326676.8 元。案件在审理过程中，江西三建公司向一审法院提交由甘肃省第二建筑工程公司出具的《工程预（结）算书》，证实已完工程造

① （2017）最高法民终 72 号、（2015）甘民一初字第 9 号。

价为 100795284.5 元，星光达公司以该结算书为单方制作为由不予认可，并认为江西三建公司完成工程量为建筑面积 63159.73 平方米，造价合计 6175.9 万元，江西三建公司亦不认可。据此，江西三建公司提出鉴定申请，请求对其施工的讼争工程造价进行鉴定。

经一审法院委托，甘肃立信工程造价咨询服务有限公司（以下简称立信公司）出具甘立工鉴字（2016）004 号《工程造价鉴定报告书》，结论："兰州星光城二期住宅"5# 楼、6# 楼、9# 楼、10# 楼、11# 楼及 3# 楼商铺及地下车库项目工程总造价：71302947.11 元。立信公司出具该鉴定意见后，一审法院通知鉴定人出庭，接受了双方当事人质询，之后又组织立信公司与当事人核对鉴定意见，当事人就涉案鉴定报告充分发表了意见。涉案工程至诉讼期间未取得施工许可证。

裁判理由

一审法院认为，为查明案件事实，法院委托具有造价鉴定资质的鉴定机构对涉案工程的造价进行鉴定。鉴定机构作出甘立工鉴字（2016）004 号《工程造价鉴定报告书》，鉴定人出庭接受了质询答疑，鉴定程序合法，结论客观、公正，能够作为本案确认工程造价的依据，即涉案已完工工程造价为 71302947.11 元。星光达公司在兰州新区执法局的监督下向涉案工程施工劳务队支付的工程款 10326676.8 元，应视为向江西三建公司支付的工程款，从应付工程款中扣除。综上，星光达公司就涉案工程欠付江西三建公司工程款 60976270.3 元应予偿还。

二审法院认为，由于双方当事人对涉案工程造价无法达成一致意见，一审法院依据江西三建公司的鉴定申请，委托立信公司对涉案工程造价进行鉴定。立信公司作出《工程造价鉴定报告书》，鉴定意见是涉案已完工工程造价为 71302947.11 元。立信公司是一审法院根据江西三建公司的申请依法选定的，具有造价鉴定资质的鉴定机构，鉴定程序依法进行，鉴定意见依据充分，鉴定人亦出庭作证并接受了询问，对双方当事人提出的问题进行了解答，鉴定意见客观、公正。且江西三建公司并没有提供充分证据证明《工程造价鉴定报告书》存在社会保障费、住房公积金漏算（约 520 万元）、定额措施费计算错误（约210万元）、钢材工程量漏算（约760万元）、混凝土工程量漏算（约510万元）、混凝土单价计算错误（约99万元）等问题。故一审判决根据《工程造价鉴定报告书》中的鉴定意见认定涉案工程造价并无不当。

裁判结果

一审法院判决：

一、江西建工第三建筑有限责任公司与甘肃星光达房地产开发有限公司签订的三份《建设工程施工合同》无效；

二、甘肃星光达房地产开发有限公司于本判决生效后十日内支付江西建工第三建筑有限责任公司工程款60976270.3元及利息（60976270.3元利息从2015年4月14日起按中国人民银行规定的同期同类贷款利率计至付清之日）；

三、依法确认江西建工第三建筑有限责任公司享有甘肃星光达房地产开发有限公司所欠付工程款在兰州新区星光城其施工范围内的优先受偿权；

四、驳回江西建工第三建筑有限责任公司的其他诉讼请求。

二审法院判决：驳回上诉，维持原判。

焦点评析

本案的争议焦点主要是如何认定法院委托的鉴定机构出具的造价鉴定意见的效力？

1. 对鉴定意见的质证及认定

鉴定意见属于《民事诉讼法》第63条规定的证据种类之一。既然是证据，即并不当然地具有证明力，其证明力之有无及证明力之大小须经过人民法院的审查认定。《民事诉讼法》第63条第2款、第64条第3款、第68条均强调了证据只有按照法定程序，全面、客观地审核查实，出示后经过当事人相互质证，才能作为认定事实之依据。《全国人大常委会关于修改〈中华人民共和国民事诉讼法〉的决定》将之前《民事诉讼法》第63条所称的“鉴定结论”正本清源地修改为“鉴定意见”，从而更为科学与准确，符合鉴定活动的本质特征，以此希望裁判者及当事人不要将鉴定意见过度迷信为不可推翻的、颠扑不破的结论，被动地将“结论”作为定案依据。[①]应当允许当事人对其充分地发表意见。

同时，《证据规定》第71条规定：“人民法院委托鉴定部门作出的鉴定结论，当事人没有足以反驳的相反证据和理由的，可以认定其证明力。”该条明确了人民法院对鉴定意见的采信规则。由于鉴定意见是运用专业知识作出的鉴别或判断，对与专门性问题相关的待证事实，鉴定意见具有科学性和相对较高的证明力，当事人如果要对鉴定意见的效力予以削弱甚至推翻，必须具备足以反驳的证据及理由，通过开庭质证的程序，围绕证据的三性及证明力进行充分、有效、有力地展开。例如，委托鉴定是否合法、是否超过委托范围、鉴定机构和鉴定人员是否具备相关的资质条件、鉴定材料的采集（即取样）是否合法、鉴定意见是否明显依据不足、程序是否严重违法等。[②]

人民法院将在审查当事人质证意见的基础上，结合案件的全部证据，对鉴定意见加以综合审查后作出独立判断，进而正确地认定案件事实，作出正确判决。《证据规定》第29条规定：“审判人员对鉴定人出具的鉴定书，应当审查是否具有下列内容：（一）委托人姓名或者名称、委托鉴定的内容；（二）委托鉴定的材料；（三）鉴定的依据及使用的科学技术手段；（四）对鉴定过程的说明；（五）明确的鉴定结论；（六）对鉴定人鉴定资格的说明；（七）鉴定人员及鉴定机构签名盖章。”依照上述规定，结合建设工程合同纠纷案件的特点，法官应当对鉴定意见的以下几个方面内容进行重点审查：（1）鉴定机构是否具备与诉争工程相符合的资质。（2）鉴定人是否具有工程造价执业资格。（3）鉴定人是否存在应当回避的情形。（4）鉴定方法的选择是否恰当。（5）鉴定意见是否符合鉴定委托的范围。（6）鉴定所依据的施工资料是否具有真实性、合法性。（7）鉴定意见是否尊重当事人关于价款等约定，是否僭越鉴定权而行使审判权，出现“以鉴代审”的情况。[③]

---

① 参见王胜明主编：《中华人民共和国民事诉讼法释义》，法律出版社2012年版，第147页。

② 参见林一主编：《建设工程施工合同纠纷案件审判实务》，法律出版社2015年版，第344页。

③ 参见林文学著：《建设工程合同纠纷司法实务研究》，法律出版社2014年版，第41页。

2. 鉴定人的出庭作证义务

如前所述，鉴定意见是在民事诉讼中就查明事实的专门性问题进行鉴别和判断的基础上形成的专业意见，对案件的定性具有重要影响，有时直接关涉案件之胜败，故有必要进行质证。为了保证质证程序不流于形式，也基于鉴定人全程参与了鉴定活动，鉴定人出庭作证并接受当事人的发问，回答有关鉴定所涉的争议问题，并说明鉴定的过程及依据等，是鉴定人的义务，也是保证鉴定意见的真实性、合法性和证明力的重要形式。否则鉴定的证明力无从产生，也不得作为认定事实之依据。[①]《民事诉讼法》第 78 条规定：“当事人对鉴定意见有异议或者人民法院认为鉴定人有必要出庭的，鉴定人应当出庭作证。经人民法院通知，鉴定人拒不出庭作证的，鉴定意见不得作为认定事实的根据；支付鉴定费用的当事人可以要求返还鉴定费用。”在建设工程施工合同纠纷案件中，法院有必要将当事人对鉴定意见初稿的异议以书面形式发送给鉴定人，由后者通过书面形式进行答复说明，从而节省鉴定人出庭的时间，提高鉴定人的出庭效率。

3. 申请专家辅助人出庭

一方面，由于鉴定意见的专业性及复杂性，鉴定人负有出庭接受当事人质询的义务。另一方面，为了弥补当事人专业知识背景的匮乏，透彻地理解鉴定意见的内容，法律又设置了相应的配套制度。当事人可以聘请对该专业问题具有专门知识的人员代表当事人就鉴定意见或者专业问题提出意见。《民诉法司法解释》第 122 条规定：“当事人可以依照民事诉讼法第七十九条的规定，在举证期限届满前申请一至二名具有专门知识的人出庭，代表当事人对鉴定意见进行质证，或者对案件事实所涉及的专业问题提出意见。具有专门知识的人在法庭上就专业问题提出的意见，视为当事人的陈述。人民法院准许当事人申请的，相关费用由提出申请的当事人负担。”

---

① 参见王胜明主编：《中华人民共和国民事诉讼法释义》，法律出版社 2012 年版，第 173 页。

4. 鉴定人将当事人有争议且未经当事人质证的材料作为鉴定依据时的处理

如本书关于第十五条的内容所述[①]，原则上，人民法院委托司法鉴定机构进行工程造价鉴定的，应当对当事人提交的鉴定材料组织证据交换，经由当事人充分质证后，将鉴定材料和质证意见一并移送鉴定机构。但是基于司法鉴定工作的复杂性和每个项目的特殊性，鉴定材料难免挂一漏万。随着鉴定工作的推进，鉴定机构出于鉴定的需要，往往会要求补充提供相关的材料。对此，我们认为，正确且可采的做法是法院收到鉴定机构要求提供补充资料的清单后，由法院向当事人转交该清单内容并提出补充资料的时限。当事人应在指定的时限内向法院提交相关资料，并由法院组织质证后再转交给鉴定机构。然而，实践中充斥着如下情形：部分鉴定机构直接通知当事人提交补充鉴定资料，在收到补充材料后未经质证就作为鉴定依据；部分法院虽然接收了鉴定机构的补充鉴定材料清单并转交给当事人，待当事人将补充鉴定材料提交给法院后，人民法院未再次组织质证即直接转交给鉴定机构。一旦出现这种鉴定材料未经质证就移交的现象，一方当事人在收到鉴定意见初稿之后，就会对未经质证的部分材料作为鉴定依据提出异议。对此，人民法院应当及时地采取有效的补救措施。

部分当事人主张鉴定材料未经质证，且对该部分鉴定材料的真实性、合法性、关联性等提出充分的质疑，以此来否定相应的鉴定意见，甚至有当事人以此认定鉴定程序存在严重错误，企图推翻整个鉴定意见的结论。如此一来，便影响了鉴定程序的严肃性、科学性及有效性，如果以部分瑕疵推翻整个鉴定意见，又会造成司法鉴定流程的效率低下，浪费鉴定资源，无利于纠纷的解决。

有鉴于此，本条第 2 句、第 3 句规定："鉴定人将当事人有争议且未经质证的材料作为鉴定根据的，人民法院应当组织当事人就该部分材料进行质证。经质证认为不能作为鉴定依据的，根据该材料作出的鉴定意见不得作为认定案件事实的依据。"参照《合同法》第 56 条规定："……合同部分无效，

---

① 参见本书第 212 页，第三章第十五条"典型案例"中的"焦点评析"部分第三要点。

不影响其他部分效力的，其他部分仍然有效。”首先，该部分未经质证的鉴定材料相对独立，能够与经过质证的其他鉴定材料相互区分；其次，经质证后法庭认为该鉴定材料不能作为鉴定依据的，根据该材料作出的部分鉴定意见不得作为认定案件事实的依据，且该部分无效的鉴定意见不影响其他鉴定意见的效力，即根据其他有效材料作出的鉴定意见仍能作为认定案件事实的依据。《施工合同司法解释（二）》曾在征求意见稿第 23 条第 1 款第 2 项中规定：“鉴定人未将当事人有争议的鉴定材料提交人民法院确认即作为鉴定依据，人民法院应就该部分鉴定材料组织双方当事人进行质证。经质证不能作为鉴定依据的，鉴定人应对相应鉴定意见进行更正。鉴定单位拒不更正的，人民法院可以通过补充鉴定、专家证人审核、重新鉴定等方法解决。”正式颁布的《施工合同司法解释（二）》未体现该项规定中有关补救鉴定意见效力的内容，甚是遗憾。对此，我们认为，实践操作中应当根据个案的具体情形，审慎地践行上述思路。能够更正的则要求鉴定机构进行更正；鉴定机构拒不更正的，在满足条件的情况下，确有必要采取补充鉴定的就进行补充鉴定；能够引导双方当事人采取专家证人审核方式解决的，就按专家证人审核方式解决。总之，绝不轻易启动重新鉴定的程序。

实务争点

人民法院如何处理鉴定意见中存在的问题？

对鉴定机构出具的鉴定意见初稿，人民法院应当组织当事人充分地发表质证意见，并结合案件的其他事实及证据，一一予以核对。对于鉴定意见中存在的问题，应当及时采取有效措施予以更正或纠正。鉴定意见集中存在的问题主要有超越鉴定范围、僭越鉴定权而行使审判权（以鉴代审）、鉴定人员应当出庭而无正当理由拒不出庭等情况。

如前所述，鉴定事项及鉴定范围的确定，属于人民法院审判权的行使范围。《施工合同司法解释二》曾在征求意见稿第 23 条第 1 项中规定：“鉴定意见超出委托鉴定范围，人民法院应当要求鉴定人对鉴定意见进行更正。鉴定人拒不更正导致鉴定意见无法予以采信，人民法院可以在裁判文书中不判决当事人对鉴定费用的负担，并说明理由。预交鉴定费用的当事人请求鉴定机构返还鉴定费用的，可以另行提起诉讼解决。”遗憾的是，正式颁布的《施工合同司法解释（二）》删除了该项规定的后半句内容。

对法律问题的认定是人民法院审判职责之所在。对合同效力的确认、违约责任以及当事人权利义务的认定等法律问题，均属于人民法院审判权的范围，应当依法由法院认定并处理。法院不应将此类问题推诿给鉴定机构作出认定，对于鉴定机构对该问题的认定，应予审核并纠正。即使法院一时无法定夺，也可以要求鉴定人先按照有效及无效等数个不同的标准进行鉴定，最终以法院审查并认定为准。《施工合同司法解释（二）》曾在征求意见稿第 23 条第 3 项中规定：“鉴定人对合同或者其他协议效力进行确认，或者对当事人责任承担进行认定，并在此基础上进行鉴定的，人民法院应当对合同效力或者当事人责任承担进行认定。人民法院与鉴定人认定不一致的，鉴定人应当对鉴定意见进行更正。鉴定人拒绝对鉴定意见进行更正的，人民法院可以通过补充鉴定等方法对鉴定意见进行更正。”不知何故，正式颁布的《施工合同司法解释（二）》删除了这一规定。

鉴定人经过法院通知后无正当理由拒不出庭的，经质证后当事人对鉴定意见仍持有异议，如果有异议部分能够与无异议部分进行区分且互不影响，法院应当将有异议的部分予以剔除，不作为案件事实的认定依据；如果无法区分有异议部分及无异议部分或者两者会相互影响，那么整个鉴定意见将不被采信，无法作为定案依据。例如，《施工合同司法解释二》（征求意见稿）第 23 条第 4 项规定：“鉴定人经人民法院通知后拒不出庭作证，导致鉴定意见未予采信，人民法院可以在裁判文书中不判决当事人对鉴定费用的负担，并说明理由。预交鉴定费用的当事人请求鉴定机构返还鉴定费用，可以另行提起诉讼解决。”但该规定也未体现在正式颁布的《施工合同司法解释（二）》中。

我们认为，尽管正式颁布的《施工合同司法解释（二）》删除了征求意见稿中的上述内容，但这并不意味着这些内容就不具有任何意义。在没有相反规定的情况下，完全可以作为实践中的参考。

案例索引

江苏省第一建筑安装股份有限公司与呼和浩特市牧王房地产开发有限责任公司、内蒙古创世达商业建设有限公司建设工程施工合同纠纷案［案号：（2014）民一终字第311号］；

宁夏华城实业开发有限公司与中国三冶集团有限公司建设工程施工合同纠纷案［案号：（2017）最高法民终383号］。

规范链接

《北京市高级人民法院关于审理建设工程施工合同纠纷案件若干疑难问题的解答》

34. 工程造价鉴定中法院依职权判定的事项包括哪些？

当事人对施工合同效力、结算依据、签证文件的真实性及效力等问题存在争议的，应由法院进行审查并做出认定。法院在委托鉴定时可要求鉴定机构根据当事人所主张的不同结算依据分别作出鉴定结论，或者对存疑部分的工程量及价款鉴定后单独列项，供审判时审核认定使用，也可就争议问题先做出明确结论后再启动鉴定程序。

《重庆市高级人民法院关于建设工程造价鉴定若干问题的解答》

15. 当事人对鉴定资料清单载明的提交范围、提交主体提出异议的，如何处理？

当事人对鉴定资料清单载明的提交范围、提交主体提出异议的，人民法院应当根据以下情形分别作出处理：

（1）当事人认为需要提交鉴定资料清单外的资料的，原则上应予准许，与鉴定事项不具备关联性的，人民法院可在质证后予以剔除。

（2）当事人认为鉴定资料清单所列资料与鉴定事项不具备关联性的，仍应根据鉴定资料清单要求提交，确与鉴定事项不具备关联性的，人民法院可在质证后予以剔除。

（3）当事人认为鉴定资料清单所列资料在对方当事人控制之下的，可以申请人民法院责令对方当事人提交。申请理由成立的，人民法院应当责令对方当事人提交。

（4）当事人认为鉴定资料由国家有关部门保存，或者涉及国家秘密、商业秘密、个人隐私，因客观原因确不能自行提交的，可以申请人民法院调取或者向人民法院申请律师调查令，是否准许由人民法院决定。

17. 当事人将鉴定资料直接提交给鉴定人的，如何处理？

当事人应当将鉴定资料提交给人民法院，由人民法院组织质证后提交给鉴定人，而不得直接提交给鉴定人。

当事人直接将鉴定资料提交给鉴定人的，鉴定人应当告知当事人将鉴定资料提交给人民法院或者将鉴定资料转交给人民法院。未经人民法院组织质证，鉴定人直接根据当事人提交的鉴定资料作出鉴定意见的，人民法院应当对该鉴定意见不予采信，并重新进行鉴定或者对相关鉴定资料质证后由鉴定人重新出具鉴定意见。

18. 建设工程造价鉴定过程中，鉴定资料如何进行认定？

人民法院收到当事人提交的鉴定资料后，应当组织当事人进行质证。当事人提交的鉴定资料繁多、杂乱，人民法院认为确有必要的，可以委托鉴定人对鉴定资料予以整理后再进行质证。

质证时，当事人应当围绕鉴定资料的真实性、合法性以及与鉴定事项的关联性陈述意见。鉴定人可以参加质证程序。经人民法院允许后，鉴定人可以就鉴定的相关问题向当事人发问。

质证后，人民法院应当结合当事人发表的质证意见对当事人提交的资料能否作为鉴定资料作出认定，并将当事人无异议或者人民法院认为应当作为鉴定依据的鉴定资料移交给鉴定人。人民法院对当事人提交的资料能否被采信暂时难以认定，需要在庭审后结合其他证据一并作出认定的，可以将存在争议的鉴定资料提交给鉴定人，由鉴定人就存在争议的鉴定资料所涉及的工程造价予以单列。

19. 建设工程造价鉴定过程中，鉴定人认为需要补充提交鉴定资料的，如何处理？

建设工程造价鉴定过程中，鉴定人认为需要补充提交鉴定资料的，应当向人民法院发送书面函件。书面函件应当载明需要补充提交鉴定资料的名称、提交主体以及与鉴定事项的关系。人民法院经审查认为确需补充提交的，可以责令当事人限期提交。人民法院收到当事人补交的鉴定资料后，应组织当事人进行质证，并对鉴定资料进行认定后移交鉴定人。

《广东省高级人民法院关于审理建设工程施工合同纠纷案件若干问题的指导意见》

七、人民法院委托司法鉴定机构进行工程造价鉴定的，应当对当事人提交的鉴定材料进行质证，并将鉴定材料和质证意见移送鉴定机构。人民法院不得将鉴定材料的质证和审核认定工作交由鉴定机构完成。

鉴定机构出具鉴定报告初稿和定稿后，人民法院应当组织当事人进行质证。

《四川省高级人民法院关于审理建设工程施工合同纠纷案件若干疑难问题的解答》

35. 对当事人提交的鉴定资料应当如何处理?

对当事人提交的鉴定资料，人民法院应在移交鉴定机构进行司法鉴定之前，先行组织质证，对鉴定资料的真实性、合法性、关联性进行审核认定，并将经过认证的鉴定资料移送鉴定机构。对当事人争议大、人民法院尚需结合其他证据和事实作出认证的鉴定资料，人民法院应向鉴定机构作出说明，并要求鉴定机构就该证据可信与不可信的情形分别作出鉴定意见，供人民法院审核认定。人民法院不得将鉴定资料的质证和审核认定工作交由鉴定机构完成。

《金华市中级人民法院关于建设工程审价委托管理的若干规定》

第五条 业务庭在收到鉴定材料后，应及时转交对方当事人，并在10日内组织当事人对鉴定材料进行质证，并制作质证笔录。

第六条 业务庭在完成鉴定材料交换与质证后的3日内，将《司法鉴定决定书》及相应的鉴定材料移交给司法技术管理部门，双方办好交接手续。

第九条 鉴定机构在接受委托后5日内对鉴定材料进行审核，并函告司法技术管理部门需继续补充的鉴定材料。司法技术管理部门应于3日内将函告内容通知业务庭，由业务庭书面通知当事人在指定期限内提供材料。

业务庭在收到鉴定材料后，应及时转交对方当事人，并在5日内组织当事人对鉴定材料进行质证，制作质证笔录。业务庭及时将鉴定材料提交给司法技术管理部门，由司法技术管理部门及时交给鉴定机构。

第十二条　经审核鉴定初稿及当事人的书面意见，认为还需由当事人提交鉴定材料的，业务庭应在审核期限届满后3日内，书面通知当事人在指定期限内提交鉴定材料，告知当事人逾期不提交的法律后果。

业务庭在收到鉴定材料后，应及时转交对方当事人，并在5日内组织当事人对鉴定材料进行质证，制作质证笔录。业务庭及时将鉴定材料移交给司法技术管理部门，由司法技术管理部门及时交给鉴定机构。

第四章

建设工程价款优先受偿权

（第十七条至第二十三条）

本章要旨

《合同法》第 286 条规定："发包人未按照约定支付价款的，承包人可以催告发包人在合理期限内支付价款。发包人逾期不支付的，除按照建设工程的性质不宜折价、拍卖的以外，承包人可以与发包人协议将该工程折价，也可以申请人民法院将该工程依法拍卖。建设工程的价款就该工程折价或者拍卖的价款优先受偿。"该条规定出于平衡承包人、发包人和其他利害关系人之间的利益，保护居于弱势地位的建筑工人利益，解决拖欠工程款的顽疾等方面的目的考虑，从立法上确立了我国的建设工程价款优先受偿权制度。但是，自 1999 年《合同法》实施以来，这一出于良好初衷设立的制度，并未发挥立法者期望的功能，甚至一度成了"休眠条款"。究其原因，主要在于第 286 条的规定过于原则以至于在实践中操作性不强，如对工程价款优先受偿权的权利性质、行使主体、客体、范围、行使期限、起算点、行使程序及权利冲突时的处理等具体问题均未予以明确，理论界和实务界对上述问题也始终未能形成共识。因此，最高院于 2002 年发布了《最高院优先受偿权批复》，对建设工程价款优先受偿权制度进行了补充完善，但该批复并未解决实践中存在的问题，反而导致了建设工程价款优先受偿权的适用更为困难，同时也造成了新的争议。但不知为何，最高院在 2004 年颁布的《施工合同司法解释》中并未对建设工程价款优先受偿权制度的相关内容作出规定。

近十几年来，理论界和实务界对上述问题的争论从未停止，最新颁布的《施工合同司法解释（二）》共设 7 个条文，对建设工程价款优先受偿权的行使主体、债权范围、客体、行使条件、行使期限、放弃的效力等问题作出了详细的规定。

办案思路

根据《合同法》第286条的规定，结合《施工合同司法解释（二）》关于建设工程价款优先受偿权的规定，**我们在办理承包人主张建设工程价款优先受偿权案件时，至少应从如下方面着手进行分析：**

1. 主张建设工程价款优先受偿权的主体是否适格；如果是装饰装修合同的承包人，还需考虑发包人是否为建筑物的所有权人。

2. 工程款债权有无发生转让的情形。

3.《建设工程施工合同》有无关于承包人行使建设工程价款优先受偿权的特别约定；承包人有无事先放弃建设工程价款优先受偿权。

4. 承包人主张建设工程价款优先受偿权有无超出规定期限。

5. 承包人主张建设工程价款优先受偿权的债权范围是否符合《施工合同司法解释（二）》的规定。

6. 承包人主张行使建设工程价款优先受偿权的客体是否包含土地使用权，是否属于不宜折价、拍卖的建设工程，如果属于不宜折价、拍卖的建设工程，是否可以通过工程价款的物上代位性对该工程的变价款或收益款等行使建设工程价款优先受偿权。

7. 已完建设工程质量是否合格。

8. 承包人有无对发包人进行催告。

9. 承包人主张建设工程价款优先受偿权是否和发包人的其他权利人存在权利冲突。

举证指南

建设工程价款优先受偿权基于《合同法》第286条的规定产生，在性质上属于法定优先权，因此，与建设工程施工合同中有无关于建设工程价款优先受偿权的约定并没有关系。**所以，承包人在主张建设工程价款优先受偿权时应提交的证据主要有：**

1. 承包人对发包人享有工程款债权的证据。

2. 发包人欠付工程款中属于建设工程价款优先受偿权担保范围部分的证据。

3. 承包人主张建设工程价款优先受偿权未超出法定期限的证据。

4. 承包人已完工程质量合格的证据。

5. 承包人承建的建设工程在性质上不属于不宜折价、拍卖的工程的证据，如果建设工程在性质上属于不宜折价、拍卖的工程，则需证明该工程存在收益款或者变价款等的证据。

发包人抗辩的证据主要有：

1. 承包人事先放弃建设工程价款优先受偿权的证据。

2. 承包人主张建设工程价款优先受偿权担保的债权中存在因发包人违约所造成的损失等证据。

3. 承包人已完工程质量不合格的证据。

4. 承包人主张建设工程价款优先受偿权已经超出法定期限的证据。

5. 建设工程已经转让给第三人的证据。

6. 建设工程上还存在消费者权利等可以对抗建设工程价款优先受偿权的证据。

7. 承包人承建的建设工程在性质上属于不宜折价、拍卖的工程的证据。

第十七条 【优先受偿权的主体】与发包人订立建设工程施工合同的承包人，根据合同法第二百八十六条规定请求其承建工程的价款就工程折价或者拍卖的价款优先受偿的，人民法院应予支持。

条文主旨

本条规定了只有与发包人订立建设工程施工合同的承包人才享有建设工程价款优先受偿权。

典型案例

案例 17：设计合同的设计人不享有建设工程价款优先受偿权

——浙江新中环建筑设计有限公司湖州分公司与湖州天瑞双能源汽车有限公司、南太湖电子商务有限公司建设工程设计合同纠纷案[①]

案情回放

浙江新中环建筑设计有限公司湖州分公司（以下简称新中环公司）与湖州天瑞双能源汽车有限公司（以下简称天瑞公司）先后签订《建设工程设计合同（一）》《设计补充协议》《设计协议》等多份协议，由新中环公司陆续为天瑞公司的厂区工程进行设计。后经双方结算，截至

① （2016）浙 0502 民初字 7439 号。

2014年5月28日，天瑞公司欠新中环公司设计费1781632元。双方经协商后约定：天瑞公司于2014年6月30日前支付150万元，逾期按月息1.5%计息，最迟不得超过2014年10月31日，余款天瑞公司于2014年12月31日前付清。嗣后，新中环公司继续为天瑞公司的工程进行设计，双方于2015年1月5日签订补充设计协议，明确新产生的设计费为236300元。

2014年8月2日，新中环公司与南太湖电子商务有限公司（以下简称南太湖公司）签订南太湖电子商务城设计协议，约定新中环公司为南太湖公司的南太湖电子商务城项目进行设计，2014年9月30日双方确认，产生设计费60万元。

2016年1月13日，新中环公司与天瑞公司、南太湖公司再次对设计费进行结算，天瑞公司、南太湖公司确认欠新中环公司设计费3084035元，其中包含：2014年5月28日结算后欠新中环公司的1781632元及该设计费的逾期付款利息损失464142元，2014年9月30日结算后欠的南太湖电子商务城项目设计费60万元，2015年1月5日签订的补充设计协议中产生的设计费236300元，另有2014年5月28日至2015年12月31日的加晒图纸费1961元。新中环公司与天瑞公司、南太湖公司就上述欠款签订欠款确认单一份，协商确定设计费为300万元，扣除2016年1月12日已经支付的50万元，尚欠设计费250万元。天瑞公司、南太湖公司作为欠款方分别盖章确认，并在该欠款确认单上承诺于2016年春节前支付70万元，于2016年3月底前支付100万元，余款2016年5月30日前付清，逾期利息按月息1.5%计息。天瑞公司、南太湖公司承诺的付款期限到期后，新中环公司经催讨无果后，起诉至人民法院。

裁判理由

法院认为，新中环公司与天瑞公司、南太湖公司的建设工程设计合同系当事人的真实意思表示，内容未违反法律、行政法规的强制性规定，依法应受法律保护。新中环公司虽然分别为天瑞公司、南太湖公司的工程进行设计，但天瑞公司、南太湖公司在欠款确认单上对所欠的设计费共同进行确认并作出付款承诺，该承诺应视为天瑞公司、南太湖公司对所欠的设计费共同承担所作出。承诺的付款期限到期后，天瑞公司、南太湖公司未按约向新中环公司支付设计费是引起本案纠纷的根本原因，故新中环公司要求天瑞公司、南太湖公司支付设计费及逾期付款利息损失的诉请，符合双方约定及法律规定。至于新中环公司主张的建设工程优先受偿权，根据《合同法》第286条规定的建设工程的价款优先受偿权是指因建设工程的施工所产生工程价款，并不包含建设工程的设计费等价款，故新中环公司主张其债权对天瑞公司、南太湖公司的建设工程折价或者拍卖的价款享有优先受偿权的诉请，不予支持。

裁判结果

一、天瑞公司、南太湖公司共同支付新中环公司设计费人民币250万元及逾期付款利息损失498082元（以250万元为基数，自2016年2月8日起按月利率1.5%计算至2017年3月17日），限于本判决生效之日起十日内清偿；

二、天瑞公司、南太湖公司向新中环公司支付自2017年3月18日起至实际履行完毕之日止的逾期付款利息损失（以250万元为基数，按月利率1.5%计算）；

三、驳回新中环公司的其他诉讼请求。

焦点评析

本案的争议焦点是设计人能否享有建设工程价款优先受偿权？

《合同法》第286条规定："发包人未按照约定支付价款的，承包人可以催告发包人在合理期限内支付价款。发包人逾期不支付的，除按照建设工程的性质不宜折价、拍卖的以外，承包人可以与发包人协议将该工程折价，也可以申请人民法院将该工程依法拍卖。建设工程的价款就该工程折价或者拍卖的价款优先受偿。"由于《合同法》第269条第2款规定："建设工程合同包括工程勘察、设计、施工合同。"这就导致在以往的司法实践中对勘察和设计合同的承包人是否享有工程价款优先受偿权存在不同的认识。有观点认为，从体系解释的角度分析，勘察及设计合同的承包人应当与施工合同的承包人位于同一位阶，享有建设工程价款优先受偿权。并且，由于勘察和设计合同的承包人同样参与了建设工程的价值创造，如若否定其享有工程价款优先受偿权，似对其不公。本条规定对这种观点作出了否定的回答，明确只有施工合同的承包人才享有工程价款优先受偿权。我们认为，这一规定完全符合《合同法》第 286 条的立法本意，也符合社会政策的考量。[①]

1. 从文义解释角度。在《合同法》第 286 条的规定中，享有工程价款优先受偿权的是承包人的“工程价款”，而依据《合同法》第 274 条和第 280 条关于勘察、设计的规定，勘察和设计合同的承包人所拥有的债权被表述为“费用”，由此对比可知，立法者有意将两者区分开来，勘察和设计合同的承包人所主张的债权与施工合同的承包人所主张的债权并不属于同一概念。

2. 从立法目的角度。曾参与《合同法》起草的梁慧星教授指出：“建设工程价款优先受偿权是法律为保护承包人的利益而特别赋予的权利，具有保护劳动者利益和鼓励建筑、创造社会财富的政策目的。”[②] 从本质上来说，建设工程是靠承包人付出劳动和垫付资金所建造的，工程的价值是由承包人所投入的人力、材料等物化而成，因此赋予承包人优先受偿权，不仅是为了确保其中的工作人员的报酬，保护其生存利益，更是为了确保承包人能够拿到同等价值的金钱以弥补其对工程增值部分所做的贡献。反观《合同法》第 274 条的规定，勘察、设计合同的主要内容应当包括“提交有关的基础资料和文件”，也即作为一种智力形式的物化成果，勘察、设计工作并没有对建设工程的价值有过实际的投入。因此，勘察费、设计费的拖欠显然不属于工程价款优先受偿权立法初衷的范围。

3. 从勘察、设计的工作性质角度。勘察、设计的费用产生于建设工程正式施工之前，此时，建设工程原则上尚不存在，用以拍卖、折价的客体尚未形成，何以主张实现建设工程价款优先受偿权？且从实际情况来看，勘察和

---

① 此处所讨论的设计人仅指施工总承包模式下的设计人。

② 参见梁慧星：《合同法第二百八十六条的权利性质及其适用》，载《山西大学学报（哲学社会科学版）》2001 年第 3 期。

设计合同的承包人并不属于弱势群体，在发包人未按约定给付勘察费、设计费时，在双方没有特别约定履行顺序的情况下，勘察、设计单位可以通过主张同时履行抗辩权，通过拒不交付勘察报告和设计图纸的办法来要求发包人支付价款，维护自己的合法权益。

另外，就整个工程款项而言，勘察、设计所产生的费用比例实际只占了较小一部分，而建设工程价款优先受偿权是基于特殊利益的保护，在打破债权平等原则的基础上所产生的。在目前立法并未明确规定勘察和设计合同的承包人享有工程价款优先受偿权的情况下，随意扩大工程价款优先受偿权的行使主体，对于位列之后的银行等抵押权人以及其他普通债权人的利益将会造成进一步的损害，实则违反了民法的公平原则。

因此，不论是基于立法目的，抑或社会政策的考量，《合同法》第286条都应作狭义解释，排除勘察和设计合同承包人的适用，将其所享有的债权作为一种普通债权，位列于抵押权之后。本条规定只有施工合同的承包人才享有工程价款优先受偿权，实际上就是将勘察和设计合同的承包人所享有的债权作为普通债权对待。尽管本案发生在《施工合同司法解释（二）》实施之前，但法院在判决时并未因法律未明确规定而作出不当理解，而是准确地将设计人排除在建设工程价款优先受偿权之外，殊值赞同。

实务争点

1. 实际施工人是否享有工程价款优先受偿权？

实际施工人，是《施工合同司法解释》创设的概念，在法律上并无明确定义，实践中一般是指无效合同的承包方（不包括无效施工总承包合同的承包人），主要包括违法分承包人和非法转承包人。[①]

① 从《施工合同司法解释》第26条和《施工合同司法解释（二）》第24条、第25条规定的文义看，此处的实际施工人应该仅指转包、违法分包情形下的转承包人和违法分承包人，但从立法目的角度分析，对此似乎应作扩张解释，应当包括挂靠人。详见本书第340页关于“挂靠人能否作为实际施工人起诉发包人主张工程价款”的相关分析。

由于实际施工人与发包人之间不具有直接的合同关系，在发包人拖欠工程款时，实际施工人能否突破合同相对性原则而主张对发包人的建筑物进行折价或拍卖，值得探讨。

我们认为，实际施工人在符合特定条件下的情况可以享有建设工程价款优先受偿权。即实际施工人完成了其与转包人或者违法分包人之间所约定的施工义务，并符合转包人或者违法分包人与发包人之间约定的该部分施工义务，且工程质量合格的，在转包人或者违法分包人不主张或怠于主张工程价款优先受偿权的情况下，实际施工人根据《合同法》第 73 条和《施工合同司法解释（二）》第 25 条的规定主张权利时，应当赋予实际施工人优先受偿权以维护自己的合法权益。理由如下：

首先，虽然实际施工人与发包人之间通常不具有直接的合同关系，但认定一个主体能否享有优先受偿权最重要的因素，就是考察其对建筑物价值的形成是否有着实际的贡献，且这种贡献是前期所投入的人力、物力等资源实际物化的成果，这也是设立工程价款优先受偿权的根本目的，有利于对已经投入或者物化到建设工程中、对建设工程所产生增值部分的工作人员报酬、材料款等实际支出的费用进行等价补偿。

实际施工人虽然与发包人没有形式上的合同关联，但已经履行了建设工程施工合同所约定的义务，赋予实际施工人享有优先受偿权，有利于保障广大建筑工人的工资，提高弱势群体的地位。

其次，在《施工合同司法解释》第 26 条和《施工合同司法解释（二）》第 24 条、第 25 条中，最高院明确赋予了实际施工人以诉讼主体的资格，其可以直接起诉发包人，且发包人要在欠付工程价款范围内对实际施工人承担责任。说明实际施工人可以突破债的相对性原理而直接向发包人主张权益。

当然，《施工合同司法解释》第 26 条和《施工合同司法解释（二）》第 24 条、第 25 条的适用是有严格限制的，只有因转包人或者违法分包人怠于向发包人主张权利损害到实际施工人利益的情况下，才准许实际施工人突破合同相对性，依据《施工合同司法解释》第 26 条和《施工合同司法解释（二）》第 24 条或者《合同法》第 73 条和《施工合同司法解释（二）》第 25 条的规定提起对发包人的诉讼。[①] 如果实际施工人只是为向发包人索要超出合同约定的高额不法利益，甚至与其有合同关系的相对人恶意串通，借机向发包人敲诈勒索，此类诉讼不属于《施工合同司法解释》第 26 条和《施工合同司法解释（二）》第 24 条、第 25 条所规定的案件受理条件。[②]

最后，有条件地赋予实际施工人以工程价款优先受偿权，并不会造成实践中与承包人所享有的优先受偿权冲突的问题。实际施工人只有在承包人怠于行使权利以致危害自身利益时，才可以依据《合同法》第 73 条和《施工合同司法解释（二）》第 25 条的规定向发包人主张优先受偿权，两个主体所享有的优先受偿权存在不同位阶上的区别。但在以往的司法实践中，有观点认为，只要实际施工人向发包人主张的工程款债权成立，就认定实际施工人为适格的优先受偿权行使主体。例如，最高院在沙伯基础创新塑料（中国）有限公司与福建省土木建设实业有限公司、福建省土木建设实业有限公司深圳分公司、三星工程有限公司建设工程施工合同纠纷案[③] 中认为，根据《合同法》第 286 条和《施工合同司法解释》第 26 条、《最高院优先受偿权批复》的规定，实际施工人以发包人为被告主张权利的，发包人在欠付工程价款范围内对实际施工人承担责任。本案二审法院认定被申请人（即分包人和实际施工人）对涉案工程享有工程价款优先受偿权，有事实和法律依据。事实上，对于实际施工人能否享有建设工程价款优先受偿权，在以往的司法实践中并未形成统一的意见，但以支持的观点为主流。

由于从《施工合同司法解释》第 26 条和《施工合同司法解释（二）》第 24 条、第 25 条规定的文义看，实际施工人似乎仅指转承包人和违法分承包人，而不包括挂靠人，故此处对挂靠人单独进行讨论。在建设工程领域，挂

---

① 关于实际施工人依据《施工合同司法解释》第 26 条和《施工合同司法解释（二）》第 24 条的规定向发包人主张权利与依据《合同法》第 73 条、《施工合同司法解释（二）》第 25 条的规定向发包人主张权利的区别，参见本书第 331 页，第五章“本章要旨”。

② 参见冯小光：《回顾与展望——写在〈最高人民法院关于审理建设工程施工合同纠纷案件适用法律若干问题的解释〉颁布三周年之际》，载最高人民法院民事审判第一庭编：《民事审判指导与参考》（总第 33 辑），法律出版社 2008 年版，第 81 页。

③ （2013）民申字第 39 号。

靠是指单位或个人，无论其是否具备施工资质，而以其他有资质的施工单位的名义承揽工程的行为，具体包括参与投标、订立合同、办理有关施工手续、从事施工等活动。[①] 我国现有的法律法规及司法解释只是对建筑领域中出借或借用资质的行为有具体规定，[②] 并没有对“挂靠”行为作出过明确规定，“挂靠”只是作为长期以来建筑市场中约定俗成的一种特定现象的称谓。[③]

根据《施工合同司法解释》第 1 条的规定，具有挂靠情形的建设工程施工合同，因为违反了法律、行政法规的效力性强制性规定，而被认定为无效。对此，实践中并无太大争议，但是，在此情形下，挂靠人是否依旧能够依据《合同法》第 286 条的规定而主张享有建设工程价款优先受偿权？目前仍有两种不同观点。

一种观点认为，债权债务关系发生在特定的享有权利的债权人和承担义务的债务人之间，而发包人与挂靠人之间并无合同关系，挂靠人向发包人主张工程价款优先受偿权没有依据。

另一种观点认为，虽然发包人与挂靠人之间不具有合同关系，但不能因为其挂靠，就否定已经实际产生的劳动成果。

我们认为，在挂靠情形中，如果发包人明知或应当知道存在挂靠关系，挂靠人已经从局外人直接自动地成为施工合同的当事人，当然享有建设工程价款优先受偿权。[④] 如果发包人不知道或不应当知道存在挂靠关系，仍应按照上述实际施工人享有工程价款优先受偿权的规则赋予挂靠人工程价款优先受偿权，即在挂靠人完成了其与被挂靠人之间所约定的施工义务，并符合被挂靠人与发包人之间约定的施工义务，且工程质量合格，在被挂靠人不主张或怠于主张工程价款优先受偿权的情况下，挂靠人可以依据《合同法》第 73

---

① 朱树英著:《建筑工程施工转包违法分包等违法行为认定查处管理办法（试行）适用指南》，法律出版社 2014 年版，第 168 页。

② 具体如《建筑法》第 26 条规定、《建设工程质量管理条例》第 25 条规定、《施工合同司法解释》第 1 条规定。

③ 有关挂靠行为的特征、类型及表现形式、挂靠与内部承包的区别等，参见本书第 54 页，第一章第四条“典型案例”中的“焦点评析”第一部分。

④ 参见本书第 58 页，第一章第四条“实务争点”第一部分。

条和《施工合同司法解释（二）》第25条的规定向发包人主张工程款债权和优先受偿权。例如，重庆渝北法院在李敏诉重庆中梁建筑安装工程公司、重庆市渝北区创新经济走廊管理委员会建设工程合同纠纷案[①]中认为,《合同法》第286条赋予了承包人享有建设工程价款优先受偿权，但现实生活中转包、分包、挂靠的情形较为普遍，承包人往往并不是实际施工人，发包人所拖欠的工程款应当是实际施工人的应得款项，在承包人未起诉发包人的情况下，实际施工人可以请求发包人在欠付工程款的范围内支付工程款，并享有建设工程价款优先受偿权。在本案中，重庆渝北法院通过综合考量优先受偿权的立法目的及现实因素，最终得出了在被挂靠人不起诉发包人的情况下，发包人应当享有建设工程价款优先受偿权的结论。实践中，当事人在自我评估行为效力的时候，也可以首先判断自身行为是否满足挂靠行为的性质、特征。必须注意的是，挂靠行为被法律法规所禁止，具有挂靠行为所签订的建设工程施工合同无效，但合同无效并不影响挂靠人作为实际施工人享有建设工程价款优先受偿权，发包人在所拖欠的款项范围内对实际施工人承担责任。

2. 分承包人是否享有工程价款优先受偿权?

实践中，分包现象普遍存在。根据我国《合同法》第272条的规定，满足特定条件的分包是被允许的，而转包则是被严格禁止的。

分包，是指工程的总承包人、施工总承包人将自己所承包工程的某一部分或某几部分，再发包给其他承包人，并与其签订承包合同项下的分包合同。一个合法有效的分包合同，必须满足四个条件：（1）必须经发包人同意；（2）只能将部分工程分包给具有相应资质条件的分承包人，没有相应资质的主体不能成为分承包人；（3）分包的工程不能是建设工程的主体结构施工工程，这部分工程只能由承包人自行完成；（4）禁止分包单位将其承包的工程进行二次分包，劳务分包除外。

根据《建筑法》第29条第2款规定："建筑工程总承包单位按照总承包合同的约定对建设单位负责；分包单位按照分包合同的约定对总承包单位负

---

① （2015）渝北法民初字第01732号。

责……”即此时存在两个相互独立的法律关系，一个是发包人与总承包人的合同关系，另一个是分包人和总承包人的合同关系。据此有观点提出，基于合同的相对性原理，分承包人不能突破自己的合同而去要求另一个合同中的发包人承担义务。分承包人所享有的，只是基于《合同法》第73条所规定的代位权，在总承包人怠于主张工程款债权的情况下，由分承包人向作为次债务人的发包人代位求偿，分承包人并没有突破债的相对性而享有建设工程价款优先受偿权。

而另一种观点认为，应允许分承包人就其承建的工程部分在发包人欠付的工程款范围内向发包人主张工程价款优先受偿权。

我们认为，与实际施工人一样，分承包人在符合特定条件时也可以享有建设工程价款优先受偿权。即分承包人完成了其与总包人之间所约定的施工义务，且工程质量合格的，在总包人不主张或怠于主张工程价款优先受偿权的情况下，应当赋予分承包人享有优先受偿权以维护自己的权益，也就是上述第一种观点。

3. 工程款债权受让人或债权债务的概括承受人是否享有工程价款优先受偿权？

不少学者认为，工程价款优先受偿权不能随工程款债权的转让而一并转让，之所以否定债权受让人享有建设工程价款优先受偿权，是基于对工程价款优先受偿权的专属性的考虑。这些学者认为，该优先受偿权是为保护承包人、供应商及建筑工人的共同利益而设计的，有利于抬高在建设工程中处于弱势一方的承包人的地位，因此，当债权转让给第三人后，工程价款优先受偿权不得随主合同债权一并转让，因施工行为所产生的追偿拖欠工程款的权利，只能作为普通债权进行转让。[1]

我们认为，这种观点是值得商榷的，债权受让人或债权债务的概况承受人同样应该享有工程价款优先受偿权。通过有效的债权转让，使得受让人继受取得原承包人所享有的工程价款优先受偿权，发包人不得以主体资格变

---

① 参见宿辉、田林：《基于工程价款优先受偿权制度的权利变动研究》，载《建筑经济》2010年第6期。

更为由进行抗辩，也只有这样，才能更好地实现工程价款优先受偿权的制度设计初衷。这是因为，在债权转让之后，承包人通常已从债权受让人处取得了相等值工程价款的资金，此时若不允许受让人继受取得工程价款优先受偿权，则该善意受让人的债权只能沦为普通债权，让位于抵押权之后。当建设工程出现贱卖的情形，或是发包人的资金不足以清偿全部债务时，债权受让人的利益将会受到严重损害，在市场经济利益最大化的现实情况之下，大多数债权受让人会因为不愿承担此风险而拒绝受让工程款债权。因此，将工程价款优先受偿权解释为归属于承包人专有，只会阻碍债权的自由流转，对承包人而言，无疑减少了一条可供快速实现回收工程款的救济途径，也违背了工程价款优先受偿权保护建筑工人等弱势群体的立法目的。另外，否定债权受让人享有建设工程价款优先受偿权在逻辑上也无法自圆其说。工程价款优先受偿权作为顺位权利，本身依附于工程款债权，而承包人自愿放弃或转让工程款债权时，应当随主债权一并放弃或转让。

况且，司法实践中也已普遍承认了债权受让人同等享有工程价款优先受偿权，但其必要前提是承认在建设工程中所形成的债权可以进行自由转让，而这又取决于债权的性质、转让是否合法、是否损害发包人利益等。具体包括：

（1）债权转让协议合法有效。双方当事人的合意是民事合同成立的核心，在双方意思表示一致的情况下，还必须不具备法律所规定的不得转让的限定条件。根据《合同法》第79条的规定，具有下列情形之一的，债权人不得将合同的权利全部或者部分转让给第三人，包括：①根据合同性质不得转让；②按照当事人约定不得转让；③依照法律规定不得转让。

（2）必须将债权转让的事实通知发包人。债权转让协议成立即生效，无须采用书面形式，也无须征得发包人的同意，但未将转让事实通知发包人的，对发包人不产生效力，发包人可据此对抗债权受让人请求履行债务的要求。

（3）转让不损害发包人的利益。也即在原建设工程项目中，发包人与承包人间所有的权利义务均已明确，两者不存在尚未确定的工程债务。至于转让人对外所遗留的尚未履行的债务，如拖欠材料费等，根据合同的相对性原理，只在转让人与其债权人之间发生效力，不影响发包人的利益，该债权人也不能向受让人主张债务清偿。但在债权债务概括承受的情况下，概括承受人同样需要对转让人所遗留的债务负责。

在满足上述三个条件的情况下，债权转让在当事人间发生效力，发包人需对新的债权受让人履行给付工程价款的义务。

因此，在债权转让合法有效的前提下，债权受让人或债权债务的概况承受人应当享有建设工程价款优先受偿权。

4. 委托代建的情况下，承包人是否享有工程价款优先受偿权？

在建设工程领域，委托代建通常是指不具备专业技术、设备的委托方，将某一建设项目全权委托给专业的开发建设单位，由该代建公司根据委托方的需求处理项目的报建手续、工程发包、项目管理等开发建设和资产经营的各项事务，并在项目完成后，将最终的建设成果交付给委托方的行为。

在委托代建的情况下，施工合同的当事人为受托的代建公司和承包人，而建筑物所有权属于委托方，此时承包人能否主张建设工程价款优先受偿权？也即，在发包人不享有建筑物的所有权的情况下，承包人是否依旧能对工程的折价、拍卖款享有优先受偿权？

反对的观点认为，承包人享有建设工程价款优先受偿权的前提是发包人享有对建设工程的所有权，承包人依据其与发包人所签订的建设工程施工合同，履行相应的义务，在发包人不按约支付工程款时，对发包人主张自己的权利，要求对所建工程进行折价或拍卖，并以所得款项来补偿自己的实际支出，支付建筑工人的报酬等。当建筑物的所有权属于委托方时，承包人无法突破合同的相对性原则来要求以他人之物实现自己的权利。

上述观点看似合理，实际上却是将思维局限于合同的相对性原则，僵化地套用该原则以适用所有的情形。我们认为，在委托代建的情况下，承包人依旧可以依据建设工程施工合同，主张对建设工程的折价或拍卖款享有优先受偿权，即使该建设工程归委托人所有。理由如下：

（1）委托代建符合一般的委托代理关系。代理，是指代理人在代理的权限范围内，以被代理人的名义与第三人进行表意行为，所产生的法律后果直接归属于被代理人的法律制度。在代理关系中，通常由内部和外部两方面的法律关系所构成，即由被代理人与代理人的内部关系，以及代理人与第三人、第三人与被代理人之间的外部关系所构成。在委托代建的情况中，同样存在三方主体，建设工程的所有人（委托方）、代建公司（受托人）、承包人（第三人），代建公司正是根据委托方的授权，才对外与承包人签订建设工程施工合同，承包人所完成的建设工程最终归委托人所有。

（2）利用代理关系中的显名代理和隐名代理制度有助于解决委托代建的冲突，以代理行为是否显露被代理人为标准，代理可分为显名代理和隐名代理。显名代理是指向第三人明示被代理人的名义，并以其名义从事代理行为的代理。相对应的，隐名代理就是不明示被代理人的名义，并以代理人的名义实施代理行为的代理。[①]《合同法》第402条、第403条分别对显名代理、隐名代理的法律特征及法律后果作出了明确的规定。根据《合同法》第402条的规定，在合同没有相反约定的情况下，受托人以自己的名义，在授权范围内与第三人订立的合同，第三人在订立合同时知道委托人存在的，该合同直接约束委托人和第三人。也即，当委托代建关系中，承包人作为第三人已经明确知道委托人的存在，知道其所承建的工程最终是归委托人所有的时候，此时的建设工程施工合同已经突破了传统的债的相对性原理，直接约束委托人和承包人。在发包人未按约支付工程款的情况下，委托人也要受到合同的约束，承包人有权主张以其实际物化所建成的建设工程来进行折价或拍卖，并享有优先受偿权。

这种情形也是委托代建最常见的情形，发包人在与承包人订立合同时就已向后者披露了委托关系的存在，或是委托人见证了建设工程施工合同的订立，且承包人在施工过程中，为确保建设工程符合要求，也会与委托人产生经常的联系与交流，此时符合显名代理的特征，应当适用显名代理的法律规则，承包人享有建设工程价款优先受偿权。

另外一种情况是，受托人以自己的名义对外从事法律行为，第三人并不知晓代理关系的存在，此时适用《合同法》第403条关于隐名代理的规定。我国《民法通则》《民法总则》并未涉及隐名代理，《合同法》第403条通过引入英美法中隐名代理的委托人的介入权和第三人的选择权，使得原本两个独立的合同得以联结，在委托人和第三人之间建立了直接的请求

① 高富平主编：《民法学》，法律出版社2009年版，第228页。

权关系。

第三人的选择权，是指在受托人与第三人的合同关系中，受托人因委托人的原因对第三人不履行义务的，受托人具有向第三人披露委托人的义务，第三人因此获得选择权，可以选择受托人或者委托人两者之一作为相对人主张其权利。具体到委托代建关系中，即使承包人在合同履行的过程中自始不知道委托人存在，当受托人（发包人）因为委托人拖欠款项的支付进而无法对承包人履行义务时，此时承包人拥有自己的选择权，可以重新选择权利主张的相对方，要求委托人对自己支付拖欠的工程款，在给付不能时，主张对委托人的建设工程行使工程价款优先受偿权。

当然，若委托人已经足额支付代建公司相关款项，此时已不满足第三人选择权的成立条件，受托人是因为自身原因而不对第三人履行义务，此时，承包人只能依据建设工程施工合同的约定，向发包人，也即代建公司主张工程价款的给付，而不能对委托人的建设工程再主张折价或拍卖以行使工程价款优先受偿权。

综上，我们认为，在委托代建的情况下，即使发包人不享有对建设工程的所有权，承包人依旧可以主张对工程的折价、拍卖款享有优先受偿权，除非委托人已经按约足额支付受托人所有款项且承包人不知道委托人的存在。

案例索引

香港维多利亚设计有限公司与东营盛唐置业有限公司建设工程设计合同纠纷案［案号：（2017）鲁0591民初633号］；

徐丹与杭州川石建筑装饰设计工程有限公司建设工程设计合同纠纷案［案号：（2017）浙07民终1903号］。

规范链接

《2015年全国民事审判工作会议纪要》

53. 第一种意见：建设工程施工合同无效，但建设工程经竣工验收合格，实际施工人请求依据合同法第二百八十六条规定对承建的建设工程享有优先受偿权的，应予以支持。

第二种意见：建设工程施工合同无效，实际施工人请求对承建的建设工程享有优先受偿权的，不予支持。

《浙江省高级人民法院执行局执行中处理建设工程价款优先受偿权有关问题的解答》

第六条 工程勘察人或设计人就工程勘察或设计费主张优先受偿权的，不予支持。

《广东省高级人民法院关于在审判工作中如何适用〈合同法〉第286条的指导意见》

2. 建设工程合同订立总承包合同后，再由总承包人订立分包合同的，在总承包合同、分包合同均有效的情形下，发包人拖欠工程款的，总承包人可以对工程折价或者拍卖价款主张优先受偿权。分包人对自己承建部分主张享有优先权的，人民法院不予支持。但如因总承包人怠于行使优先权损害分包人利益，分包人可依照《合同法》第七十三条的规定就其承包工程价款范围内向发包人主张权利。

《徐州中院进一步规范关于审理建设工程施工合同纠纷案件的若干问题》

【合同无效时谁能主张优先受偿权？】实际施工人在承包人怠于行使工程价款优先受偿权时，就其承建的工程在发包人欠付工程款范围内可以主张工程价款优先受偿权。

《浙江省高级人民法院民事审判第一庭关于审理建设工程施工合同纠纷案件若干疑难问题的解答》

二十二、建设工程施工合同无效情形下，谁有权行使优先受偿权？

分包人或实际施工人完成了合同约定的施工义务且工程质量合格，在总承包人或转包人怠于行使工程价款优先受偿权时，就其承建的工程在发包人欠付工程价款范围内可以主张工程价款优先受偿权。

《安徽省高级人民法院关于审理建设工程施工合同纠纷案件适用法律问题的指导意见》

16. 装饰装修工程承包人主张工程款优先受偿权，可予支持；工程勘察人或设计人就工程勘察或设计费主张优先受偿权，不予支持。工程勘察人或设计人就工程勘察或设计费主张优先受偿权，不予支持。

18. 分包人或实际施工人完成了合同约定的施工义务且工程质量合格的，在总包人或非法转包人怠于主张工程价款优先受偿权时，就其承建的工程在发包人欠付的工程款范围内主张工程价款优先受偿权，可予支持。

《重庆市高级人民法院民一庭关于当前民事审判疑难问题的解答》

15. 实际施工人是否享有建设工程价款优先受偿权？

答：我国《合同法》第二百八十六条规定："发包人未按照约定支付价款的，承包人可以催告发包人在合理期限内支付价款。发包人逾期不支付的，除按照建设工程的性质不宜折价、拍卖的以外，承包人可以与发包人协议将该工程折价，也可以申请人民法院将该工程依法拍卖。建设工程的价款就该工程折价或者拍卖的价款优先受偿。"该条赋予承包人享有建设工程价款优先受偿权的立法目的旨在解决工程款的拖欠问题，保障包括广大农民工在内的建筑工人的基本生活需要。但是，现实生活中，承包人非法转包和违法分包的情形较为普遍，承包人往往并不实际施工，拖欠的工程款通常是实际施工人的。如果承包人怠于行使权利，则实际施工人的利益无法得到保护。因此，在与发包人具有直接合同关系的承包人没有起诉发包人的情况下，实际施工人诉请发包人在欠付工程款范围内支付工程价款并依照我国《合同法》第二百八十六条主张建设工程价款优先受偿权的，应当予以支持。

《天津仲裁委员会建设工程施工合同纠纷案件仲裁指引》

第七条 主体方面一般限于与工程范围内的建设工程勘察、设计、施工承包人之间，不包括提供技术服务的工程监理和买卖合同的供应商。总承包人怠于行使优先权导致分包人权利受损时，实务中可以酌情考虑分包人代为行使优先受偿权。

第十八条 【装饰装修工程承包人的优先受偿权】装饰装修工程的承包人，请求装饰装修工程价款就该装饰装修工程折价或者拍卖的价款优先受偿的，人民法院应予支持，但装饰装修工程的发包人不是该建筑物的所有权人的除外。

条文主旨

本条规定了装饰装修合同承包人行使建设工程价款优先受偿权的条件及其限制。

典型案例

案例 18：装饰装修工程承包人可在建筑物因装饰装修而增加价值的范围内优先受偿

——老潘头（福建）食品有限公司、福建为明太建筑工程有限公司建设工程施工合同纠纷案[①]

案情回放

福建为明太建筑工程有限公司（以下简称为明太公司）与老潘头（福建）食品有限公司（以下简称老潘头公司）、沙县众利资产管理有限公司（以下简称众利公司）于2015年7月签订《装修工程施工合同》一份，约定老潘头公司将其位于沙县金沙园金明西路南侧至长泰北路的海西生态农产品交易中心装修及附属工程发包给为明太公司施工，项目总占地面积119亩，合同价款暂定1000万元。合同同时对工程的开工日期、质量标准、进场施工保证金、工程款支付及双方权利义务等作出约定。合

① （2017）闽04民终834号、（2016）闽0427民初2540号。

同还约定，为明太公司所垫工程款，由众利公司担保，负责为明太公司资金安全。同时，众利公司作为担保人在合同上盖章。当事人所签订合同约定的施工工程“海西原生态农产品交易中心 1# 至 10# 综合楼”，系老潘头公司坐落于沙县 ×× 高新技术开发区金沙园，房产证号为 20××49 号、20××50 号、20××20 号、20123710 号至 20123714 号、20××22 号。

案涉工程装修完成后，为明太公司与老潘头公司、众利公司分别于 2016 年 1 月 10 日、6 月 1 日，两次对施工完成的总价款进行确认，为 1100 万元。

因老潘头公司、众利公司未及时支付案涉工程款，为明太公司起诉至法院。

裁判理由

一审法院认为，为明太公司要求对依法处置由其承建的老潘头公司坐落于沙县 ×× 高新技术开发区金沙园的建设工程所得的价款，优先受偿之主张，因对建设主体工程进行装饰装修工程仍然属于建设工程的组成部分，其对处置自己所承建的装饰装修工程，所得价款享有优先权的主张，符合法律规定。

二审法院认为，《合同法》第 286 条规定：“发包人未按照约定支付价款的，承包人可以催告发包人在合理期限内支付价款。发包人逾期不支付的，除按照建设工程的性质不宜折价、拍卖的以外，承包人可以与发包人协议将该工程折价，也可以申请人民法院将该工程依法拍卖。建设工程的价款就该工程折价或者拍卖的价款优先受偿。”《最高院优先受偿权批复》第 1 条规定：“人民法院在审理房地产纠纷案件和办理执行案件中，应当依照《中华人民共和国合同法》第二百八十六条的规定，认定建筑工程的承包人的优先受偿权优于抵押权和其他债权。”《最高院优先受偿权函复》规定：“装修装饰工程属于建设工程，可以适用《中华人民共和国合同法》第二百八十六条关于优先受偿权的规定，但装修装饰工程的发包人不是该建筑的所有权人或者承包人与该建筑物的所有权人之间没有合同关系的除外。享有优先权的承包人只能在建筑物因装修装饰而增加价值的范围内优先受偿。”本案中，为明太公司主张的是对讼争建筑物因装修而增值部分享有优先受偿权与老潘头公司抵押给银行的建筑物主体并无交集。老潘头公司上诉称讼争房屋已先行抵押给银行，为明太公司不享有优先受偿权，没有事实依据和法律依据。

裁判结果

一审法院判决：

一、老潘头公司应偿还为明太公司工程价款1095万元；

二、老潘头公司应支付为明太公司逾期付款利息，按所欠工程款和年利率4.35%计算，自2016年11月14日起计至偿还工程款之日止；上述交付款，应于判决生效之日起十五日内付清；

三、为明太公司对依法处置老潘头公司坐落于沙县××高新技术开发区金沙园的产权证号为20××49号、20××50号、20××20号、20123710号至20123714号、20××22号房屋中由其承建施工的装饰装修工程所得的价款，优先受偿；

四、众利公司对上述交付款项，承担连带清偿责任。

二审法院判决：

一、维持沙县人民法院（2016）闽0427民初2540号民事判决第一、三项；

二、变更沙县人民法院（2016）闽0427民初2540号民事判决第二项为：老潘头（福建）食品有限公司向福建为明太建筑工程有限公司支付工程价款1095万元及相应的逾期付款利息（该利息以尚欠工程价款1095万元为基数，按年利率4.35%，自2016年11月14日起计算至2017年8月7日止）；上述交付款，应于本判决生效之日起十五日内付清；

三、变更沙县人民法院（2016）闽0427民初2540号民事判决第四项为：沙县众利资产管理有限公司对上述交付款项，承担连带清偿责任；

四、驳回福建为明太建筑工程有限公司的其他诉讼请求。

焦点评析

本案的争议焦点之一是装饰装修工程承包人能否享有建设工程价款优先

受偿权?

《最高院优先受偿权函复》:“装修装饰工程属于建设工程，可以适用《中华人民共和国合同法》第二百八十六条关于优先受偿权的规定，但装修装饰工程的发包人不是该建筑的所有权人或者承包人与该建筑物的所有权人之间没有合同关系的除外。享有优先权的承包人只能在建筑物因装修装饰而增加价值的范围内优先受偿。”本条规定是在准确把握《合同法》第286条立法目的的基础上，对上述函复内容的进一步完善和修正，符合《合同法》第286条规定的本意。

首先，作为一种对建筑物的添附和修缮，装修装饰人将自己的劳动物化到了建设工程中，并在装修装饰过程中实际投入了人力、物力，建设工程因此而得以增值。结合本书前文[①]对工程价款优先受偿权立法目的的分析来看，在装修装饰工程中，同样需要保障增值部分的实际投入，使之享有优先受偿的权利，这也符合立法宗旨。

其次，承认装修装饰工程承包人的优先受偿权并不会造成在后顺位的抵押权人和普通债权人的利益受损。因为装修装饰使得建设工程比未装修装饰前有了显著的价值提升，由此导致抵押权人所拥有的抵押物价值也发生了变化，承包人在建设工程因装修装饰而增加价值的范围内优先受偿后，建设工程回归装修装饰前的价值，此时于抵押权人和普通债权人而言，并未产生影响。

最后，在司法实践中，已基本达成共识。例如，本案一审、二审法院均支持了装修装饰工程的承包人可以在建设工程因装修装饰而增值的范围内优先受偿。又如，在福建融港侨装饰设计工程有限公司与新疆天山实业发展有限公司建筑装饰工程施工合同纠纷案[②]中，福建融港侨装饰设计工程有限公司（以下简称融港侨公司）与新疆天山实业发展有限公司（以下简称天山实业公司）通过签订《建设工程施工合同》，约定由融港侨公司承包天山实业公司位于某区酒店的装修工程，后双方就工程价款的支付产生纠纷，融港侨

---

① 详见本书第239页，第四章第十七条“典型案例”中的“焦点评析”第二部分。

② （2013）民一终字第12号。

公司主张其应当享有工程价款优先受偿权。经过审理，一审新疆高院及二审最高院都支持了原告的诉讼请求。最高院在二审中认为，本案系建筑装饰装修工程合同纠纷，依照《最高院优先受偿权函复》的精神，鉴于天山实业公司是天山大酒店的所有人且与融港侨公司之间有合同关系，融港侨公司作为装饰装修工程的承包人，对案涉工程亦享有优先受偿权，但该优先受偿权只能在建筑物因装饰装修而增加价值的范围内优先受偿。

我们认为，装修装饰工程之所以和勘察、设计工程有着根本区别，是由建设工程价款优先受偿权的立法目的所决定的。优先受偿权之所以突破债的平等性原则，是为了保护投入或者物化到建设工程中、对建设工程所产生增值部分的工作人员报酬、材料款等实际支出的费用得以优先受偿的权利。在发包人欠付工程款的情况下，承包人已经无法取回其“实际投入”到建设工程中的该部分价值，因此法律为其设定了一种对拍卖价款的物上代位权，即施工人可以从该工程的拍卖或者折价款项中优先取得其实际投入的等价款；而对于未“实际投入”到建设工程中的价值，无论其表现形式如何，均不能对该建设工程主张优先受偿的权利。因此，勘察人、设计人无法以其智力成果的转化形式而取得工程价款优先受偿权，但装修装饰工程的承包人却可以其投入到建设工程的人力、物力而取得优先受偿权。

本条规定在承继《最高院优先受偿权函复》内容的同时，对装饰装修工程承包人行使建设工程价款优先受偿权的客体范围及限制条件再一次明确，规定装饰装修工程承包人可以对其自行施工的装饰装修工程折价或者拍卖的价款优先受偿。这与《最高院优先受偿权函复》的规定有较大的不同，根据本条规定，装饰装修工程承包人行使工程价款优先受偿权将更为便捷。根据《最高院优先受偿权函复》的规定，一般情况下，装饰装修工程的承包人只能在整个建设工程折价、拍卖时对其施工的增值部分才能主张优先受偿，但根据本条规定，装饰装修工程承包人不仅在整个建设工程折价、拍卖时可就其施工增值部分价款主张优先受偿，还可以单独就其施工的装饰装修工程进行折价或者拍卖并主张价款优先受偿权。当然，这仅仅是理论上的价值，到底能否在实践中真正发挥作用，还有待于实践的检验。

另外，本条还规定了装饰装修承包人享有优先受偿权的一种例外情形，即装饰装修工程的发包人不是该建筑物的所有权人时，装饰装修工程承包人不享有工程价款优先受偿权。我们认为，本条之所以对装饰装修工程承包人行使工程价款优先受偿权作此限制，一方面是出于保持《最高院优先受偿权函复》规定延续性的考虑，另一方面是担心若不作此限制，一旦实践中出现发包人非建设工程的所有权人时，会陷入无法操作的困境。但我们认为，这一规定过分限制了装饰装修承包人行使优先受偿权的可能性。事实上，最高院根本不必彻底否定发包人非建设工程所有权人时，装饰装修工程承包人的优先受偿权，完全可以在此情形下作出一定的例外规定。比如，当发包人非建设工程所有权人时，如果装饰装修工程的承包人与建设工程所有权人存在合同关系（不仅包括建设工程施工合同关系，也包括其他合同关系，如保证合同关系等）时，允许装饰装修工程承包人行使工程价款优先受偿权，这实际上也是《最高院优先受偿权函复》规定的精神。再比如，虽然发包人非建设工程的所有权人，但建设工程已经被折价或拍卖时，也应当允许装饰装修工程承包人就其装饰装修增值部分价款优先受偿。其实，《施工合同司法解释（二）》（征求意见稿）是支持我们这一主张的，遗憾的是这一正确观点被正式颁布的《施工合同司法解释（二）》予以删除。

实务争点

建设工程施工合同解除时，承包人是否享有工程价款优先受偿权？

实践中，因建设工程施工合同解除而引发纠纷的现象并不罕见。从我们对搜集到的案例分析来看，实践中合同解除的缘由大多是发包人后期资金的缺乏致使工程长期处于停工状态，在协商一致的情况下，承包人与发包人自愿解除原定建设工程施工合同；或是当发包人的迟延履行构成《合同法》第94条所规定的法定解除之标准时，由承包人单方面诉请法院解除合同；或者承包人严重延误工期，发包人诉请法院确认解除合同。合同解除所导致的直接法律后果就是承包人与发包人之间权利义务关系的终止，原定的合同关系不复存在。

当纠纷产生时，施工合同是否应当解除，根据合同的实际履行情况较易作出判断，在实践中并不会产生太大的争议，同时，原定结算和清理条款的效力并不随着合同的终止而受影响，但在双方权利义务消灭的情况下，承包人是否仍旧享有工程价款优先受偿权，值得探究。

我们对此持支持观点，理由如下：

（1）区分合同解除的原因及过错，只对赔偿损失的确认具有意义，而和建设工程价款的结算没有直接联系。[①] 不论建设工程施工合同是因发包人的迟延给付或是承包人的其他违约行为而构成解除的标准，都不影响承包人主张其本应享有的工程价款。

（2）建设工程价款优先受偿权的设立目的，是对所产生建筑物的价值中由承包人实际物质投入部分等价补偿，即使施工合同解除，但对承包人已经投入部分的价值及性质没有影响。同时，因为建设工程的特殊性，承包人所完成的标的物已无法随着合同的解除而回复到原来状态，因此，此时合同解除产生的效力不具有溯及力，只是消灭当事人之间将来发生的权利义务关系，在发包人无力支付工程款项的时候，承包人仍可以主张对所建工程进行折价或拍卖，并对所得价款优先受偿。

司法实践中，支持承包人在合同解除后享有优先受偿权的观点也获得广泛的认可，如在义乌市东河建筑工程有限公司诉义乌泰和包装有限公司建设工程施工合同纠纷案[②]中，因发包人资金困难导致不能按约支付工程款，承包人暂停工程施工。后双方对承包人已完成的工程量进行结算，并协商一致签订《建设工程施工合同解除协议》。现因发包人未按解除协议支付工程价款及违约金，承包人诉至法院要求行使优先受偿权。义乌法院经审理后认为，发包人未按照约定支付价款的，承包人可以催告发包人在合理期限内支付价款。发包人逾期不支付的，除按照建设工程的性质不宜折价、拍卖的以外，承包人可以与发包人协议将该工程折价，也可以申请人民法院将该工程依法拍卖。建设工程的价款就该工程折价或拍卖的价款优先受偿。合同权利义务终止，不影响合同中的结算和清理条款的效力。发包人拖欠承包人工程款已

---

① 李刚：《建设工程合同若干问题研究》，湖南大学 2006 年硕士学位论文，第 59 页。

② （2015）金义上溪民初字第 182 号。

构成违约，应承担支付工程款、违约金的责任。发包人未按合同约定支付工程款，承包人依法可就建设工程的价款在该工程折价或者拍卖的价款中优先受偿。又如，在五洋建设集团股份有限公司诉浙江中轻房地产开发有限公司建设工程施工合同纠纷案[①]中，柯桥法院依据《合同法》第 94 条第 3 项关于"当事人一方迟延履行主要债务，经催告后在合理期限内仍未履行，当事人可以解除合同"的规定，支持了承包人解除建筑施工合同的诉求，并依据《最高院优先受偿权批复》第 3 条之规定，判决承包人对除履约保证金外的其他工程价款合理部分享有优先受偿权。各地法院发布的指导性文件，大多数也认可在施工合同解除后，承包人享有优先受偿权，如《江苏高院解答》第 14 条、《广东高院解答》第 16 条、《河北高院审理指南》第 35 条等均认为建设工程尚未竣工，而合同解除或终止履行的，承包人仍享有工程价款优先受偿权。

案例索引

福建融港侨装饰设计工程有限公司与新疆天山实业发展有限公司建筑装饰工程施工合同纠纷案［案号：（2013）民一终字第 12 号］；

江苏帝豪装饰股份有限公司与江苏驿都国际大酒店有限公司建设工程施工合同纠纷案［案号：（2017）苏民终 229 号］。

规范链接

《最高人民法院关于装修装饰工程款是否享有合同法第 286 条规定的优先受偿权的函复》

装修装饰工程属于建设工程，可以适用《中华人民共和国合同法》第二百八十六条关于优先受偿权的规定，但装修装饰工程的发包人不是该建筑物的所有权人或者承包人与该建筑物的所有权人之间没有合同关系的除外。享有优先权的承包人只能在建筑物因装修而增加价值的范围内优先受偿。

---

① （2015）绍柯民初字第 1325 号。

《浙江省高级人民法院执行局执行中处理建设工程价款优先受偿权有关问题的解答》

六、装饰装修工程承包人、工程勘察人或设计人是否享有优先受偿权？

装饰装修工程承包人主张工程价款优先受偿权的，可予以支持。但装修装饰工程的发包人不是该建筑的所有权人，或者承包人与该建筑物的所有权人之间没有合同关系的除外。享有优先权的承包人只能在建筑物因装修装饰而增加价值的范围内优先受偿。

《四川省高级人民法院关于审理建设工程施工合同纠纷案件若干疑难问题的解答》

37. 如何确定享有优先受偿权的主体？

装饰装修工程属于建设工程，可以适用《中华人民共和国合同法》第二百八十六条的规定，但装饰装修工程的发包人不是该建筑物的所有权人或者承包人与该建筑物的所有权人之间没有合同关系的除外。享有优先受偿权的承包人只能在建筑物因装饰装修而增加价值的范围内优先受偿。

《安徽省高级人民法院关于审理建设工程施工合同纠纷案件适用法律问题的指导意见》

16. 装饰装修工程承包人主张工程款优先受偿权，可予支持；工程勘察人或设计人就工程勘察或设计费主张优先受偿权，不予支持。

第十九条 【优先受偿权的行使条件】建设工程质量合格，承包人请求其承建工程的价款就工程折价或者拍卖的价款优先受偿的，人民法院应予支持。

条文主旨

本条规定了只要工程质量合格，承包人就可以行使工程价款优先受偿权。

典型案例

案例 19：建设工程施工合同无效，不影响承包人行使建设工程价款优先受偿权

——浙江东阳建筑实业工程有限公司与西安市康福房地产开发有限公司建设工程施工合同纠纷案[①]

案情回放

2003 年 9 月 8 日，西安市康福房地产开发有限公司（以下简称康福公司）与浙江东阳建筑实业工程有限公司（以下简称东阳公司）协商签订了（2003）第 18 号《建设工程施工合同》，约定：由东阳公司（乙方）对康福公司（甲方）开发的位于西安市东新街 486 号“新城国际大厦”项目土建、安装进行建设施工。本合同执行过程中发生的争议由双方协商解决或向工程所在地建设行政主管部门申请调解，不愿协商、调解解决或者调解不成的，同意由西安仲裁委员会仲裁。

2004 年 8 月 31 日，东阳公司与康福公司签订《修改合同》，将东阳公司垫资金额由 2000 万元调为 1900 万元，康福公司同意提供地下车库及临街平房给东阳公司作临设使用四个月（从 9 月 1 日至 12 月 31 日），不收取地下车库及临街平房租金，并对取费标准等事项进行了修改和补充约定。2004 年 9 月 8 日工程开工。

2004 年 10 月 15 日，西安市城乡建设委员会因案涉工程违反《建筑法》《招标投标法》等法律法规，未办理施工许可证等建审手续，向康福公司下发违法建设工程停工通知。2004 年 11 月 17 日、11 月 26 日，康福公司两次要求东阳公司停工，11 月 27 日康福公司通知东阳公司退场。2005 年 5 月 8 日，双方签订特别约定，新城国际二期工程结算按双方 2003 年 9 月 8 日施工合同履行，2005 年的施工合同仅为补办招标手续使

---

① （2014）民一终字第 108 号、（2013）陕民一初字第 3 号。

用。2005年5月29日，双方对工程复工进行协商并达成纪要。2005年6月27日，双方为办理竣工备案手续需要，补办了招投标手续，以包工包料工程总承包和承包总价42115372.74元等内容签订了《建设工程施工合同》，并于同日在西安市城乡建设委员会备案，该合同工期、价款等实质内容与本案实际情况不符。后该工程因规划问题被西安市规划局责令停工。

因双方对已完工程的结算及停工损失等问题无法达成一致，东阳公司向西安仲裁委申请仲裁。西安仲裁委受理东阳公司的仲裁申请后，于2009年4月2日作出西仲裁字（2008）第422号裁决书。

2010年4月9日，双方与监理公司、设计单位和国家工程质量验收部门共同对工程主体进行了验收，结论为合格，国家工程质量验收部门要求施工单位作出主体验收记录及自评评估报告。2010年9月27日，康福公司作为甲方与作为乙方的东阳公司签订了《谅解协议》，约定：甲方一周内向乙方支付工程款50万元，乙方在施工场地遗留的钢筋等材料由甲方按3300元/吨收购，售房后甲方给乙方支付相应款项，共同审核计算工程价款并予以确认，完成以上工作后乙方同意并确认施工现场已移交甲方3日内共同申请仲裁。2010年10月15日，康福公司向东阳公司支付工程款50万元，累计共支付工程款400万元。2010年12月1日，双方签署《剩余钢材统计清单》，注明剩余钢材数量为159.94吨，故康福公司因工地移交需支付东阳公司钢材款为527802元。2010年12月10日，双方移交工地。2010年12月14日，双方完成工程总决算书，共同确认决算价格为23204207.36元。

2011年12月16日，西安仲裁委作出西仲裁字（2009）第2581号裁决书。

2011年8月1日，西安中院裁定对422号仲裁裁决书中止执行。2012年4月12日，西安中院裁定驳回康福公司关于撤销2581号仲裁裁决书的申请。2012年10月12日，西安中院裁定对2581号仲裁裁决书不予执行，2012年10月17日裁定终结该仲裁裁决书的执行。东阳公司遂诉至陕西高院。

裁判理由

一审法院认为，依照《合同法》第286条之规定，工程价款优先受偿权系法律为保障建设工程施工方工程款的实现而设立的法定优先权，只要该建设工程价款确定且符合法律规定，东阳公司有权依法行使该法定权利。但为了维护交易秩序安全，保护银行和其他第三人的利益，促使承包人尽快行使优先受偿权，又规定建设工程承包人行使优先权的期限为六个月，自建设工程竣工之日或者建设工程施工合同约定的竣工之日起计算。对于合同约定的竣工日期，按照东阳公司申请仲裁之日已超过法定六个月期限，且工程尚未竣工，但双方已终止承包关系，按照《合同法》关于工程价款优先受偿权的精神，结合本案事实，应以双方移交工地之日即2010年12月10日起算该优先权行使期限。根据查明的事实，在此之前东阳公司已申请仲裁并主张工程价款优先受偿权，故其关于工程款优先权的主张未超过法定期限。建设工程价款优先权的范围，依照《最高院优先受偿权批复》，包括承包人为建设工程应当支付的工作人员报酬、材料款等实际支出的费用，不包括承包人因发包人违约所造成的损失。故对东阳公司提出的其对应得工程款14076536.36元（14204207.36元+527802元－排污费70000元－工地遗留垃圾清运费70000元－事故罚款30000元－地下车库和临街平房使用费385473元－电费100000元）享有优先权的诉讼请求依法予以支持。

二审法院认为，工程款优先权是《合同法》第286条赋予建设工程施工方的一项法定优先权，目的是保障施工方能够及时取得工程款。《建设工程施工合同》被认定无效，并非排除适用《合同法》第286条的条件。只要工程款数额确定且不违反法律规定，施工方的优先权即受法律保护。

裁判结果

一审法院判决：

一、东阳公司与康福公司签订的两份《建设工程施工合同》无效；

……

七、东阳公司对康福公司开发建设的“新城国际大厦”项目在

14076536.36 元工程款范围内，依法享有《合同法》第二百八十六条规定的工程款优先权；

……

二审法院判决：驳回上诉，维持原判。

焦点评析

本案的争议焦点之一是建设工程施工合同无效时，承包人是否享有工程价款优先受偿权？针对这个问题，之前理论界和实务界一直存在两种针锋相对的观点，争论不休。

第一种观点认为，无效施工合同的承包人不应享有建设工程价款优先受偿权，这是基于两个方面的考虑：第一，建设工程价款优先受偿权作为一种法定抵押权，其效力是从属于主合同的，在施工合同的效力被法律否定的情况下，法定抵押权也当然无效，承包人不能据此主张工程价款优先受偿权。第二，在施工合同无效的情形下，承包人所主张的其实是一种不当得利返还之债。根据《合同法》第 58 条的规定："合同无效或者被撤销后，因该合同取得的财产，应当予以返还；不能返还或者没有必要返还的，应当折价补偿……"因为承包人的劳作已经物化到建筑物中，成了建筑物不可剥离的一部分，承包人只能通过主张折价补偿来弥补自己的支出与损失，而这并不属于建设工程价款优先受偿权的保护范围。一些地方法院早先发布的指导性文件就持这一观点，如《江苏省高级人民法院建设工程施工案件审理指南》中规定："合同无效而取得合法的工程款优先受偿权不符合立法精神，《合同法》第二百八十六条的语境是合同有效为前提……故，建设工程合同无效，承包人或实际施工人主张建设工程价款优先受偿权的，人民法院不应支持。"《广东省高级人民法院关于在审判工作中如何适用〈合同法〉第 286 条的指导意见》第 7 条也作了同样的规定，在建设工程承包合同无效的情形下，承包人主张建设工程价款优先受偿权的，人民法院不予支持。[①]

第二种观点认为，施工合同无效，并不影响承包人依法主张建设工程价

① 上述规定均已被后续出台的指导性文件所否定而不再适用。

款优先受偿权，只要工程验收合格即可。这是因为：建设工程施工合同的履行是承包人将劳动和建筑材料等物化的过程，是承包人投入人力和资金的成果。建设工程价款优先受偿权之设立就是通过保障这一特殊性质的工程款债权的实现，以达到有效保护承包人及劳动者利益的目的，实现法律的公平与正义。[①]正如本案最高院所认为的，工程价款优先受偿权是《合同法》第 286 条赋予建设工程承包人的一项法定优先权，目的是保障承包人能够及时取得工程款。建设工程施工合同被认定无效，并非排除适用《合同法》第 286 条的条件。只要工程款数额确定且不违反法律规定，承包人的优先权即受法律保护。

我们一直坚定地支持第二种观点，这是因为：

第一，我国的建设工程价款优先受偿权不符合法定抵押权的必要构成要件，其性质应当是一种法定优先权。[②]因此，不存在主从合同之分，施工合同无效也不必然导致承包人优先受偿权的丧失。如本案一审、二审法院均认为，工程价款优先受偿权是《合同法》第 286 条赋予建设工程施工方的一项法定优先权，施工合同被认定无效，并非排除适用《合同法》第 286 条的条件。只要工程款数额确定且不违反法律规定，施工方的优先权即受法律保护。

第二，合同无效而取得合法的工程价款优先受偿权并不违反立法精神。虽然施工合同因为违反了法律的强制性规定而被认定为无效，但承包人在建设工程中同样付出了自己的劳动，依据建设工程价款优先受偿权的立法目的，主要是为了解决工程款拖欠和建筑工人工资的问题，只要建设工程的质量合格，在工程价款方面无效合同和有效合同所产生的结果并无区别，无效合同的承包人当然有权以自己的实际劳动成果去主张优先受偿权。

第三，建设工程价款优先受偿权的设立是基于建设工程施工合同本身的特殊性，注重的是一种劳动与材料的物化的过程和结果。[③]在其他条件不变的情

---

① 张勇健：《建设工程施工合同案件审理中应注意的问题》，载《人民法院报》2018 年 9 月 5 日，第 7 版。

② 参见陈鑫范：《浅谈建设工程价款优先受偿权》，http://mp.weixin.qq.com/s?__biz=MzAxMDA2OTU1OA==&mid=403458654&idx=1&sn=8077a90c92c8f7a63db274be3c788ec7&3rd=MzA3MDU4NTYzMw==&scene=6#rd，最后访问时间：2019 年 1 月 14 日。

③ 参见蒋军平：《建设工程优先权的行使》，华东政法大学 2014 年硕士学位论文，第 6 页。

况下，建设工程施工合同无效并不会影响建设工程本身的合法性，也不会改变承包人投入材料、劳动力等物化到建设工程而使建设工程获得增值的客观事实。此时，如果仅仅因为建设工程施工合同无效，就否定承包人的工程价款优先受偿权，无异于法律强行要求以承包人的资金清偿发包人的债务，违背了公平和诚实信用原则。诚如最高院在汕头市建安（集团）公司与北京秦浪屿工艺品有限公司建设工程施工合同纠纷案[①]中，经审判委员会讨论后认为，在建设工程施工合同纠纷案件审理中，由于建筑市场违法违规行为的普遍存在，建设工程施工合同被认定无效占有很大比例。如果认定合同无效时，承包人均不享有工程款的优先受偿权，则很难平衡双方当事人的利益关系，承包人处于不利的地位，工程款债权很难实现，相应的，建筑施工企业施工人员工资亦难以得到保护。[②]

第四，建筑工人、银行等第三人的利益保护不应受到建设工程施工合同效力的影响。保障建筑工人的合法权益是工程价款优先受偿权制度的一项重要价值，无论建设工程施工合同的效力如何，建筑工人所付出的劳动都不会有任何差异，并且他们对施工合同的无效也不存在任何主观过错，所以，其权益也不应该因为合同效力的不同而受到差别对待。另外，在建设工程施工合同无效的情况下，否定承包人的工程价款优先受偿权，无非是使银行等第三方债权人的利益获得了更大程度的保护。但是，建设工程施工合同有效与否在客观上并不会影响银行等第三方债权人的利益，在这种情况下，也就不应该让银行等第三方债权人从建设工程施工合同无效中获益。

第五，各地方法院对无效施工合同承包人享有优先受偿权的观点也逐渐趋于统一。例如，江苏高院、广东高院原先对这个问题持否定态度，但在最新出台的指导性文件中，都已经改采肯定态度。《江苏高院解答》第 15 条规定："建设工程价款优先受偿权不受建设工程施工合同效力的影响。建设工程施工合同无效，承包人仍然享有建设工程价款优先受偿权。"《广东高院解答》第 13 条规定："建设工程施工合同无效，但工程质量合格的，发包人仅以施工合

---

① （2011）民一终字第 62 号。

② 邬砚著：《建设工程合同纠纷——254 个裁判规则深度解析》，法律出版社 2018 年版，第 222 页。

同无效为由主张承包人无权主张工程价款优先受偿权的，不予支持。”

本条规定明确承包人请求行使对其承建工程折价或拍卖的价款优先受偿时，只需要建设工程质量合格即可，并未对施工合同的效力提出要求，这实际上是承认施工合同无效时，承包人仍可对其承建工程折价或者拍卖的价款优先受偿。上述两种不同观点在《施工合同司法解释（二）》（征求意见稿）中均有所体现。最终，最高院审委会在讨论时认为，应当尽量从发挥工程价款优先受偿权的制度功能出发，保护建筑工人的利益，故未将合同有效作为建设工程价款优先受偿权的行使条件。这一条规定有利于统一司法实践中长期存在的两种截然不同的观点，促使全国法院对该问题做到同案同判，维护司法权威，确立司法公信。

实务争点

1. 承包人行使优先受偿权是否必须建设工程经竣工验收合格?

已完工程质量合格作为承包人请求发包人支付工程款的前提，理应成为承包人行使工程价款优先受偿权的前提条件，但已完工程质量合格并不等同于建设工程经竣工验收合格。理由如下：

（1）建设工程竣工验收只有待承包人承建的建设工程完工后才能进行，而实践中存在的大量半拉子工程由于未完工而无法进行竣工验收。如果将建设工程经竣工验收合格作为承包人行使工程价款优先受偿权的行使条件之一，将使实践中存在的这些半拉子工程的承包人全部丧失工程价款优先受偿权。这显然不应该是《施工合同司法解释（二）》的本意。

（2）《施工合同司法解释》第 2 条虽然规定的是合同无效，建设工程经竣工验收合格，承包人请求参照合同约定支付工程价款的，应予支持。但司法实践中对经竣工验收合格的理解已达成“已完工程质量合格”的共识，工程价款优先受偿权作为保障工程价款而存在的权利，在这一点上应与承包人请求支付工程价款的条件保持一致。因此，本条规定的是建设工程质量合同，而非建设工程经竣工验收合格。

（3）如果将建设工程经竣工验收合格作为优先受偿权的行使条件之一，那么，《施工合同司法解释》第 14 条第 2 项、第 3 项规定的发包人拖延验收和发包人擅自使用两种情况，能否视为这里的建设工程经竣工验收合格，从而认定该行使条件成就呢？恐怕又会在实践中给法律适用者带来困惑。但是，将优先受偿权的行使条件明确为建设工程质量合格，就不会存在上述这类问题。

综上，我们认为，承包人行使优先受偿权的前提条件应当是已完工程质量合格，而非建设工程竣工验收合格。只有这样，才能更容易理解《施工合同司法解释》第 14 条第 2 项、第 3 项规定的两种情形被包含在工程质量合格的范畴之内，也更容易让人接受和更好地平衡各方利益。这种解释也完全符合本条的文义。

2. 不宜折价、拍卖的工程如果有收益或变价款的，承包人能否对该收益或变价款主张优先受偿？

根据《合同法》第 286 条规定，司法实践中对在性质上不宜折价、拍卖的工程，承包人不享有工程价款优先受偿权这一点的认识上，争议不大，但仍然有两个问题需要我们去研究。

（1）如何判断建设工程是否属于在性质上不宜折价、拍卖？根据梁慧星教授的观点，不宜折价、拍卖的建设工程，应当解释为法律禁止流通物。包括：公有物，如国家机关办公的房屋建筑物及军事设施；公用物，如公共道路、桥梁、机场、港口，以及公共图书馆、公共博物馆等。[①] 但我们认为判断该建设工程是否属于不宜折价、拍卖，关键还是看该建设工程能否转让，只要能转让，就应该不属于不宜折价、拍卖的范围，如附属工程，虽然不能单独转让，但如果附属工程随主体工程一并转让，承包人应该有权对该附属工程所对应的转让款优先受偿。

（2）建设工程虽然在性质上不宜折价、拍卖，但是该建设工程有收益或者已经取得变价款的，承包人能否对该收益或变价款优先受偿？我们认为，答案应该是肯定的，因为：首先，从工程价款优先受偿权的特征看，物上代位性是优先受偿权的重要特征之一，即优先受偿权人对债务人因其标的物的

---

① 梁慧星：《合同法第二百八十六条的权利性质及其适用》，载《山西大学学报（哲学社会科学版）》2001 年第 3 期。

变卖、租赁、灭失毁损而取得的金钱或其他物，同样可以行使优先受偿的权利。[①] 其次，《合同法》第286条规定“不宜折价、拍卖的建设工程除外”的目的主要在于，如果不排除承包人对这类建设工程的优先受偿权，在现实中将难以操作。如果这一判断成立，那么就应该对“不宜折价、拍卖的建设工程”作限缩解释，如人防工程虽然因为其需承担公共目标实现的职能，一般认为属于“不宜折价、拍卖的建设工程”，但是如果转移其权属并不会影响公共的目标实现，就应当允许承包人对该人防工程享有工程价款优先受偿权。正如最高院在博坤建设集团有限公司与安阳广佳欣置业有限公司、管广生建设工程施工合同纠纷案[②] 中所认为的，人防工程只是对相关建筑工程在战时及紧急状态下确保能够发挥特定用途有特别要求，但其经济价值和可交易属性是应当受到法律保护的。另外，如果不宜折价、拍卖的建设工程能产生收益，承包人应该有权对该收益优先受偿，如高速公路的收费。最高院在中国银行股份有限公司江门分行、广东中人集团建设有限公司等执行分配方案异议之诉纠纷案[③] 中就认为，因涉案工程为公路建设工程，属于特殊建设工程，无法直接拍卖或折价，该工程的主要经济价值即体现在通行费用上，故对其收益即年票补偿款作为优先受偿权的行为对象符合实际情况。还有一种特殊情况就是“不宜折价”的建设工程在客观上已完成折价，这时也应肯定承包人对该折价款有优先受偿的权利，如陕西高院在陕西华达建筑工程有限公司与渭南高新技术产业开发区管理委员会侵权责任纠纷案[④] 中就肯定了这种情况下承包人的优先受偿权。

案例索引

汕头市建安（集团）公司与北京秦浪屿工艺品有限公司建设工程施工合

---

① 参见林一主编：《建设工程施工合同纠纷案件审判实务》，法律出版社2015年版，第293页。

② （2014）民一终字第61号。

③ （2016）最高法民申1281号。

④ （2013）陕民一终字第00104号。

同纠纷案［案号：（2011）民一终字第62号］；

崔烈志与中国太平洋财产保险股份有限公司苏州分公司、苏州中川投资有限公司建设工程施工合同纠纷案［案号：（2014）苏中民终字第04569号］。

规范链接

《河北省高级人民法院建设工程施工合同案件审理指南》

33. 建设工程施工合同无效、但建设工程质量合格，承包人主张建设工程价款就该工程折价或拍卖的价款优先受偿的，人民法院应予以支持；分包人或实际施工人在总包人或非法转包人怠于主张工程价款时，主张建设工程价款就该工程折价或拍卖的价款优先受偿的，人民法院应予支持。

《浙江省高级人民法院民事审判第一庭关于审理建设工程施工合同纠纷案件若干疑难问题的解答》

二十二、建设工程施工合同无效情形下，谁有权行使优先受偿权？

建设工程施工合同无效，但工程经竣工验收合格，承包人可以主张工程价款优先受偿权。分包人或实际施工人完成了合同约定的施工义务且工程质量合格，在总承包人或转包人怠于行使工程价款优先受偿权时，就其承建的工程在发包人欠付工程价款范围内可以主张工程价款优先受偿权。

《四川省高级人民法院关于审理建设工程施工合同纠纷案件若干疑难问题的解答》

37. 如何确定享有优先受偿权的主体？

……建设工程施工合同无效，但建设工程经竣工验收合格，或者未经竣工验收但已经实际使用，实际施工人请求其工程价款就承建的建设工程折价或拍卖的价款优先受偿的，应予支持……

《安徽省高级人民法院关于审理建设工程施工合同纠纷案件适用法律问题的指导意见》

17. 建设工程施工合同无效，但工程经竣工验收合格的，承包人主张工程价款优先受偿权，可予支持。

《杭州市中级人民法院民一庭关于审理建设工程及房屋相关纠纷案件若干实务问题的解答》

八、其他问题

4. 无效合同的实际施工人是否仍可行使优先受偿权？

答：建设工程价款优先受偿权，是立法对承包人应得工程价款的优先保护，属于承包人的法定权利。即使承包合同被认定无效，但承包人所享有的工程价款请求权依然存在，相应的其优先受偿权也应一并受到保护。

《深圳市中级人民法院关于建设工程合同若干问题的指导意见》

30. 建设工程合同无效，承包人主张建设工程价款优先受偿权的，不予支持。

《宣城市中级人民法院关于审理建设工程施工合同纠纷案件若干问题的指导意见（试行）》

第二十四条　建设工程施工合同无效，但工程经竣工验收合格的，承包人主张建设工程价款优先受偿权，人民法院可以支持。

《徐州中院进一步规范关于审理建设工程施工合同纠纷案件的若干问题》

【合同无效时谁能主张优先受偿权？】建设工程施工合同无效，但建设工程质量合格，承包人可以主张工程价款优先受偿权。实际施工人在承包人怠于行使工程价款优先受偿权时，就其承建的工程在发包人欠付工程款范围内可以主张工程价款优先受偿权。

第二十条　【未竣工工程承包人的优先受偿权】未竣工的建设工程质量合格，承包人请求其承建工程的价款就其承建工程部分折价或者拍卖的价款优先受偿的，人民法院应予支持。

条文主旨

本条规定了承包人对未竣工工程亦可行使优先受偿权。

典型案例

案例20：建设工程未完工并不影响承包人正常行使建设工程价款优先受偿权

——浙江申泰建设有限公司与滨州市鸿瑞置业有限公司建设工程施工合同纠纷案[①]

案情回放

2011年9月18日，浙江申泰建设有限公司（以下简称申泰公司）与滨州市鸿瑞置业有限公司（以下简称鸿瑞公司）签订《滨州市富仕花园建设工程施工总承包合同》，约定原告申泰公司为被告鸿瑞公司施工滨州市富仕花园工程，工程内容为1#、2#、5#、8#楼施工图全部内容。承包范围为1#、2#、5#、8#楼土建、安装工程、桩基等施工图全部内容。之后，申泰公司与鸿瑞公司签订施工合同补充协议。

合同签订后，申泰公司组织人员施工，至2011年12月25日停工。申泰公司为鸿瑞公司施工了5#楼基础及八层框架，安装预埋，8#楼桩基、基础及一层框架，外墙脚手架二层搭设，安装预埋。双方于2012年11月15日确认申泰公司施工工程结算值为9712476元。

后双方因工程款结算及支付事宜发生争议，申泰公司遂诉至法院。

裁判理由

一审法院认为，建设工程承包人行使优先权的期限为六个月，自建设工程竣工之日或者建设工程合同约定的竣工之日起计算。因本案工程并未完工，工程于2011年9月7日开工，合同约定竣工的时间为开工日后560天，即合同约定的竣工日期应为2013年3月，而申泰公司于2014年6月起诉，已超过了主张优先受偿权六个月的法定期限，故对申泰公司优先受偿权的主

---

① （2015）鲁民一终字第192号、（2014）滨中民四初字第41号。

张，不能成立，不予支持。

二审法院认为，虽然双方当事人签订的施工合同因违反法律强制性规定而无效，且由于鸿瑞公司逾期支付工程款，使申泰公司未将涉案工程施工完毕，但从鸿瑞公司于 2013 年 10 月以 2000 余万元的价格将该工程协议转让给案外人的行为来看，其对该工程质量是认可的，且转让协议中明确约定，款项优先支付鸿瑞公司因项目建设产生的尚未付清的民工工资和工程款。因申泰公司基于工程建设所付出的劳动和建筑材料已物化于建筑产品中，所以合同无效和未完工等情形并不影响申泰公司正常行使建设工程价款优先受偿权。具体到本案，建设工程价款优先受偿权的范围应包括：（1）鸿瑞公司欠付工程款 1646873.34 元；（2）申泰公司的停工损失 1549508 元，该费用属于申泰公司为工程建设直接支付的费用，即实际支出的费用；（3）原审已确定的 2014 年 4 月 28 日前工程欠款的利息 374093.61 元，该利息系法定孳息。以上三项共计 3570474.95 元，申泰公司应在 3570474.95 元范围内对涉案工程享有建设工程价款优先受偿权。

裁判结果

一审法院判决：

一、原告浙江申泰建设有限公司与被告滨州市鸿瑞置业有限公司于 2011 年 9 月 18 日签订的《滨州市富仕花园建设工程施工总承包合同》及其后签订的《滨州市富仕花园建设工程施工合同补充协议》无效；

……

四、驳回原告浙江申泰建设有限公司的其他诉讼请求。

二审法院判决：

……

三、浙江申泰建设有限公司在 3570474.95 元范围内对涉案工程享有建设工程价款优先受偿权；

……

焦点评析

本案的争议焦点之一是建设工程未竣工，是否会影响承包人行使优先受偿权？

未竣工工程，主要是未完工程，是指承包人没有按照约定的时间完成工程的建设。造成工程未完成的原因有多种，如因发包人拖欠工程款导致工程一直处于停工状态，或是因为承包人自身的拖延、停工或者人员、技术不到位等原因所造成。

在工程未完成的情况下，确定承包人是否享有建设工程价款优先受偿权，首先需要确定优先受偿权的成立时间。

学术界对建设工程价款优先受偿权的成立时间有三种不同的观点，分别是：（1）合同成立说，主张工程价款优先受偿权于建设工程施工合同订立时即产生；（2）债权未清偿说，以承包人完成工程但价款未受清偿作为工程价款优先受偿权产生的时间点；（3）工程竣工说，工程竣工之日即承包人享有工程价款优先受偿权之时。结合《最高院优先受偿权批复》第4条的规定，目前以竣工说为主流观点，并被司法实践广为采纳。根据竣工说，虽然承包人在与发包人订立建设工程施工合同之时，即享有了对发包人的债权，但该价款给付请求权通常只有等到工程竣工或约定的竣工之日才能行使，在此之前，发包人没有履行支付工程款的义务。

但是，对“竣工”如何认定，当前仍有争议。有观点认为，必须以实际完成工程作为标准，同时，根据我国《合同法》《建筑法》《建设工程质量管理条例》等规定，[①] 工程竣工验收是承包人和发包人必须履行的义务，只有经竣工完成并经验收合格的建筑物才能成为优先受偿权的标的物，如果工程未竣工或是验收不合格，则发包人有权拒绝支付工程款，承包人当然不再享有工程价款优先受偿权的庇护。对此，我们认为，这种对“竣工”的定义过于狭窄，不利于对承包人利益的保护，而应当首先区分合同未完成之原因。

---

① 参见《合同法》第279条、《建筑法》第61条、《建设工程质量管理条例》第16条。

1. 由于发包人原因导致工程未完成，从而无法进行验收活动

工程价款给付并不一定要等到工程全部结束才能进行，实践中，当事人之间也可以约定采用预付款、工程进度款、结算尾款等方式进行分段支付。[①] 如果因发包人资金短缺而长期拖欠工程款，致使工程无法继续施工，抑或因发包人欠缺相关建设许可手续而在客观上致工程长期停工等，这些纠纷都发生在工程竣工以前，不分情况一律以工程未竣工来限制承包人工程价款优先受偿权的行使，显然违背该权利设立的初衷。我们认为，因发包人原因导致工程无法完成的，只要已完工程质量合格，承包人即可同样享有建设工程价款优先受偿权，不受竣工验收与否的限制。当然，对于已完成部分工程，在保修期内，承包人仍需承担工程保修义务，即使工程经折价或拍卖，并由其他承包人继续完成其剩余部分，也不例外。本案二审法院事实上正是持这一观点。值得注意的是，一审法院虽然没有支持承包人的优先受偿权诉请，但也并非因为案涉工程是未完工程，而是认为承包人行使优先受偿权超出了法定期限。

2. 发包人擅自使用未经竣工验收的建设工程

对于因发包人提前使用建设工程，导致工程无法完成最后的竣工验收的情况，《施工合同司法解释》第 13 条明确规定，发包人不能再以使用部分的质量不符合约定为由主张权利。这是因为，此时发包人的使用行为应当视为是一种默认的接受行为，是对承包人建设工作的承认。同时，发包人的使用也意味着建筑物之占有已从形式上进行了移转，根据“交付转移、风险转移”的原则，发包人需自己承担占有之后所产生的一切风险。当然，在建设工程的合理使用寿命内，承包人仍需对地基基础工程和主体结构的质量承担民事责任。如前所述，未完工程的承包人都可以享有建设工程价款优先受偿权，根据举轻以明重的法律原则，对仅仅是因为发包人原因导致无法履行竣工验收程序的已完工程，当然应该享有建设工程价款优先受偿权。

---

① 参见张昊暘:《建设工程承包人优先受偿权之实务问题研究》，复旦大学 2012 年硕士学位论文，第 20 页。

3. 因承包人原因导致工程质量未达竣工验收标准

很明显，在此情况下，承包人的行为已经构成了单方违约，不论是根据法律法规的规定，还是与发包人之间事先所作的约定，承包人都应当承担违约责任，对所造成的损失进行相应的赔偿，对不符合质量要求部分工程进行返修。据此，有学者认为，工程经修复能否达到质量合格的标准，将会成为承包人能否享有优先受偿权的评判标准。[①] 我们同意这种观点。

工程质量验收合格应当是承包人合法主张工程价款的前提要件。这种观点，不仅体现在最高院《施工合同司法解释》第 3 条中，在《江苏高院意见》第 16 条、《浙江高院解答》第 22 条中，也都作了相同的规定。不论工程是否完工，如果是因为承包人的原因而导致工程质量最终未达竣工验收标准，此时，不仅要通过违约责任来实现对发包人的救济，更要通过限制工程价款优先受偿权来达到对承包人的惩戒。如果工程经修复后可以达到合格的标准，则承包人可重新享有工程价款优先受偿权，否则，承包人无权享有工程价款优先受偿权。

实务争点

1. 承包人如何应对开发商的恶意网签行为？

购房网签是近年来出现的一种新形式，是指开发商在与购房者订立房屋买卖合同后，即将该合同在房屋管理部门进行备案，并公布上网。购房者根据自己购买房屋的房间号可相应获得唯一的网签号，根据该号码可以在网上查询开发商的相应信息及楼房信息。根据规定，网签是一种强制流程，购房者未经网签备案的，将无法取得房产证。

购房网签只针对期房销售，由于一个房间号只能对应一个网签号，因此这种新形式在一定程度上可避免开发商一房二卖，或是在销售后再次拿房屋抵押的情形出现。事实上，网签与纸签只是方式上的不同，两者的内容都是

---

① 参见隋灵灵：《论建设工程优先受偿权》，山东师范大学 2007 年硕士学位论文，第 53 页。

同一份房屋买卖协议。但是，只有取得房屋预售许可证的项目才可以进行网签备案，预售许可证是五证中最后申办的一个证件，因此一般情况下，可以网签的房地产项目五证齐全，开发商具备销售资格。值得注意的是，可以网签并不意味着房屋质量受到保证，销售资格与房屋质量属于两个完全无关联的概念。

从理论上说，购房网签不会影响承包人的工程价款优先受偿权，因为网签只是购房者购买房屋的初级阶段，此时开发商尚未取得房地产权证，无法在法律上将所有权转移给购房者，因此，即使网签后开发商出现了拖欠或拒付工程款的情形，承包人仍然有权在该工程折价或拍卖的价款范围内优先受偿。

但是，根据《最高院优先受偿权批复》第 2 条的规定，当消费者交付购买商品房的全部或者大部分款项后，承包人就该商品房享有的工程价款优先受偿权不得对抗买受人。也即，特定情况下，消费者阻断了承包人的优先受偿权，这并非意味着法律不再保护承包人的利益，只是在消费者利益与承包人利益相比较时，在个体与组织相抗衡时，实力、信息上的不平等使得法律必须倾斜于前者，才能实现实质上的平等。据此，实践中有开发商试图利用该条款的庇护，来躲避承包人的工程价款优先受偿权。

我们认为，虽然承包人可以通过举证证明自身的工程价款优先受偿权成立时，消费者尚未交付全部或大部分的购房款，但不难想象，此时的举证优势完全掌握在发包人一方，承包人几乎拿不出任何实质性证据来证明消费者购房事实不成立，而开发商可以轻易伪造发票、收据等来进行反驳。

当然，如果承包人有证据证明开发商与购房者之间存在着恶意串通的情形，根据《合同法》第 52 条的规定，其可以直接主张购房协议无效，继续享有工程价款优先受偿权。

必须承认，上述两种方式下，承包人都背负着极大的证明责任，败诉风险也较大。对此，我们认为，最有利的保护方法应当是承认优先受偿权具有物上代位性，即在房屋转让或买卖价款上成立物上代位，物上代位则意味着任何分配到此转让或买卖价款的人都有义务以其所分得的价款为限承担向工程价款优先受偿权人的给付义务，当然，此价款部分应扣除建设用地使用权的价值部分。[①] 该结论是从《物权法》第 191 条第 1 款对抵押期间转让抵押财产的规定得出的，虽目前法律没有明确规定工程价款优先受偿权可以适用该条规定，但从法律解释学的角度分析，该条规定应当类推适用于建设工程价款优先受偿权。

2. 建设工程价款优先受偿权是否及于违法建筑？

违法建筑，是与合法建筑相对应的一个概念，根据我国《物权法》第 30 条的规定，合法建造的房屋自事实行为成就时取得物权变动的效力，《国有土地上房屋征收与补偿条例》第 24 条更直接对比了合法建筑与违法建筑，合法建筑依法享有征收补偿权，而违法建筑则不享有。

为保证工程质量，维护人民的生命安全，我国对建筑市场实行比较严格的事前控制管理制度。根据我国《建筑法》第 7 条以及《城乡规划法》第 40 条的规定，[②] 除法律另有特别规定外，一般建筑工程的建设单位均需取得施工许可证；在城市规划区内进行工程建设的，必须取得建设工程规划许可证件。实践中普遍认为，违反法律法规的规定，未经政府相关部门批准，未获得建设用地规划许可证或者建设工程规划许可证就直接开工的建设工程都属违法建设，所形成的建筑物也被称为违法建筑。

与违法建筑类似的一个概念叫“违章建筑”。后者的概念在《城市房屋拆迁管理条例》[③] 第 22 条中被明确提及，违章建筑的拆除不享有法定补偿权。此规定也与对待违法建筑的法律精神一致，反映了法律对违法、违章建筑的否定态度，以此倒逼建设单位事先合法取得工程规划许可，加强政府对建筑业的管理。

---

① 参见仲伟珩：《建设工程价款优先受偿权若干疑难问题分析》，载最高人民法院民事审判第一庭编：《民事审判指导与参考》（总第 43 辑），法律出版社 2011 年版，第 108 页。

② 《建筑法》第 7 条规定：建筑工程开工前，建设单位应当按照国家有关规定向工程所在地县级以上人民政府建设行政主管部门申请领取施工许可证；但是，国务院建设行政主管部门确定的限额以下的小型工程除外。按照国务院规定的权限和程序批准开工报告的建筑工程，不再领取施工许可证。《城乡规划法》第 40 条规定：在城市、镇规划区内进行建筑物、构筑物、道路、管线和其他工程建设的，建设单位或者个人应当向城市、县人民政府城乡规划主管部门或者省、自治区、直辖市人民政府确定的镇人民政府申请办理建设工程规划许可证。

③ 该条例目前已失效。

从定义上分析，违章建筑应当是指违反法律、法规之外的行政规章和其他制度所建造的建筑物或构筑物，但从法律效果上说，违法建筑与违章建筑存在近似的地方（在征收或拆迁时不享有补偿权），实践中也常有司法机关或行政机关不区分两者概念，直接进行通用。

违法工程之所以违法，是因为违反了我国法律的强制性规定，基于公平原则，当然不能再受法律的保护。同样，以违法工程为标的物的施工合同，在法律上也应当一并否认其效力，这在《施工合同司法解释（二）》第 2 条已有规定。但在《施工合同司法解释（二）》出台前，并无法律对此问题给出明确解答。综观各地法院以往的指导性文件，普遍认为未取得建设用地规划许可证或建设工程规划许可证的，应当认定合同无效。例如，《北京高院解答》第 1 条规定："发包人就尚未取得建设用地规划许可证、建设工程规划许可证等行政审批手续的工程，与承包人签订的建设工程施工合同无效。但在一审法庭辩论终结前发包人取得相应审批手续或者经主管部门批准建设的，应当认定合同有效。"《广东高院会议纪要》第 18 条规定："建设工程没有取得建设工程规划许可证，属于违法建筑，就该违法建筑所签订的施工合同无效。但在一审法庭辩论终结前取得建设工程规划许可证或者经主管部门批准建设的，应当认定该施工合同有效。"《浙江高院解答》第 2 条规定："发包人未取得建设用地规划许可证或建设工程规划许可证，与承包人签订建设工程施工合同的，应认定合同无效；但在一审庭审辩论终结前取得建设用地规划许可证和建设工程规划许可证或者经主管部门予以竣工核实的，可认定有效。"由此可见，具有违法建设情形的施工合同无效已成了实践中各地法院的共识。

对于违法建筑的承包人能否享有优先受偿权，我们认为，应当区分具体情形而定。

（1）在违法建筑存在补正可能性的情形下，应当认定承包人仍享有建设工程价款优先受偿权。

对于违法建筑，法律采取的是先宽和、后严厉的态度。根据《建筑法》第 64 条，《城乡规划法》第 64 条、第 65 条的规定，对于未取得建设工程规划许可证或者未按建设工程规划许可证建设的工程，责令改正并罚款是首要处理原则，只有在补正不能的情况下，才会选择依法拆除。这是因为，违法建筑并不意味着工程质量一定不合格，对于建筑工程的完成，承包人与发包人前期均已投入了大量的人力、物力，如果仅因为未取得相关许可证件就责令直接拆除将是对社会资源的极大浪费，对建筑领域的管理也并无益处。同时，违法建筑的存在也并不必然影响国家或社会公共利益，更多的只是违反了行政管理的规定，许多违法建筑的形成只是建设单位迟延履行了行政许可报批程序所导致。[①] 这种情况下，“违法”的定性显然只是暂时的，事后弥补可以取得比直接拆除更好的社会效果。

因此，对于一部分违法建筑，只要经过合法性的补正程序，就可以改变“违法”的属性，同普通建设工程一样，成为工程价款优先受偿权的标的。

（2）在违法建筑不存在补正可能性甚至被责令拆除的情况下，承包人不再享有建设工程价款优先受偿权。

有观点认为，基于《合同法》第 286 条的立法目的，建筑物的性质不影响承包人劳动价值的转化，只要违法建筑尚未拆除，建设工程价款优先受偿权的标的就始终客观存在。而且，作为一项法定权利，该优先权的取得无须登记，权利人也就很有可能事先无从知悉该建设工程合法与否，直接否定其优先受偿权，将不利于承包人的权益保护。

诚然，上述观点存在着合理之处，但其忽略了最关键的一点：不能进行合法性补正的违法建筑属于性质上“不宜折价、拍卖”的建设工程，即使赋予了承包人优先受偿权，也只是一项“虚权”，无法在实践中得以落实，其工程款债权仍然无法得到实现。正如在浙江万汇建设集团有限公司与盱眙县民政局、盱眙德美投资有限公司建设工程施工合同纠纷案[②] 中，一审法院所认为的，《合同法》第 286 条规定：“……发包人逾期不支付的，除按照建设工程的性质不宜折价、拍卖的以外，承包人可以与发包人协议将该工程折价，也可以申请人民法院将该工程依法拍卖。建设工程的价款就该工程折价或者

① 参见尤馨岩：《建设工程合同无效的认定及其法律后果分析》，西南财经大学 2012 年硕士学位论文，第 28 页。

② （2013）淮中民初字第 0146 号、（2015）苏民终字第 00282 号。

拍卖的价款优先受偿。”鉴于涉案工程未依法办理建设用地规划许可证、建设工程规划许可证、建筑工程施工许可证，属于典型的“三无工程”，不宜折价、拍卖，故对承包人工程价款优先受偿权的主张，不予支持。

综上可知，优先受偿权的行使必须具备一个前提，即该建设工程可以被折价、拍卖，不具有合法补正性的违法建筑显然不属于此范围，更勿提在违法建筑被限定拆除的情况下，优先受偿权的标的消灭，权利也随之消灭，此时，承包人的债权只能沦为普通债权。对权利人而言，虽然权利保护被削弱，但在与社会公共利益衡平时，法律将更多地倾向后者，这也警示承包人，在订立建设工程施工合同时，应当尽到一定的注意义务，对建设工程的合法性进行必要审查，避免造成不必要的损失。

3. 建设工程价款优先受偿权是否及于建设用地使用权？

建设工程价款优先受偿权的客体范围是否及于建设工程所占用的土地使用权这一问题，《合同法》及《最高院优先受偿权批复》《施工合同司法解释》《施工合同司法解释（二）》均未作出明确规定，实务和学说上也存在着不同的观点。在我国的现有体制下，存在着两类土地所有权制、三种土地使用权能，据此有观点认为，土地使用权的性质将会影响建设工程价款优先受偿权是否及于建设用地使用权，除集体土地使用权外，国有出让土地使用权和国有划拨土地使用权都应当属于工程价款优先受偿权的客体。① 我们认为，这种观点是不正确的，不论何种土地性质，承包人都不能对其主张工程价款优先受偿权。

由于我国对土地等重要生产资料实行的公有制包含全民所有制和集体所有制，因此，土地也就相应的形成了两种所有权形式：全民所有和集体所有，个体不拥有土地所有权。②

根据《宪法》及《土地管理法》的有关规定，国有土地分散使用主要有两种方法：出让或划拨。

国有土地使用权出让，是指国家以土地所有者的身份与土地使用者订立

---

① 参见李建松：《工程价款优先受偿权若干法律问题研究》，中国政法大学 2006 年硕士学位论文，第 22 页。

② 《宪法》第 9 条和第 10 条对土地资源归属作了原则性的规定；《民法通则》第 74 条明确了集体土地范围，第 80 条和第 81 条规定了国有土地的使用方式。

出让合同，将土地使用权在一定年限内让与土地使用者，并由土地使用者向国家支付土地使用权出让金的行为。[①] 按照现行法律规定，中华人民共和国境内外的公司、企业、其他组织和个人，除有特别限制外，均可取得土地使用权，而且以出让方式取得的土地使用权可以转让、继承、出租、抵押或用于其他经济活动。通过土地的出让，实际上创制了民法上一种可自由处分的财产权利——使用权，土地也间接地成了可有限流转的财产。

划拨土地是对计划体制下形成的使用国有土地现状的一种默认，使用权人一般是无偿取得，并且不受使用期限的限制。这种土地使用权的目的主要是实现社会公共利益，因此适用范围较窄，主要限定于公益事业或国家重点工程项目。划拨土地使用权直接产生于政府的批准行为，行政性和无偿性决定了其不能进入市场流转，也因此不得转让、出租或抵押。

《土地管理法》第 8 条第 2 款明确规定了集体所有土地的具体范围，同时，第 63 条规定："农民集体所有的土地的使用权不得出让、转让或者出租用于非农业建设……"因此，在未按法律规定征收转化为国有土地之前，农村集体土地使用权受到严格的保护与限制。

从立法目的上看，建设工程价款优先受偿权之所以突破债的平等性原则，赋予承包人优先地位，是因为承包人以其实际的人力、物力投入，促使了建筑物的形成并产生了价值，法律通过设立法定优先权以使承包人在发包人无力按时支付工程价款时，能够具有明确的法律依据来提高自己在建设工程施工合同中的相对弱势地位。可以说，承包人前期实际投入的物化成果是其享有优先受偿权的必要前提，《最高院优先受偿权批复》第 3 条所规定的可以优先受偿的建设工程价款的范围也从侧面反映了司法实践对这种前提的认可。这符合民法中的公平原则，也是司法实践普遍认为不应支持勘察人、设计人享有优先受偿权的主要原因。因此，对出让土地而言，其使用权是发包人通过支付土地使用权出让金而对价取得的，承包人对此部分没有实际投入与贡献，不具备享有工程价款优先受偿权的前提。

划拨土地的使用权大多是国家基于公共建设、公益事业之需要，而无偿

---

① 高富平著：《民法学》，法律出版社 2009 年版，第 336 页。

交付给土地使用者，并且法律对这种基于无偿获取土地使用权的主体的利用方式作出了严格限制，根据《城镇国有土地使用权出让和转让暂行条例》第44条、第45条的规定，除法律所列举的几种特殊情况，其他情形下，划拨土地使用权不得转让、出租或抵押，其地上建筑物或其他附着物，只有经市、县人民政府土地管理部门和房产管理部门的批准，才有权转让、出租或抵押。这不仅是权利义务对等原则的考虑，也是对此类国有土地的严格保护，防止市场秩序的混乱。

至于集体土地，根据《物权法》第135条的规定，建设用地使用权仅限于国家所有的土地，农村建设用地使用权基于特殊的政策考量被严格锁定在商业化土地使用权之外。在农用地依法定程序审批分离出农村建设用地使用权后，该使用权也只能由农村土地经营管理者取得，适用范围也十分有限，如兴办乡镇企业、乡（镇）村公共设施等。当承包人对这些项目行使工程价款优先受偿权时，拍卖或折价的客体只能是地上建筑物，而不能是土地使用权，否则就违反了我国禁止集体土地使用权出让或转让的强制性规定，因此，建设工程价款优先受偿权也不及于集体土地使用权。[①]

从权利实现的角度分析，如果将承包人优先受偿的范围扩展至土地使用权，将会对后位的抵押权人和其他债权人的利益造成实质性的影响。由于完成一项建设工程所需要的资金投入巨大，实践中不乏发包人事先将土地使用权抵押给银行等金融机构以获得融资，而根据《最高院优先受偿权批复》第1条的规定，承包人所享有的建设工程价款优先受偿权当然地先于抵押权和其他债权，在将建设工程及其土地拍卖后，本来承包人仅就实际施工的建筑物价值部分优先受偿，剩余的土地使用权所对应的款项则由抵押权人来获取，随意扩大承包人的优先受偿范围将会直接剥夺后位债权人的清偿可能，无异于将对承包人支付工程款的责任转嫁给其他债权人承担，这不仅不公平，也不利于发包人的前期融资，将对建筑业的长远发展造成重大打击。

---

① 参见李建松：《工程价款优先受偿权若干法律问题研究》，中国政法大学2006年硕士学位论文，第27页。

综上，不论何种性质的土地使用权，承包人都无权主张就其拍卖或折价款享有优先受偿之地位，承包人只能以其对建筑物具有实际贡献的部分而主张优先受偿权。

案例索引

四川省泸州市第十建筑工程公司与湖北太航星河飞行器制造有限公司建设工程施工合同纠纷案［（2016）最高法民申1993号］；

中铁建设集团有限公司与江西海源房地产开发有限公司建设工程施工合同纠纷案［（2017）最高法民终762号］。

规范链接

《2011年全国民事审判工作会议纪要》

四、关于建设工程合同纠纷案件

（二）关于建设工程价款优先受偿权问题

非因承包人的原因，建设工程未能在约定期间内竣工，承包人依据合同法第二百八十六条规定享有的优先受偿权不受影响。承包人请求行使优先受偿权的期限，自建设工程实际竣工之日起计算；如果建设工程合同由于发包人的原因解除或终止履行，承包人行使建设工程价款优先受偿权的期限自合同解除或终止履行之日起计算。

《江苏省高级人民法院关于审理建设工程施工合同纠纷案件若干问题的意见》

第十九条　建设工程已经竣工的，承包人的工程价款优先受偿权的行使期限自建设工程竣工之日起六个月；建设工程未竣工的，承包人的工程价款优先受偿权的行使期限自建设工程合同约定的竣工之日起六个月。

《广东省高级人民法院2012年全省民事审判工作会议纪要》

（五）关于建设工程价款优先受偿权问题

27. 非因承包人的原因，建设工程未能在约定期限内竣工，承包人依据

《合同法》第二百八十六条规定享有的优先受偿权不受影响。承包人请求行使优先受偿权的期限，自建设工程实际竣工之日起计算；如果建设工程合同由于发包人的原因解除或终止履行，承包人行使建设工程价款优先受偿权的期限自合同解除或终止履行之日起计算。

《广东省高级人民法院关于在审判工作中如何适用〈合同法〉第286条的指导意见》

8. 因承包人的原因导致建设工程未经工程质量竣工验收或验收不合格，承包人主张建设工程价款优先受偿权的，人民法院不予支持。但因第三人行使抵押权等权利时需对该建设工程进行处分的情形除外。

《四川省高级人民法院关于审理建设工程施工合同纠纷案件若干疑难问题的解答》

39. 承包人、实际施工人不享有优先受偿权的情形有哪些？

具有下列情形之一，承包人、实际施工人请求工程价款就承建的建设工程折价或拍卖的价款优先受偿的，不予支持：

（一）经竣工验收不合格的工程；……

《宣城市中级人民法院关于审理建设工程施工合同纠纷案件若干问题的指导意见（试行）》

第二十六条　建设工程完工前建设工程施工合同已被解除，已经完成的建设工程质量合格的，承包人对已完成的建设工程享有建设工程价款优先受偿权，承包人行使优先权的期限为六个月，自该建设工程施工合同解除之日或该工程质量被确定为合格之日起计算。

《深圳市中级人民法院关于建设工程合同若干问题的指导意见》

29. 在工程竣工验收合格前，建设工程合同被解除的，承包人对已完工程享有建设工程价款优先受偿权，承包人行使优先权的期限为六个月，自建设工程合同解除之日起计算。

第二十一条 【优先受偿权的范围】承包人建设工程价款优先受偿的范围依照国务院有关行政主管部门关于建设工程价款范围的规定确定。

承包人就逾期支付建设工程价款的利息、违约金、损害赔偿金等主张优先受偿的，人民法院不予支持。

条文主旨

本条规定了优先受偿的债权范围。

典型案例

案例21：建设工程价款优先受偿的债权范围应包括已实际支出的停窝工损失

——重庆宏耀建设（集团）有限公司、重庆富亿实业（集团）有限公司与建设工程施工合同纠纷案[①]

案情回放

重庆富亿实业（集团）有限公司（以下简称富亿公司）与大升公司于2006年6月20日签订《建设工程施工合同》，将位于重庆市荣昌县的“渝西商城”B栋、C2栋工程以合同价值为850万元发包给大升公司修建，大升公司对“渝西商城”B栋工程的基础部分进行施工。后因该工程未取得施工许可证而停工，双方于2007年6月11日经有关部门协调形成会议纪要，双方协商解除合同进行结算，大升公司将工程及材料、工具设备移交给富亿公司。富亿公司又将工程发包给重庆宏耀建设（集团）有限公司（以下简称宏耀公司）修建，宏耀公司在此基础上继续修建，

① （2014）渝五中法民终字第00189号、（2013）荣法民初字第00750号。

并将接收的材料、工具设备等用于工地上。

2007 年 5 月 14 日，富亿公司与宏耀公司签订《补充协议》约定：该工程以前施工的部分由甲方（富亿公司）负责，甲乙双方应交接清楚，甲方按照乙方实际使用量给付乙方工程款。2007 年 5 月 19 日，富亿公司与宏耀公司签订《建设工程施工合同》，约定富亿公司将“渝西商城 B 栋、C 栋工程商住楼从基础起所有全部工程”发包给宏耀公司修建，合同价款 850 万元。2007 年 5 月 28 日双方签订《补充协议（二）》，该协议约定：乙方在修建荣昌县“渝西商城”B 栋工程中，在履行本协议的前提下，第二期工程 A1、A2 两楼由乙方修建，否则甲方就是违约。甲方违约后，应赔付 200 万元的违约金给守约方。

2007 年 6 月 6 日荣昌县建委根据报建材料对该工程核发了《建筑工程施工许可证》，宏耀公司于同日组织人员进场对“渝西商城”B 栋工程在原施工的基础上继续施工。

2007 年 10 月 10 日因富亿公司法定代表人被查处，宏耀公司停止施工。

2008 年 10 月 12 日、2008 年 11 月 21 日宏耀公司分两次向富亿公司管理人提交了由宏耀公司制作的从 2007 年 10 月 11 日至 2008 年 11 月 21 日计算停工损失的“现场签证单”408 张。

2008 年 10 月 22 日宏耀公司与富亿公司管理人共同委托重庆大信工程造价咨询有限公司（原重庆嘉润会计师事务所有限责任公司）对宏耀公司所修建的“渝西商城”B 栋完成的工程进行鉴定，重庆大信工程造价咨询有限公司根据宏耀公司提供的资料，于 2008 年 12 月 16 日出具大信造审（2008）字第 00229 号鉴定报告书，鉴定结论为：重庆市荣昌县渝西商城 B 栋基础及主体部分已完工程造价为 5480700.34 元，其中，已完实体工程造价 3278412.23 元，临时设施费用 432764.05 元，停工窝工人员及机械损失费用 789524.06 元，排除干扰费和停工损失费用 300000 元，违约利益损失费 680000 元。

2007 年 12 月 10 日法院作出裁定，受理申请人申请宣告富亿公司破产一案，并指定富亿公司破产清算组为富亿公司管理人。2008 年 3 月 25 日第一次债权人会议上，富亿公司管理人对宏耀公司申报的债权不予认可。宏耀公司遂起诉至法院。

裁判理由

一审法院认为，临时设施费用432764.05元系直接用于建设工程中，根据合同法规定，应当作为优先债权确认。

二审法院认为，根据法律规定，工程款优先受偿权不应包括因富亿公司违约而造成的违约利益损失68万元，而停工窝工损失394762.03元、排除干扰和停工损失300000元并非违约损失，是基于停工而产生的费用，该损失是宏耀公司因停工而已实际支出的机械材料费用、人工工资等，属于法律规定的优先受偿权范围，故宏耀公司在案涉工程中享有的工程价款4405938.31元（3278412.23元+临时设施费用432764.05元+停工窝工损失394762.03元+排除干扰停工损失300000元）的优先受偿权。

裁判结果

一审法院判决：

一、确认原告重庆宏耀建设（集团）有限公司对被告重庆富亿实业（集团）有限公司享有的债权为：工程款1692379.37元，临时设施费用432764.05元，排除干扰费和停工损失费用300000元，可得利益损失680000元，停工窝工损失298806.14元，合计3403949.56元；

二、确认上列（一）项中工程款1692379.37元、临时设施费用432764.05元，共计2125143.42元为优先受偿债权；

三、驳回原告重庆宏耀建设（集团）有限公司其他诉讼请求。

二审法院判决：

一、维持重庆市荣昌县人民法院（2013）荣法民初字第00750号民事判决第三项；

二、变更重庆市荣昌县人民法院（2013）荣法民初字第00750号民事判决第一项：确认重庆宏耀建设（集团）有限公司对重庆富亿实业（集团）有限公司享有的债权为：工程款3278412.23元，临时设施费用432764.05元，排除干扰费和停工损失费用300000元，可得利益损失680000元，停工窝工损失 394762.03 元，合计 5085938.31 元；

三、变更重庆市荣昌县人民法院（2013）荣法民初字第 00750 号民事判决第二项：确认重庆宏耀建设（集团）有限公司对上列第（二）项中工程款 3278412.23 元、临时设施费用 432764.05 元，停工窝工损失 394762.03 元，排除干扰和停工损失费用 300000 元，共计 4405938.31 元享有工程款优先受偿权。

焦点评析

本案两级法院都将因停工造成的临时设施费用支出纳入优先受偿权保护的范围，只是二审法院相较一审法院在保护范围的认定上更为彻底，将临时设施费用、停工窝工损失、排除干扰和停工损失费用均纳入了优先受偿权的保护范围。对停工损失应否纳入优先受偿权的保护范围问题，在理论界和实务界均存在两种截然相反的观点。

第一种观点认为，损失（包括停窝工损失和材料价差损失）不属于建设工程价款优先受偿权的范围。持该观点者认为，《最高院优先受偿权批复》第 3 条明确规定，建筑工程价款不包括承包人因发包人违约所造成的损失。无论是停窝工损失还是材料价差损失均属于承包人因发包人违约所造成的损失，因此，均不属于优先受偿权保护的范围。例如，最高院在中铁二十二局集团第四工程有限公司与安徽瑞讯交通开发有限公司、安徽省高速公路控股集团有限公司建设工程施工合同纠纷案[①]中就认为，材料价差损失属于"损失"范畴，不属于优先受偿权的保护范围。地方法院发布的指导性文件中也以持这一观点的居多，如《江苏高院意见》第 21 条规定："承包人的优先受偿权范围限于建设工程合同约定的工程价款，包括承包人应当支付的工作人员报酬、材料款、用于建设工程的垫资等实际支出的费用。未用于建设工程的借款以及发包人应当支付的违约金或者因为发包人违约所造成的损失不属于工程价款优先受偿权的受偿范围。"《盐城中院指导意见》第 23 条规定："……优先受偿权的范围包括应当支付的工作人员报酬、材料款等实际支出

---

① （2014）民一终字第 56 号。

的费用，不包括因发包人违约给承包人造成的损失。”

第二种观点认为，窝工损失是“因工程建设暂停导致人员、机械设备闲置造成的损失”，主要是停工期间应当支付的工资和机械台班费，是实际的损失，完全符合《最高院优先受偿权批复》第3条规定的应当支付的工作人员报酬、材料款等实际支出的费用的规定，应当纳入优先受偿权的范围。[①]例如，《安徽高院指导意见（二）》第23条规定：“因发包人原因导致承包人施工期间停窝工产生的工人工资、设备租赁等费用，承包人将该费用与工程价款一并主张优先受偿权的，应予支持。”

我们认为，停窝工损失，实际上是指因停工而造成承包人多支付的费用，包括人工费、材料费、工程设备费、施工机具使用费、工程照管费、企业管理费等，对实际投入建设工程的停窝工损失应当纳入优先受偿权的保护范围。诚如最高院民一庭所认为的，工程价款优先受偿权所保护的范围系投入或物化到建设工程中、对建设工程所产生增值部分的工作人员报酬、材料款等实际支出的费用，在发包人欠付工程款的情况下，施工人由于无法取回其“实际投入”或者物化到建设工程中的该部分价值，从而设定了一种对拍卖价款的物上代位，即施工人可以从该工程拍卖或者折价款项中优先取得其实际投入或者物化到建设工程中的价值；而对于未“实际投入”到建筑物中的价值，无论其表现形式如何，均不能对建设工程取得优先受偿的地位。基于此，能够行使工程价款优先受偿权的权利范围不包括发包人违约导致的损失。[②]根据上述分析，我们认为，该损失应作限缩解释，只有那些未物化到建设工程中的损失（如预期利润等）才不享有工程价款优先受偿权，而那些物化到建设工程中的损失（如因发包人原因导致的停工期间的材料价差、人工费价差、机械材料租赁费等）应该属于工程价款优先受偿权的范围。也就是说，衡量是否属于工程价款优先受偿范围的标准应该是该支出有没有物化到建设工程中，或者说该损失是不是为建设工程实际支出的费用，如本案一、

---

① 陈柏新：《〈合同法〉第286条司法适用疑难问题探讨》，载《上海政法学院学报（法治论丛）》2011年第2期。

② 最高人民法院民事审判第一庭编：《民事审判指导与参考》（总第62辑），人民法院出版社2015年版，第182页。

二审法院就支持了我们的观点。

但是，将物化到建设工程中的承包人损失纳入优先受偿权的保护范围也不是无条件的。由于承包人只有发生了实际的财产损失或权利损害，才能向发包人进行索赔，所以针对承包人的损失在程序上还需区分不同情况处理。若合同中对承包人索赔程序、索赔期限及逾期索赔后果等没有约定或约定不明，承包人也未在施工过程中对停窝工造成的损失以签证、索赔等形式向发包人发出书面确认文件，而是在诉讼或仲裁过程中才提出主张的，由于该主张在法律性质上更接近于违约金，因此，根据《最高院优先受偿权批复》第3条的规定，此种情况下承包人所主张的停窝工损失就不属于优先受偿权保护的范围。反之，若承包人在施工过程中即按照合同约定或交易惯例向发包人提出了索赔申请，则应当将物化到建设工程中的部分停窝工损失纳入优先受偿权的保护范围。

综上，我们认为，纳入优先受偿权保护范围的停窝工损失需要满足实质要件和程序要件。从实质要件来看，需要是物化到建设工程中的损失，从程序要件来看，承包人需要在施工过程中对该损失向发包人提出了索赔的申请。

本条规定，在《最高院优先受偿权批复》基础上进一步明确工程价款优先受偿权的债权范围并明确该债权范围的确定依据——国务院有关行政主管部门关于建设工程价款的范围。根据该规定，不同类型的建设工程，优先受偿权的债权范围会有所不同。以房屋建筑和安装工程为例，根据《建筑安装工程费用项目组成》的规定，工程价款的范围与我们主张的判断标准界定的债权范围基本保持一致。稍显遗憾的是，本条未从程序上对停窝工损失纳入工程价款优先受偿权的保护范围作出限制。

实务争点

1. 利润是否属于工程价款优先受偿权保护的范围？

在以往的司法实践中，对此存在两种不同观点。第一种观点认为，利润不属于工程价款优先受偿权保护的范围。持这一观点的主要理由是：（1）《最高院优先受偿权批复》将工程价款优先受偿权的范围限定为“工作人员报酬、材料款等实际支出的费用”。依据通常理解，实际支出的费用与建设工程价款构成中的直接费、间接费相近，而工程款中的利润作为预期收益，与工作人员报酬、材料款的性质显然不同，不属于“实际支出的费用”范围。（2）赋予利润以优先受偿权，对发包人的其他债权人，如抵押权人明显不公。（3）司法实践中，该制度主要用于解决承包人拖欠建筑工人劳动报酬的问题，将利润排除在优先受偿范围之外更符合保护建筑工人劳动报酬的制度价值。[①] 例如，宁波中院在华恒建设集团有限公司与宁波市北仑蓝天造船有限公司建设工程价款优先受偿权纠纷案[②] 中认为，建设工程价款享有优先权的范围仅指承包人为建设工程所实际支出的费用，故建设工程价款中的利润部分不属于优先权的范围。无锡中院在邵敏可与江苏盈通钢结构有限公司建设工程施工合同纠纷案[③] 中也将工程利润从无效合同的优先受偿权中予以排除。另外，《广东省高级人民法院关于在审判工作中如何适用〈合同法〉第286条的指导意见》第5条也规定，承包人对其为建设工程应当支付的工作人员报酬、材料款等实际支出的费用主张建设工程价款优先受偿权的，人民法院应予支持。

第二种观点认为，利润应该纳入工程价款优先受偿权的保护范围。持该观点的主要理由为：（1）工程价款包括直接费、间接费、税金和利润四部分。（2）在比较法上，没有将利润排除在优先受偿权之外的立法例。（3）如果将利润排除在外，则承包人无利可图，是否有动力主张优先受偿权存疑。（4）在实务中不可行，还会增加司法运行成本和当事人诉讼成本。[④] 例如，最高院在安徽润佳电缆集团股份有限公司、安徽省池州市第三建筑工程有限公司与安徽润佳电缆集团股份有限公司、安徽省池州市第三建筑工程有限公

---

① 丁林阳：《施工合同解除后，未完工程承包人主张工程价款优先受偿权起算点的确定》，载《人民司法（案例）》2012年第18期。

② （2015）浙甬民二终字第539号。

③ （2015）锡民终字第0252号。

④ 陈旻著：《建设工程案件审判实务与案例精析》，中国法制出版社2014年版，第399–400页。

司建设工程施工合同纠纷案[①]中认为，优先受偿权的范围，根据《最高院优先受偿权批复》第3条的规定，应当包括承包人为建设工程支付的工作人员报酬、材料费等实际支出的费用，而不包括承包人因发包人违约造成的损失，工程总价款组成中“利润、间接费”部分不属于“承包人因发包人违约所造成的损失”。又如，在福华建筑公司与丰兰公司建设工程施工合同纠纷案[②]、陕西建工集团第五建筑工程有限公司与陕西锴达投资集团有限公司建设工程施工合同纠纷案[③]中，法院均认为利润应属于工程价款优先受偿权的保护范围。

但是，在承包人解除合同并要求发包人赔偿预期利润时，由于预期利润是承包人本应取得但因发包人违约未能取得的预期收益，不属于“实际支出的费用”范畴，是《最高院优先受偿权批复》所排除的“承包人因发包人违约所造成的损失”，故没有理由予以优先保护。[④]

我们认为：从《最高院优先受偿权批复》规定优先受偿权的范围包括实际支出的费用看，显然是将工程利润排除在优先受偿权范围之外，但在司法实践中，极少有法院会将工程利润排除在建设工程价款优先受偿权的保护范围之外，最根本的原因在于，在技术操作层面上无法确定工程利润的具体金额。尤其在清单报价的项目中，承包人在投标时所报的综合单价高低，不仅是工程成本的反应，还是其管理水平在报价上的反应，要计算其项目利润，需要对项目收入与支出进行完整详细的核算才能得出，在司法实践中法院或仲裁庭根本不可能做到这一点。因此，尽管在理论上可以将工程利润排除在工程价款优先受偿权的保护范围之外，但由于客观上存在较大的技术障碍，使得将工程利润排除在工程价款优先受偿权保护范围之外的做法很难实际操作，故只能将工程利润纳入工程价款优先受偿权的保护范围。本条正是基于这样的考虑，使工程价款优先受偿的债权范围与国务院有关行政主管部门关于建设工程价款的范围完全一致，这就需要对不同类型的工程项目分别进行考察，如根据《建筑安装工程费用项目组成》规定，在建筑安装工程中，利

---

① （2016）最高法民申606号。

② 北大法宝检索，法宝引证码：CLI.C.2126557。

③ 北大法宝检索，法宝引证码：CLI.C.2998418。

④ 雷运龙、黄锋：《建设工程优先权若干问题辨析》，载《法律适用》2005年第10期。

润就属于工程价款优先受偿权的保护范围。

2. 工程款利息是否属于工程价款优先受偿权的保护范围？

本条第2款明确了逾期支付工程款的利息不纳入工程价款优先受偿权保护范围，但在以往的司法实践中却存在着两种针锋相对的观点。

第一种观点认为，工程款利息不属于建设工程价款优先受偿权的保护范围。持该观点者认为，虽然利息属于孳息，但是该利息是在发包人违约，拖欠工程款的前提下产生，因此，利息属于发包人给承包人造成的损失，根据《最高院优先受偿权批复》第3条可看出该利息不属于优先受偿权应支付的范围。例如，金华中院在广大建设集团有限公司与义乌市金钱福工艺品有限公司建设工程施工合同纠纷案[①]中就认为，《最高院优先受偿权批复》第3条规定，建筑工程价款包括承包人为建设工程应当支付的工作人员报酬、材料款等实际支出的费用，不包括承包人因发包人违约所造成的损失。故承包人对发包人尚欠工程款享有优先受偿权，对利息损失不享有优先受偿权。在各地方法院的指导性意见中，浙江高院和江苏高院的规定明确将工程款利息排除在工程价款优先受偿权的保护范围之外。《浙江省高级人民法院执行局执行中处理工程价款优先受偿权有关问题的解答》（以下简称《浙江高院优先受偿权解答》）第3条规定："工程价款优先受偿权的范围为建设工程的工程价款，包括承包人应当支付的工作人员报酬、材料款和用于建设工程的垫资款等。工程价款的利息不在优先受偿范围内。发包人应当支付的违约金或者因为发包人违约所造成的损失，不属于工程价款优先受偿权的受偿范围。"《江苏高院解答》第17条规定："承包人主张将工程款利息纳入建设工程价款优先受偿权范围的，不予支持。"

第二种观点认为，工程款利息属于建设工程价款优先受偿权的保护范围。持该观点者认为，利息系法定孳息，应属于建设工程价款优先受偿权的行使范围。从我国法律和司法实践中多个有关优先受偿的权利内容的横向比较来看，主债权的利息无一例外地被纳入优先受偿的债权范围。例如，《担保法》第46条规定的抵押担保的范围包括主债权及利息；《担保法》第83

① （2013）浙金民终字第1112号。

条规定的留置担保的范围也包括主债权及利息。但超过同期同类人民银行贷款利率部分的利息，不属于工程价款优先受偿权的行使范围。[①]例如，商丘中院在商丘市华商农村商业银行股份有限公司与商丘市天宏建筑工程有限责任公司建设工程施工合同纠纷案[②]中认为，利息不同于承包人的其他损失，它是基于承包人实际支出的费用而产生的孳息，属于法定孳息，因此，建设工程价款的迟延支付利息应属于优先受偿权的范围。河北高院在中天建设集团有限公司与河北四方通信设备有限公司建设工程施工合同纠纷案[③]中也是基于同样的理由，将工程款利息纳入优先受偿权的保护范围之内。

在各地方法院的指导性意见中，《广东高院解答》第 15 条规定："利息属于工程价款的法定孳息，承包人主张利息属于工程价款优先受偿权范围的，应予支持。"

我们认为，《施工合同司法解释（二）》之所以将逾期支付工程款的利息不纳入工程价款优先受偿权保护范围，是因为建设工程价款优先受偿权的立法初衷在于承包人投入的材料、劳动力等已经物化到建设工程中，使得建设工程获得了增值，并在所有权转化过程中完成了所有权的转化，为了平衡承包人与发包人及相关第三人之间的利益，法律赋予承包人建设工程价款优先受偿权。而工程款利息虽属于法定孳息，但不属于承包人的直接投入，应该作为普通债权和发包人的其他债权人平等受偿。但是对于承发包双方约定的垫资款的利息，我们认为，该利息属于承包人为承建建设工程所支出的成本，应当纳入工程价款优先受偿权的保护范围。

案例索引

中铁二十二局集团第四工程有限公司与安徽瑞讯交通开发有限公司、安

---

① 张勇健：《建设工程施工合同案件审理中应注意的问题》，载《人民法院报》2018 年 9 月 5 日，第 7 版。

② （2013）商民再终字第 17 号。

③ （2017）冀民初 179 号。

徽省高速公路控股集团有限公司建设工程施工合同纠纷案［案号：（2014）民一终字第56号］；

浙江乔兴建设集团有限公司与浙江凯博置业有限公司、浙江中铁房地产有限公司建设工程施工合同纠纷［案号：（2015）湖安民初字第909号］。

规范链接

《最高人民法院关于建设工程价款优先受偿权问题的批复》

三、建筑工程价款包括承包人为建设工程应当支付的工作人员报酬、材料款等实际支出的费用，不包括承包人因发包人违约所造成的损失。

《河北省高级人民法院建设工程施工合同案件审理指南》

34. 承包人享有的优先受偿权的建设工程价款范围是指承包人完成的工作成果所产生的费用，包括直接费、间接费、利润、税金及工作人员报酬、材料款等实际支出的费用，不包括因发包人违约所产生的损失。利息属于工程价款的法定孳息，承包人主张未付工程价款利息属于工程价款属于优先受偿权范围的，应予支持。土地使用权不属于优先受偿权的客体，承包人请求对建设工程占用范围内的土地使用权的价值享有优先受偿权的，不予支持。

《广东省高级人民法院关于审理建设工程合同纠纷案件疑难问题的解答》

15. 利息是否属于工程价款优先受偿权的范围

利息属于工程价款的法定孳息，承包人主张利息属于工程价款优先受偿权范围的，应予支持。

《广东省高级人民法院2012年全省民事审判工作会议纪要》

28. 建设工程价款优先受偿的范围仅限于建设工程价值，不包括建设工程范围内的建设用地使用权价值。

《安徽省高级人民法院关于审理建设工程施工合同纠纷案件适用法律问题的指导意见（二）》

第二十三条 因发包人原因导致承包人施工期间停窝工产生的工人工资、设备租赁等费用，承包人将该费用与工程价款一并主张优先受偿权的，应予支持。

《四川省高级人民法院关于审理建设工程施工合同纠纷案件若干疑难问题的解答》

38. 如何界定优先受偿权的范围?

建设工程经验收合格，工程的直接成本、间接成本、利润和税金属于优先受偿范围。

承包人、实际施工人支付的履约保证金、工程质量保证金、发包人应当支付的违约金等不属于优先受偿范围。

承包人、实际施工人请求确认对建设工程占用范围内的土地使用权享有优先受偿权的，不予支持。

《天津仲裁委员会建设工程施工合同纠纷案件仲裁指引》

七、工程价款优先受偿

3. 受偿范围和期限，仅包括承包人因承包工程而实际支出的费用，包括人员工资、材料款、机械台班费、各种税费等。利息、停窝工损失、违约金等均不属于优先受偿的范围。承包人行使优先权的期限为六个月，自工程竣工之日或合同约定竣工之日起计算。

《绍兴市中级人民法院民事审判庭关于审理建设工程施工合同纠纷案件若干问题的意见（试行）》

17. 承包人的优先受偿权范围如何界定?

答：承包人的优先受偿权范围局限于建设工程的工程价款，包括承包人应当支付的工作人员报酬、材料款、用于建设工程的垫资等实际支出的费用。

《宣城市中级人民法院关于审理建设工程施工合同纠纷案件若干问题的指导意见（试行）》

第二十三条　建设工程施工合同或补充协议约定建设工程质量保证金从工程价款的余款中扣留，承包人主张该建设工程价款优先受偿权的范围可以包括建设工程质量保证金在内。

第二十二条 【优先受偿权的行使期限】承包人行使建设工程价款优先受偿权的期限为六个月，自发包人应当给付建设工程价款之日起算。

条文主旨

本条规定了优先受偿权的保护期限及起算点。

典型案例

案例 22：建设工程价款优先受偿权的起算点应当从债权应受清偿时起算

——南通一建集团有限公司与江苏均英光电有限公司建设工程施工合同纠纷案[①]

案情回放

2010 年 6 月，南通一建集团有限公司（以下简称南通一建）与江苏均英光电有限公司（以下简称江苏均英）签订《建设工程施工合同》，合同约定由南通一建承建江苏均英 1# 生产厂房，工期从 2010 年 6 月 28 日至 2011 年 1 月 28 日，总造价 2006 万元。2012 年 5 月 4 日，双方就 1# 生产厂房签订工程竣工交接单，主要内容为：南通一建高邮项目部已完成了江苏均英 1# 厂房图纸设计内容和合约中的一切项目；1# 厂房于 2011 年 6 月 25 日竣工验收合格；江苏均英于 2011 年 6 月 25 日接收投产使用。

2011 年 6 月，双方又签订《建设工程施工合同》，约定由南通一建承建江苏均英的 2#、3# 生产厂房、办公楼、生产车间及门卫土建工程，总造价 4398 万元，工期从 2011 年 6 月 5 日至 2012 年 6 月 5 日。该工程目前尚未通过竣工验收。

① （2014）苏民终字第 0289 号、（2013）扬民初字第 0054 号。

2012年9月18日，南通一建与江苏均英签订《付款协议书》，主要内容为：双方一期（2006万元）与二期（工程款360万元＋材料款280万元）工程款合计2646万元，江苏均英已支付1885.8万元，剩余760.2万元未付。江苏均英于2012年10月31日支付二期工程款及材料款400万元，余款360.2万元在2012年12月31日前付清。

2013年5月16日，江苏均英与江苏银行股份有限公司高邮支行签订最高额抵押合同，以包括本案房地产在内的自有房产对双方之间的借款予以抵押担保。

2013年5月23日，南通一建因江苏均英未按《付款协议书》履行付款义务向扬州市中级人民法院提起诉讼。

裁判理由

一审法院认为，《合同法》第286条规定："发包人未按照约定支付价款的，承包人可以催告发包人在合理期限内支付价款。发包人逾期不支付的，除按照建设工程的性质不宜折价、拍卖的以外，承包人可以与发包人协商将该工程折价，也可以申请人民法院将该工程依法拍卖。建设工程的价款就该工程折价或者拍卖的价款优先受偿。"《最高院优先受偿权批复》第4条规定："建设工程承包人行使优先权的期限为六个月，自建设工程竣工之日或者建设工程合同约定的竣工之日起计算。"本案中，南通一建与江苏均英共签订两份建设工程施工合同，2010年6月建设工程施工合同，双方已于2012年5月4日签订竣工交接单，按上述法律规定，南通一建在2013年5月23日起诉时主张优先受偿权已超过法定期限，依法不能得到支持。2011年6月的建设工程施工合同虽未通过竣工验收，但该合同已约定竣工日期为2012年6月5日，故南通一建在2013年5月23日起诉主张优先受偿权时，同样也超过了法定期限，本院依法不予支持。

二审法院认为，《合同法》第286条规定："发包人未按照约定支付价款的，承包人可以催告发包人在合理期限内支付价款。发包人逾期不支付的，除按照建设工程的性质不宜折价、拍卖的以外，承包人可以与发包人协商将该工程折价，也可以申请人民法院将该工程依法拍卖。建设工程的价款就该工程折价或者拍卖的价款优先受偿。”《最高院优先受偿权批复》第 4 条规定：“建设工程承包人行使优先权的期限为六个月，自建设工程竣工之日或者建设工程合同约定的竣工之日起计算。”对承包人的优先受偿权判断应当结合《合同法》第 286 条规定和《最高院优先受偿权批复》第 4 条的规定处理，一般从建设工程竣工之日或者建设工程合同约定的竣工之日起计算，但工程款债权在建设工程竣工之日或者建设工程合同约定的竣工之日尚未届清偿期时，建设工程价款优先受偿权的起算点应当从债权应受清偿时起算，即在发包人未按约定支付价款，承包人在合理期限内催告后，发包人仍未支付的，从此时起算建设工程优先受偿权的行使期间。本案中，双方于 2012 年 9 月 19 日签订了付款协议，对一、二期工程款进行了最终结算，约定工程款于 2012 年 12 月 31 日前付清。因此，南通一建的建设工程价款优先受偿权的行使期限应从债权应受清偿时开始计算，即从 2013 年 1 月 1 日起算，到起诉时即 2013 年 5 月 23 日并未超过法定期限。

裁判结果

一审法院判决：

一、江苏均英本判决生效之日起十日内给付南通一建工程价款 730.04 万元、支付违约金 20 万元，合计 750.04 万元；

二、驳回南通一建集团有限公司主张优先受偿权的诉讼请求。

二审法院判决：

一、维持江苏省扬州市中级人民法院（2013）扬民初字第 0054 号民事判决第一项；

二、变更江苏省扬州市中级人民法院（2013）扬民初字第 0054 号民事判决第二项为：南通一建对其施工完成的工程折价或拍卖的价款在 730.04 万元范围内享有优先受偿权。

焦点评析

本案所涉争议焦点之一是承包人行使建设工程价款优先受偿权是否超出期限，根源在于对建设工程价款优先受偿权起算点的分歧。《合同法》第 286

条虽从立法层面确立了建设工程价款优先受偿权制度，但从条文内容看，显得较为抽象和原则，这就为优先受偿权制度在实践中的适用带来了困难，引发了争议，其中关于起算点的确定即是争议之一。

《最高院优先受偿权批复》第 4 条规定："建设工程承包人行使优先权的期限为六个月，自建设工程竣工之日或者建设工程合同约定的竣工之日起计算。"《最高院优先受偿权批复》针对建设工程实践中存在的两种不同情况，对优先权起算点作出了不同的规定：建设工程已竣工的，优先受偿权的起算点为建设工程竣工之日；建设工程未竣工的，优先受偿权的起算点为合同约定的竣工之日。《最高院优先受偿权批复》是《合同法》实施后，最高院针对实践中出现的争议，首次就优先受偿权制度确立的适用规则，也是本司法解释出台前确定工程价款优先受偿权起算点最权威的规则。为了读者更准确地理解本条规定，有必要向大家全面介绍在以往司法实践中各地对优先受偿权起算点的不同认定，下文分别从工程已竣工、未竣工和不区分工程是否竣工三种不同类型入手，加以介绍。

1. 已竣工的建设工程

（1）实际竣工之日。在以往的司法实践中，对于已经实际竣工特别是经过竣工验收的工程，自实际竣工之日起计算工程价款优先受偿权的行使期限，争议不大，一般均是按照实际竣工之日起算优先受偿权的行使期限。例如，《浙江高院优先受偿权解答》第 1 条规定："……发生建设工程施工合同纠纷时工程已实际竣工的，工程实际竣工之日为六个月的起算点……"《广东高院会议纪要》第 27 条的规定还特别强调，非因承包人的原因导致建设工程未能在约定期限内竣工，承包人的优先受偿权不受影响，并且优先受偿权的行使期限，自建设工程实际竣工之日起计算。

（2）交付使用之日。该观点认为，《施工合同司法解释》第 14 条规定，建设工程未经竣工验收，发包人擅自使用的，以转移占有建设工程之日为竣工日期。根据该规定，不论建设工程是否实际竣工，只要存在发包人擅自使用的情况，交付使用之日即视为该建设工程的竣工之日。因此，结合《最高院优先受偿权批复》的规定，此时也应成为优先受偿权的起算点。例如，在广元市众森实业有限公司、甘肃第五建设集团公司建设工程施工合同纠纷案[①]中，最高院认为，投入使用之日应视为工程已经竣工，开始起算优先受偿权的行使期限。

2. 未竣工的建设工程

（1）合同约定的竣工之日。该观点认为应按照《最高院优先受偿权批复》规定的从合同约定的竣工之日起算，如在云南田陈建筑工程有限公司与昆明佳达利房地产开发经营有限公司合同纠纷案[②]中，一审、二审法院均认为，因承包人原因（违约）导致超过合同约定的竣工日期仍未竣工，应从合同约定的竣工之日起计算 6 个月期限。又如，在中建六局土木工程有限公司与舟山传润置业有限公司建设工程施工合同纠纷案[③]中，舟山中院认为，停工日期早于约定的竣工日期的，应以约定的竣工之日起计算优先受偿权的行使期限。此外，《江苏高院意见》第 19 条规定："……建设工程未竣工的，承包人的工程价款优先受偿权的行使期限自建设工程合同约定的竣工之日起六个月。"浙江高院、徐州中院等也有类似规定。

（2）双方结算之日或工程款数额确定之日。该观点认为，建设工程虽未竣工，但未竣工的原因是由于发包人造成的，故工程价款优先受偿权行使期限的起算点应为工程款数额确定之日。例如，在浙江同心建筑工程有限公司与龙游县佳美置业有限公司建设工程施工合同纠纷案[④]中，衢州中院认为，案涉工程虽未竣工，但优先受偿权的行使并非以竣工为唯一要件，因发包人未按约履行合同义务导致工程停工，发包人的行为已构成根本性违约，为此承包人有权要求终止建设工程施工合同，合同终止后，应允许承包人行使工程款优先受偿权维护其合法权益，优先受偿权的期限应从工程款数额确定之日起计算。

（3）结算确定的付款之日。该观点认为，建设工程虽未竣工，但双方对已完工程进行了结算的，工程价款优先受偿权行使期限应当从债权行使的条

---

① （2017）最高法民申 239 号。
② （2011）昆民一初字第 144 号、（2013）云高民一终字第 261 号。
③ （2014）浙舟民终字第 190 号。
④ （2009）浙衢民初字第 9 号。

件成就时，也即发包人应当给付工程款而未给付时开始起算。[①] 例如，《江苏高院解答》第 14 条规定："建设工程施工合同的承包人行使建设工程价款优先受偿权的期限为六个月，具体起算按照以下方式确定……（3）工程已竣工验收合格，但合同约定除质保金以外的工程款付款期限尚未届满的，自合同约定的工程款付款期限届满之日起算。"

（4）合同解除或终止履行之日。该观点认为，因发包人原因导致建设工程施工合同解除的，承包人行使优先受偿权的期限应从合同解除之日或终止履行之日起计算。例如，在最高院发布的指导案例 73 号——通州建总集团有限公司诉安徽天宇华工有限公司别除权纠纷案[②] 中，安徽高院认为，符合《破产法》第 18 条规定的情形，建设工程施工合同视为解除的，承包人行使优先受偿权的期限应自合同解除之日起计算。又如，在陕西西岳山庄有限公司与中建三局建发工程有限公司、中建三局第三建设工程有限责任公司建设工程施工合同纠纷案[③] 中，最高院认为，鉴于该项建设工程目前尚未全部竣工，《施工合同》因西岳山庄拖欠工程款等原因而迟延履行，建发公司优先受偿权的行使期限应从 2005 年 10 月 10 日解除合同时起算。再如，《2011 年全民会议纪要》规定："……如果建设工程合同由于发包人的原因解除或终止履行，承包人行使建设工程价款优先受偿权的期限自合同解除或终止履行之日起计算。"此外，广东高院、江苏高院、河北高院、深圳中院、盐城中院等都作出了类似的规定。

（5）实际停工之日。该观点认为，发生建设工程施工合同纠纷时工程未实际竣工的，约定的竣工之日为 6 个月的起算点；约定的竣工日期早于实际停工日期的，实际停工之日为 6 个月的起算点。[④] 例如，在浙江省一建建设

---

① 参见关丽：《建设工程优先受偿权实现的条件》，载最高人民法院民事审判第一庭编著：《民事审判前沿》（第 1 辑），人民法院出版社 2014 年版，第 123–125 页。

② （2014）皖民一终字第 00054 号。

③ （2007）民一终字第 10 号。

④ 王勇：《烂尾工程中承包人工程款优先权的认定》，载《人民司法·案例》2018 年第 11 期。

集团有限公司与长兴嘉信房地产开发有限公司建设工程施工合同纠纷案[①]中，一审长兴法院在支持承包人享有优先受偿权时并未明确起算点，仅以“发包人主张承包人系中途退场，双方的竣工时间按退场时间计算已超六个月，不享有优先受偿权的抗辩意见，缺乏法律依据”为由支持了承包人的优先受偿权；二审湖州中院在引用《最高院优先受偿权批复》关于优先受偿权起算点的规定后，认为涉案工程至二审时仍未竣工验收，故承包人就涉案工程可以主张优先受偿权，并未超过六个月期限，似乎认为只要是未完工程，均不会超过优先受偿权的行使期限；浙江高院再审后认为，案涉工程双方约定的竣工日期早于实际停工日期，应以实际停工之日作为享有优先受偿权六个月的起算点，从而驳回了承包人关于优先受偿权的诉请。

（6）起诉或申请仲裁之日。该观点认为，因发包人拖欠工程款而停工，此时工程并未竣工，工程款尚未结算，如认定承包人超过主张优先权的行使期限，与优先保障承包人基本利益即工程款这一立法目的相悖。事实上，在建设工程实践中，承发包双方的协调、停工、谈判往往穿插在一起，往来多个回合，停工复工反复进行，故承包人完全停工的时间节点在具体案件中认定起来往往较为困难。双方不断协商的过程表明承包人并无怠于主张权利的问题，若具体案件中确实无法认定承包人何时撤离施工现场，何时完全终止履行合同，则可以考虑以承包人申请仲裁或提起诉讼的时间节点为承包人完全终止履行合同的时间。[②]在大连开发区泰乐房地产开发有限公司与中国建筑第八工程局大连公司建设工程施工合同纠纷案[③]中，最高院认为：鉴于发、承包人双方对已完工程造价一直未能达成结算意见，且该工程因发包人原因未完工同时承包人已经退场，如在工程款数额尚未确定的情况下，即认定承包人超过主张计算行使优先权的期限，显然与优先保障施工人基本利益即工程款这一立法目的相悖。因此，二审法院判决自承包人起诉之日起开始计算行使优先权期限，认定其对案涉工程享有优先受偿权，并无不当。

---

① （2014）浙民提字第84号、（2013）浙湖民终字第493号、（2013）湖长民初字第842号。

② 林一主编：《建设工程施工合同纠纷案件审判实务》，法律出版社2015年版，第317页。

③ （2014）民申字第1004号。

3. 不区分工程是否竣工

（1）承包人就同一工程不同部分分别签订内容不一致的施工合同的，分别计算起算时间。该观点认为，在发生相同承发包双方就同一工程签订数份合同时，应当各自计算承包人行使工程价款优先受偿权的起算点。例如，在杭州田逸之星置业有限公司与杭州中豪建设工程有限公司合同纠纷案①中，杭州中院认为，承包人与发包人就桩基工程单独签订了《桩基承包工程施工合同》及《补充协议》，该合同及《补充协议》中对桩基工程的施工、验收、结算以及付款等均作出了不同于总包合同的约定，该事实以及合同相关内容表明，桩基工程系相对独立于整体工程的施工内容，其竣工验收系独立的单项验收，结算、付款亦并不以工程项目整体竣工验收为前提，因此，不能以田逸之星项目工程竣工之日、总包合同约定的竣工之日或者工程实际停工之日起算优先受偿权的保护期限。

（2）工程款债权应受清偿之日。该观点认为，对《最高院优先受偿权批复》第 4 条的理解和适用，应当以保障承包人工程价款优先受偿的立法目的为出发点，坚持遵循案件客观事实、尊重当事人特别约定的基本原则，而不能机械理解和适用该司法解释关于建设工程价款优先权行使期限的起算点规定。当事人明确约定工程款支付时间晚于工程竣工之日的，承包人行使优先权的期限不应再从工程竣工之日起计算。通常情况下，应当充分尊重当事人之间的约定，从承包人可以向发包人实际主张工程款的时间，开始计算建设工程价款优先权的行使期限。②《最高院优先受偿权批复》第 4 条规定建设工程承包人行使优先受偿权的期限自建设工程竣工之日或者建设工程合同约定的竣工之日起计算，宜理解为前述起算点与应付工程款的期限一致的情形。③

---

① （2014）浙杭民终字第 1971 号。

② 最高人民法院民事审判第一庭编：《民事审判指导与参考》（总第 73 辑），人民法院出版社 2018 年版，第 159 页。

③ 王毓莹、陈亚：《建设工程价款优先受偿权行使期限的起算点为应当支付工程款时——湖南协和建设有限公司与株洲市汉华房地产开发有限公司建设工程施工合同纠纷申请再审案》，载最高人民法院民事审判第一庭编：《民事审判指导与参考》（总第 73 辑），人民法院出版社 2018 年版，第 211 页。

张勇健庭长在《建设工程施工合同案件审理中应注意的问题》一文中则进一步认为，对于建设工程价款优先受偿权期限的起算点应当妥善把握，不让施工人轻易丧失优先受偿权。建设工程价款优先受偿权的期限的起算点为建设工程竣工之日或合同约定的竣工之日起算六个月。但如果合同约定发包人支付工程款日期在工程竣工之日六个月之后，或者因建设工程施工合同解除承包人主张工程款时工程尚未竣工，优先受偿权从发包人应当给付工程款之日起算。[①]

在普定县鑫臻房地产开发有限公司与黑龙江省建工集团有限公司、普定县鑫臻酒店有限公司建设工程合同纠纷案[②]中，最高院认为，《合同法》第286条规定承包人就未付工程款对所承建工程享有优先受偿权，系为保护承包人对工程价款的实际受偿，在认定该优先受偿权的行使期限时，应当遵循案件的客观事实，尊重当事人之间关于支付工程价款期限的约定，优先受偿权行使期限的起算点，不应早于当事人之间约定的工程价款支付期限，以保证实现该优先权权能。

综上可知，在以往的司法实践中，对从何时开始起算工程价款优先受偿权的行使期限，观点众多，莫衷一是。从近年来最高院的判例及法官们的公开表态来看，“从工程款债权应受清偿之日起计算优先受偿权行使期限”的观点逐渐成为共识，本条规定也是采纳了这种观点。本案一审法院严格按照《最高院优先受偿权批复》规定的字面意思，认定承包人行使优先受偿权超出法定期限，但不考虑按照《最高院优先受偿权批复》字面意思解释时，优先受偿权行使期限到期时工程款债权尚未届清偿期，承包人客观上无法行使优先受偿权的事实，难言妥当。二审法院认为，按《最高院优先受偿权批复》字面解释确定优先受偿权的起算点，则从应付工程款时优先受偿权的行使期限已经经过的客观事实出发，将利益平衡作为衡量标准，通过法解释学方法的运用，对《最高院优先受偿权批复》规定作了扩张解释，将工程款债权应

① 张勇健：《建设工程施工合同案件审理中应注意的问题》，载《人民法院报》2018年9月5日，第7版。

② （2016）最高法民终106号。

受清偿时作为优先受偿权的起算点，纠正了一审判决导致的各方主体利益失衡局面。

我们认为，从优先受偿权立法目的之一为保护承包人利益的角度出发，将优先受偿权的行使期限确定为“从约定的应付工程款之日起”计算，不无裨益。但由于《施工合同司法解释》第18条的存在，从立法论的角度分析，应当增加例外规定，即承发包双方在未约定工程款付款时间或约定不明时，优先受偿权行使期限从工程款债权金额确定之日开始计算。但本条并未对此例外情况作出规定，我们只能寻求在解释论上对其加以限制，即当承发包双方对付款时间没有约定或者约定不明时，工程价款优先受偿权的行使期限从工程款债权数额确定之日开始计算。只有这样，才能平衡承发包双方和第三人之间的利益。

实务争点

建设工程价款优先受偿权是否一定要在法定期限内明确行使才能生效？

对此，实践中存在着两种观点，一种观点认为，作为一项法定优先权，建设工程价款优先受偿权的产生和存在无须权利人明示就能行使，在条件成就时，其当然的产生效力，使承包人的工程价款债权优先于抵押权人和其他普通债权人得以清偿。而另一种观点则认为，权利存在不等同于权利行使，在未经明示的情况下，权利并不当然对承包人生效，承包人未在法定期限内明示行使的，最终将会丧失该优先受偿权的保护，其工程价款只能沦为普通债权得以清偿。

例如，在深圳发展银行股份有限公司佛山分行与佛山市三水区第一建筑集团有限公司等执行分配方案异议之诉纠纷案[①]中，一审法院认为，《最高院优先受偿权批复》于2002年6月20日公布，而根据《最高院优先受偿权批复》第4条以及第5条“本批复第四条自公布之日起六个月后施行”的规定，凡承包人在1999年10月1日至2002年12月28日之间行使建设工程价款优

① （2009）粤高法民一终字第188号、（2009）佛中法民五初字第9号。

先受偿权的，不受 6 个月期限的限制。三水一建、何均宝于 2002 年 10 月 8 日，即在该批复规定的期限内提起工程价款民事诉讼，虽未要求确认建设工程价款优先受偿权，但建设工程价款优先受偿权作为一种法定优先权，无须当事人另外予以明示，加之建设工程价款能否及时执行到位，直接影响社会的和谐稳定。因此，三水一建、何均宝对建设工程价款享有优先受偿权。二审法院则认为，首先，法定权利是法律赋予当事人的权利，但权利的存在与权利的行使是两个不同的概念。权利是否行使是当事人的自治权，须依当事人的意思表示而确定。其次，法定权利的行使有期限的限制，建设工程承包人行使优先权期限的规定属于法律上的除斥期间，期间届满后，承包人的优先权将不复存在。涉案工程在 2000 年 8 月竣工验收，2002 年 10 月 8 日，三水一建向原审法院提起诉讼，此时《最高院优先受偿权批复》已经实施，当事人最迟应在 2003 年 6 月 20 日前向原审法院主张其对涉案工程的优先受偿权。但三水一建、何均宝在 2008 年 3 月 18 日才向原审法院提出建设工程价款优先受偿权，已经超过了法律规定的 6 个月的除斥期间，优先权归于消灭。

我们认为，建设工程价款优先受偿权不仅需要明确行使才能产生效力，而且必须在法定的期限内行使。

首先，根据我国现有的法律规定和实施现状，建设工程价款优先受偿权的取得无须当事人在合同中明确约定，也不以登记作为生效要件，因此，承包人所享有的优先受偿权在一定程度上缺乏公示性，一旦行使可能会对其他债权人造成直接影响。因此，必须谨慎认定承包人是否享有以及能否行使优先受偿权。

其次，即使作为一项法定优先权，司法程序的谦抑性决定了其在民事诉讼中“不告不理”基本原则的实行。当事人享有权利并不意味着一定会通过行使该权利来保障自己的利益，从理论上来看，当事人在满足特定条件的情况下，甚至有权放弃该优先受偿权。只有当事人在诉讼中明确主张该权利，法院才有资格去审查该权利是否合法存在、是否与其他权利存在竞合等情况。而并非如上述一审法院所认为的那样，无须当事人另外予以明示即可当然产生效力，法院也不应该滥用社会公共利益原则，来无故牺牲其他债权人的合法权益。

最后，对于权利行使的法定期间的认定，《最高院优先受偿权批复》第 4 条明确规定了六个月的行使期间，通说认为该行使期间属于法律上的除斥期间，也是承包人优先权的法定存续期间。根据除斥期间的属性，这六个月的存续期间不存在中止、中断或延长的情形，期间届满后，承包人的优先权将不复存在，人民法院也不再支持其建设工程价款的优先受偿权，承包人的工程价款请求权只能沦为一般债权。

本案的特殊之处在于，涉案工程竣工于《最高院优先受偿权批复》实施之前，而在实施之后主张优先受偿权。因此，根据《最高院优先受偿权批复》的公布时间及第 5 条的规定，当事人应在 2003 年 6 月 20 日前向法院提出诉求，才符合优先受偿权行使的时间要件。

综上，由于本条仍然延续了工程价款优先受偿权行使期限为六个月的规定，承包人在行使优先受偿权时一定要在法定六个月的期限内明示才能生效。对于被拖欠工程价款的施工企业而言，如果采取协议折价的方式，可以通过与发包人的协议，如以房抵款等来行使优先受偿权；如果采取向人民法院申请拍卖的方式，则应当向人民法院（仲裁机构）提出明确的诉求（申请），只有这样，才能表明承包人已经行使了建设工程价款优先受偿权。

案例索引

浙江富顺建设有限公司与杭州云海休闲用品有限公司建设工程施工合同纠纷案［案号：（2014）浙杭民终字第 2302 号］；

湖南协和建设有限公司与株洲市汉华房地产开发有限公司建设工程施工合同纠纷案［案号：（2017）最高法民再 389 号］。

规范链接

《江苏省高级人民法院关于审理建设工程施工合同纠纷案件若干问题的解答》

14. 建设工程价款优先受偿权起算如何确定？

建设工程施工合同的承包人行使建设工程价款优先受偿权的期限为六个月，具体起算按照以下方式确定：

（1）工程已竣工且工程结算款已届期的，自建设工程竣工之日或者建设工程施工合同约定的竣工之日起算；

（2）建设工程施工合同解除、终止履行的，自合同实际解除、终止之日起算；

（3）工程已竣工验收合格，但合同约定除质保金以外的工程款付款期限尚未届满的，自合同约定的工程款付款期限届满之日起算。

《河北省高级人民法院建设工程施工合同案件审理指南》

35. 建设工程承包人行使优先受偿权的期限为六个月，具体起算时间按照以下方式确定：（1）工程已竣工的，自建设工程竣工之日或者建设工程合同约定的竣工之日起算，上述日期不一致的，以在后日期作为起算点，但合同约定的付款期限尚未届满的，以合同约定的付款期限届满之日作为起算点；（2）工程尚未竣工而合同解除、终止履行的，以合同实际解除、终止之日作为起算点；（3）发包人主张以《最高人民法院建设工程案件司法解释》第十四条第（二）、（三）项作为承包人行使优先受偿权起算点的，不予支持。

《广东省高级人民法院关于审理建设工程合同纠纷案件疑难问题的解答》

16. 建设工程承包人行使工程价款优先受偿权的起算时点应如何确定

建设工程承包人行使优先受偿权的期限为六个月，具体起算点按照以下方式确定：（1）工程已竣工的，自建设工程竣工之日或者建设工程合同约定的竣工之日起算，上述日期不一致的，以在后日期作为起算点，但合同约定的付款期限尚未届满的，以合同约定的付款期限届满之日作为起算点；（2）工程尚未竣工而合同解除、终止履行的，以合同实际解除、终止之日作为起算点；（3）发包人主张以《建设工程司法解释》第十四条第（二）、（三）项作为承包人行使优先受偿权起算点的，不予支持。

《重庆市高级人民法院民一庭关于当前民事审判疑难问题的解答》

17. 如何认定承包人在规定期间内行使了建设工程价款优先受偿权？

答：《最高人民法院关于建设工程价款优先受偿权问题的批复》（法释〔2002〕16号）第四条规定："建设工程承包人行使优先权的期限为六个月，自建设工程竣工之日或者建设工程合同约定的竣工之日起计算。"因此，建设工程价款优先受偿权，必须自建设工程竣工之日或者建设工程合同约定的竣工之日起六个月内行使。否则，承包人将丧失该项权利。承包人在上述“六个月内”行使建设工程价款优先受偿权，并不以向人民法院提起诉讼为限。在该期限内，承包人向发包人提出请求或者发包人向承包人承认其享有建设工程价款优先受偿权，也应当认定承包人行使了该项权利。但是，无论以何种方式行使建设工程价款优先受偿权，均须具有明确的请求或者承认优先受偿的意思表示。

《徐州中院进一步规范关于审理建设工程施工合同纠纷案件的若干问题》

【优先受偿权的期限如何起算？】建设工程价款优先受偿权应在法律规定的期限内主张。建设工程已经竣工的，建设工程优先受偿权从竣工之日起算；建设工程未实际竣工的，从约定的竣工之日起算，约定的竣工之日早于实际停工之日的，从实际停工之日起算。无论工程是否竣工，双方进行了结算并约定了工程款给付之日的，从工程款逾期给付之日起算。

《杭州市中级人民法院民一庭关于审理建设工程及房屋相关纠纷案件若干实务问题的解答》

八、其他问题

5.《最高人民法院关于建设工程价款优先受偿权问题的批复》第四条规定：建设工程承包人行使优先权的期限为六个月，自建设工程竣工之日或者建设工程合同约定的竣工之日起计算。那么承包人行使该优先受偿权是否适用诉讼时效的规定？

答：虽然上述批复规定了该优先受偿权的行使期限为六个月，但从《合同法》第二百八十六条的条文本意分析，该六个月的期限，仅是规定应由承包人向发包人催告支付工程价款，至于是否选择折价、拍卖等形式受偿的，并不在该期限内。但应当明确，从承包人催告时起，就意味着其知道自身可以行使优先受偿权了，所以也应当从这一时间点计算该项权利的诉讼时效，即为两年，若两年内还不起诉的，则应丧失该优先受偿的胜诉权。

《宣城市中级人民法院关于审理建设工程施工合同纠纷案件若干问题的指导意见（试行）》

第二十六条 建设工程完工前建设工程施工合同已被解除，已经完成的建设工程质量合格的，承包人对已完成的建设工程享有建设工程价款优先受偿权，承包人行使优先权的期限为六个月，自该建设工程施工合同解除之日或该工程质量被确定为合格之日起计算。

《天津仲裁委员会建设工程施工合同纠纷案件仲裁指引》

七、工程价款优先受偿

3.……承包人行使优先权的期限为六个月，自工程竣工之日或合同约定竣工之日起计算。

第二十三条 【放弃或限制优先受偿权的效力】 发包人与承包人约定放弃或者限制建设工程价款优先受偿权，损害建筑工人利益，发包人根据该约定主张承包人不享有建设工程价款优先受偿权的，人民法院不予支持。

条文主旨

本条规定了承包人事先放弃工程价款优先受偿权的效力。

典型案例

案例23：承包人预先放弃工程价款优先受偿权的承诺有效

——中国工商银行股份有限公司常山支行诉常山县住宅建筑有限公司等建设工程施工合同纠纷案[①]

案情回放

2010年6月12日，常山日成铜业有限公司（以下简称日成公司）与常山县国土资源局签订国有建设用地使用权出让合同，后日成公司依法

① （2014）浙衢民终字第48号、（2013）衢常民初字第15号。

取得了位于常山县辉埠新区 A2010–10 地块 20000 平方米的国有土地使用权。2010 年 7 月 14 日，原常山县规划建设局发给日成公司车间三的建设工程规划许可证，同月 20 日又发给车间一、二、四、五的建设工程规划许可证。2010 年 7 月 22 日，常山县住宅建筑有限公司（以下简称住宅建公司）、日成公司签订《建设工程施工合同》一份，约定日成公司将厂区内的新建厂区车间工程承包给住宅建公司施工，工程价款为 4773600 元，合同对其他相关事项均作了明确约定。2011 年 9 月 20 日，住宅建公司、日成公司又签订一份《协议》，约定日成公司将附属配套工程包括值班室、配电房、厕所、围墙、厂区道路、雨污水管道、给排水工程承包给住宅建公司施工，工程价款为 2860000 元，并约定了其他相关事项。2011 年 12 月 27 日，住宅建向工行常山支行出具承诺函，承诺日成公司厂区的车间三工程由住宅建公司承建，日成公司已支付工程款 3860000 元，因日成公司继续工程建设及日常生产经营周转需以该在建工程抵押向工行常山支行融资，住宅建公司承诺在剩余工程款范围内放弃工程款优先权。

2012 年 2 月 7 日，日成公司向住宅建公司出具承诺函言明因银行贷款需要住宅建公司于 2011 年 12 月 27 日向工行常山支行出具的承诺函中承诺其收到工程款的情况不属实，实际住宅建公司未收到 3860000 元。2012 年 5 月 17 日，住宅建公司又出具证明言明截至 2011 年 4 月末日成公司已支付车间一、二、三工程款 3530000 元。同日，日成公司召开股东会表决同意以在建工程作抵押向银行贷款；工行常山支行与日成公司协商确定抵押物价值为 3530000 元；工行常山支行与日成公司签订《最高额抵押合同》与《小企业借款合同》，抵押物清单中显示车间一、二、三在建工程的评估价值为 3530000 元；日成公司又向住宅建公司出具承诺书言明因贷款需要住宅建公司于当日出具的证明只用于银行贷款使用，与工程实际经济往来没有任何关系；日成公司与工行常山支行向常山县房地产管理处提交了房地产抵押权登记申请书，并于同月 28 日经登记部门审核受理。2012 年 8 月以后，日成公司停产歇业。经结算，住宅建公司施工完成部分工程包括车间一、二、三与附属工程的工程造价为 3994116 元。为追索尚欠的工程款，住宅建公司遂诉至法院。诉讼过程中，住宅建公司将要求日成公司支付的工程款减少至629169元。在变更诉讼请求后陈述为：已完成部分工程造价仍为3994116元，扣除日成公司另行承包给陈永兵施工完成的钢结构工程款为863947元，日成公司通过银行直接支付给住宅建公司1741000元，直接支付给实际施工人张长征280000元，应由住宅建公司结算的实际施工人樊小锋施工完成的钢结构工程款770000元中已支付480000元，得出日成公司尚欠住宅建公司工程款为629169元。

2010年9月3日日成公司通过银行向住宅建公司转账2450000元，同日住宅建公司又向日成公司的银行账户以本票支付2450000元，并收执了签有徐倩为领款人的领款凭证。目前，日成公司的财产已进入司法处置程序，经衢州中瑞华资产评估有限公司评估，日成公司厂区内的土地价值3016300元、房屋建筑物价值4473700元，合计7490000元，司法处置价为5992000元。

2013年7月26日，浙江常山联合村镇银行股份有限公司因日成公司已资不抵债、未能清偿到期债务，向法院申请对日成公司进行破产清算。2013年9月18日，法院裁定受理该破产清算的申请，因此本案中止诉讼。2013年11月11日，法院依照相关规定，指定浙江南孔律师事务所担任日成公司的管理人。

裁判理由

一审法院认为，依法成立的合同受法律保护，对合同的当事人具有法律约束力。建设工程合同发包人应依照合同约定支付工程价款。本案中，现合同项下已完成工程的造价为3994116元，扣除日成公司已付部分2501000元、日成公司另行分包给他人完成部分的工程款863947元，日成公司尚欠住宅建公司工程款629169元，故对住宅建公司请求日成公司支付的工程款629169元认为合法有据，予以支持。对住宅建公司请求的逾期支付工程款利息，认为虽然住宅建公司、日成公司双方对工程进度款的支付时间节点有明确约定，但是合同履行过程中日成公司并未依此约定履行支付工程进度款，住宅建公司对该约定时间节点的具体时间也无法确定，双方对全部工程价款也未结算，故应自住宅建公司起诉之日计付利息，但自破产申请受理时即2013年9月18日起停止计息。对住宅建公司请求的建设工程价款优先受偿权，虽然住宅建公司在日成公司以其施工的在建工程作抵押向工行常山支行办理贷款时书面承诺放弃该权利，但是承诺放弃的行为应属无效。同时整个工程确实未施工完毕，双方也未对工程款进行任何结算，日成公司于2012年8月停产歇业，应以此时间点作为该优先受偿权主张的起点，住宅建公司起诉在六个月的期限内，故该请求应得到支持，但逾期支付工程价款的利息不在优先受偿的范围内。

二审法院认为，住宅建公司享有建设工程价款优先受偿权，但在其承诺放弃部分不得优先于工行常山支行的抵押权。其一，日成公司2012年8月后已停产停业，本案所涉工程尚未施工完毕，并未实际竣工。根据《浙江高院优先受偿权解答》第1条规定，原审法院以实际停工之日作为建设工程价款优先受偿权六个月行使期限的起算点并无不当。其二，住宅建公司作为企业法人，能够以自己的意思独立进行民事活动取得权利并承担相应义务，应对自身的民事行为承担相应的法律责任。建设工程价款优先受偿权系财产性权利，住宅建公司在出具给工行常山支行的承诺书中表示放弃该项权利，其行为并不违反法律强制性规定，住宅建公司理应受该承诺约束。故在其承诺放弃优先受偿权的范围内不得优先于工行常山支行的抵押权。住宅建公司主张其所放弃的优先受偿权仅针对车间三工程，对附属配套工程并未放弃优先受偿权。根据住宅建公司2011年12月27日出具的《承诺函》约定看，无法得出其承诺放弃优先受偿权范围不包括附属配套工程，故住宅建公司这一主张不能成立。其三，住宅建公司仅针对工行常山支行放弃建设工程价款优先受偿权，并未对日成公司以及其他债权人放弃建设工程价款优先受偿权，故建设工程价款优先受偿权依然存在。

裁判结果

一审法院判决：

……

二、原告常山县住宅建筑有限公司在629169元工程款范围内对其在被告常山县日成铜业有限公司位于常山县辉埠新区厂区建造的工程享有建设工程价款优先受偿权；

……

二审法院判决：

一、维持浙江省常山县人民法院（2013）衢常民初字第15号民事判决第一、三项；

二、变更浙江省常山县人民法院（2013）衢常民初字第15号民事判决第二项为：被上诉人常山县住宅建筑有限公司在629169元工程款范围内对其在被上诉人常山县日成铜业有限公司位于常山县辉埠新区厂区建造的工程享有建设工程价款优先受偿权，但不得优先于中国工商银行股份有限公司常山支行的抵押权。

焦点评析

本案的焦点问题之一是承包人在合同履行过程中放弃优先受偿权是否有效？

实践中，承包人放弃建设工程价款优先受偿权主要基于两种情形：第一，以在建工程抵押进行融资是发包人的常用手段，银行等金融机构为保障自身债权的完整实现，往往以承包人放弃工程价款优先受偿权为前提条件而发放贷款，此时迫于压力，承包人不得不放弃工程价款优先受偿权或放弃优先于银行抵押权的顺位；第二，当前建筑市场仍处于“发包人市场”，承包人为获取工程项目或使工程得以顺利实施，承包人不得不接受发包人所提出的严苛条件，在建设工程施工合同中约定承包人放弃工程价款优先受偿权或另行承诺放弃工程价款优先受偿权。承包人的这种放弃行为，效力如何？在以往的司法实践中，一直存在着巨大的争议。在《施工合同司法解释（二）》（报审稿）第24条中就存在“允许放弃”和“约定放弃无效”两种对立的观点，另外还有第三种观点认为，“放弃工程价款优先受偿权的约定对实际施工人不具有约束力”。[①] 本条规定虽与第三种观点也不一致，但其背后的指导思想

---

① 《广东省高级人民法院关于审理建设工程施工合同纠纷案件若干问题的指导意见》第15条规定：“承包人在转让工程款债权前与发包人约定排除优先受偿权的，该约定对承包人以外的实际施工人不具有约束力。”

则是完全一致的。

支持承包人可以放弃建设工程价款优先受偿权的理由在于，从民法的基本理论出发，工程价款优先受偿权作为一项民事权利，法律未强制承包人使用，承包人当然有权基于意思自治的原则对自身权利进行处分，以放弃的形式来消灭优先地位。

反对的观点认为，建设工程价款优先受偿权的设立有其独特的立法宗旨和保护群体，承包人自由处分工程价款优先受偿权将会违背立法初衷。

我们认为，建设工程价款优先受偿权放弃的效力应区分以下不同的情况分别作出判断。

1. 承包人在投标或签约时放弃工程价款优先受偿权

此时，承包人原则上不能放弃优先受偿权，除非发包人提供了切实可靠的替代性担保。

首先，随意放弃优先受偿权有违立法目的。《合同法》第286条的立法本意是保护先为给付的提供劳务一方的利益，通过创设工程价款优先受偿权，法律赋予了相对弱势一方的承包人优先受偿的地位以保障其权益。法定优先权的规定，其宗旨即在于衡平给付劳务者因被要求先为给付所造成的不利。在建设工程施工合同中，虽然建筑工人与发包人之间不存在直接的劳动合同关系，发包人也不承担向建筑工人支付劳动报酬的义务，但是，发包人应向承包人支付的工程价款中已包含了建筑工人劳动报酬。同时，发包人享有所有权的建设工程基于施工而产生或增值，建筑工人的劳动价值以及投入的材料已经先期物化进了该建设工程，法律正是以承包人的工程价款优先受偿权来保障承包人的应有权益，维护建筑工人的生存权。这对于解决日益严重的工程款拖欠问题、维护社会的稳定具有重要意义。

其次，随意放弃优先受偿权是对意思自治原则的滥用。在当前的司法实践中，优先受偿权一旦放弃，承包人的工程价款债权便沦为普通债权，位列于抵押权人之后得以清偿，在发包人破产的情况下，还要位列于一些可以优先拨付受偿的破产债权之后，与其他普通债权一起按比例清偿。[①] 不论是承

① 此种做法是否合法将在下文讨论。

包人自身的权益抑或是建筑工人的劳动报酬，都处于一种极不稳定的状态。虽然工程价款优先受偿权作为一种民事权利，理论上承包人应当享有自由处分的权利，但意思自治并不是个人自由主义下的绝对无条件的自治，它同样需要受到社会公共利益的约束，需要考虑该种权利设立所需要承担的社会责任。

最后，绝大多数时候，承包人并不是出于内心的真意而放弃工程价款优先受偿权，当前建筑市场仍为“发包人市场”，发包人与承包人在形式上是平等的，实质上却可能存在无形的强势一方对弱势一方的压力，为了获取工程，承包人无奈之下放弃工程价款优先受偿权的行为效力更不应该得到裁判者的认可。如上所述，由于在当前建筑市场中，施工企业依然处于弱势地位，市场竞争异常残酷，施工企业为承揽工程，不得不响应建设单位要求放弃工程价款优先受偿权的招标文件，中标后也只能按照招投标文件的要求在签订的施工合同中加入放弃工程价款优先受偿权的条款。在这种情况下，很难说放弃工程价款优先受偿权是承包人的真实意思表示。更为重要的是，此时放弃工程价款优先受偿权极易损害建筑工人的利益。基于此，法律有必要限制承包人在这种情况下放弃工程价款优先受偿权。而这也正是本条司法解释的出发点和立足点。

综上，由于工程价款优先受偿权的设立是确保承包人最终能先于其他债权人就建设工程的折价或拍卖款得到相应的工程价款，所以，如果承包人在投标或签约时放弃工程价款优先受偿权，发包人提供了切实可靠的替代性担保，即承包人的债权能够通过其他方式得以清偿，此时，应当允许承包人自由处分其权利。比如，发包人以向承包人提供有效的银行保函，要求承包人放弃工程价款优先受偿权，承包人同意的，可以认定为有效；或是银行、发包人、承包人三方达成关于发包人以在建工程抵押给银行，银行将贷款直接支付给承包人，承包人放弃其工程价款优先受偿权的协议也可以认定为有效。①

---

① 洪浩著：《学说、制度、案例——建设工程价款优先权问题研究》，北京大学出版社2014年版，第188页。

2. 承包人在履约过程中放弃工程价款优先受偿权

此时，承发包双方的地位已经不像在签约或投标时那么失衡，法律无须过多地向承包人倾斜。实践中，很多时候都是由于发包人的资金状况无法按约支付工程款，需要对外融资方能保证工程项目的顺利推进，承包人在作出放弃工程价款优先受偿权的决策前也已经经过慎重的考量，此时，法律不应该过多地干预承包人的意思自治。从经济学的角度观察，对任何一个行业，过度保护的最后的结果都是一种悲剧，只会导致劣币驱逐良币。如果不允许承包人在履约过程中放弃工程价款优先受偿权，很有可能会导致一种双输甚至是多输的结果，即发包人无力支付承包人工程款，金融机构等第三方因为忌惮承包人的工程价款优先受偿权不愿意给发包人提供借款，致使建设工程无法顺利实施而变成烂尾工程，最后无论是发包人、承包人还是建筑工人或者小业主等社会公众，都会成为输家。事实上，经过行政机关这么多年卓有成效的工作，建筑业欠薪问题依靠农民工工资保证金等制度的保障，已经不再需要靠工程价款优先受偿权或实际施工人制度来解决了。在这种情况下，仍然一厢情愿地以保护建筑工人工资为名限制承包人意思自治，早已失去了法律上的正当性。况且，很多时候，承包人同意放弃工程价款优先受偿权，是获得了一定的对价补偿的，如发包人给予承包人一定的价款增加等。本案中，虽然一审法院认为承包人放弃优先受偿权的行为无效，但二审法院仍认定承包人的放弃行为有效，从而纠正了一审法院在这个问题上的错误判决。

因此，在适用本条时应对规定作限缩解释，原则上将损害建筑工人利益的情形限定在招投标或签约时的放弃行为，除非有充分的证据证明招投标或签约后的放弃也损害到了建筑工人的利益，如承包人破产且无法全额支付建筑工人工资等情况下，仍作出放弃工程价款优先受偿权的意思表示。否则，本条规定在具体适用中极易演变成为两个极端：第一个极端是，承包人的所有放弃行为均可能因损害建筑工人的利益而被认定为无效，这就可能会引发大量有关建筑工人工资的虚假诉讼，甚至可能会出现大量的人为制造的建筑工人群体性讨薪事件；第二个极端是，具备雄厚经济实力的承包人放弃工程价款优先受偿权的行为被认定有效，而经济实力弱的承包人的放弃行为则被认定无效。因为从企业整体运营情况分析，经济实力强的承包人的放弃行为并不会真正影响其建筑工人劳动报酬的发放，而经济实力弱的承包人放弃工程价款优先受偿权后，则极有可能陷入无钱发放给建筑工人工资的境地。如果裁判者在适用本条时作此理解，则无异于使“劣币驱逐良币”现象在公共利益外衣的掩护下被合法化。

3. 承包人事后放弃工程价款优先受偿权

在承包人已经具备了行使工程价款优先受偿权的条件后，更应当允许其抛弃优先受偿权。在这种情况下，承包人往往是由于得到了其他形式的对价补偿，而选择放弃工程价款优先受偿权，此种选择法律无权否定。除非，如上述情形，承包人放弃工程价款优先受偿权后直接导致建筑工人无法领取全额工资报酬。

而且，如果大范围地限制甚至是绝对禁止承包人放弃工程价款优先受偿权，在逻辑上也会陷入悖论。从权利的性质上看，工程价款优先受偿权是一种顺位权，目的在于保障工程款债权的实现，法律对承包人处分工程款债权行为的限制也仅仅是其处分行为损害了第三人利益。既然如此，对工程价款优先受偿权这一顺位权利的限制自然不能比工程款债权本身更为苛刻，否则，在逻辑上无法自恰。

综上，一般情况下，应当允许承包人放弃工程价款优先受偿权，除非其放弃行为直接损害到了建筑工人的利益，否则法律无权干涉，并且在解释“损害建筑工人利益”时务必从严把握，这种损害必须是放弃当时就已经当然的存在。

实务争点

1. 承包人放弃工程价款优先受偿权是绝对的放弃还是仅相对于特定第三人的放弃？

在实践中，承包人放弃工程价款优先受偿权主要存在如下两种不同的情况：一种是向发包人作出放弃工程价款优先受偿权的意思表示，另一种是向银行等第三人作出放弃工程价款优先受偿权的意思表示。在这两种不同情况下，承包人放弃工程价款优先受偿权的法律后果并不相同。

在第一种情况下，承包人向发包人作出放弃工程价款优先受偿权的意思表示时并未明确具体的放弃对象，而仅仅是概括性地表示放弃工程价款优先受偿权。承包人的真实意思应该是针对所有发包人的债权人放弃工程价款优先受偿权，直接后果就是其工程款债权与一般债权处于同一顺位，法律应当尊重承包人的这种真实意思，而不能以意思表示不明等理由否定承包人放弃工程价款优先受偿权的效力。当然，如果承包人放弃工程价款优先受偿权直接损害到了建筑工人的利益，应为无效，如上所述。

在第二种情况下，承包人放弃工程价款优先受偿权是有具体指向的，即向该特定的第三人放弃，仅对该特定第三人发生放弃工程价款优先受偿权的效力，而不对发包人的其他债权人发生效力。如果承包人在放弃工程价款优先受偿权时不仅明确指向特定第三人，还明确指向某特定债权，那承包人放弃工程价款优先受偿权的效力就仅限于该特定第三人的该笔特定债权。有疑问的是，这种情况下，承包人的优先受偿相对于该特定第三人的债权是处于同一顺位，还是沦为一般债权？如承包人向某银行出具放弃工程价款优先受偿权的承诺，该银行的债权办理了抵押登记，那承包人的工程款债权是与该银行的抵押权处于同一顺位还是劣后于该银行的抵押权？我们认为，如果承包人在放弃工程价款优先受偿权的承诺中明确工程款债权劣后于抵押权，应当尊重当事人的意思自治，承认工程款债权处于该抵押权之后受偿；如果承包人在放弃优先受偿权时并未明确表示其工程款债权劣后于该银行的抵押权，而仅仅是概括地表示对该银行或该银行的某笔债权放弃工程价款优先受偿权，则应当理解为放弃优先于该银行的抵押权受偿，而与抵押权处于同一顺位按比例受偿。

2. 多个承包人的工程价款优先受偿权发生冲突时如何处理？

在建设工程承发包过程中，一项工程的完成往往会涉及多方主体。比如，当存在主体工程承包人和各专业工程承包人时，发包人各自与其签订独立的承包合同。此时，各个承包主体都拥有完整独立的建设工程价款优先受偿权。当出现这类情况时，就容易产生多个工程价款优先受偿权的竞合。

作为一种法定优先权，当发生建设工程价款优先受偿权与一般抵押权或是其他债权的冲突情形时，出于对生存权的保护，《最高院优先受偿权批复》第1条已明确规定了，建设工程承包人的工程价款优先受偿权优于抵押权和其他债权，这是符合《合同法》的立法本意的。劳动者已将其劳动物化到建筑物中，材料商供应的材料也已成为建筑物不可分割的组成部分，但却时常面临着因发包人拖欠工程款而得不到相应报酬和材料款的局面，这严重影响了社会稳定，也不公平。因此，在一般情形下，即使发包人为获得资金资助而将在建工程抵押于银行等金融机构，法律也优先保护人们的生存权。

但是，当各个平等的建设工程价款优先受偿权发生冲突时，各个工程的建筑工人、材料商等都需要得到同等的保护，法律却没有作出明确规定。学理上有主张根据权利设立的先后来进行财产的分配，即“时间在先，权利在先”。我们认为，此理论看似合理，却忽视了建设工程价款优先受偿权的实质意义。

实践中，为尽快收回成本，建设工程在变现时往往出现贱卖的情形，造成建设工程的变现款少于承包人的应收款，如果此时承包人不止一个，按照权利设立先后的顺序来清偿工程款就会存在许多矛盾。设立建设工程价款优先受偿权的初衷在于保护人们的生存权，却因为债权设立的先后而使相关权利人得不到平等的保护，不仅违背了立法的宗旨，也显失公平。

我们认为，此时应当按照债权比例进行公平清偿。在债权平等的情况下，当建设工程的折价款不足以清偿全部的债务时，将各个承包人位于同一清偿序列，按比例原则平等受偿。这样，既扩大了清偿比例，又符合立法本意，使相关权利人得到了平等的保护。我国《破产法》也正是基于这样的考虑，在第113条第2款规定：“破产财产不足以清偿同一顺序的清偿要求的，按照比例分配。”

综上，比例分配原则比时间顺序原则应用于多个承包人的工程价款优先受偿权发生竞合的情景更合适，也更符合我国的国情，更有利于缓解拖欠建筑工人报酬的社会矛盾。

3. 工程价款优先受偿权与购房人的权利发生冲突时如何处理？

根据《最高院优先受偿权批复》第2条规定：“消费者交付购买商品房的全部或者大部分款项后，承包人就该商品房享有的工程价款优先受偿权不得对抗买受人。”我们认为，应当对承包人的建设工程价款优先受偿权和消费者的购房债权这对冲突的关系进行详细的梳理，在劳动者与消费者之间，达到利益均衡的保护，需要我们厘清以下几个问题：

（1）消费者的范围。

根据《消费者权益保护法》的规定，所谓消费者，是指“为生活消费需要购买、使用商品或接受服务”的主体。因此，有学者提出，《最高院优先受偿权批复》第 2 条的适用范围仅限于为“生活需要”而购买房屋的自然人，此时涉及的是购房人的生存利益，由此才能对抗劳动者的报酬获得权。但我们认为，该界定方法过于僵化，在实践中容易沦为一纸空文。

在房产交易中，消费者购买房屋究竟是为了居住抑或是投资，有时界限十分模糊。购买第二套房屋并不能统一认定为是投资目的，僵化的划分居住还是投资目的，容易与民众的心理认知相违背。同时，房产交易从期房预售到现房买卖再到二手房交易，此过程漫长，涉及的主体也不断变化，作为“买受人”而加入到交易中的主体，在“前手”和“后手”中有着不同的交易身份和背景，难以区分其究竟属于“投资者”还是普通的“生活需要”。对司法人员来说，设定该标准无疑给其增加了适用的负担；对交易双方而言，勉强的区分也不符合交易的常识；对法律本身而言，则是损害了法律的权威。

我们认为，对“消费者”的范围界定完全可以放宽。第一，消费者必须是自然人；第二，只要交易的标的物是住宅型的房屋，且拥有的套数根据消费者个人情况（如家庭成员的数量）是在合理范围内，就都应当认定其属于《最高院优先受偿权批复》第 2 条所规定的“消费者”。在此情形中，法官即可拥有自由裁量权，既避免了僵化使用统一标准的尴尬，又符合了民众的心理预期，使得在后续交易中加入的消费者也能得到平等的保护。在司法实践中，有些法院将单位房改房的取得人或被拆迁户，也列入“消费者”的概念范围内，正是体现了扩大消费者概念的思想。

（2）“不得对抗”的含义。

由于建设工程价款优先受偿权优于抵押权和其他债权，而消费者在满足特定条件的情况下，又得以对抗承包人就该商品房享有的工程价款优先受偿权，根据排序，有人可能会当然地得出，特定情况下的消费者的权益优先于其他一切抵押权和债权。但我们认为，这是一种体系上的误解，关键在于没有理解清楚“不得对抗”的真正含义，将“不得对抗”和“优先”混为一谈，从而人为地赋予了消费者“最优”地位。对此，必须首先认清，“不得对抗”绝不简单地等同于“优先”。

在承包人和消费者之间，法律之所以侧重保护消费者，不仅是因为消费者购买住房涉及生存利益，是一种基本人权的保障，更是考虑到承包人作为一种经营组织，较作为个体的消费者而言，具有更强的风险控制能力，有更多的措施和手段来保障自己的权益，并且，由于建设工程价款优先受偿权属于法定优先权，无须登记即可成立生效，消费者在穷尽注意义务后也不一定能认知该优先受偿权的存在。在交付全部或者大部分款项后，此时消费者获得的仍只是债权，法律则可赋予其增强地位，使其能对抗承包人的优先受偿权。但此逻辑仅限于承包人和消费者之间，并不适用于消费者和一般抵押权的关系。

从整个财产法的体系来看，消费者的普通债权，当然地落后于抵押权。因为抵押，使得抵押权人获得了一种优先受偿的地位，这也是抵押的本质特征。当同一标的物上同时存在抵押权和消费者的普通债权时，抵押权恒优先于债权得以受偿，不论消费者有无交付款项或有无占有房屋。在建设工程类纠纷中，消费者之所以能先于抵押权人获得房屋，是因为建设工程价款优先受偿权的“效力阻碍”。具体而言，当只存在消费者的普通债权和抵押权时，抵押权人有权就该抵押物的拍卖或变卖价款优先获得清偿，消费者只能向开发商主张违约责任；而当存在消费者的普通债权、抵押权以及建设工程价款优先受偿权三种权利关系时，由于建设工程价款优先受偿权可以优先于抵押权，抵押权只能在承包人的权益得以实现后才能主张，但该优先受偿权又不得对抗买受人，由此才使得买受人具有了“最优”的表象，其实质只不过是借助建设工程价款优先受偿权来冲破抵押权的阻碍，“将建设工程价款优先权人从抵押权人手里攫取的果实，又退回到本已遭受抵押权人褫夺的购房人手中”。[①]

---

① 汤文平：《建设工程价款优先权与消费者购房债权的关系——试析法释〔2002〕16号文第2条》，载《金融法苑》2010年第1期。

从法律用语严谨性的角度分析，“不得对抗”的含义也绝不等同于“优先”。关于不得对抗的含义，最典型的即《最高人民法院关于担保法司法解释第五十九条中的“第三人”范围问题的答复》中的解释，将“抵押权不得对抗第三人”解释为“此种抵押对抵押当事人之外的第三人不具有法律效力”，“不具有法律效力”也即无效，显然区别于“优先”的含义概念。

综上，《最高院优先受偿权批复》第2条的“不得对抗”应当理解为作为买卖标的物的商品房上的建设工程价款优先受偿权对支付了全部或大部分价款的买受人而言，不具有法律效力。具体又可分为以下几种情形：

①消费者购买商品房所支付的款项金额未达到《最高院优先受偿权批复》第2条所规定的情形，此时不论消费者有无实际占有房屋，都不足以对抗承包人的建设工程价款优先受偿权。

②对于所购买的商品房，消费者已办理了过户登记手续，取得了房屋所有权，此时不论消费者支付了多少份额的款项，承包人的建设工程价款优先受偿权都不得再对抗买受人。这是因为承包人的优先受偿权只限于建设工程折价或者拍卖的所得价款，当建筑物的所有权转移时，承包人的优先受偿权也随之消灭。但若有证据证明发包人纯粹是恶意逃避债务而转移财产，承包人仍可根据《合同法》第74条行使撤销权。

③当消费者已交付了全部或者大部分的购房款后，不论工程处于尚未竣工的阶段，还是虽然已经竣工但还未交付房屋，抑或是虽然已经交付房屋但还未办理过户登记，此时建设工程价款优先受偿权对买受人而言都不具有法律效力。

（3）工程价款优先受偿权与商品房预售中的预告登记所保全的请求权发生冲突时的处理。

我国《物权法》第20条规定了不动产预告登记所产生的效力，“预告登记后，未经预告登记的权利人同意，处分该不动产的，不发生物权效力”。通说认为，此时预告登记人的债权取得了物权的排他效力。仅从理论上分析，在面临与建设工程价款优先受偿权的冲突时，尤其是在开发商濒临破产的情况下，预告登记所保全的请求权并没有真正起到保障买受人的作用。这是因为，根据我国《破产法》的规定，有两类财产可以排除在破产财产之外，包括：特定物买卖中，尚未转移占有但相对人已完全支付对价的特定物；尚未办理产权证或者产权过户手续但已向买方交付的财产。然而，在有些情况下商品房预售不属于上述两种情形中的任何一种，买受人的购房款不仅会因此而沦为普通债务，其经预告登记的住房也付诸东流，承包人却可以通过主张建设工程价款优先受偿权而直接获得债务的清偿，消费者无异于用自己的购房款来填补开发商的资金缺口。

我们认为，理论需得结合实践才能产生意义。从房屋预售的现实情况来看，一般情况下，虽然购房者在支付首付款时，并没有支付完大部分的购房款，但是通过房屋贷款，等到银行的贷款资金发放完毕，购房者就已经全额支付了购房款，剩下的只是购房者与银行之间的借贷关系。也即，在此种情况下，买受人在预告登记之时，其与房产开发商之间的债权债务关系已经履行完毕，使自己的房屋可以排除于破产财产的范围之外，预告登记对大部分购房者而言仍起到了实质性的保障作用。而理论上所担忧的情形主要是以下两种：一种是购房者在支付完首付款并且办理预告登记后，在银行按揭贷款尚未发放的这段期间发生与建设工程价款优先受偿权的冲突；另一种是购房者采取分期支付购房款的情况下，在仅支付了少部分价款而进行了预告登记，发生与建设工程价款优先受偿权的冲突。但这两种情形，于实践而言，都不具有普遍性。在现有的法律法规和司法解释下，此时应优先保护承包人的权益，支持承包人的建设工程价款优先受偿权。而买受人在既未取得所有权，也未满足“支付全部或者大部分款项”的要求的情况下，其购房款只能沦为普通债权，在开发商破产的情况下，等待与其他债权平等受偿。

案例索引

大连安泰建设有限公司与大连中裕嘉合房地产开发有限公司建设工程施工合同纠纷案［案号：（2016）最高法民终 532 号］；

重庆市某建筑工程公司与重庆某某房地产开发有限公司建设工程施工合同纠纷案［案号：（2011）渝一中法民终字第 06643 号］。

规范链接

《2015 年全国民事审判工作会议纪要》

七、建设工程施工合同纠纷案件

（三）关于建设工程价款优先受偿权问题

52. 第一种意见：发包人与承包人在建设工程施工合同中约定承包人预先放弃行使优先受偿权，承包人起诉请求确认上述约定无效的，人民法院应在确定该预先放弃承包人真实意思的基础上，对承包人的请求不予支持。

第二种意见：发包人与承包人在建设工程施工合同中约定承包人预先放弃行使优先受偿权，承包人起诉请求确认上述约定无效的，人民法院应对该请求予以支持。

《江苏省高级人民法院关于审理建设工程施工合同纠纷案件若干问题的解答》

19. 承包人放弃建设工程价款优先受偿权的效力如何认定？

法律并未禁止承包人放弃建设工程价款优先受偿权。承包人自愿放弃建设工程价款优先受偿权的，只涉及承包人自身利益的，该放弃行为有效。但该放弃行为损害实际施工人等第三人利益的，对该第三人不产生效力。

《广东省高级人民法院关于审理建设工程施工合同纠纷案件若干问题的指导意见》

十五、承包人将建设工程施工合同约定的工程款债权依法转让，债权受让方主张其对建设工程享有优先受偿权的，可予支持。承包人在转让工程款债权前与发包人约定排除优先受偿权的，该约定对承包人以外的实际施工人不具有约束力。

第五章

实际施工人权利保护

（第二十四条至第二十五条）

本章要旨

自《施工合同司法解释》第 26 条规定实际施工人可以突破合同相对性向发包人主张工程价款以来，有关实际施工人的争论就再也没有停止过，实际施工人制度在司法实践中引发的乱象也成了建设工程纠纷案件的一大特征。实际施工人制度中一直困扰着工程法律人的问题主要有：实际施工人的范围，是否包括挂靠人、建筑工人等？发包人的范围，是仅指狭义的发包人——业主，还是说实际施工人的相对人之上手均可以是发包人？发包人承担责任的方式，是直接付款责任还是连带责任，抑或是补充责任？是否需要所有的施工合同都无效？实际施工人起诉发包人，是否需要相对人破产、下落不明等情形？等等。所有这些问题都起源于没有任何法理依据的《施工合同司法解释》第 26 条，所以，在《施工合同司法解释（二）》征求意见的过程中，我们和许多同仁一起向最高院提出建议，希望废除《施工合同司法解释》第 26 条的规定，或者在《施工合同司法解释（二）》中明确实际施工人向发包人主张工程款时需回归《合同法》第 73 条关于代位权的规定。遗憾的是，正式颁布的《施工合同司法解释（二）》没有采纳大家提出的正确建议，反而规定了两个条文，即第 24 条和第 25 条，一方面继续肯定实际施工人可以突破合同相对性向发包人主张工程款，另一方面又规定实际施工人还可以依据《合同法》第 73 条的规定向发包人提起代位权之诉，着实令人费解。基于此，我们只能寄希望于在解释这两个条文时，将第 24 条理解为对《施工合同司法解释》第 26 条的补充和限制，唯有如此，才能尽量使实际施工人制度这匹脱缰的野马不至于在违法的道路上越跑越远。

办案思路

根据《施工合同司法解释》第 26 条、《施工合同司法解释（二）》第 24 条、第 25 条的规定，**我们在办理实际施工人案件时，至少应从如下方面着手进行分析：**

1. 所谓的实际施工人，究竟是转承包人、违法分包人还是挂靠人等。

2. 发包人欠付转包人、违法分包人等的工程款数额有无证据证明。

3. 实际施工人的相对人现状如何，有无积极地向发包人主张工程款债权。

4. 是否需要主张行使工程价款优先受偿权。

5. 发包人与转包人、违法分包人等之间有无关于仲裁的约定。

6. 实际施工人的请求权基础是《施工合同司法解释》第 26 条和《施工合同司法解释（二）》第 24 条，还是《合同法》第 73 条和《施工合同司法解释（二）》第 25 条。

举证指南

实际施工人的请求权是基于《施工合同司法解释》第 26 条和《施工合同司法解释（二）》第 24 条，以及《合同法》第 73 条和《施工合同司法解释（二）》第 25 条的规定。**所以，实际施工人在起诉发包人主张工程价款时务必围绕上述规定，应提交的证据主要有：**

1. 自身属于《施工合同司法解释》第 26 条和《施工合同司法解释（二）》第 24 条、第 25 条规定的实际施工人的证据。

2. 发包人存在欠付转包人、违法分包人等工程款的证据以及具体欠款数额的证据。

3. 转包人、违法分包人等未积极向发包人主张工程款的证据。

4. 如需主张工程价款优先受偿权，只能依据《合同法》第 73 条和《施工合同司法解释（二）》第 25 条的规定起诉发包人，且需举证证明实际施工人符合行使优先受偿权的条件。[①]

发包人抗辩的证据主要有：

1. 已经全额支付转包人、违法分包人工程款或者双方未完成结算，且对工程款金额尚存争议。

2. 与转包人、违法分包人合同约定的是仲裁，且双方未完成结算。

3. 与转包人、违法分包人正在按照双方合同约定的程序结算工程款。

4. 实际施工人与转包人、违法分包人之间的工程欠款数额尚未确定。

5. 实际施工人不是转包人、违法分包人的相对人。

6. 如实际施工人依据《合同法》第 73 条和《施工合同司法解释（二）》第 25 条规定起诉，还可以举证证明其与转包人、违法分包人合同约定的付款期限尚未届至。

---

① 参见本书第 234 页，第四章“举证指南”。

第二十四条 【实际施工人权利的保护】实际施工人以发包人为被告主张权利的，人民法院应当追加转包人或者违法分包人为本案第三人，在查明发包人欠付转包人或者违法分包人建设工程价款的数额后，判决发包人在欠付建设工程价款范围内对实际施工人承担责任。

条文主旨

本条规定了发包人向实际施工人承担工程款付款责任的内容，对《施工合同司法解释》第26条进行了补充和完善。

典型案例

案例24：实际施工人起诉发包人主张工程价款，发包人仅在欠付工程款范围内承担责任

——陈培顺与江苏捷达交通工程集团有限公司、时正新建设工程施工合同纠纷案[①]

案情回放

江苏捷达交通工程集团有限公司（以下简称捷达公司）中标承建淮涟一级公路（涟水段）HL-LS-S1合同段，2005年12月2日，以捷达公司为甲方，时正新为乙方，双方签订一份工程施工协议书，协议书中约

① （2014）苏民再提字第00158号、（2013）淮中民终字第0004号。

定：工程名称为淮涟一级公路（涟水段）HL-LS-SI 合同段，工程地点为淮安市涟水县保滩镇，工程内容为工程量清单中所列项目的施工准备、施工及质量缺陷责任期内保修等全部工作（详见合同清单），工程工期为4个月，即从2005年12月28日至2006年4月；工程项目数量及单价条款中约定乙方承包的项目数量详见附件，附件经双方签字、盖章予以确认，税金（以业主确认为准）、质保金（5%）及保险，均由甲方代扣代缴，附件中的数量为暂定数量，最终结算时，按乙方实际完成并且由甲方、监理、业主签字认可的工程量予以结算。工程施工中，施工内容如有设计变更，乙方必须按要求施工，若为本协议单价内项目，仍按本协议单价执行，若为本协议单价外项目，按业主批复单价的85%执行，剩余15%作为甲方管理费用；支付条款中约定，甲方不支付乙方工程预付款，协议签订时乙方须提交10万元履约保证金（其中2万元为安全生产风险抵押金），甲方收取6.5%的管理费，在每次计量款中同税金、质保金及保险一起扣留，乙方应于每月20日前将所完成的并经监理工程师签认的工程量资料上报甲方项目部，甲方项目部根据业主审批计量结果开出工程结算单，经项目部分管领导审核，最后由项目经理审批后予以结算，甲方在收到建设单位拨付工程款后，按业主认可的计量，扣除税金、质保金、保险费用后一周拨付给乙方。双方还对其他事项进行了约定。协议签订后，时正新即将协议中全部工程转包给陈培顺，双方没有签订书面协议，口头约定由时正新收取2.5%管理费。因捷达公司未提供合同清单，时正新只将陈培顺带到施工场地，口头陈述相关施工内容后，陈培顺即于2005年12月中旬组织施工，于2006年5月左右竣工，并经验收合格。施工过程中，时正新未参与管理、监督。捷达公司与时正新于2007年6月15日对工程进行了结算，金额为791717.23元。

对于工程转包的事实，捷达公司表示不清楚，但认可该工程由陈培顺实际组织施工的事实，施工的内容主要是涵洞。对于施工协议，时正新认为捷达公司将国家重点工程违法分包，违反有关规定，且时正新不具备施工资质，故该分包协议及随后的转包协议应为无效协议，捷达公司对此不表异议。

江苏天宏华信工程投资管理咨询有限公司出具的淮涟一级公路（涟水段）工程造价咨询报告书中，项目编号为XZ-15C15小石子混凝土的金额167335元与项目编号为207-7-bC15小石子砼金额相同、项目编号为XZ-17C25砼边沟预制块的金额546040元与项目编号为207-7-aC25预制块金额相同。捷达公司仅提供项目编号为207-7-aC25砼边沟预制块、207-7-bC15小石子混凝土的工程计量表。

陈培顺并无证据证明其完成的工程量及工程范围，仅以涉案工程系其实际施工为由向时正新、捷达公司主张工程欠款20万元，并将时正新、捷达公司诉至江苏省涟水县法院。

裁判理由[①]

一审法院认为，捷达公司将道路施工工程分包给不具备施工资质的时正新个人，双方所签施工合作协议违反法律强制性规定，时正新将此工程转包给陈培顺，亦违反相关规定，均为无效协议。陈培顺作为该项工程的终局承包人，负责工程的实际施工，应为实际施工人。根据《施工合同司法解释》的相关规定，捷达公司将其承包的工程分包给不具备施工资质的时正新，属于违法分包，时正新又将工程转包给陈培顺，属于非法转包。因此，捷达公司应在所欠工程款范围内对时正新所欠陈培顺工程款承担连带给付责任。

二审法院对该问题未作阐述。

再审法院认为，首先，《施工合同司法解释》第1条第1项规定，承包人未取得建筑企业资质或者超越资质等级的，建设工程施工合同无效；第4条规定，承包人非法转包、违法分包建设工程或者没有资质的实际施工人借用有资质的建筑施工企业名义与他人签订建设工程施工合同的行为无效。本案中，捷达公司将淮涟一级公路（涟水段）HL-LS-SI合同段的涵洞工程分包给不具备施工资质的时正新个人，时正新又将该项工程转包给同样不具备

---

① 因本案一审、二审法院和再审法院对捷达公司是否欠付工程款这一事实问题认识不一，限于篇幅，在文中未对这一事实问题进行介绍。需要说明的是，再审法院驳回陈培顺诉请是基于其认为捷达公司没有欠付工程款。

施工资质的个人陈培顺。故捷达公司与时正新签订的施工合同，以及时正新将工程非法转包给陈培顺的行为均属无效。

其次，根据《施工合同司法解释》第26条第2款的规定，实际施工人以发包人为被告的，发包人只在欠付工程价款范围内对实际施工人承担责任。故本案中捷达公司应当在涉案工程欠付工程款范围内对实际施工人陈培顺承担给付责任，但捷达公司已不欠付时正新工程款。

裁判结果

一审法院判决：

一、时正新欠陈培顺工程款594102.7元，限于本判决生效后十日内付给陈培顺；

二、捷达公司在欠付工程款547719.27元范围内对上述时正新欠陈培顺工程款承担连带给付责任。

二审法院判决：驳回上诉，维持原判。

再审判决：

一、撤销江苏省淮安市中级人民法院（2013）淮中民终字第0004号民事判决和江苏省涟水县人民法院（2012）涟大民初字第314号民事判决；

二、时正新欠陈培顺工程款11077元，于本判决生效之日起十日内给付；

三、驳回陈培顺的其他诉讼请求。

焦点评析

本案一审、二审、再审法院均认为在实际施工人起诉发包人主张工程价款时，发包人只在欠付款范围内承担责任。不同的是，一审法院认为，发包人应在欠付款范围内承担连带责任，再审法院认为发包人在欠付款范围内承担给付责任，但并未明确是何种性质的给付责任。一审法院和再审法院在这个问题上的不同认识，正是实际施工人制度在司法实践中的一个缩影。

实际施工人在《合同法》《建筑法》《建设工程质量管理条例》等法律法规中均未出现过，是《施工合同司法解释》创设的新概念，意在表述无效施工合同中实际干活的单位或个人为实际施工人，实际施工人可能是法人、非法人团体、个人合伙、自然人等。[①] 自《施工合同司法解释》第 26 条规定实际施工人可以突破合同相对性向发包人主张工程价款以来，司法实践中对实际施工人制度产生的激烈争论就没有停止过。（1）谁该向实际施工人承担付款责任的问题。有观点认为，应该由发包人单独向实际施工人承担付款责任；也有观点认为，应当由发包人和总承包人共同向实际施工人承担付款责任；还有观点认为，应当由发包人和实际施工人的合同相对人共同向实际施工人承担付款责任等。（2）发包人向实际施工人承担付款责任的范围问题。有观点认为，发包人在欠付总承包人工程款范围内向实际施工人承担付款责任；也有观点认为，发包人在所有的合同关系中欠付金额最小的范围内对实际施工人承担付款责任。（3）发包人向实际施工人承担付款责任的形式问题。有观点认为，发包人在欠付款范围内向实际施工人承担连带付款责任；也有观点认为，发包人在欠付款范围内向实际施工人承担补充付款责任；还有观点认为，发包人在欠付款范围内向实际施工人承担共同付款责任。（4）实际施工人向发包人主张工程款时的合同效力问题。有观点认为，必须整个链条上的所有合同均无效；也有观点认为，只要实际施工人与其上手的合同无效即可，其他合同效力不影响实际施工人的权利主张。

为了正确理解实际施工人制度，最高院在出台《施工合同司法解释》后，随即在同步出版的理解与适用一书中明确，《施工合同司法解释》第 26 条第 1 款主要是倡导性的，告诉各级人民法院实际施工人起诉索要工程款的，首先应当向其合同相对人主张权利，这是实际施工人主张权利的主渠道、主导方向，实际施工人应当首先向合同相对方主张权利，而不是向发包人（业主）主张权利。[②]

随后，最高院又通过各种方式对实际施工人制度制定的背景、适用的条

---

① 最高人民法院民一庭：《实际施工人在何种情况下有权以发包人为被告提起诉讼》，载最高人民法院民事审判第一庭编：《民事审批指导与参考》（总第 36 辑），法律出版社 2009 年版，第 275 页。

② 最高人民法院民事审判第一庭编著：《建设工程施工合同司法解释的理解与适用》，人民法院出版社 2004 年版，第 226–227 页。

件等进行说明，希望规范实践中乱象纷呈的实际施工人制度。先是《施工合同司法解释》起草人冯小光副庭长通过在司法解释颁布三周年座谈会中的演讲向大家全面介绍实际施工人制度的制定背景、立法意图等。冯小光在该演讲中表示，第26条第2款的立法目的主要在于解决由农民工组成的实际施工人在与其有合同关系的相对人，因下落不明、破产、资信状况恶化等原因导致其缺乏支付能力，实际施工人又投诉无门的情况下，为实际施工人主张工程价款提供的特殊救济途径，即准许实际施工人突破合同相对性，提起以发包人、施工总承包人为被告的诉讼。在适用时需注意：（1）原则上不准许实际施工人提起以不具备合同关系的发包人、总承包人为被告的诉讼；只有在实际施工人的合同相对方破产、下落不明等实际施工人不提起以发包人或者总承包人为被告的诉讼就难以保障权利实现的情形下，才准许实际施工人提起以发包人或总承包人等没有合同关系的当事人为被告的诉讼。（2）适用《施工合同司法解释》第26条第2款规定时，原则上第一手承包合同与下手的所有转包合同均应当无效。（3）不准许借用实际施工人名义，以适用《施工合同司法解释》第26条第2款为名，提起以发包人或总承包人为被告的诉讼，恶意损害他们的合法权益。①

接着，在2011年召开全国民事审判工作会议后，最高院在《2011年全民会议纪要》中规定，对实际施工人向与其没有合同关系的转包人、分包人、总承包人、发包人提起的诉讼，要严格依照法律、司法解释的规定进行审查；不能随意扩大《施工合同司法解释》第26条第2款的适用范围，并且要严格根据相关司法解释规定明确发包人只在欠付工程价款范围内对实际施工人承担责任。

2015年12月24日，最高院民一庭程新文庭长在召开的第八次全国法院民事商事审判工作会议中发表了《最高人民法院关于当前民事审判工作中的若干具体问题》的讲话，对实际施工人制度提出了更高、更明确的司法政策

---

① 冯小光：《回顾与展望——写在〈最高人民法院关于审理建设工程施工合同纠纷案件适用法律问题的解释〉颁布实施三周年之际》，载最高人民法院民事审判第一庭编：《民事审判指导与参考》（总第33辑），法律出版社2008年版，第79-81页。

要求——“对于《建设工程司法解释》第二十六条规定，目前实践中执行得比较混乱，我特别强调一下，要根据该条第一款规定严守合同相对性原则，不能随意扩大该条第二款规定的适用范围，只有在欠付劳务分包工程款导致无法支付劳务分包关系中农民工工资时，才可以要求发包人在欠付工程价款范围内对实际施工人承担责任，不能随意扩大发包人责任范围。”

尽管如此，司法实践中仍然无法形成对实际施工人制度的统一认识，如本案一审法院和再审法院在发包人对实际施工人承担责任的形式仍然存在不同的认识。因此，本条对《施工合同司法解释》第26条作出了再解释，期望能统一司法实践中对实际施工人的不同认识。但是，我们认为，本条规定对统一司法实践很难有实质性的帮助，反而可能会带来新的争议。但无论如何，我们都需要从解释论的角度对其作出正确的解读，才能尽量减少实际施工人制度引发的混乱，这需要我们至少从如下方面把握：

首先，该如何看待本条规定与《施工合同司法解释》第26条的关系？两者究竟是并列关系还是补充关系，又或者是其他关系？对此，我们认为，只能是补充关系，即本条规定是对《施工合同司法解释》第26条规定的补充。因为从最高院近些年来对待实际施工人制度的态度来看，明显是在限制实际施工人突破合同相对性向发包人主张工程款，已如上述。如果两者不是补充关系，就不可能起到限制实际施工人突破合同相对性的目的，反而会让实际施工人突破合同相对性变得更为简单，适用范围更广，这显然违背了最高院的意愿。既然如此，在理解本条时，就不能割裂本条与《施工合同司法解释》第26条的联系，简单地按照本条的字面意思认为，只要是实际施工人就都可以突破合同相对性起诉发包人主张工程款，而是需要对实际施工人突破合同相对性起诉发包人主张工程款作出一些限制，具体限制条件可以参考上述最高院法官的讲话和《2011全民会议纪要》规定的精神。

其次，挂靠人能否作为实际施工人起诉发包人主张工程价款？对此，我们在《施工合同司法解释（二）》第4条的“实务争点”部分已经详细论述。[①] 我们认为，此时需要区分发包人是否明知挂靠事实，如果发包人明知实际施

---

① 参见本节第58页，第一章第四条“实务争点”第一部分。

工人挂靠施工，则由发包人直接向实际施工人承担付款责任，无本条适用余地；如果发包人不知实际施工人挂靠施工，则可以依据本条的规定，在符合条件的情况下向发包人主张工程款。有观点认为，本条和《施工合同司法解释》第 26 条规定用的都是“转包人、违法分包人”，并没有说“被挂靠人”，因此，对应的“挂靠人”也不能适用本条的规定。我们认为，这种观点过于机械地理解了本条规定的字面含义，要准确理解本条规定，解释时需要用目的性扩张的解释方法，对与“转包人、违法分包人”出于同样违法地位的“被挂靠人”纳入本条规定的范围之内，对应的“挂靠人”也应当属于实际施工人，[①] 同样适用实际施工人制度的相关规定。

再次，本条规定明确了在实际施工人向发包人主张工程款时，人民法院应当追加转包人或者违法分包人为本案第三人，以查明发包人欠付转包人或者违法分包人的工程款数额。我们认为，此处的欠付款数额应由实际施工人承担结果意义上的举证责任，也就是说，如果在庭审中，发包人和转包人或者违法分包人对欠付工程款数额有异议，应该由实际施工人负责举证证明该欠付款金额，否则，应由实际施工人承担举证不能的后果。

最后，根据本条规定，如果在庭审中，发包人和转包人或者违法分包人对欠付工程款数额没有异议，法院就应当在该欠付款数额范围内判决发包人对实际施工人承担责任。此处的承担责任，我们认为，应该是直接的付款责任，而不是补充责任、连带责任或其他形式的责任。

综上，我们认为，从整体上看，本条规定很难达到预期的效果，反而可能引发新的争议。因此，在适用本条时需要尤为谨慎，在解释论上，务必将本条作为《施工合同司法解释》第 26 条的补充，而不能脱离《施工合同司法解释》第 26 条单独解释，否则，实际施工人制度将彻底沦为转包、违法分包等违法行为的“保护伞”。若要从根本上解决实际施工人制度带来的问题，只有正本清源，删除《施工合同司法解释》第 26 条和本条的规定，回归到《合同法》第 73 条规定的债权人代位权制度中去解决。

---

① 此处的“挂靠人”仅限于发包人不知挂靠关系时适用。

实务争点

承发包双方的合同中约定有仲裁条款，实际施工人还能否向发包人主张工程价款?

在实际施工人向发包人主张工程款的情况下，由于存在三方主体、两层合同关系，如果在其中一份合同中约定了仲裁条款，该如何处理？对此，实践中有两种观点。

第一种观点认为，实际施工人向发包人主张权利源于对承包人权利的承继，应受承包人与发包人之间仲裁条款的约束。[①] 例如，在中交第二公路工程局有限公司诉付洋等建设工程施工合同纠纷管辖权异议案[②]中，最高院认为，《施工合同司法解释》第26条规定并未对实际施工人的身份作出特别限定，因此，并不能以付洋系龙航公司员工为由当然排除其为工程实际施工人的可能。但是，该规定在明确了实际施工人对发包人、转包人、违法分包人享有诉权的同时，也将实际施工人的权利作了限定，即发包人只在欠付工程价款范围内对实际施工人承担责任。由此可见，即使认定付洋为实际施工人，其对中交二局享有的权利也限于龙航公司对中交二局享有的权利范围。鉴于付洋向中交二局主张权利具有代位请求的性质，付洋与中交二局之间的关系与龙航公司与中交二局、项目经理部之间的法律关系具有承继关系。因此，无论付洋是否为实际施工人，只要付洋起诉中交二局，就须受项目经理部与龙航公司之间《劳务合作协议》中仲裁条款的约束，付洋无权单方改变仲裁条款的约定；但付洋若仅起诉龙航公司则可不受仲裁条款的约束。

第二种观点认为，《施工合同司法解释》第26条规定发包人只在欠付工程价款范围内对实际施工人承担责任，目的在于防止无端加重发包人的责任，明确发包人仅在欠付承包人的工程价款数额范围内承担责任，这不是对实际施工人权利范围的界定，更不是对实际施工人程序性诉讼权利的限制，

---

① 潘军锋：《建设工程施工合同审判新类型问题研究》，载《法律适用》2015年第4期。

② （2013）民提字第148号。

故实际施工人在向发包人主张工程款时不应受承包人和发包人之间仲裁条款的约束。例如，在荣盛（蚌埠）置业有限公司与王修虎、合肥市华星建筑安装工程有限公司建设工程施工合同纠纷案[①]中，最高院认为，《施工合同司法解释》第 26 条第 2 款规定，实际施工人在一定条件下可以向与其没有合同关系的发包人主张权利。该规定是一定时期及背景下为解决拖欠农民工工资问题的一种特殊制度安排，其不等同于代位权诉讼，不具有代位请求的性质。同时，该条款规定发包人只在欠付工程价款范围内对实际施工人承担责任，目的是防止无端加重发包人的责任，明确工程价款数额方面，发包人仅在欠付承包人的工程价款数额内承担责任，这不是对实际施工人权利范围的界定，更不是对实际施工人程序性诉讼权利的限制。实际施工人向发包人主张权利，不能简单地理解为对承包人权利的承继，也不应受承包人与发包人之间仲裁条款的约束。

我们认为，如果实际施工人以《施工合同司法解释》第 26 条和《施工合同司法解释（二）》第 24 条为依据起诉发包人，根据《民诉法司法解释》第 28 条规定，应由工程所在地人民法院管辖。此时，如果承发包双方合同中约定了仲裁条款，实际施工人应受该仲裁条款的约束，除非在庭审中双方明确表示放弃原合同中约定的仲裁条款且对欠付工程款数额没有争议，否则，法院应当驳回实际施工人对发包人的诉讼请求。

如果实际施工人以《合同法》第 73 条和《施工合同司法解释（二）》第 25 条规定为依据起诉发包人主张工程款，根据《合同法司法解释（一）》第 14 条规定，债权人提起代位权诉讼的，应由被告住所地人民法院管辖。最高院民一庭认为，本条规定属于专属管辖的范畴，排除了当事人之间协议约定的可能性，但是如果法律规定由专门人民法院专属管辖，不受本条的约束。[②]尽管《民诉法司法解释》第 28 条规定，建设工程施工合同适用不动产纠纷确定管辖，即由建设工程所在地人民法院管辖。但是，《民诉法司法解

---

① （2014）民申字第 1575 号。

② 曹守晔：《〈关于适用合同法若干问题的解释（一）〉的理解与适用》，载《人民司法》2000 年第 3 期。

释》第28条的规定仅仅是专属管辖，并不属于专门人民法院专属管辖。因此，实际施工人在提起代位权诉讼时，不论承发包双方在合同中有无关于诉讼管辖的约定，均由被告住所地人民法院管辖。此时，如果承发包双方在合同中约定了有效的仲裁条款，按照最高院民一庭的观点，《合同法司法解释（一）》第14条的规定不仅排除了当事人之间协议约定法院管辖的可能，也排除了当事人协议仲裁的可能。[1] 因此，承发包双方约定的仲裁并不能约束实际施工人对发包人提起代位权诉讼，但是，如果实际施工人没有证据证明发包人欠付承包人的工程款数额，法院应当驳回实际施工人对发包人的诉讼请求。

综上，承发包双方在施工合同中约定有仲裁条款时，如果实际施工人以《施工合同司法解释》第26条和《施工合同司法解释（二）》第24条为依据起诉发包人主张工程款，要受到该仲裁条款的约束；如果实际施工人以《合同法》第73条和《施工合同司法解释（二）》第25条为依据起诉发包人主张工程款，不受该仲裁条款的约束。但是，《施工合同司法解释》第26条和《施工合同司法解释（二）》第24条规定实际施工人起诉发包人时需要查明发包人欠付工程款的数额，且实际施工人对此需要承担结果意义上的举证责任，《合同法》第73条规定的代位权也需要债务人对次债务人的债权金额确定，因此，从结果意义上看，实际施工人以何请求权基础向发包人主张工程款，并无本质区别。

案例索引

广东诺厦建设集团有限公司与广东金东海集团有限公司厦门分公司、广东金东海集团有限公司等航道、港口疏浚合同纠纷案［案号：（2016）最高法民再60号］；

姜伟、陈兰兵等与南通宾城送变电工程有限公司、唐贵飞等建设工程施工合同纠纷案［案号：（2016）苏06民终2795号］。

---

① 曹守晔等：《〈关于适用合同法若干问题的解释（一）〉的理解与适用》，载《人民司法》2000年第3期。

规范链接

《最高人民法院关于审理建设工程施工合同纠纷案件适用法律问题的解释》

第二十六条　实际施工人以转包人、违法分包人为被告起诉的，人民法院应当依法受理。

实际施工人以发包人为被告主张权利的，人民法院可以追加转包人或者违法分包人为本案当事人。发包人只在欠付工程价款范围内对实际施工人承担责任。

《2011 年全国民事审判工作会议纪要》

四、关于建设工程合同纠纷案件

（三）关于实际施工人的权利行使对象问题

对实际施工人向与其没有合同关系的转包人、分包人、总承包人、发包人提起的诉讼，要严格依照法律、司法解释的规定进行审查；不能随意扩大《关于审理建设工程施工合同纠纷案件适用法律问题的解释》第二十六条第二款的适用范围，并且要严格根据相关司法解释规定明确发包人只在欠付工程价款范围内对实际施工人承担责任。

《2015 年全国民事审判工作会议纪要》

50. 对实际施工人向与其没有合同关系的转包人、分包人、总承包人、发包人提起的诉讼，要严格依照法律、司法解释的规定进行审查，不能随意扩大《关于审理建设工程施工合同纠纷案件适用法律问题的解释》第二十六条第二款的适用范围，并且要严格根据相关司法解释规定明确发包人只在欠付工程价款范围内对实际施工人承担责任。

《河北省高级人民法院建设工程施工合同案件审理指南》

五、实际施工人的认定及权利行使问题

31. 实际施工人向与其没有合同关系的转包人、分包人、总承包人、发包人提起的诉讼，发包人与承包人就工程款问题尚未结算的，原则上仍应坚持合同相对性，由与实际施工人有合同关系的前手承包人给付工程款。如果发包人与承包人已就工程款进行结算或虽尚未结算，但欠款范围明确，可以确定发包人欠付承包人的工程款数额大于承包人欠付实际施工人的工程款数额，可以直接判决发包人对实际施工人在承包人欠付实际施工人的工程款数额范围内承担连带给付责任。欠付工程款范围明确是指判决中必须明确发包人承担连带责任的范围和数额，不能简单表述为发包人在欠付工程款范围内承担连带责任。

《北京市高级人民法院关于审理建设工程施工合同纠纷案件若干疑难问题的解答》

19. 违法分包合同、转包合同的实际施工人主张欠付工程款的，诉讼主体如何确定？发包人的责任如何承担？

实际施工人以违法分包人、转包人为被告要求支付工程款的，法院不得依职权追加发包人为共同被告；实际施工人以发包人为被告要求支付工程款的，应当追加违法分包人或转包人作为共同被告参加诉讼，发包人在其欠付违法分包人或转包人工程款范围内承担连带责任。发包人以其未欠付工程款为由提出抗辩的，应当对此承担举证责任。

《江苏省高级人民法院关于审理建设工程施工合同纠纷案件若干问题的解答》

22. 实际施工人起诉发包人主张工程款的，发包人的责任如何认定？

实际施工人依据《建设工程司法解释》第26条第2款的规定起诉发包人主张工程款的，发包人应举证证明已向总承包人支付的工程款数额。发包人未能举证已付工程款数额的，应当与承包人对工程欠款承担连带责任。

《浙江省高级人民法院民事审判第一庭关于审理建设工程施工合同纠纷案件若干疑难问题的解答》

二十三、实际施工人可以向谁主张权利？

实际施工人的合同相对人破产、下落不明或资信状况严重恶化，或实际施工人至承包人（总承包人）之间的合同均为无效的，可以依照最高人民法院《关于审理建设工程施工合同纠纷案件适用法律问题的解释》第二十六条第二款的规定，提起包括发包人在内为被告的诉讼。

《安徽省高级人民法院关于审理建设工程施工合同纠纷案件适用法律问题的指导意见》

1. 因转包、分包建设工程发生纠纷，实际施工人起诉承包人索要工程款的，一般不追加发包人为案件当事人，但为查明案件事实需要，人民法院可追加发包人为第三人。

因建设工程质量发生纠纷，发包人仅起诉承包人或仅起诉实际施工人的，人民法院可依当事人申请，将实际施工人或承包人追加为共同被告。

《广东省高级人民法院关于审理建设工程合同纠纷案件疑难问题的解答》

24.《建设工程司法解释》第二十六条第二款规定在审判实践中应如何具体适用？

《建设工程司法解释》第二十六条第二款规定的“发包人只在欠付工程价款范围内对实际施工人承担责任”应定性为连带责任。如果发包人和总承包人未就工程款纠纷进入仲裁、诉讼程序，实际施工人单独起诉合同相对人后，另案起诉发包人在欠付工程价款范围内支付工程款的，应予受理。

根据《建设工程司法解释》第二十六条第二款的规定，发包人应举证证明已向总承包人支付的工程款数额。发包人和总承包人已对工程款进行结算的，按照工程结算款扣减已支付工程款确定发包人欠付工程款的数额；发包人和总承包人未对工程款进行结算且未进入仲裁、诉讼程序的，根据工程实际完工的情况，可以按照合同约定的工程结算款扣减已支付工程款确定发包人欠付工程款的数额，发包人和总承包人实际结算后，如发包人仍欠付总承包人工程款的，实际施工人可就差额部分另行起诉；发包人和总承包人就工程款的结算纠纷进入仲裁、诉讼程序的，实际施工人可以申请参加该案的诉讼，其另案主张发包人承担付款责任的，不予受理。

《四川省高级人民法院关于审理建设工程施工合同纠纷案件若干疑难问题的解答》

13.实际施工人主张欠付工程款的诉讼主体如何确定？发包人、转包人、违法分包人的责任如何承担？

《建工司法解释》第二十六条中的“发包人”应当理解为建设工程的业主，不应扩大理解为转包人、违法分包人等中间环节的相对发包人。

建设工程因转包、违法分包导致建设工程施工合同无效的，实际施工人以转包人、违法分包人为被告主张权利的，人民法院一般不主动依职权追加发包人作为共同被告参加诉讼。

实际施工人以发包人为被告主张权利的，人民法院应当追加与实际施工人存在直接合同关系的转包人、违法分包人作为共同被告参加诉讼，发包人在欠付工程价款范围内对实际施工人承担责任。

发包人以其未欠付工程价款为由提出抗辩的，应当承担举证责任。

实际施工人可以以发包人、转包人，违法分包人为共同被告主张权利，当事人之间依据相应的合同关系承担法律责任。

建设工程施工合同无效，实际施工人要求未与其建立合同关系的转包人、违法分包人对工程欠款承担支付责任的，不予支持。

《重庆市高级人民法院民一庭关于当前民事审判疑难问题的解答》

10. 实际施工人向与其没有合同关系的发包人、承包人、转包人、分包人主张欠付工程价款的，如何处理？

答：根据《最高人民法院关于审理建设工程施工合同纠纷案件适用法律问题的解释》（法释〔2004〕14号）第二十六条以及《2011年全国民事审判工作会议纪要》精神，在审理建设工程施工合同纠纷案件时，对于实际施工人向与其没有合同关系的发包人、承包人、转包人、分包人提起的诉讼，应当从严审查。实际施工人可以请求发包人在欠付工程价款范围内承担责任。除此之外，实际施工人向与其不具有合同关系的承包人、转包人、分包人主张欠付工程价款的，不予支持。

《山东省高级人民法院2011年全省民事审判工作会议纪要》

（六）关于实际施工人的诉讼地位和发包人责任的性质问题

最高人民法院《关于审理建设工程施工合同纠纷案件适用法律问题的解释》第二十六条规定的实际施工人，是指工程转包合同的转承包人、违法分包合同的承包人、借用资质（资质挂靠）的承包人。司法实务中应当严格实际施工人的认定标准，不得随意扩大实际施工人的适用范围。实际施工人可以是法人、其他组织、个人合伙，也可以是自然人（俗称“包工头”），但从事建筑业劳务作业的农民工不属于实际施工人。

依据最高人民法院《关于审理建设工程施工合同纠纷案件适用法律问题的解释》第二十六条的规定，实际施工人直接起诉发包人请求支付欠付工程价款的，为查明案件事实，应当追加转包人、违法分包人为共同被告；实际施工人直接起诉转包人或者违法分包人请求支付工程价款的，不得追加发包人为诉讼当事人。

依据最高人民法院《关于审理建设工程施工合同纠纷案件适用法律问题的解释》第二十六条的规定，实际施工人起诉发包人请求支付欠付工程价款的，发包人在欠付工程价款的范围内对实际施工人承担直接支付欠付工程价款的责任，发包人与转包人或者违法分包人承担支付工程价款的连带责任没有法律依据。

《江西省高级人民法院2004年全省法院民事审判工作座谈会纪要》

五、关于建设工程合同纠纷案件审理

5. 实际施工人以转包人、违法分包人为被告请求支付其施工工程部分的工程款时，实际施工人、承包人、转包人要求追加发包人为当事人的，人民法院应当予以准许。实际施工人以发包人为被告主张权利的，人民法院可以追加转包人或者违法分包人为本案当事人。发包人只在欠付工程价款范围内对实际施工人承担责任。但符合《最高人民法院关于审理建设工程施工合同纠纷案件适用法律问题的解释》第三条规定范围，实际施工人请求支付工程价款的，人民法院不予支持。

第二十五条 【实际施工人的代位权】实际施工人根据合同法第七十三条规定，以转包人或者违法分包人怠于向发包人行使到期债权，对其造成损害为由，提起代位权诉讼的，人民法院应予支持。

条文主旨

本条重申了实际施工人可以依据合同法关于代位权的规定向发包人主张权利。

典型案例

案例25：实际施工人可以发包人为被告，向法院提起代位权诉讼

——林仙龄因与商丘帝和置业有限公司、第三人福建省利恒建设工程有限公司建筑工程施工合同纠纷案[①]

案情回放

2005年11月至12月，福建省利恒建设工程有限公司（以下简称利恒公司）与商丘帝和置业有限公司（以下简称帝和公司）签订了商丘帝和水上公司B区建筑工程施工合同及补充协议各1份，合同签订后，利恒公司将承建帝和公司的B区二标段29号、30号、32号楼工程承包给了林仙龄，并与林仙龄签订了《企业内部经济责任书》，由林仙龄向利恒公司支付1%的管理费，该工程有林仙龄包工包料，负责全面履行利恒公司与帝和公司签订的建设工程施工合同所有条款及法律和经济责任。

帝和公司分五次向林仙龄收取履约保证金114万元。三栋楼合同主要约定，30号、32号两栋楼工期为200天，29号楼工期为280天，以施工单位工程进度为依据，支付工程进度款，甲方（帝和公司）不能按合同支付进度款，按所欠金额每天万分之五支付违约金，超过一个月按每天支付千分之一违约金。同时还约定，工程决算审计完成后七天内付至工程决算造价的97%，余款3%保修期满后付清。

2007年12月10日经决算，案涉工程建筑面积为18191.31平方米，审定价款为1700.283742万元，帝和公司通过利恒公司于2007年10月前支付林仙龄工程款1387.1265万元。2008年4月23日支付90万元，共计支付林仙龄工程款合计为1477.1265万元，帝和公司还欠工程款223.157242万元。因工程款支付问题，林仙龄以帝和公司为被告，向法院提起代位权诉讼。

① （2008）豫法民一终字第205号。

裁判理由

一审法院认为，利恒公司与帝和公司签订的《建设工程施工合同》及《补充协议》是双方当事人的真实意思表示，该合同内容不违反法律及法规的禁止性规定，均为有效合同。合同签订后，利恒公司将承建帝和公司“帝和公园B区二标段”29号、30号、32号楼施工项目交付林仙龄进行实际施工，并与林仙龄签订《企业内部经济责任书》，全面负责履行利恒公司与帝和公司签订的建设工程施工合同所有条款及法律和经济责任，该工程由林仙龄包工包料，帝和公司向林仙龄收取履约保证金114万元，且林仙龄已向利恒公司交纳了管理费，这些足以认定林仙龄系帝和公司“帝和公园B区二标段”29号、30号、32号楼工程的实际施工人，因帝和公司与利恒公司的法定代表人系同一人担任，林仙龄追索工程款时，利恒公司与帝和公司以种种理由推托，林仙龄遂以帝和公司为被告，利恒公司作为本案的第三人向法院提起代位权诉讼，要求帝和公司支付工程款及违约金，林仙龄作为诉讼主体行使代位权是能够成立的。

二审法院认为，林仙龄在一审的诉请是因利恒公司怠于向帝和公司主张权利，要求代位利恒公司向帝和公司主张支付工程款及违约金。利恒公司与帝和公司于2005年11月至12月签订了《建设工程施工合同》及《补充协议》，利恒公司与林仙龄签订了《企业内部经济责任书》，三方当事人也履行了协议约定的部分内容。在利恒公司未及时依据合同约定向帝和公司主张权利的情况下，林仙龄行使代位权直接向帝和公司主张权利符合我国民事法律中关于代位权的相关规定。考虑到利恒公司与帝和公司系同一法定代表人的客观事实，原审支持林仙龄代位向帝和公司主张权利的请求并无不当，本院予以支持。

裁判结果

一审判决：

一、判决生效后十日内帝和公司支付林仙龄工程款172.149242万元及逾期付款的违约金（违约金从2007年12月18日至2008年1月17日按日万分之五计算，2008 年 1 月 18 日以后按日千分之一计算至付清之日）；

二、驳回林仙龄的其他诉讼请求。

二审判决：驳回上诉，维持原判。

焦点评析

本案的争议焦点主要是，实际施工人能否以发包人为被告，提起代位权诉讼？

在《施工合同司法解释（二）》正式颁布之前，实际施工人在起诉发包人时，极少会选用代位权之诉主张工程款，往往都是依据《施工合同司法解释》第 26 条的规定，起诉发包人主张工程价款。实际上，实际施工人依据《合同法》第 73 条规定代位向发包人主张工程款，本就没有任何法律障碍，只是有了《施工合同司法解释》第 26 条后，大家已经不愿再用代位权制度，因为《施工合同司法解释》第 26 条对实际施工人而言，起诉发包人更为容易，举证责任也更轻。因此，尽管在本案判决时，《施工合同司法解释（二）》尚未启动立项，但法院仍然以《合同法》第 73 条的规定支持了实际施工人的代位权诉求，这也说明即使没有本条规定，实际施工人向发包人提起代位权诉讼，本身就没有法律障碍。

本条规定从拓宽实际施工人权利救济渠道出发，规定实际施工人可以依据《合同法》第 73 条的规定行使代位权。在我们看来，这纯粹是对《合同法》第 73 条的一种重复，并无实质意义，反而可能带来新的混乱，影响大家对《施工合同司法解释（二）》第 24 条的理解。（1）本条规定并未对司法实践中对实际施工人制度的争议问题作出任何说明，也就无法起到平息上述争议的作用。（2）本条规定看似增加了一项实际施工人的救济措施，为建筑工人提供了更为有利的司法保障，实则是一种多余的政治宣示。因为即使没有本条规定，实际施工人只要符合代位权的行使条件，也完全可以依据《合同法》第 73 条的规定行使代位权。（3）本条规定在实践中可能会带来新的问题，造成适用过程中的混乱。其实，《施工合同司法解释（二）》征求意见稿第 24 条，列了两种方案，其中第一种方案，已经明确将实际施工人的权利保护回归到债权人代位权制度中来，但由于众所周知的原因，《施工合同司法解释（二）》最终未能采纳该方案，实在令人遗憾。而本条规定反而会让某些人误以为只有实际施工人才可以根据《合同法》第 73 条规定对发包人提起代位权之诉，而合法分包人等则不能对发包人提起代位权之诉。尽管这种理解是荒谬的，但很难确保实践中不会出现这种解读。实际上，代位权作为《合同法》规定的一项债的保全制度，适用于所有债权人，并不会因债权人的身份、地位而受任何影响，最高院的司法解释也无权随意限制其范围。

综上，我们认为，单独看本条规定并无任何问题，只是放在《施工合同司法解释（二）》的体系中，且在《施工合同司法解释（二）》中同时规定第 24 条时，就出现了问题。因此，我们只能寄希望于司法者在适用《施工合同司法解释（二）》时，尽量限制实际施工人的范围，回归到代位权的规定上来，以彻底解决实际施工人制度带来的混乱。

实务争点

合同均无效时，实际施工人还能否行使代位权？

债权人代位权，指当债务人怠于行使其对第三人享有的权利而害及债权人的债权时，债权人为保全其债权，可以自己的名义代位行使债务人对第三人之权的权利。①

根据《合同法司法解释（一）》第 11 条规定，实际施工人依照《合同法》第 73 条的规定向发包人提起代位权诉讼，应当符合四个条件：（1）债权人对债务人的债权合法；（2）债务人怠于行使其到期债权，对债权人造成损害；（3）债务人的债权已到期；（4）债务人的债权不是专属于债务人自身的债权。该条规定并未对债务人与次债务人之间的债权性质作出限制，即不论是合同之债，抑或侵权之债、不当得利之债、无因管理之债等，在所不问，也未对债权人对债务人的债权性质作出限制。因此，实际施工人无论是基于合同相对人对上手发包人享有的合同之债（合同有效），还是合同相对人对上手发包人享有的不当得利之债（合同无效），只要符合上述四个

① 崔建远著：《合同法学》，法律出版社 2015 年版，第 122–123 页。

条件，均可以依据《合同法》第 73 条规定向合同相对人的上手发包人主张代位权。

案例索引

大庆瑞成建筑劳务分包有限公司与大庆庆南新城城市开发建设有限公司、大庆建筑安装集团有限责任公司建设工程施工合同纠纷案［案号：（2016）黑民终 183 号］；

广州芬尼克兹能源有限公司与福建联泰建设工程有限公司、广州市南沙区建安建筑工程公司建设工程合同纠纷案［案号：（2015）粤高法民申字第 114 号］。

规范链接

《中华人民共和国合同法》

第七十三条 因债务人怠于行使其到期债权，对债权人造成损害的，债权人可以向人民法院请求以自己的名义代位行使债务人的债权，但该债权专属于债务人自身的除外。

代位权的行使范围以债权人的债权为限。债权人行使代位权的必要费用，由债务人负担。

附　则

（第二十六条）

第二十六条　【附则】本解释自 2019 年 2 月 1 日起施行。

本解释施行后尚未审结的一审、二审案件，适用本解释。

本解释施行前已经终审、施行后当事人申请再审或者按照审判监督程序决定再审的案件，不适用本解释。

最高人民法院以前发布的司法解释与本解释不一致的，不再适用。

条文主旨

本条规定了本司法解释的生效时间、溯及力以及冲突时的适用等问题。

条文解读

按照惯例，司法解释在最后一条都会规定该司法解释的施行时间、是否具有溯及力以及与其他司法解释冲突时如何解决等问题，本司法解释也不例外。

法的时间效力，是法的适用效力的重要内容，是指法律何时生效、何时失效以及法律对其生效前的事件和行为是否具有溯及力的问题。司法解释也存在时间效力的问题，包括司法解释何时生效、何时失效以及司法解释对其生效以前的事件和行为有无溯及力的问题。

1. 本司法解释的生效时间

司法解释生效时间的立法模式主要有两种，概括而言就是“立即生效”和“择日生效”：一是“立即生效”模式，即规定司法解释自公布之日起就生效施行，通常表述为“本解释自公布之日起施行”。这种模式一般适用于亟须施行且时机相对成熟的情况，目的在于尽快发挥司法解释应有的作用，这种模式在最高院发布的司法解释中较为少见。二是“择日生效模式”，即规定具体的某一日期作为解释生效施行的时间，通常表述为“本解释自某年某月某日起施行”。这种模式主要是考虑到司法解释公布后需要给公众预留一段时间准备期，以便于公众做好对司法解释的必要学习、掌握和准备，从而促进司法解释的顺利实施。需要注意的是，《最高人民法院办公厅关于规范司法解释施行日期有关问题的通知》规定：“今后各部门起草的司法解释对施行日期没有特殊要求的，司法解释条文中不再规定‘本解释自公布之日起施行’的条款，施行时间一律以发布司法解释的最高人民法院公告中明确的日期为准。司法解释对施行日期有特别要求的，应当在司法解释条文中规定相应条款，明确具体施行时间，我院公告的施行日期应当与司法解释的规定相一致。”最高院此后出台的司法解释都严格按照该规定，对司法解释的施行日期作出了相应的规定。本司法解释就是按照上述要求，明确规定自 2019 年 2 月 1 日起施行。

2. 本司法解释的溯及力

司法解释的溯及力，即一部生效的司法解释是否能够适用于其生效之前的事件和行为。我国《立法法》第 93 条规定：“法律、行政法规、地方性法规、自治条例和单行条例、规章不溯及既往，但为了更好地保护公民、法人和其他组织的权利和利益而作的特别规定除外。”该条规定了法不溯及既往原则，符合国民预测可能性的要求，也是各国立法所遵循的普遍原则，但为了更好地保护公民、法人和其他组织的权利和利益，必要时可以溯及既往，这就是“有限溯及力”的规定。该条文规定并没有将司法解释纳入其中，这是因为，司法解释是最高院根据《人民法院组织法》等规定，对在审判过程中具体适用法律问题所进行的解释，属于对现行立法的解释。虽然司法解释在被解释的法律实施后制定，但仍然应被视为被解释法律的一部分，并不能独立于被解释法律而存在，因此，司法解释在生效之日就应当适用于审判实践，而且应当具有溯及力，即对施行后尚未审结的一审、二审案件均应适用；对施行前已经终审、施行后当事人申请再审或者按照审判监督程序决定再审的案件，不能再适用，这也是维护原生效法律文书既判力的要求。只是这种溯及力应受被解释法律的时间效力限制，如本司法解释主要是对《民法总则》《合同法》《建筑法》《招标投标法》《民事诉讼法》等法律的解释，在具体适用时，需要考虑纠纷适用的具体法律，如果这些法律适用于某一纠纷，则本司法解释也同样适用于该纠纷。

3. 新法优于旧法

一般而言，新颁布的规范比先前规范的规定更为科学，更有利于保护公民、法人、其他组织的合法权益，因此，法律适用普遍遵循新法优于旧法原则，司法解释也不例外。本条第 3 款规定：“最高人民法院以前发布的司法解释与本解释不一致的，不再适用。”就是新法优于旧法原则的体现。但需要注意的是，这里不再适用的司法解释针对的仅是对本司法解释有溯及力的行为和事件，对本司法解释无溯及力的行为和事件仍然以先前发布的司法解释为准。

附　录

最高人民法院
关于审理建设工程施工合同纠纷案件适用法律问题的解释（二）

（2018 年 10 月 29 日最高人民法院审判委员会第 1751 次会议通过，
自 2019 年 2 月 1 日起施行　法释〔2018〕20 号）

为正确审理建设工程施工合同纠纷案件，依法保护当事人合法权益，维护建筑市场秩序，促进建筑市场健康发展，根据《中华人民共和国民法总则》《中华人民共和国合同法》《中华人民共和国建筑法》《中华人民共和国招标投标法》《中华人民共和国民事诉讼法》等法律规定，结合审判实践，制定本解释。

第一条　招标人和中标人另行签订的建设工程施工合同约定的工程范围、建设工期、工程质量、工程价款等实质性内容，与中标合同不一致，一方当事人请求按照中标合同确定权利义务的，人民法院应予支持。

招标人和中标人在中标合同之外就明显高于市场价格购买承建房产、无偿建设住房配套设施、让利、向建设单位捐赠财物等另行签订合同，变相降低工程价款，一方当事人以该合同背离中标合同实质性内容为由请求确认无效的，人民法院应予支持。

第二条　当事人以发包人未取得建设工程规划许可证等规划审批手续为由，请求确认建设工程施工合同无效的，人民法院应予支持，但发包人在起诉前取得建设工程规划许可证等规划审批手续的除外。

发包人能够办理审批手续而未办理，并以未办理审批手续为由请求确认建设工程施工合同无效的，人民法院不予支持。

第三条 建设工程施工合同无效，一方当事人请求对方赔偿损失的，应当就对方过错、损失大小、过错与损失之间的因果关系承担举证责任。

损失大小无法确定，一方当事人请求参照合同约定的质量标准、建设工期、工程价款支付时间等内容确定损失大小的，人民法院可以结合双方过错程度、过错与损失之间的因果关系等因素作出裁判。

第四条 缺乏资质的单位或者个人借用有资质的建筑施工企业名义签订建设工程施工合同，发包人请求出借方与借用方对建设工程质量不合格等因出借资质造成的损失承担连带赔偿责任的，人民法院应予支持。

第五条 当事人对建设工程开工日期有争议的，人民法院应当分别按照以下情形予以认定：

（一）开工日期为发包人或者监理人发出的开工通知载明的开工日期；开工通知发出后，尚不具备开工条件的，以开工条件具备的时间为开工日期；因承包人原因导致开工时间推迟的，以开工通知载明的时间为开工日期。

（二）承包人经发包人同意已经实际进场施工的，以实际进场施工时间为开工日期。

（三）发包人或者监理人未发出开工通知，亦无相关证据证明实际开工日期的，应当综合考虑开工报告、合同、施工许可证、竣工验收报告或者竣工验收备案表等载明的时间，并结合是否具备开工条件的事实，认定开工日期。

第六条 当事人约定顺延工期应当经发包人或者监理人签证等方式确认，承包人虽未取得工期顺延的确认，但能够证明在合同约定的期限内向发包人或者监理人申请过工期顺延且顺延事由符合合同约定，承包人以此为由主张工期顺延的，人民法院应予支持。

当事人约定承包人未在约定期限内提出工期顺延申请视为工期不顺延的，按照约定处理，但发包人在约定期限后同意工期顺延或者承包人提出合理抗辩的除外。

第七条 发包人在承包人提起的建设工程施工合同纠纷案件中，以建设工程质量不符合合同约定或者法律规定为由，就承包人支付违约金或者赔偿修理、返工、改建的合理费用等损失提出反诉的，人民法院可以合并审理。

第八条 有下列情形之一，承包人请求发包人返还工程质量保证金的，人民法院应予支持：

（一）当事人约定的工程质量保证金返还期限届满。

（二）当事人未约定工程质量保证金返还期限的，自建设工程通过竣工验收之日起满二年。

（三）因发包人原因建设工程未按约定期限进行竣工验收的，自承包人提交工程竣工验收报告九十日后起当事人约定的工程质量保证金返还期限届满；当事人未约定工程质量保证金返还期限的，自承包人提交工程竣工验收报告九十日后起满二年。

发包人返还工程质量保证金后，不影响承包人根据合同约定或者法律规定履行工程保修义务。

第九条 发包人将依法不属于必须招标的建设工程进行招标后，与承包人另行订立的建设工程施工合同背离中标合同的实质性内容，当事人请求以中标合同作为结算建设工程价款依据的，人民法院应予支持，但发包人与承包人因客观情况发生了在招标投标时难以预见的变化而另行订立建设工程施工合同的除外。

第十条 当事人签订的建设工程施工合同与招标文件、投标文件、中标通知书载明的工程范围、建设工期、工程质量、工程价款不一致，一方当事人请求将招标文件、投标文件、中标通知书作为结算工程价款的依据的，人民法院应予支持。

第十一条 当事人就同一建设工程订立的数份建设工程施工合同均无效，但建设工程质量合格，一方当事人请求参照实际履行的合同结算建设工程价款的，人民法院应予支持。

实际履行的合同难以确定，当事人请求参照最后签订的合同结算建设工程价款的，人民法院应予支持。

第十二条 当事人在诉讼前已经对建设工程价款结算达成协议，诉讼中一方当事人申请对工程造价进行鉴定的，人民法院不予准许。

第十三条 当事人在诉讼前共同委托有关机构、人员对建设工程造价出具咨询意见，诉讼中一方当事人不认可该咨询意见申请鉴定的，人民法院应予准许，但双方当事人明确表示受该咨询意见约束的除外。

第十四条 当事人对工程造价、质量、修复费用等专门性问题有争议，人民法院认为需要鉴定的，应当向负有举证责任的当事人释明。当事人经释明未申请鉴定，虽申请鉴定但未支付鉴定费用或者拒不提供相关材料的，应当承担举证不能的法律后果。

一审诉讼中负有举证责任的当事人未申请鉴定，虽申请鉴定但未支付鉴定费用或者拒不提供相关材料，二审诉讼中申请鉴定，人民法院认为确有必要的，应当依照民事诉讼法第一百七十条第一款第三项的规定处理。

第十五条 人民法院准许当事人的鉴定申请后，应当根据当事人申请及查明案件事实的需要，确定委托鉴定的事项、范围、鉴定期限等，并组织双方当事人对争议的鉴定材料进行质证。

第十六条 人民法院应当组织当事人对鉴定意见进行质证。鉴定人将当事人有争议且未经质证的材料作为鉴定依据的，人民法院应当组织当事人就该部分材料进行质证。经质证认为不能作为鉴定依据的，根据该材料作出的鉴定意见不得作为认定案件事实的依据。

第十七条 与发包人订立建设工程施工合同的承包人，根据合同法第二百八十六条规定请求其承建工程的价款就工程折价或者拍卖的价款优先受偿的，人民法院应予支持。

第十八条 装饰装修工程的承包人，请求装饰装修工程价款就该装饰装修工程折价或者拍卖的价款优先受偿的，人民法院应予支持，但装饰装修工程的发包人不是该建筑物的所有权人的除外。

第十九条 建设工程质量合格，承包人请求其承建工程的价款就工程折价或者拍卖的价款优先受偿的，人民法院应予支持。

第二十条 未竣工的建设工程质量合格，承包人请求其承建工程的价款就其承建工程部分折价或者拍卖的价款优先受偿的，人民法院应予支持。

第二十一条 承包人建设工程价款优先受偿的范围依照国务院有关行政主管部门关于建设工程价款范围的规定确定。

承包人就逾期支付建设工程价款的利息、违约金、损害赔偿金等主张优先受偿的，人民法院不予支持。

第二十二条　承包人行使建设工程价款优先受偿权的期限为六个月，自发包人应当给付建设工程价款之日起算。

第二十三条　发包人与承包人约定放弃或者限制建设工程价款优先受偿权，损害建筑工人利益，发包人根据该约定主张承包人不享有建设工程价款优先受偿权的，人民法院不予支持。

第二十四条　实际施工人以发包人为被告主张权利的，人民法院应当追加转包人或者违法分包人为本案第三人，在查明发包人欠付转包人或者违法分包人建设工程价款的数额后，判决发包人在欠付建设工程价款范围内对实际施工人承担责任。

第二十五条　实际施工人根据合同法第七十三条规定，以转包人或者违法分包人怠于向发包人行使到期债权，对其造成损害为由，提起代位权诉讼的，人民法院应予支持。

第二十六条　本解释自 2019 年 2 月 1 日起施行。

本解释施行后尚未审结的一审、二审案件，适用本解释。

本解释施行前已经终审、施行后当事人申请再审或者按照审判监督程序决定再审的案件，不适用本解释。

最高人民法院以前发布的司法解释与本解释不一致的，不再适用。

最高人民法院民一庭负责人就《最高人民法院关于审理建设工程施工合同纠纷案件适用法律问题的解释（二）》答记者问

（2019 年 1 月 3 日）

为正确审理建设工程施工合同纠纷案件，依法保护当事人合法权益，维护建筑市场秩序，促进建筑市场健康发展，根据《中华人民共和国民法总则》《中华人民共和国合同法》《中华人民共和国建筑法》《中华人民共和国招标投标法》《中华人民共和国民事诉讼法》等法律规定，经最高人民法院审判委员会第 1751 次会议讨论，通过了《最高人民法院关于审理建设工程施工合同纠纷案件适用法律问题的解释（二）》（以下简称《解释》）。值此司法解释公布之际，最高人民法院民一庭负责人就《解释》的有关问题接受了记者采访。

记者：请介绍一下《解释》出台的背景。

答：长期以来，最高人民法院高度重视建设工程施工合同纠纷案件审判工作，指导各级人民法院审理了大量建设工程施工合同纠纷案件，针对司法实践中带有普遍性的问题出台了一系列司法解释和司法政策。2004 年，最高人民法院制定了《关于审理建设工程施工合同纠纷案件适用法律问题的解释》（以下简称《建设工程司法解释（一）》），于 2005 年 1 月 1 日起施行。《建设工程司法解释（一）》对统一法律适用、保障工程质量、规范建筑市场、保护各类主体尤其是农民工等弱势群体合法权益发挥了重要作用。自《建设工程司法解释（一）》施行十四年来，建筑市场发生了新变化、司法实践出现了新问题、管理政策有了新突破，进一步制定和完善建设工程施工合同纠纷领域的司法解释，指导全国法院加强建设工程施工合同纠纷案件审判工作，具有重要的现实意义。

制定《解释》是贯彻中央方针政策，促进建筑业持续健康发展的重要抓手。建筑业是国民经济支柱产业，对吸纳农村转移劳动力、带动关联产业、促进经济社会发展、推动城乡建设和民生改善的作用愈加突显。改革开放以来，我国建筑业取得了长足发展。据统计，1978 年，我国建筑业增加值为 139 亿元，占 GDP 的比重为 3.8%。到 2017 年，我国建筑业增加值达到 55689 亿元，年均增速为 16.6%，占 GDP 的比重达到 6.7%。我国推进城市化进程、实施“乡村振兴战略”和“一带一路”战略、开展供给侧结构性改革、促进经济提质增效都离不开建筑业的健康发展。

制定《解释》是适应建筑业投资经营方式和监管政策变化的客观需要。我国正在开展工程建设项目审批制度改革试点工作，加快推进工程总承包模式，在基础设施和公共服务领域推进政府与社会资本合作。2017 年，国务院办公厅下发《关于促进建筑业持续健康发展的意见》，优化、放宽资质资格管理。2018 年 3 月，国家发改委颁布《必须招标的工程项目规定》，大幅度提高必须招标工程的金额。2018 年 5 月，国务院办公厅下发《关于开展工程建设项目审批制度改革试点的通知》，试点取消建设工程施工合同备案制度，对民间投资的房屋建筑工程试行由建设单位自主决定发包方式。2018 年 9 月，住房与城乡建设部作出《关于修改〈房屋建筑和市政基础设施工程施工招标投标管理办法〉的决定》，决定删除该办法第 47 条第 1 款中的“订立书面合同后 7 日内，中标人应当将合同送工程所在地的县级以上地方人民政府建设行政主管部门备案”的规定。在经营方式和管理政策不断发展变化的同时，《合同法》《建筑法》《招标投标法》等法律法规并无变化，如何做好二者衔接，需要进一步发挥司法智慧，提出司法方案。

制定《解释》是应对建设工程施工纠纷案件司法审判面临挑战的客观要求。《建设工程司法解释（一）》施行十四年来，建设工程施工合同纠纷案件数量和涉案标的额双双大幅上升，新类型案件、新问题不断涌现，为统一建设工程施工合同纠纷裁判标准提出了新的挑战。2017 年，全国法院审理一审建设工程施工合同纠纷案件 10.29 万件。2018 年，全国法院审理一审建设工程施工合同纠纷案件 11.32 万件。建设工程施工合同履行期间长，影响因素多，涉及的管理性规定多，实践中违法建筑、明招暗定、“黑白合同”、非法转包、违法分包等问题突出，认定事实与适用法律难度很大。诉讼中的合同效力问题、鉴定问题、损失赔偿问题、优先权行使条件问题、实际施工人权利保护问题等缺乏统一裁判规则。建设工程施工合同纠纷与商品房买卖合同纠纷、民间借贷纠纷、劳动争议纠纷、执行异议之诉纠纷等相互交织，处理难度增大。一些带有普遍性的问题，亟须统一裁判标准。

记者：请介绍一下《解释》制定的过程。

答：最高人民法院高度重视《解释》起草工作，早在 2012 年就启动了《解释》立项，于当年拟出征求意见稿，征求各高院意见，并先后到北京、河北、云南、江苏等地调研。2017 年 6 月，最高人民法院书面征求全国人大常委会法工委、原国务院法制办、住建部、国家发改委等单位意见，并通过住建部、中国建筑业协会向有关专业人士征求意见，共收到反馈意见 1000 余条。对有关单位和社会各界提出的意见建议，最高人民法院认真研究、积极采纳，在征求意见稿的基础上对《解释》条文作了修改完善。

在起草《解释》的过程中，最高人民法院坚持了以下原则：一是尊重立法精神与坚持问题导向相统一。《解释》在现有法律规定的基础上，对建设工程施工合同纠纷案件审判实践中的突出问题作了规定。二是重视弱者权利保护与注重各方利益平衡相统一。《解释》加强对农民工等弱势群体的保护，同时坚持对各类民事主体予以平等保护，做好各方当事人之间的利益平衡。三是着力解决当前问题与着眼行业长远发展相统一。《解释》在着重解决“黑白合同”、实际施工人权利保护等当前司法实践中的突出问题的同时，着力加强对建筑企业建设工程价款债权、建设工程价款优先受偿权的保护，促进建筑业健康发展。四是专业性与通俗性相统一。《解释》注重提高解释条文的针对性，强化专业用语规范性，同时又注重提高文字表述的通俗性，使整个《解释》通俗易懂好用。

记者:《解释》对保障建设工程质量方面有什么举措?

答: 建设工程施工合同纠纷的特殊性在于，建设工程的最终所有人或者使用人往往不是发包人、承包人等建设工程施工合同的当事人，而是购房人或者其他不特定的社会主体。建设工程具有显著的公共性。这使得建设工程施工合同涉及到公共利益和第三人利益保护问题。司法对公共利益和第三人利益的保护，主要通过保障建设工程质量安全来实现。

在制定《解释》过程中，考虑了多重价值取向，包括保障建设工程质量、保护农民工等弱势群体利益、维护建筑市场秩序、促进建筑业健康发展、平衡各方当事人利益等。其中，保障建设工程质量、保护人民群众人身和财产安全始终位居第一。这是最高人民法院制定建设工程司法解释和司法政策、指导下级法院审理建设工程施工合同纠纷案件的首要价值选择。因此，保障建设工程质量这一精神贯穿于整个《解释》的始终。例如,《解释》坚决维护招标投标市场秩序，明确规定建设工程质量是建设工程施工合同的实质性内容，不允许招标人和中标人任意变更中标合同的相关约定；规定建设工程质量合格是承包人行使优先受偿权的先决条件；规定在借用资质签订建设工程施工合同的情况下，出借方与借用方对建设工程质量不合格等因出借资质造成的损失承担连带赔偿责任，等等。我相信,《解释》的发布和施行，对于保障建设工程质量、保护广大人民群众的人身和财产安全将发挥重要作用!

记者:《解释》在保护农民工合法权益方面有什么举措?

答: 建筑业是劳动密集型行业，是吸纳农村剩余劳动力最多的行业之一。据统计，2017 年，全国农民工的总量为 2.8652 亿人。其中，建筑业吸纳的农民工占全部农民工的比例为 18.9%，位居前列。但是建筑市场“两个不规范”和社会信用机制缺失，导致农民工权益保护问题较为突出，农民工“讨薪难”问题尚未得到根本解决。建筑市场中存在的第一个不规范体现为，实践中存在转包工程、违法分包工程、借用资质承包工程等违法现象。这导致建设工程施工合同关系中出现多个施工主体，产生多份施工合同，法律关系复杂。有的情况下，实际干活的人拿不到工程价款，拿到工程价款的人并不实际干活。建筑市场中存在的第二个不规范体现为，实际施工人内部管理不规范，部分建筑工人尤其是大量农民工与实际施工人之间没有签订劳动合同，没有固定的劳动关系。农民工辛苦打工却拿不到工钱的问题仍然存在。社会信用机制缺失进一步加剧了这一问题。农民工工资权益不仅依赖于施工人的诚实守信，之前任何一个环节出现问题，农民工的工资权益都会受到损害。

《解释》在特定情况下突破合同相对性原则，目的就是要打通保护农民工等建筑工人权益的通道，对处于弱势地位的广大农民工的权益提供强有力的司法保护，实现实质意义上的社会公平。《解释》对农民工的权益保护体现在多个方面，主要包括，规定发包人与承包人约定放弃或者限制建设工程价款优先受偿权，不得损害建筑工人利益；继续加强对实际施工人权益保护，规定发包人在欠付建设工程价款范围内对实际施工人承担责任，实际施工人有权向发包人提起代位权诉讼等。

记者：《解释》的施行对我国建筑业发展和保护建筑领域的民营企业有何重要意义？

答：建筑业是我国的支柱产业，也是我国民营经济较为集中的行业。据统计，2017 年，我国的建筑企业中，私营企业 49645 个，占全部企业的比重达 56.4%；股份制企业 32894 个，占全部企业的比重达 37.3%，其中大部分企业有私营经济持股；国有企业 2187 个，占全部企业的比重为 2.5%；外商投资企业为 218 个，占全部企业的比重为 0.2%。建筑业吸纳了大量劳动力。据统计，2017 年在私营建筑企业和股份制建筑企业中的从业人员就达到了 5168 万人，占全部建筑企业比重为 93.4%。《解释》促进建筑业健康发展，保护广大民营建筑企业的权益主要体现在以下几方面。

实践中，有的发包人拖延支付建设工程价款，承包人起诉请求发包人支付建设工程价款后，发包人又以质量不符合约定等为由，企图继续拖欠工程价款。《解释》第 7 条规定，在此情况下，发包人就承包人支付违约金或者赔偿修理、返工、改建的合理费用等损失提出反诉的，人民法院可以合并审理。换言之，发包人仅提出抗辩、未提出反诉的，人民法院不应支持，应告知其提出反诉或者另诉解决，以保障承包人及时获得建设工程价款。

建设工程价款优先受偿权对保护建筑施工企业意义重大。司法实践中，对承包人的利润是否可优先受偿的问题存在争议。考虑到建筑行业是薄利行业，为了建筑行业的长远发展，保护建筑企业的利益，《解释》第 21 条规定将承包人的利润纳入了优先受偿的范围。

建筑市场上，很多民营建筑企业由于资质管理等原因不能直接承包工程，但又是实际进行建设工程施工的人。他们的权利缺乏合同保障。《解释》在《建设工程司法解释（一）》的基础上进一步完善了实际施工人权益保护的规定，要求人民法院在查明发包人欠付转包人或者违法分包人建设工程价款的数额的基础上，判决发包人在欠付建设工程价款范围内对实际施工人承担责任，克服了司法实践中有的涉及发包人向实际施工人承担责任的判决无法执行的问题。

此外，《解释》还对承包人工程质量保证金返还请求权、实际施工人对发包人的代位诉讼权等问题作了规定，积极为建筑业长远发展营造良好的司法环境，为民营建筑企业权益提供全方位的司法保护。

记者：《解释》对维护建筑市场秩序作了哪些规定？

答：建设工程领域关于招标投标等方面的规定较为严格。为规避这些规定，建筑市场上存在围标串标、明招暗定、“黑白合同”等违法违规行为，扰乱建筑市场秩序，也会影响建设工程质量。《解释》坚决维护建设工程招标投标市场秩序。《解释》第 1 条就规定，招标人和中标人另行签订的建设工程施工合同约定的工程范围、建设工期、工程质量、工程价款等实质性内容，与中标合同不一致，应当按照中标合同确定当事人的权利义务。招标人和中标人在中标合同之外就明显高于市场价格购买承建房产、无偿建设住房配套设施等方式变相降低工程价款的行为，属于背离中标合同实质性内容订立合同的行为，该行为无效。第 9 条规定，发包人将依法不属于必须招标的建设工程进行招标后，又与承包人另行订立背离中标合同实质性内容的建设工程施工合同的，仍应以中标合同作为结算建设工程价款的依据，除非客观情况发生了在招标投标时难以预见的变化。最重要的是，第 10 条确定了一项基本原则，即当事人签订的建设工程施工合同的实质性内容只要与招标文件、投标文件、中标通知书的记载不一致，就应当以招标文件、投标文件、中标通知书作为结算建设工程价款的依据，以彻底杜绝“黑白合同”、明招暗定现象。

记者：《解释》对保护市场诚信有什么针对性的举措？

答：当前我国社会诚信建设取得了较大的成绩，但仍存在不足。在建设工程施工合同纠纷案件中，有的当事人恶意不办理相关审批手续或者登记手续，导致合同不能继续履行，或者以此为由向人民法院起诉请求确认合同无效，企图通过不诚信行为谋取不正当利益。人民法院始终重视在建筑市场弘扬诚实守信的良好风气。《解释》第 2 条第 1 款规定，发包人未取得建设工程规划许可证等规划审批手续的，其与承包人签订的建设工程施工合同无效，但发包人在起诉前取得建设工程规划许可证等规划审批手续的除外。同时，该条第 2 款又规定，发包人能够办理审批手续而未办理，并以未办理审批手续为由请求确认建设工程施工合同无效的，人民法院不予支持。最高人民法院希望通过这条解释逐步树立一项裁判规则，即任何人不能从其不诚信的行为中获利。人民法院将始终高举诚实信用这面旗帜，保护善意当事人的合法权益，绝不允许当事人从不诚信行为中谋取不当利益！

图书在版编目（CIP）数据

最高人民法院建设工程施工合同司法解释（二）实务操作与案例精解 / 陈鑫范，王琦著 .—北京：中国法制出版社，2019.3

ISBN 978-7-5216-0042-1

Ⅰ. ①最… Ⅱ. ①陈… ②王… Ⅲ. ①建筑工程—经济合同—案例—中国 Ⅳ. ① D923.65

中国版本图书馆 CIP 数据核字（2019）第 036793 号

责任编辑：王佩琳（wangpeilin@zgfzs.com） 封面设计：周黎明

最高人民法院建设工程施工合同司法解释（二）实务操作与案例精解

ZUIGAO RENMIN FAYUAN JIANSHE GONGCHENG SHIGONG HETONG SIFA JIESHI（ER） SHIWU CAOZUO YU ANLI JINGJIE

著者 / 陈鑫范　王　琦

经销 / 新华书店

印刷 / 三河市国英印务有限公司

开本 / 710 毫米 ×1000 毫米　16 开　　印张 / 24.75　字数 / 378 千

版次 / 2019 年 3 月第 1 版　　2019 年 3 月第 1 次印刷

中国法制出版社出版

书号 ISBN 978-7-5216-0042-1　　定价：98.00 元

北京西单横二条 2 号　邮政编码 100031　　传真：010-66031119

网址：http://www.zgfzs.com　　**编辑部电话：010-66038139**

市场营销部电话：010-66033393　　**邮购部电话：010-66033288**

（如有印装质量问题，请与本社印务部联系调换。电话：010-66032926）